当代日本刑事法译丛

贾 宇　西原春夫／主编

纪念马克昌先生

《当代日本刑事法译丛》编委会

主　　编：贾　宇　西原春夫

副 主 编：黎　宏　本郷三好

执行主编：付玉明

委　　员：赵秉志　陈兴良　张明楷　张　军　郎　胜　朱孝清
　　　　　熊选国　鲍遂献　周红梅　单　民　王　晨　胡　鹰
　　　　　刘明祥　胡学相　鲜铁可　贾　宇　张绍谦　谢望原
　　　　　黎　宏　史卫忠　莫洪宪　彭卫东　林亚刚　李邦友
　　　　　钊作俊　田立文　柯良栋　夏　勇　李　洁　陈泽宪
　　　　　陈子平　齐文远　冯　军　卢建平　田文昌　李贵方
　　　　　李传敢　付玉明

　　　　　西原春夫　山口　厚　曽根威彦　高橋則夫　松原芳博
　　　　　石川正興　甲斐克則　井田　良　佐伯仁志　田口守一
　　　　　川出敏裕　只木　誠　金　光旭　松宮孝明　十河太朗
　　　　　川本哲郎　本郷三好

编 辑 部：于改之　陈家林　王昭武　付立庆　付玉明　刘建利
　　　　　张小宁　周振杰　周啸天　谢佳君　钱叶六　吕英杰
　　　　　王　充　江　溯　郑军男　李立众　苏明月　秦一禾

刑法总论的思之道·乐之道

〔日〕佐伯仁志 著
于佳佳 译

中国政法大学出版社
2017·北京

KEIHO SORON NO KANGAEKATA · TANOSHIMIKATA by Hitoshi Saeki
Copyright © 2013 Hitoshi Saeki
All rights reserved.
Original Japanese edition published by Yuhikaku Publishing Co., Ltd., Tokyo
This Simplified Chinese language edition published by arrangement with
Yuhikaku Publishing Co., Ltd., Tokyo in care of Tuttle-Mori Agency, Inc., Tokyo

版权登记号： 图字 01-2016-5494 号

图书在版编目（CIP）数据

刑法总论的思之道·乐之道/(日) 佐伯仁志著；于佳佳译. —北京：中国政法大学出版社，2017.6
ISBN 978-7-5620-7417-5

Ⅰ.①刑… Ⅱ.①佐… ②于… Ⅲ.①刑法－法学－研究－日本 Ⅳ.①D931.34

中国版本图书馆CIP数据核字(2017)第080088号

出 版 者	中国政法大学出版社
地　　址	北京市海淀区西土城路 25 号
邮寄地址	北京 100088 信箱 8034 分箱　邮编 100088
网　　址	http://www.cuplpress.com（网络实名：中国政法大学出版社）
电　　话	010-58908524(编辑部) 58908334(邮购部)
承　　印	北京华联印刷有限公司
开　　本	720mm×960mm　1/16
印　　张	25.5
字　　数	435 千字
版　　次	2017 年 6 月第 1 版
印　　次	2017 年 6 月第 1 次印刷
定　　价	66.00 元

声　明　1. 版权所有，侵权必究。
　　　　2. 如有缺页、倒装问题，由出版社负责退换。

总序一[*]

经西北政法大学贾宇校长的提议与努力,《当代日本刑事法译丛》得以出版发行。值此之际,承蒙贾宇校长力邀,我亦有幸得享主编之誉,想必这是对我近25年来为中日刑事法学术交流所做微薄贡献的肯定。

早在1988年,由我提议发起召开了首届"中日刑事法学术研讨会",此后隔年一次定期举行,迄今已历经27载,共计召开了14届。并且,第15届与第16届研讨会的会议日程与承办学校也已经确定。在此期间,尽管中日之间的关系令人遗憾地出现了一些负面情况,迄今尚未得到完全修复,但是,这丝毫未影响到两国之间的刑事法学术交流。这足以说明,至少在刑事法学术交流的领域,中日关系已经坚如磐石;刑事法学界的两国同仁也不止于单纯的学术交流,而是已经超越国界,达至心心相连的境界。于我而言,没有比这更值得欣慰的事情了。

在这里,我又情不自禁地想起了马克昌先生。虽然马先生已于2011年仙逝,但我们两人之间的深厚友情,正象征着承担中日两国刑事法学术交流的同仁之间的牢固纽带。1998年,正在东京创价大学访问的先生第一次拜访了我。自此之后,我就与先生成了肝胆相照的学术知己!2002年,在武汉大学召开的第七次"中日刑事法学术研讨会"上,日方与会者均惊叹于"马家军"的威势,此后,中国刑法学界的"马家军"作为一种传说流传至今。包括那次会议在内,我曾十数次到访武汉,对先生的敬仰之情弥深。在先生患病住院期间,曾两度去医院探望的外国

---

[*] 本序文由付玉明移译校对。

人，想必除我之外别无他人。可以说，我与先生之间惺惺相惜已然不分国界。

先生早年曾在河南省周口市就学，亦曾深受日本军国主义之毒害，但作为一名刑法学者，却仍能对日本刑法学中的可取之处毫不犹豫地给予积极评价，一想到这一点，我便不由得在与先生交往之初即向其由衷地表达敬意。这样说来，从先生的角度来看，想必早已完完全全看透了我内心对那些不堪回首之往事的强烈纠结，并理解了我此后的所言所行。我想，我与先生之间的友情正是因为相互跨越了过去，才得以超越国界。

在贾宇校长邀请我一同担当主编之际，我之所以能欣然接受而未曾有丝毫犹豫，理由正是在于，这次的《当代日本刑事法译丛》有"纪念马克昌先生"之意，而且，从该丛书的中方编委名单中，也能看到"马家军"的成长壮大。这次的出版计划赋予了中日刑事法学术交流以新的形式，在这一点上，我以为意义重大。以贾宇校长为首的相关人员为实现本出版计划付出了相当大的努力，在此，谨表达我衷心的敬意与谢意，同时，也深切祝愿本丛书进展顺利。

是为序。

早稻田大学名誉教授、原校长
中日刑事法研究会名誉会长

西原春夫

总序二

法律是人类的微缩历史。法律既是人类文明的成果积淀，也是多元文化的综合汇聚；不同的国家虽然可能采用不同类型的法律制度，但是都大致共享着同样的法治伦理。因此，不同国家的法律思想和法律制度需要并且可以相互进行交流与借鉴，甚或移植。

众所周知，中华法系起于先秦，盛于唐宋，解于清末，曾经一度是世界领先的法制文明，覆盖了泛东亚儒家文化圈。日本在公元8世纪初开始学习和接受唐朝的律令，成为律令制国家，之后直至明清时期，日本的律令制度一直深受中华法系的影响。但是明治时代以后，日本开始维新政治，转向西学，取法欧陆，勉行法治，成为亚洲最早转型成功的近代国家。清末时期，修律大臣沈家本邀请日本东京帝国大学的冈田朝太郎博士担任顾问，日本法学的思想理念开始回馈襄助中华。自此之后，中日两国的法律交流，出现了"师襄彼此，各有优长"的局面。

在当代，中日两国刑事法的交流与合作，主要是由日本早稻田大学前任校长西原春夫先生与中方的马克昌先生、高铭暄先生联合确立推动的。西原先生是日本杰出的刑法学家、教育家以及社会活动家，曾经入选福田政府的顾问团，是立场鲜明的"和平主义者"，也是我们眼中的"知华派"。马克昌先生是新中国第一代刑法学家，是武汉大学刑法学的领军人物，与高铭暄先生并称中国刑法学界的"南马北高"。马先生能够广纳天下英才而育之，门下众多弟子，被学人戏称为刑法学界的"马家军"。马先生虽未出国留学，但是精通日语，能够通畅交流。因此于1998年与西原先生在东京相逢之后，两人一见如故，彼此引为知己。两位先生志趣相合，心意相连，高山流水遇知音，肝胆相照两学人。因为马先生的关系，西原先生曾经十余次到访武汉，并亲自出席马先生八十华诞学术研讨会，尤其是在马先生生病住院期间，西原先生曾经两度越洋探访，这在两国学界都十分鲜见。两位先生的学术友情，实不让于管鲍之交、钟伯之谊，业已成为中日学术史上的传奇美谈。

马克昌先生是我的授业恩师，不仅引领我踏入法学研究的学术殿堂，而且对我更有人生际遇上的知遇之恩。先生高风雅量，宽厚待人，爱才惜才，醉心学术，在古稀之年，仍然用手工书写的方式完成了八十余万字的鸿篇巨制——《比较刑法原理——外国刑法学总论》一书，震动学界。先生看重学问，常怀克己之心、追贤之念，秉学人高格、务法律之实，对我等弟子亦各有期许。

2011年6月22日，先生因病不治，驾鹤仙游。学门弟子，悲痛心情，无以言表。我曾以诗纪念先生："先生累矣，溘然长眠；学门兴盛，师心所牵。吾侪弟子，克勤克勉；事业有继，慰师安然。师恩难忘，一世情缘；恩师音容，永驻心间。"为了告慰先师，身为弟子，理应承继先生志业，竭尽绵力于一二。

中日刑事法的交流圈子，是先生亲自将我领入。早在2002年的中日刑事法学术研讨会上，马先生就将我郑重介绍给西原先生，并嘱我日后要多多参与、支持中日刑事法的学术交流活动。因此，在2007年我专门邀请西原先生赴西安讲学，并为西原先生举办了八十华诞学术研讨会。此后，常常在各种不同的学术会议的场合与西原先生相见，相知益深，被先生引为忘年之交，不胜荣幸。

2011年10月1日至5日，我受日本中央大学的邀请访学东京，期间专门择时拜访了西原先生，先生在东京日比谷公园著名的松本楼接待了我。松本楼是中国民主革命先行者孙中山先生的挚友梅屋庄吉的故居，是孙中山先生与宋庆龄女士的结发场所和旅居之地；在当代，则一向是日方对华友好人士接待中国来宾的重要场所，具有很强的文化意象。其时，恰遇中日关系出现了些许波折，又逢我的恩师马克昌先生新近离世，西原先生设宴松本楼，深具厚意与情怀。席间念及马先生，西原先生不禁肃穆满怀,把酒遥祭,深情追忆了与马先生相识相交的详细过程,言之谆谆,意之切切,令我深为感动。因此,我当场向西原先生提出合作主持出版一套《当代日本刑事法译丛》的意向,一来以此纪念马克昌先生,二来为中日刑事法学的继续深入交流做些实事。西原先生毫不犹豫,欣然应允,答应联署译丛主编并愿意承担一些组织工作。

本套译丛的编委会邀请了部分日方著名的刑法学家,特别是译著的作者;中方编委会成员主要是马克昌先生的部分学生,也邀请了中国刑法学界热心此项工作的部分专家学者。副主编则由黎宏教授与本乡三好先生担任:黎宏教授是马先生的高徒,早年留学日本,如今已成长为中国刑法学界的青年领军人物;本乡三好先生长期担任久负盛名的成文堂出版社的编辑部长,协助西原先生为中日刑事法学的交流发展做过大量工作,对中国学界有巨大贡献。我的学生付玉明担任本套译丛的执行主编。玉明聪明好学,治学刻苦,曾受马克昌先生与西原先生的惠助,留学日本。他为这套丛书的联络、组织、翻译、出版付出了巨大努力。译丛编辑部主要由留日归来的青年刑法学者组成,他们精研刑法,兼通日文,是中国刑法学界的后起之秀,其中大多也是本套译丛的译者。

北京京都律师事务所的田文昌先生与北京德恒律师事务所的李贵方先生,为本译丛慷慨解囊,提供出版经费,在此致谢!感谢他们心系学界,关爱学问。

感谢中国政法大学出版社前社长李传敢先生及现任社长尹树东先生为本译丛出版提供的大力支持。编辑部主任刘海光先生及其带领的"六部书坊"团队具体负责方案落实,辛苦备至,他们勤勉认真的工作态度令我们敬佩有加!

法律的故事就是人类的故事,法治的历史实际上就是法律人奋斗的历史。坚硬的法律背后,更多的是温情的人间故事。让我们记住这段当下史,记住这些名字。

是为序。

西北政法大学教授、校长
中国刑法学研究会副会长
贾 宇

中文版序

本书作为中国政法大学出版社企划的"当代日本刑事法译丛"系列图书出版,我感到非常荣幸和欣喜。

关于本书的目标,正如日文原著序中所写的那样,是希望读者理解刑法总论的基本思考方法,体会到独立思考的乐趣。法解释学是以一个国家的法文化和法制度为基础的,因此,在日本和中国,刑法总论中应该思考的问题点或许不同。但是,两国也会面临着诸多共通的问题,这些问题在日本的相关讨论对于中国而言想必也有参考价值。如果中国读者也能够通过阅读本书而感受到学习刑法总论的乐趣,我将不胜欣喜。

由于于佳佳博士献身科研的精神和努力的翻译工作,本书才得以出版。她对日语原著的内容进行了极其缜密细致的研读,"犄角旮旯"无一遗漏;多次就原著中表达不甚明确之处和印刷有误之处提出问题,这些问题在本书中已经得到了一一的完善和订正。由此,本书也比日语原著更上了一层楼。由衷地感谢于博士。

最后,西北政法大学校长贾宇先生为本书的出版提供了机会,付玉明先生对于本书的出版也费尽心力。向两位致以诚挚的谢意。

佐伯仁志
2017 年 5 月

前　言

本书的基础是在《法学教室》这本杂志上连载的以"刑法总论的思之道·乐之道"为总标题统率的系列论文。完成此书时，增补了论文发表之后判例和学说的新发展，并且增加了几个连载论文时未能论及的题目。连载论文的目标是，希望读者理解刑法总论的基本思考方法，体会到独自思考的乐趣。刑法总论中，诸多学说对立，初学者难以理解的问题点不在少数。因此，笔者竭力通俗易懂地说明，判例和学说的意思是什么，为什么要这样或那样来思考问题，应该如何来思考问题。目标是否达成了尚未可知，但有幸得到了来自诸多学者的善意品评，并且都希望我在连载结束后早日出书。由于我的拖延，本书迟至今日才出版。我对此致以歉意。读者在阅读完本书后，如果感觉学习刑法很有趣，我不胜欣喜。

连载论文时，我得到了青山文惠女士的莫大支持。虽说学习刑法是一件快乐的事情，但我喜欢长时间思考、不急于动笔，说实话，每月都得完成一篇稿件，着实不容易。青山总是耐心地等待我完成手稿，进行校对，修改错漏。对此，我致以诚挚的谢意。几次休息，终于能够坚持完成了两年的连载，这有赖于青山的帮助。在论文成书之际，最初的负责人是大森响女士，但因为我的磨磨蹭蹭，大森岗位调动了。对此，我表示深深的歉意。此后，负责人换为田中朋子女士。田中多次在我找理由想拖延的时候敦促我，并用心校对稿件。我此前连载以"民法和刑法的对话"为总标题统率的系列论文以及论文成书时，田中也是负责人。这本书的出版再一次由田中负责，我很高兴。在此，我谨向田中致以诚挚的谢意。

  最后，谨片言，请允许我把此书献给在乡下独自一人生活的父亲和去世的母亲。

佐伯仁志
2013 年 3 月

引用文献缩略语

◆专著

浅田	浅田和茂『刑法総論（補正版）』（成文堂・2007 年）
井田	井田良『講義刑法学・総論』（有斐閣・2008 年）
伊東	伊東研祐『刑法講義総論』（日本評論社・2010 年）
伊藤等	伊藤渉＝小林憲太郎＝鎮目征樹＝成瀬幸典＝安田拓人『アクチュアル刑法総論』（弘文堂・2005 年）
今井等	今井猛嘉＝小林憲太郎＝島田聡一郎＝橋爪隆『刑法総論（第 2 版）』（有斐閣・2012 年）
植松	植松正『再訂版 刑法概論Ⅰ総論』（勁草書房・1974 年）
内田	内田文昭『改訂 刑法Ⅰ総論（補正版）』（青林書院・1997 年）
大越	大越久義『刑法総論（第 5 版）』（有斐閣・2012 年）
大塚	大塚仁『刑法概説（総論）（第 4 版）』（有斐閣・2008 年）
大谷	大谷實『刑法講義総論（新版第 4 版）』（成文堂・2012 年）
小野	小野清一郎『刑法講義総論（新訂版）』（有斐閣・1948 年）
川端	川端博『刑法総論講義（第 2 版）』（成文堂・2006 年）
斎藤	斎藤信治『刑法総論（第 6 版）』（有斐閣・2008 年）
佐伯	佐伯千仭『刑法講義総論（4 訂版）』（有斐閣・1981 年）
佐久間	佐久間修『刑法総論』（成文堂・2009 年）
鈴木	鈴木茂嗣『刑法総論（第 2 版）』（成文堂・2011 年）

曽根	曽根威彦『刑法總論（第4版）』（弘文堂・2008年）
高橋	高橋則夫『刑法總論』（成文堂・2010年）
団藤	団藤重光『刑法綱要總論（第3版）』（創文社・1990年）
内藤『上』『中』『下Ⅰ』『下Ⅱ』	内藤謙『刑法講義總論（上）（中）（下Ⅰ）（下Ⅱ）』（有斐閣・1983年、1986年、1991年、2002年）
中山	中山研一『刑法總論』（成文堂・1982年）
西田	西田典之『刑法總論（第2版）』（弘文堂・2010年）
西田等『注釈』	西田典之＝山口厚＝佐伯仁志編『注釈刑法第1巻總論』（有斐閣・2010年）
西原『上』『下』	西原春夫『刑法總論（上）（改訂版）・（下）（改訂準備版）』（成文堂・1993年）
野村	野村稔『刑法總論（補訂版）』（成文堂・1998年）
林	林幹人『刑法總論（第2版）』（東京大学出版会・2008年）
平野『Ⅰ』『Ⅱ』	平野龍一『刑法總論Ⅰ、Ⅱ』（有斐閣・1972年、1975年）
平野『概説』	平野龍一『刑法概説』（東京大学出版会・1977年）
福田	福田平『全訂刑法總論（第5版）』（有斐閣・2011年）
藤木	藤木英雄『刑法講義總論』（弘文堂・1975年）
堀内	堀内捷三『刑法總論（第2版）』（有斐閣・2004年）
前田	前田雅英『刑法總論講義（第5版）』（東京大学出版会・2011年）
牧野	牧野英一『刑法總論』（有斐閣・1948年）
町野	町野朔『刑法總論講義案Ⅰ（第2版）』（信山社・1995年）
松宮	松宮孝明『刑法總論講義（第4版）』（成文堂・2009年）
山口	山口厚『刑法總論（第2版）』（有斐閣・2007年）
山中	山中敬一『刑法總論（第2版）』（成文堂・2008年）

◆ 判例集

刑録	大審院刑事判決録

刑集	大審院・最高裁判所刑事判例集
裁判集刑	最高裁判所裁判集刑事
高刑集	高等裁判所刑事判例集
下刑集	下級裁判所刑事判例集
東高刑時報	東京高等裁判所刑事判決時報
裁時	裁判所時報
裁特	高等裁判所刑事裁判特報
刑月	刑事裁判月報
新聞	法律新聞

◆杂志

译文皆使用杂志全称，原书中杂志缩略语的说明略去

目 录

总序一 ·· I
总序二 ·· III
中文版序 ·· VI
前　言 ·· VII
引用文献缩略语 ··· IX

第一章　刑法的基础理论 ·· 1
　一、刑罚理论 ·· 1
　二、刑法的任务 ··· 5
　三、刑法的补充性和谦抑性 ·· 8
　四、结语 ··· 12

第二章　罪刑法定主义 ·· 13
　一、罪刑法定主义的内容 ··· 13
　二、溯及处罚的禁止 ·· 16
　三、类推解释的禁止 ·· 21
　四、明确性原则 ··· 22
　五、刑法的解释和立法 ·· 23
　六、结语 ··· 25

第三章　构成要件论 ··· 27
　　一、序言 ··· 27
　　二、构成要件及其功能 ··· 27
　　三、构成要件的罪刑法定主义功能 ································ 29
　　四、构成要件和违法判断的关系 ··································· 31
　　五、构成要件和故意、过失 ··· 34
　　六、结语 ·· 37

第四章　因果关系之一 ··· 39
　　一、序言 ··· 39
　　二、条件关系 ··· 40
　　三、结果回避可能性 ··· 46
　　四、结语 ·· 50

第五章　因果关系之二 ··· 51
　　一、序言 ··· 51
　　二、实行行为的概念 ··· 51
　　三、相当因果关系说及其问题点 ··································· 53
　　四、相当因果关系说的重新构建 ··································· 58
　　五、判例的解析 ··· 62
　　六、结语 ·· 66

第六章　不作为犯论 ··· 67
　　一、序言 ··· 67
　　二、与罪刑法定主义之间的关系 ··································· 68
　　三、保障人地位的产生根据 ··· 70
　　四、结语 ·· 81

第七章　违法性的判断 ·82
一、序言 ·82
二、违法性判断的构造 ·82
三、主观违法要素 ·89
四、结语 ·94

第八章　正当防卫论之一 ·96
一、序言 ·96
二、正当防卫权的诸相 ·96
三、正当防卫的正当化根据 ·99
四、不正侵害 ·105
五、急迫性 ·110

第九章　正当防卫论之二 ·115
一、序言 ·115
二、防卫意思 ·115
三、防卫行为的相当性 ·119
四、打架斗殴和自招防卫 ·130
五、结语 ·135

第十章　正当防卫论之三 ·136
一、序言 ·136
二、防卫过当的类型 ·136
三、刑的减免根据 ·138
四、由判例展开的讨论 ·140
五、若干探讨 ·144
六、结语 ·148

第十一章　紧急避险论 ····· 149
　　一、序言 ····· 149
　　二、紧急避险的本质 ····· 150
　　三、紧急避险的要件 ····· 159
　　四、结语 ····· 167

第十二章　被害人同意及关联问题之一 ····· 168
　　一、序言 ····· 168
　　二、被害人同意的诸类型 ····· 168
　　三、被害人同意的根据 ····· 171
　　四、同意的要件 ····· 173

第十三章　被害人同意及关联问题之二 ····· 187
　　一、伤害罪和被害人同意 ····· 187
　　二、推定同意 ····· 190
　　三、治疗行为 ····· 194
　　四、危险接受 ····· 195
　　五、结语 ····· 197

第十四章　故意论之一 ····· 198
　　一、序言 ····· 198
　　二、间接故意的相关学说 ····· 200
　　三、若干讨论 ····· 207
　　四、结语 ····· 213

第十五章　故意论之二 ····· 215
　　一、序言 ····· 215
　　二、方法错误的判断 ····· 215
　　三、故意的个数 ····· 220

四、抽象法定符合说的前提条件 ················· 222

第十六章　故意论之三 ···················· 227
　　一、序言 ································· 227
　　二、因果关系的错误 ····················· 227
　　三、抽象事实的错误 ····················· 234
　　四、结语 ································· 241

第十七章　过失犯论 ······················ 242
　　一、序言 ································· 242
　　二、过失犯的构造 ······················· 243
　　三、预见可能性相关的诸问题 ··········· 247
　　四、过失犯的限定 ······················· 258
　　五、结语 ································· 263

第十八章　责任论 ························ 265
　　一、序言 ································· 265
　　二、责任论 ······························· 265
　　三、责任能力 ···························· 269
　　四、原因自由行为 ······················· 272
　　五、结语 ································· 281

第十九章　未遂犯论 ······················ 282
　　一、序言 ································· 282
　　二、实行的着手时期 ···················· 282
　　三、不能犯 ······························· 291
　　四、中止犯 ······························· 296

第二十章　共犯论之一 ·· 309
　　一、序言 ·· 309
　　二、共犯的因果性 ·· 310
　　三、共同正犯 ·· 320
　　四、未遂的教唆 ·· 322
　　五、承继共犯 ·· 323
　　六、脱离共犯 ·· 325
　　七、结语 ·· 328

第二十一章　共犯论之二 ······································ 329
　　一、序言 ·· 329
　　二、共谋共同正犯 ·· 329
　　三、实施实行行为的从犯 ·································· 341

第二十二章　共犯论之三 ······································ 346
　　一、序言 ·· 346
　　二、共犯和身份 ·· 346
　　三、必要共犯 ·· 353
　　四、过失犯的共同正犯 ···································· 357
　　五、不作为和共犯 ·· 363

事项索引 ·· 367
判例索引 ·· 370
译后记：独立发展中的日本现代刑法学 ················· 378

第一章

刑法的基础理论

一、刑罚理论

（一）刑罚意义的相关学说

刑法总论开卷伊始，必然要探讨刑罚的意义、本质。刑罚剥夺国民的自由、财产，有时甚至是生命，因此其正当化是必要的。探讨刑罚意义、本质的第一个目的便是为了明确刑罚的正当化根据。为什么能够处罚人，对此从来没有过疑问的人仅凭此一点便欠缺了作为法律人的资质。

报应刑论主张，对犯了罪的人科处与其责任相当的刑罚，这样的报应实现合乎正义，这本身就让刑罚正当化。与此相对，目的刑论主张，为了防止犯罪而科处刑罚，防止犯罪所带来的社会全体的利益让刑罚正当化。目的刑论分为一般预防论和特殊预防论，前者是通过对行为人科处刑罚，以期防止一般国民将来犯罪；后者是通过对行为人科处刑罚，以期防止此行为人将来犯罪。现在，所谓的相对报应刑论（综合说）成为通说。该学说认为，刑罚既是报应，同时又有犯罪预防的效果，由此得以正当化。

至此所述内容，凡学习刑法总论的人都知道。而且，想必多数读者采纳的是相对报应刑论。问题在于，这些读者是在充分理解了报应刑论和目的刑论的问题点之后而采纳了相对报应刑论吗？考虑过报应刑论和目的刑论是如何结合在一起的吗？两个极端学说被提出时，经常是折衷说成为最妥当的学说。但是，这样的折衷说如果不是在充分理解了其他两个学说的问题点之后而提出来的学说，那么恐怕只会成为集两个学说的问题点于一身的学说。同样，相对报应刑论如果只是单纯把报应刑论和目的刑论结合在一起，那么也就只是两者的问题点加在一起、又增多了。

（二）报应刑论的问题点

报应刑论的优点是，只有与行为人的责任相当的刑罚才得以正当化，这一点能够为责任主义和罪刑均衡提供基础。但是，报应刑论有如下问题。

第一，因为报应刑论，特别是绝对报应刑论认为，科处刑罚就是合乎正义的好事，所以恐怕会沦为必罚主义。这在康德的主张中有很好的体现。康德认为，社会解散之际，关押在监狱内的最后一名杀人犯也必须被处决。责任主义可以区分为积极责任主义和消极责任主义，前者认为，如果有责任，就必须处罚；后者认为，如果没有责任，就不得处罚。绝对报应刑论和积极责任主义是结合在一起的。

第二，报应刑论将行为人的责任置于理论的基底，责任以自由意思为前提，但自由意思在科学上却得不到证明。特别是，日本的多数学说都承认，自由意思作为科学事实或者作为刑罚制度不可欠缺的公理，在一定程度上是存在的（团藤重光博士的著名表述是"受限制，却又是自由的"*）。

第三，以报应来实现正义不是国家的任务。在君权神授、代为天命的时代，认为报应的实现是国家的任务这种观点也许有说服力。但是，现代国家的任务是保护国民利益、增进社会福祉，而不是实现正义。现代国家没有替天行道、惩处恶行的权限。如果这样考虑，那么不仅是绝对报应刑论，相对报应刑论也同样，拟从报应的角度出发来说明国家刑罚制度基础的观点是不可能被采纳的。

（三）目的刑论的问题点

目的刑论的优点是着眼于刑罚的犯罪预防效果，在这一点上能够合理地、科学地探讨刑罚。启蒙主义时代的一般预防论批评旧体制下恣意的、过酷的刑罚制度，曾产生过很大的影响力；新派的特别预防论对行刑近代化也做出过很大的贡献。

具有讽刺意味的是，目的刑论的上述优点也让人们对目的刑论产生了疑问。这是因为，虽然有很多实证研究，但仍然不能说刑罚对犯罪人的改造效果和一般预防效果在科学上得到了证明。不过，如果在国家政策上能够相当程度上信赖此效果，那就没有必要在科学上完全得到证明。在这个意义上，我认为，至少在足以说明国家刑罚制度正当化这个程度上，还是能够信赖一般预防效果的。但是，目的刑论还有如下问题。

首先，特别预防论存在的问题是，只要是改造犯罪人所必要的，即使是轻微犯罪，长期拘禁刑也能正当化；反之，不论是多么重大的犯罪，不能对

---

* 在多数情况下意思受外部因素制约，而在具体情况下能够基于自由意思作出决定。——译者注

无再犯可能性的行为人科处刑罚。并且，对特别预防论而言，相比客观行为，行为人的危险性更重要，因此，当特别预防论与犯罪论结合在一起时，刑法会主观化，处罚范围会显著扩大，这也是问题。因为存在如上问题，所以现在仅以特别预防论来说明刑罚正当化的观点基本上销声匿迹了。

其次，一般预防论存在的问题是，在一般预防的必要性大时，刑罚即使在量上超过了行为人的责任也能正当化。常见的批评还有，一般预防论恐怕会沦为刑罚越重越好的威慑刑主义。特别是最近的一般预防论会先区分消极一般预防论和积极一般预防论，前者着眼于刑罚所产生的威慑，后者着眼于维持和强化国民对规范实际效果的信赖；在区分的基础上再主张，如果采纳积极一般预防论，就能导出罪刑均衡的原则。这就是说，科处违反国民正义观那样的过酷刑罚会削弱国民对规范的信赖、减损刑罚的一般预防效果，因此得不到正当化。

的确，一般国民之所以不实施犯罪并非因为刑罚令人生畏，而是因为考虑到构成犯罪那样的行为不可以去做。在这个意义上，维持国民的规范意识比威慑更重要这种说法是正确的。如果由此得出的结论是不应该盲目依赖刑罚，那就是正当的主张。但是，因为积极一般预防论认为规范受到保护这一状态本身是重要的，所以恐怕也很有可能与另一个立场联系在一起，这一立场是，只要有规范违反，就总应该处罚。再有，从积极一般预防论中真的能导出罪刑均衡原则吗？答案也并不清楚。原因在于，我们不知道多么严酷的刑罚才会削弱国民对规范的信赖；假如能够承认信赖削弱会带来遏制效果的减损，但即便如此，毕竟严酷的刑罚会让威慑效果增强，信赖的削弱和威慑效果的增强相比较之后，我们也不知道整体上遏制效果是否减少了。笔者认为，多数积极一般预防论的主张者本来从一开始就没有把这样的实证性作为问题。这样的积极一般预防论难免被批评为，只是给黑格尔所说的"犯罪是法的否定，刑罚是法的否定之否定"这种绝对报应刑论披上了一般预防的外衣。

并不是说如果采纳消极一般预防论，就会认为刑罚越重越好。这是因为，如果对某犯罪科处的刑罚过重，那么对其他犯罪的遏制力就会丧失（假如抢劫罪的刑罚是死刑，那么刑罚对抢劫者杀害被害人就失去遏制力了）。再有，鉴于刑罚的执行成本，科处不必要的过重刑罚在刑事政策上也得不到认可。但不能否定的是，从消极一般预防论出发，恐怕会肯定罪刑不均衡的刑罚。

一般预防论更根本性的问题在于，预防一般国民犯罪的效果能够使对个人的刑罚正当化吗？为了多数人的利益而牺牲个人的利益是功利主义的主张，而宪法保障的基本人权在对抗功利主义的主张时作为"杀手锏"发挥着作用，[1] 为了多数国民的利益而牺牲个人的人权理应是得不到允许的。因此，对个人科处刑罚的正当化根据不在于从社会角度来看防止犯罪的利益，而必须在于这个人的责任。

（四）报应刑论和目的刑论的综合

如上所述，既然报应刑论中有问题，目的刑论中也有问题，那么，如何将两者综合在一起才能够消除问题呢？

一个有力的观点是，刑罚的意义在于一般预防，同时承认以责任进行外部制约。此观点没有把从报应刑论中导出的责任主义和罪刑均衡作为刑罚的基础，而是将其作为制约原理。如果这样来解释，就能够避开一般预防论的问题，同时也能够避开报应刑论的问题。[2]

这个观点是深思熟虑过的好观点，但笔者认为，存在的问题是，把责任作为单纯的制约原理将其从刑罚的本质中除去会导致刑罚和保安处分的区别消失。刑罚和保安处分的共通点是，两者都以防止"犯罪"为目的来限制国民的自由；两者的本质性差别在于，刑罚是法之非难。而把责任作为单纯的外在制约来看待时，无法说明刑罚的本质是法之非难。

因为报应不是国家的任务，所以不能用报应刑论作为刑罚权的正当化根据；却又想让刑罚具有报应意义上非难的这种性格。能有如此称心如意的理论构成吗？笔者认为，英国法哲学家哈特的观点正是这样的理论。哈特首先区分作为国家制度的刑罚制度的正当化（宏观层面的正当化）和特定的个人处罚的正当化（微观层面的正当化）；在区分的基础上，采纳一般预防论来说明刑罚制度的正当化，采纳报应刑论来说明个人处罚的正当化。[3] 这样来考虑就能够满足所有的课题，这些课题包括统一刑罚观和国家观、以法之非难作为刑罚的本质、符合罪刑均衡的要求、消极责任主义等。关于自由意思的

---

[1] 参见長谷部恭男『憲法（第5版）』108頁以下（2011年）。

[2] 参见克劳斯·罗克辛「国家の刑罰の意義と限界」同（宫泽浩一监译）『刑法における責任と予防』1頁以下（1984年）。这篇论文是为德国学生写的，有井田良教授的优秀译文可读，希望大家到图书馆找来读一下。连载时，和罗克辛教授的观点并列还引用了内藤谦博士的观点（内藤谦『刑法講義総論（上）』124頁以下），但是，内藤博士的观点是，犯罪反作用意义上的"报应"要素包含在刑罚之内，区分刑罚和保安处分，因此，在这里引用不恰当。笔者想说明的是，报应要素包含在刑罚之内的根据。

[3] See H. l. A Hart, Punishment and Responsibility, pp. 9–11 (1968).

问题也同样。以刑罚制度的必要性为前提，在此基础上，如果把这种刑罚制度如何运作的问题作为宪法要求的对于人的尊严与自律性的尊重相互调和的问题来考虑，就有可能承认，在责任中假定自由意思，将这样的责任作为基础的刑罚制度才是可取的。[4]

笔者初次读到哈特关于不同层面正当化的说明时，感到茅塞顿开，读者觉得怎么样呢？

在刑罚论的最后，提出三个应该注意的点。首先，报应刑论主张的是与责任相当的刑罚是正当的，而不是与结果相当的刑罚是正当的。其次，报应刑论中所说的报应不同于被害人、社会的报应情感得到满足。如果被害人的报应情感得到满足，刑罚就得以正当化了的话，那么没有亲人或被厌弃者的生命就不再受刑法保护了。最后，如果认为国民的处罚情感就是对报应的判断，那么消极责任主义就无法发挥作用去防止个人利益会因多数国民利益而受到侵害。重大结果发生时，被害人和国民的处罚情感高涨这种情况是存在的，但直接与量刑结合在一起绝对不是采用报应刑论会导致的结果。

二、刑法的任务

（一）刑法和对道德的保护

国家刑罚制度的目的是防止犯罪，接下来会成为问题的是，刑法应该把什么行为作为犯罪来加以防止？这个问题有关刑法的任务，对此，以前有力的观点是，刑法的任务是保护基本的道德秩序；现在，成为通说的观点是，刑法的任务归结为保护法益。笔者也认为后一观点妥当。理由有三个：其一，现行宪法之下，国家没有权限凌驾于个人之上来判断什么在道德上是正确的；其二，在价值观多样化的现代社会，把某种道德作为正确的，以刑罚强制推行是不妥当的；其三，对道德本身进行保护是个人内心的问题，以法来强制实施不恰当。[5]

当然，以杀人为首的主要犯罪全是严重违反道德的行为，因此，刑法和道德有密切的关系是毋庸置疑的。此外，责任非难和国民的道德观念也有紧密的联系。主张对道德的保护不是刑法的任务时，并不是在主张刑法和道德

---

[4] 本书这样的考虑也是可能的。不过，无原因这个意义上的自由意思对于人的尊严和自律性而言是否不可或缺，现在对此是有疑问的。参见本书编码第318页以下。

[5] 社会心理学领域中一项有名的研究表明，与自发性行动相对的是，如果以制裁加以强制，就会失去内在的动机。参见山岸俊男『社会的ジレンマのしくみ』123页以下（1990年）。

之间应该没有关系，而只是在主张不应该为了保护与法益没有直接关系的道德本身而使用刑罚。

（二）与结果无价值、行为无价值之间的关系

刑法的犯罪论中，二战前，旧派和新派的学派之争居于中心位置；二战后，新派的主张迅速失去了支持，学派之争也偃旗息鼓了。虽然新派学说（例如，关于不能犯的主观危险说）现在仍然作为学说之一被讲授，但只是作为一种思考方式被讲授以助于学说理解，在实践中已经失去了意义。

战后，结果无价值和行为无价值之争取代了新派和旧派之争，在刑法学中占据了中心位置。为了正确理解此争论，有必要了解的是，结果无价值和行为无价值之争中有两个不同的论点交织在一起。一是是否应该以刑法对法益之外的道德本身进行保护。这个问题已经论及。二是违法判断是否应该是事前判断，应该在多大程度上承认主观违法要素。这个问题与违法性判断的构造相关。

结果无价值论的立场是，在违法判断中重要的只有法益侵害以及法益侵害的危险，因此，不会得出结论认为，应该以刑法对道德本身进行保护。与此相对，行为无价值论的立场是，违法论中也考虑结果无价值之外的无价值，因此，有可能得出结论认为，法益之外的道德上的价值是刑法保护的对象。实际上也如此。在德国，行为无价值论的代表学者威尔哲尔所持的就是这种观点。在日本，战后结果无价值论的代表学者平野龙一博士所批评过的行为无价值论也是肯定对道德秩序提供刑法上的保护。[6] 笔者认为，平野的学说之所以在战后的刑法学界有大的影响力，理由之一就是，平野所主张的刑法的任务在于法益保护极具说服力、被学界广为接受。

但是，行为无价值论和道德保护并非必然结合在一起。[7] 也有可能以保护法益作为刑法的任务，同时采纳行为无价值的立场；现在，无论在德国还是在日本，这种立场都很普遍。现在的结果无价值论和行为无价值论之争中，共通的前提是，刑法的任务是保护法益；争论的问题是，为了达成这一任务，

---

[6] 平野龍一「結果無価値と行為無価値」法学教室37号21頁以下（1983年）[同『刑法の機能の考察』（1984年）]。这篇文章是在演讲稿的基础上整理而成的，通俗易懂，希望读者去读一下。

[7] 井田良「結果無価値と行為無価値」現代刑事法1号84頁（1995年）。此论文指出，把行为无价值和道德主义放在一起考虑"不过是个偶然"，但是，不能否定行为无价值和道德主义之间的亲近性。要了解日本现在的行为无价值论，此论文是最适合的文献。

应该如何以及在多大程度上使用刑罚。

在这样的学说状况下，如果把那些以道德保护作为刑法任务的观点称为行为无价值论，以此来批评行为无价值论，那么只会导致学说理解的混乱，削弱说服力。因为人们会误认为，既然行为无价值论在其他场景下是有力学说，那么以保护道德作为刑法任务的这种立场在学说中也是有力的。

（三）判例的立场

如上，围绕刑法任务的讨论在学界几乎是已有定论的问题（问题在后面），但讨论是否就失去意义了呢？并非如此。这是因为，以保护道德作为刑法任务来考虑的立场（哈特将此观点称为法律道德主义，对此进行批评。在日语中称之为淳朴敦厚民风习俗论*）在实务中的影响力大。体现这一点的代表判例是关于杀害长辈亲属罪的最高法院大法庭判决［最大判昭和48（1973）年4月4日刑集27卷3号265页］和关于外交部泄密案件的最高法院决定［最决昭和53（1978）年5月31日刑集32卷3号457页］。

关于杀害长辈亲属罪的大法庭判决变更了此前的判例［最大判昭和25（1950）年10月25日刑集4卷10号2126页］，认为《刑法》第200条的杀害长辈亲属罪违宪，但以被害人是长辈亲属为由加重处罚这种判断本身是合宪的，对此的说明是："对长辈亲属的尊重和报恩可谓是社会生活中的基本道义，这种自然情爱或普遍伦理的维持值得在刑法上进行保护。"基于这种考虑，最高法院认为伤害长辈亲属致死罪合宪［最判昭和51（1976）年2月6日刑集30卷1号1页］。

对长辈亲属的尊重和报恩是道德，以刑法保护这种道德违反了宪法上的平等原则，应该说在这一点上是违宪的；以刑法来保护特定的道德这一点也不妥当。当然，所杀的被害人是长辈亲属，这作为量刑情节来考虑是可能的。但这要依据个别的具体情节，若只因为是长辈亲属就加重刑罚则无异于以刑法来保护儒家（封建）道德，即长辈亲属因为是长辈亲属这件事情本身就值得尊重。

在外交部泄密案件中，被告人是新闻记者，让外交部工作人员甲偷偷把机密资料拿出来。对此行为，最高法院的决定指出："被告人从一开始就以利用女甲为手段，以获取秘密文件的意图与其发生肉体关系，女甲因为上述关

---

* "法律道德主义"的英文是"legal moralism"；"淳朴敦厚民风习俗论"的日文是"醇風美俗論"。——译者注

系陷入了难以拒绝被告人所托之事的心理状态,被告人乘此让其把秘密文件拿出来。在没有必要利用女甲时,就结束了与女甲之间的上述关系,此后再没有关心过女甲。不得不说,这显著地蹂躏了采访对象女甲个人的人格尊严;参照法秩序全体的精神来看,被告人的这种采访行为在手段和方法上都是社会观念上所不能认可的、无相当性的,因此,偏离了正当的采访活动的范围",所以,《国家公务员法》第111条(第109条第12款;第100条第1款)规定的犯罪成立。

以不轨之心接近异性并利用对方,这是卑劣的行为。不过,基本上不会有人认为这种行为本身应受处罚。然而,在判断违法性阻却时,却以行为是这样的卑劣行为为由就肯定了可罚性。判例的立场是从全体法秩序的观点出发来判断违法性,关于这一立场有探讨的必要(在违法论部分探讨),即便以此立场为前提来考虑,对判例的结论也仍然怀有疑问。这是因为,如果判例的立场是,首先承认国民知情权的实现是优越利益,在此基础之上,以对采访方法进行道德上的非难为由承认行为的违法性,那么实质上等同于以刑法来保护道德。从判例的立场出发,如果被告人和女甲之间有爱情,那么其行为就不违法了吗?有没有爱情这种微妙的问题是应该由法官判断并决定是否科处刑罚的吗?还是说,最高法院认为,与有夫之妇之间有不伦关系本身就是可罚的违法性的根据?

笔者认为,无论时代和学说如何变化,淳朴敦厚民风习俗论在实务中根深蒂固的理由之一是判例不容易变更。在1950年杀害长辈亲属案件的合宪判决出来之后,直到违宪判决出来,期间经历了23年的岁月;长年遭受性虐待的女儿忍无可忍杀死父亲的悲惨案例的出现也是必要的。此后,判例没有变更,维持了下来(因为检察官没有再以杀害长辈亲属罪名提起过诉讼,所以没有对杀害长辈亲属罪的判例进行变更的机会),直到通过立法废除了杀害长辈亲属加重处罚的规定,这期间又经过了22年的岁月;刑法表述的通俗化作为契机也是必要的。但是,判例也不是不变更,杀害长辈亲属罪的违宪判决正表明了这一点。学说中,结果无价值论和行为无价值论应该站在同一战线,把对淳朴敦厚民风习俗论的激烈批评进行下去。

三、刑法的补充性和谦抑性

(一)制裁的种类

刑法的任务是保护法益,而保护法益的手段却不限于刑法。正如德国著名刑法学家李斯特所说的那样："最好的社会政策就是最好的刑事政策。"很多情况下，相比使用刑罚，除去会成为犯罪原因的社会原因才是有效防止犯罪的手段。此外，为了维持和强化规范，开展教化和教育来让人们学习规范、让规范内化于心是重要的。

　　针对违反规范的制裁也是同样的，法律制裁之外还有社会制裁，社会制裁发挥着重要的作用。日本的刑罚比美国的刑罚宽缓得多，笔者认为，重要原因是，日本的社会制裁更加强有力。法律制裁中，刑事制裁之外还有行政制裁。[8] 此外，损害赔偿的制裁功能也不能忽视。最近，名誉损害诉讼中，法院所容忍的损害赔偿额大大提升，对名誉毁损行为的遏制力在提升。

　　由此可见，保护法益的手段多数存在，刑罚是制裁手段中最严厉的，而且其社会成本也大（常被比喻成副作用强的药），因此，使用刑罚应该限于其他制裁手段不充分的场合。这就是刑法的补充性和谦抑性。但凡学习过刑法总论的人都知道这个表述，不仅要知道，更重要的是在进行解释和立法时总是意识到刑法的补充性和谦抑性。

　　（二）制裁的选择

　　《地方自治法》第14条第3款规定："地方公共团体……可以在条例中规定对违反条例者科处2年以下有期徒刑或禁锢，1 000 000日元以下的罚金、拘留、小额罚金或没收的刑罚，或者50 000日元以下的行政罚款。"* 让我们做一个假设，假设你在地方自治体的生活安全科工作，在探讨制定有关禁止乱丢烟蒂的条例。你认为对违规者规定什么样的措施是可取的呢？

　　东京都的许多辖区都有禁止丢弃烟蒂的条例，对违规者采取的措施大致分为四类。

---

[8] 详细说明参见拙文「制裁」小早川光郎編『岩波講座・現代の法4 政策と法』215頁以下（1998年）［同『制裁論』（2009年）収録］。

　* "小额罚金"对应的日语是"科料"；"行政罚款"对应的日语是"過料"。日本的刑罚分为主刑和附加刑两种（《刑法》第9条）。主刑分为死刑、三种自由刑（即徒刑、禁锢和拘留）、两种财产刑（即罚金和小额罚金）。徒刑分为无期徒刑和有期徒刑（第12条）。禁锢也分为有期禁锢和无期禁锢（第13条）。徒刑和禁锢都是将犯罪人关押在刑事设施内，但后者不强制犯罪人从事劳动。拘留的科刑范围是1日以上30日不满，将犯罪人关押在刑事设施内，不强制其从事劳动，不适用缓期执行制度（第16条）。罚金的科刑范围原则上是10 000日元以上（第15条）。小额罚金是最轻的主刑，科刑范围1000日元以上不满10 000日元（第17条）。犯罪人不能缴纳罚金或小额罚金的情况下，所科处的刑罚变为关押于劳动场所（第18条）。附加刑主要是没收（第19条），在部分或全部财产无法没收的情况下，可以让犯罪人缴纳同等价额的财产（同条第2项）。——译者注

第一，对违规者规定了罚金。例如，《新宿区防止乱扔空易拉罐及道路上吸烟危害的相关条例》规定，在环境美化建设重点区域内的公共场所乱扔空罐和烟蒂的，处以 20 000 日元以下的罚金（第 14 条）。

第二，规定了行政罚款。行政罚款是行政处罚，而罚金和小额罚金是刑罚，不可混淆（在新闻报道中经常被混淆）。此类规定的先例是在 2002 年制定的《安全、舒适的千代田区整备生活环境相关条例》。本条例不仅禁止在道路上的禁烟区域内丢弃烟蒂，也禁止在道路上吸烟，为此规定了罚则，此为全国首例，被媒体广为报道。依据此条例，对违规者科处 20 000 日元以下的行政罚款，实际上会科处 2000 日元（第 24 条第 1 款第 2 号）。[9]

13　　第三，对违规者下达矫正命令，对违反命令者科处罚金。例如，《目黑区无烟蒂街道共建条例》规定，劝告违规者采取必要措施改正违规行为；对不遵从劝告者，命令其遵从劝告；对违反命令者科处 30 000 日元以下的罚金（第 11 条、第 12 条、第 15 条）。千代田区的条例也规定，丢弃烟蒂等废弃物、放置宣传板"对生活环境造成了显著侵害的，可以责令其在规定期限内采取必要的矫正措施"（第 15 条），对违反矫正命令者处以 50 000 日元以下的罚金（第 25 条）。千代田区只对违反矫正命令者规定了罚金，只在"显著侵害生活环境"这种法益侵害达到了某种重大程度时使用刑罚，也可以说，上述规定考虑到了刑法的谦抑性。此外也许考虑过，对于不遵从区长矫正命令的品行恶劣者有必要借助警察力量进行取缔（涉及行政罚款的案件中不能进行逮捕等强制搜查）。千代田区的条例规定，公开违反矫正命令者的姓名和住处等信息（第 15 条第 2 款，《施行规则》第 4 条）。这种信息公开也可以说是一种制裁。

第四，没有特别规定制裁措施。例如，《中野区防止乱扔烟蒂、空罐的条例》在 2005 年修改之前只规定了，区长可以对违规者进行必要的指导（第 9 条）。该规定所反映的态度是，乱扔烟蒂等是道德问题，不宜对其进行制裁。[10]

---

[9]　包括采用行政罚款的来龙去脉在内，详细内容参见千代田区生活環境科『路上喫煙にNO！——ルールはマナーを呼ぶか』25 頁以下（2003 年）。对此问题的详细讨论参见深町晋也「路上喫煙条例・ポイ捨て禁止条例と刑罰論——刑事立法学序説」立教法学 79 号 57 頁以下（2010 年）。

[10]　中野区在 2005 年修改条例，命令区长对违规者采取必要措施（第 11 条），规定对违规者科处 10 000 日元以下的行政罚款。这可以成为第五类（不过，该规定未得到施行）。

犯罪的多发和实际作为刑事案件送交检察院处理的案件比率的低下困扰着警察，完全不能想象警察会积极地取缔道路上吸烟、乱扔烟蒂这类行为。即便警察立案侦查，将嫌疑人送到检察官那里，也不能想象检察官会积极起诉。结果就是，自治体规定了对乱扔烟蒂科处罚金，但没有期待违规者实际上真会被告发到警察处而受到处罚，而是在期待对受处罚的行为进行宣告本身所产生的效果，即所谓的刑罚法规规制功能。但是，实际上得不到适用的刑罚法规可能发挥规制功能吗？这是有疑问的。怕被虎吃掉，才心生畏惧；而如果知道是假老虎，无非就是被戏弄了。而且，用刑罚来制裁轻微侵害法益行为恐怕也会降低刑罚全体给人心理上带来的冲击力*。给国民留下印象是，虽说是刑罚，却对非常轻微的法益侵害行为也科处，也没什么大不了的。

与此相对，行政罚款虽然是比罚金轻的制裁，但在实际功能方面有可能成为更有效、更让人感觉到痛的制裁。这是因为，为了科处刑罚，警察和检察官的协力是必要的；而在科处行政罚款的情况下，只要自治体想干，自治体自己就能对违规者进行取缔，让其缴纳行政罚款。相比徒有其表的刑罚，行政罚款可能更有现实效果。实际上也是如此。据说新宿区适用相关条例科处罚金的案例一件也没有（《朝日新闻》2004年1月26日夕刊）；在千代田区，区的勤务人员进行巡视，从2003年11月1日至2004年9月30日期间适用条例，共计对约5000名违规者科处了行政罚款（《朝日新闻》2003年10月8日朝刊）。[11] 科处罚金的情况下，即便是违反地方自治条例所科处的罚金也是归国家财政收入，而对违反条例者所科处的行政罚款则归地方自治体的财政收入，在这一点上行政罚款也有优势。

规定罚金还是行政罚款，除了执行程序之外，在确保执行这一点上也有不同。如果是罚金，不缴纳罚金者会被收容进劳役场所（《刑法》第18条），最终变成"以身体来缴纳"。与此相对，如果是行政罚款，因为没有收容进劳役场所这种替代制裁手段，所以对拖延缴纳者进行催告，催告之后仍然不缴纳的，最后唯有强制执行拖延缴纳者的财产。不过，对小额行政罚款也采用强制执行程序基本上不现实。处理数量众多的此类案件时尤其如此。对违反规定停车的行为，有命令车辆的使用者缴纳违规金的制度，希望大家考虑一

---

* 冲击力的日语原文是"感銘力"。——译者注
[11] 此后的情况是，从2002年11月到2009年6月期间的违规案件共计51 704件，案件数量从2006年的每月1000件之多减少到600件，烟头也从一个调查地点1000多根减少到10根，由此可见，罚则是有效的（《东京新闻》2009年8月4日朝刊）。

下在此可以采用什么手段来确保执行。[12]

四、结语

笔者感觉刑法学习的魅力之一在于，刑法学不仅是法解释的问题，也是追问为什么能够处罚人的哲学问题，追问人为什么会犯罪、刑法对防止犯罪会起到什么作用的实证问题，追问对什么样的行为应该采取什么样的制裁的政策问题，所涉及的领域非常广泛。之所以在刑法总论连载一开始就提出了刑法的基础理论，是希望读者可以多少感受到刑法学的魅力。读者中也许有人认为，自己想学的是刑法解释论，思考此外的问题是在浪费时间。但这种想法是错误的。在法解释中，最后终归是解释者价值判断的问题，这时，对上述问题的学习就很重要。另外，在剧变的现代社会中，以过去的解释无法解决的新问题接连出现，为了恰当地解决这些问题，解释论之外的知识也变得重要起来。包括条例在内，刑罚法令的立法活动也积极地开展起来，也要求在这个时代的法律人积极地去参与刑事立法的讨论。广泛学习刑法之外的法学，乃至法学之外各种各样的学问，如此，刑法总论的学习应该会变得更有趣。

---

[12] 一个答案是《道路交通法》第51条第7项（该条规定，警察局长保管车辆之后，必须通知车辆的使用者开始保管的日期和时间、保管场所以及应该马上取回车辆等事项。——译者注）。

第二章

罪刑法定主义

刑事法官甲和刑法学者乙是大学时代相识的朋友。2002年12月的一天，两人在小酒馆有如下一段对话。

甲：这年头，法官的收入也变少了，难啊。

乙：日本的经济不景气都怪法院，自作自受。

甲：说的是知识产权诉讼的事？

乙：我哪儿知道什么知识产权诉讼的事啊。说的当然是刑事审判的事。

甲：为什么刑事审判和日本的经济不景气会有关系？

乙：（吃着鸭肉铁板烧）因为日本法官作出的判决认为，"让鸭子逃了也是捕获到了"，[1] 所以经济犯罪的处罚范围变得模糊不清。日本的商人即使找到了有望赚钱的新买卖，心想要是按照这个路子来解释相关法令的处罚规定，也许要受处罚吧，犹豫不决，结果错过了商机，日本的不景气得继续下去啦。处罚这个让鸭子逃了的笨蛋，由此带来的经济损失是相当大的哦。

甲：你又在说不着边际的话了。

一、罪刑法定主义的内容

（一）罪刑法定主义的内容

罪刑法定主义是一项原则，该原则认为，必须一开始就在法律中规定什

---

[1] 最高法院平成8（1996）年2月8日判决（刑集50卷2号221页）指出，"原审的判断是正当的，即以食用为目的，瞄准野鸭和斑嘴鸭等作为狩猎对象的鸟兽，用弓弩射出箭，关于此行为，即使因为箭射偏了而没能将鸟兽置于自己的武力支配范围内，并且，没有导致杀伤结果发生，也构成了根据《鸟兽保护和狩猎有关的法律》第1条第4款第3项发布的3号告示所禁止的使用弓弩猎捕。"

么会构成犯罪、如何进行处罚。* 这里所说的"法律"必须是形式上由国会制定的法律（法律主义）。罪刑法定主义的派生原则有禁止溯及处罚、禁止类推解释、禁止绝对不定期刑。[2]

在现代刑法学中，受美国实体性正当程序论的影响，上述传统罪刑法定主义的内容中又增加了刑罚法规的明确性、刑罚法规内容的合理性和罪刑均衡原则等"合理处罚原则"，这已经成为一般性的观点。[3] 笔者认为，明确性原则之外的合理处罚原则，特别是内容的合理性与传统的罪刑法定主义的性格不同，所以将其定位为有别于罪刑法定主义的原则才是可取的。[4] 不过，要说这只是名头的问题，也是可以的。

（二）罪刑法定主义在宪法上的地位

罪刑法定主义没有规定在刑法里，而是作为刑法的上位规范——宪法上的原则加以规定。** 首先，作为法律主义的根据能够提出的是《宪法》第41条。此外，《宪法》第76条第6号但书规定，为了在内阁发布的命令中规定

---

* 在日语中的表述是"罪刑法定主义"，日文"主义"对应的英文应该是"principle"，即中文中的"原则"。并且，根据文中的定义，罪刑法定主义就是一项基本原则。既然如此，为什么日语中不直接说"罪刑法定原则"，而是使用"罪刑法定主义"？针对此问题，译者询问了本书的作者佐伯教授。佐伯教授的回答是，尚没有看到过有文献对此问题进行专门论述，但是，也许可以从如下角度来进行理解。即"原则"总与"例外"相呼应，有原则必然有例外，但是，罪刑法定是没有例外的，所以使用"主义"更为贴切。笔者在译文中使用罪刑法定"主义"，以最大限度切合原文。——译者注

[2] 本稿执笔时，曾与东京大学长谷部恭男教授交谈，受益良多。

[3] 在刑法学界，关于实体性正当程序论的先驱性研究成果参见芝原邦爾『刑法の社会的機能』（1973 年）；最近的研究成果参见萩原滋『実体的デュー・プロセス理論の研究』（1991 年）。宪法学界的批评意见参见松井茂記「実体のデュー・プロセス理論の再検討」阪大法学 141 ＝ 142 号 316 頁以下（1987 年）。

[4] 同样的观点参见大越义久『刑法総論（第5版）』34 – 35 頁（2012 年）；萩原·前注 [3] 271 頁以下等。

** 本章中出现的宪法条文如下：根据《宪法》第 13 条，全体国民都作为个人而受到尊重。谋求生存、自由以及幸福是国民的权利，只要不违反公共福利，在立法及其他国家政治事项上都必须受到最大的尊重。第 14 条第 1 款规定："法律面前全体国民是平等的，不因种族、信仰、性别、社会身份或地位而在政治、经济或社会关系中受到差别对待。"第 31 条规定："不经法律规定的手续，不得剥夺任何人的生命或自由，或科处其他刑罚。"第 39 条前半段规定："行为在实行当时是合法的，或已经被判无罪的，任何人不得因此行为被追究刑事责任。"第 41 条规定："国会是国家的最高权力机关，是国家唯一的立法机关。"第 98 条规定："宪法为国家的最高法律，与宪法条款相违反的法律、命令、天皇发布的文书以及国务有关的其他行为的全部或一部，没有效力；日本国缔结的条约以及确立的国际法规必须诚实遵守宪法。"——译者注

罚则，法律的特定委任是必要的，这从反面对法律主义进行了规定。其次，《宪法》第 39 条前半段规定了禁止溯及处罚。并且通说认为，《宪法》第 31 条规定的"法律"中包括实体刑法，本条为罪刑法定主义提供了一般性保障。[18] 明确性原则是《宪法》第 31 条的问题，这在判例中也得到了承认［最大判昭和 50（1975）年 9 月 10 日刑集 29 卷 8 号 489 页］。

通说把合理处罚原则作为罪刑法定主义的内容。通说的解释是，《宪法》第 31 条中所说的"法律"必须是"合理的法律"，由此，合理处罚原则也包含在了《宪法》第 31 条的保障范围之内。但是，刑罚法规的内容如果违反了个别的人权规定，就会因此而违宪无效（例如，《刑法》第 200 条的杀害长辈亲属罪违反了《宪法》第 14 条第 1 款，无效），《宪法》第 31 条不会直接成为问题。特别是在这一点上，保障个人的自律权、决定权的《宪法》第 13 条是很重要的。

因为罪刑法定主义是宪法上的原则，所以违反罪刑法定主义的法律违宪，无效（《宪法》第 98 条）；法律适用违反了罪刑法定主义会成为上告的理由（《刑事诉讼法》第 405 条第 1 号）。

（三）罪刑法定主义的根据

罪刑法定主义基于四个不同的要求。

一是自由主义的要求，即事前向国民表明什么会构成犯罪、如何进行处罚，以此来保障国民的预测可能性和行动自由。从这个要求可以推导出禁止溯及处罚、禁止类推解释和禁止绝对不定期刑等原则。可以说，明确性原则也是基于第一个要求。

二是国民主权和议会制民主主义的要求，即应该由代表国民的国会通过法律来规定什么会构成犯罪、如何进行处罚。如果问题只是保障预测可能性，那么法律未必一定要是国会制定的法律，法律主义是从第二个要求中推导出来的。如后文所述，禁止类推解释中有一部分也是从第二个要求中推导出来的。

三是自由主义的要求，即保护个人的人权免受"民主主义专制"的侵害。议会制民主主义恐怕会导致少数派的权利因国民中的多数派而遭受不当侵害。保护个人免受这样的危险便是宪法所保障的人权，对此提供担保的是法院的违宪立法审查权。刑罚内容的合理性原则是基于第三个要求。[19]

第四个要求是确保刑罚权行使的公正性。禁止溯及处罚和禁止绝对不定期刑基于第四个要求。

如上，需要理解的是，罪刑法定主义来自于复数（相互对立的情况时有发生）要求，这在思考罪刑法定主义内容时有重要意义，这从下文中可以看到。

二、溯及处罚的禁止

（一）《宪法》第39条的意义

《宪法》第39条只规定了"实行时合法的行为"，但应当解释为，行为时虽然违法，却没有相应的罚则，在事后立法中规定了罚则、进行处罚也是被禁止的，对此没有异议。例如，对过失损坏器物的行为，不能根据事后新制定的过失损毁器物罪进行处罚。*

进一步而言，应该解释为，科处的刑罚比行为时的法律所规定的刑罚重，也会违反《宪法》第39条。[5] 对这种解释有可能提出的批评是，对刑罚轻重的信赖不值得在法律上进行保护。[6] 但是，假如对刑罚轻重的信赖不值得在法律上进行保护，即便如此，国家在事后适用加重的刑罚也有失公正，不应该得到允许。[7] 如先前所述，应该解释为，确保刑罚权行使公正性这一要求也包含在罪刑法定主义的基础当中。因此，废除《刑法》第6条，** 把损毁器物罪（《刑法》第261条）的法定刑上限从3年修改为10年，溯及适用修改后的重刑，就会违反《宪法》第39条。

（二）不利于被告人的判例变更

与禁止溯及处罚相关联的问题是，不利于被告人的判例变更是否也适用

---

* 根据日本刑法，只有故意损毁器物的行为会构成犯罪。——译者注

[5] 日本也批准了《公民权利和政治权利的国际公约》，该公约第15条第1款规定："任何人的作为或不作为在实行时依照国内法或国际法不构成犯罪的，不得以此作为或不作为为由进行处罚。科处的刑罚也不得重于犯罪时适用的刑罚。"

[6] 这一批评在违法性错误的相关讨论中被提出。"对'不犯重罪，犯轻罪'这种自由，刑法也不予承认，因此，'以轻刑就了结了'这种对法定刑的期待不受保护。"高山佳奈子『故意と違法性の意識』297頁（1999年）。

[7] 平野·I68頁；山口·15頁（2007年）。这在宪法学界也是通说。参见樋口陽一等『注釈に本国憲法（上）』801頁（佐藤幸治）（1984年）。

** 该条规定，在事后法变更了刑罚的情况下，适用轻刑的规定。——译者注

《宪法》第39条。[8] 一直以来，通说认为，因为判例不是法律渊源，所以不适用《宪法》第39条。最高法院也在岩手县教职员团体第二次上告审判决［最判平成8（1996）年11月18日刑集50卷10号745页］中指出，即便遵照行为当时最高法院判例所作出的法解释应该是无罪的行为，处罚该行为也不违反《宪法》第39条。

与此相对，也存在着有力的观点认为，不利于被告人的判例变更不溯及既往，最高法院过去认为不可罚而现在可罚或者过去作为轻犯罪而现在作为重犯罪的情况下，是面向未来宣布判例变更，应该遵照变更之前的判决来判定此案件（被称为判例的不溯及性变更）。此观点内部存在着两种观点，第一种观点的根据是，判例是法律渊源；[9] 第二种观点否定判例是法律渊源，以保障国民的预测可能性为根据。[10] 对第一种观点的批评是，将判例视为法律渊源，违反法律主义。对第二种观点的批评是，因为判例是解决个别案件的立场，所以对法律的信赖和对判例的信赖不能一视同仁。

对第一种观点的批评从与法律主义的关系角度看是正当的，但这并不意味着，从与保障国民预测可能性之间的关系角度看也不宜把判例和法律同样对待。只要已确定的判例对法官和国民而言作为行为指南实际上发挥着作用，就不能否定有必要保护对判例的信赖。的确，也许对法律的信赖和对判例的信赖不完全相同，但是，笔者认为，如果和确保刑罚权行使的公正性这一要求一起考虑，就能够解决此问题。这是因为，从被告人角度来看，国会和最

---

[8] 关于这个问题的先驱性研究成果参见田中英夫「判例の不遡及的変更」法学協会雑誌83巻7＝8号1005頁以下（1966年）；小暮得雄「刑事裁判の規範的効力」北大法学論集17巻4号641頁以下（1967年）。相对新的研究成果参见鋤本豊博「地方公務員法違反の争議行為の可罰性（下）」北大法学論集44巻6号1964頁（1994年）；中山研一「判例変更と遡及処罰の問題（1）〜（6・完）」判例評論482号（判例時報1664号）−487号（1679号）（1999年）［同『判例変更と遡及処罰』（2003年）収録］；安田拓人「判例の不利益変更と遡及処罰の禁止」森本益之等編『大野眞先生古稀祝賀 刑事法学の潮流と展望』45頁以下（2000年）；奥村正雄「判例の不遡及的変更」現代刑事法31号44頁以下（2001年）。

[9] 参见小暮・前注［8］648頁以下；西原春夫「刑事判例における判例の意義」団藤重光、斉藤寿郎監修『中野次郎判事還暦祝賀 刑事裁判の課題』310頁（1972年）；金澤文雄「罪刑法定主義の現代的課題」中山研一等編『現代刑事法講座第1巻』95頁以下（1977年）；奥村・前注［8］50頁；浅田・65頁；大谷・504頁；曽根・17頁；高橋・35頁；団藤・50頁；野村・55頁等。

[10] 参见村井敏邦「判例変更と罪刑法定主義」一橋論叢71巻1号47頁以下（1974年）。另参见寺崎嘉博「遡及処罰禁止原則における判例変更の法的機能」Law School36号138頁（1981年）。

高法院在作为国家的最高机关这一点上没有不同,无论是通过修改法律还是通过变更判例,凡是事后改变自己的立场进行处罚都是不公正的。结论就是,从预测可能性的保障和刑罚权行使公正性的确保这两个要求出发,[11]溯及处罚的禁止也应该适用于判例变更。条文解释也同样,可以将只规定了"实行时合法的行为"的《宪法》第39条解释为,也包含了遵从判例表明的法解释而合法的这种情况。如果对于直接适用《宪法》第39条有所抗拒,那么援用本条的主旨或精神来推导出相同的结论也是可能的。[12] 学说中,有的学者认为,否定判例的不溯及性变更是因为法律对此没有规定。但如果是宪法上的要求,那么,即使法律没有规定,也理应不会成为否定的理由。[13]

通说将对被告人信赖的保护作为违法性错误的问题来处理,试图提出的妥当解决方法是,在不可能认识到行为违法性的情况下,否定责任不可罚。[14] 不过,自大审法院以来,判例的立场是,在故意判断中违法性认识是没有必要的。为了采用通说的解决方法,有必要先变更上述判例的立场,而这是完全可能的。这是因为,下级法院已经不再坚持违法性认识没有必要的观点,最高法院也开始就违法性认识的可能性作出判断[参见最决昭和62(1987)年7月16日刑集41卷5号237页]。并且,因信赖判例而对违法性产生认识错误是有相当理由对违法性产生认识错误的典型情况,在这种情况下,否定行为人的责任,以此就能够保护对判例的信赖。

但是,根据责任论来解决会有两个问题。其一,保护对判例的信赖和要求确保国家刑罚权行使的公正性是一般性的考虑,而责任问题与行为人有关,需要个别地探讨,因此,笔者认为,只作为责任的问题来解决并不充分。其二,以责任论来解决时,难以解决判例变更导致处罚变重这种情况。例如,

---

[11] 在这个意义上,只有在判例变更的情况下才适用《宪法》第39条;本来没有判例、作出新判例的情况下,即便国民信赖不会进行处罚,也不适用《宪法》第39条(这样的解释限于法条规定范围内,也不存在《宪法》第31条的适用问题)。关于这一点,受到桥爪隆教授观点的启发。

[12] 主张适用《宪法》第31条的观点参见高井裕之「判評」法学教室202号117页(1997年)。

[13] 高橋一修「先例拘束性と憲法判例の変更」芦部信喜编『講座憲法訴訟第3巻』178页(1987年)。此文献指出,能够在最高法院的规则制定权中找到实体法上的根据。

[14] 参见町野・48页;山口・16页;高山佳奈子「判評」ジュリスト1132号160页以下(1998年)。另参见岩手教职员团体事件第二次上告审判决中河合伸一法官的补充意见。这个观点经常遭到的批判是,遵守行为时判例的行为人没有错误,只不过是拟制的错误。但是,因为通说的解释是,判例的新解释"才是原本就应该这样的解释",所以错误能够得到承认。最高法院法官和行为人都陷入了错误。参见高山・前注ジュリスト162页。

假如最高法院通过变更判例否定了要成立盗窃罪必须有不法领得的意思,* 那么,过去作为器物毁坏罪处罚的行为就有可能以盗窃罪处罚了吗？如果采用的立场是,承认《宪法》第 39 条适用于判例变更,就能够否定以盗窃罪处罚。[15] 当作为违法性错误的问题来考虑时,为了得出相同的结论,有必要承认《刑法》第 38 条第 3 款但书**在法定刑错误的情况下也适用,但只有相当少数的学者会支持这种观点。[16]

在承认《宪法》第 39 条适用于判例变更的情况下,仍残留着几个必须解决的问题。其中最重要的问题是,判例中的什么内容、在什么情况下的变更是判例变更？答案未必清楚。以前文介绍的岩手县教职员团体案件为例,行为实施时是 1974 年 3 月,当时的判例同样是关于《地方公务员法》的都教职员团体案件判决［最大判昭和 44（1969）年 4 月 2 日刑集 23 卷 5 号 305 頁］。如果遵照行为时判例中所示的法解释,应该是无罪。但是,全国农林劳动者团体警察职务执行法案件的判决［最大判昭和 48（1973）年 4 月 25 日刑集 27 卷 4 号 547 頁］对都教职员团体案件的判决做了实质性变更,笔者认为,即使遵照行为当时判例中所示的法解释,也应该是有罪案件。[17] 这是因为,在这里成为问题的不是形式上是否发生了判例变更,而是实质上对国民预测可能性的保障和公正性的确保。最终,判例中的什么内容、在什么情况下的变更是禁止"溯及适用"的判例变更,这个问题只能从保障国民的预测可能性和确保刑罚权行使的公正性角度出发,由法院进行个别性判断。虽然在这个意义上,与作为违法性错误的问题来处理时是相似的,但是,在以下两点上,作为罪刑法定主义的问题来处理是有意义的：第一点是,所着眼的问题不是此被告人的信赖,而是一般人的信赖；第二点是,刑加重的情况下也同

---

* 在日本刑法中,盗窃罪的处罚重于器物毁坏罪。根据日本的判例,作为盗窃罪的主观要件,行为人必须有不法领得的意思,这是区分器物毁坏罪和盗窃罪的重要根据。不法领得意思包括"排除意思"和"利用意思"。前者指排除权利人将他人之物如自己之物一样处置的意思；后者指按照其经济上的用法利用或处分他人之物的意思。——译者注

[15] 有学者认为,问题本来是,"遵从过去的判例是否合理",即使在根据过去的判例犯罪成立的情况下,也可以根据新判例进行处罚。田中·前注［8］1054 頁。但是,从刑罚权行使公正性的视角来看,不应该承认根据新判例进行处罚。

** 此规定是,即使不知法律,也不能因此而认定没有犯罪的意思,但是能够酌情减轻刑罚。——译者注

[16] 参见町野朔「『違法性』の認識について」上智法学論集 24 卷 3 号 231 頁（1981 年）；井田·378 頁。

[17] 参见高井·前注［12］117 頁；高山·前注［14］162 頁。

样不能适用重的法定刑。

　　更加困难的问题是，对过去判例中不可罚的案件，检察官能够诉请变更判例、进行追诉吗？[18] 如果不能，以此为限，判例变更就变得不可能了。本来，作为违法性错误的问题来解决时也存在着同样的问题。这是因为，能够承认被告人有相当的理由遵从判例时，即使变更了判例，被告人也是无罪的。不过，探讨仍有必要，在此，姑且作出的解释是，承认判例的不溯及性变更，在这种情况下允许检察官诉请变更判例、进行追诉。* 即使这样来解释了，也不能说，与承认判例的溯及性变更相比，这样来解释不利于被告人。** 此外，假如采用的观点是不承认这样的刑事追诉，但即便如此，考虑到判例的内容和适用范围总有争论的余地，*** 多数情况下检察官仍然能够进行起诉、请求法院判处有罪。因此，笔者认为，检察官能否诉请判例变更不会成为否定《宪法》第39条适用于判例变更的决定性理由。

　　对上述内容会提出的问题是，面向未来宣布判例变更的内容不过是旁论，没有判例的效果。笔者认为，此问题基本上不重要。这是因为，严格地说，在不少情况下作为旁论的判决内容作为判例发挥着作用。**** 面向未来宣布判例变更的内容会作为判例发挥作用，这毋容置疑。

---

[18] 参见锄本·前注[8]1934页。

* 法官支持检察官的主张，变更判例的情况下，因为判例变更不溯及既往，所以本案的被告人无罪。通过变更判例宣告此行为违法，下次追诉此类案件时就能够进行处罚了，因此，允许检察官追诉仍有重要意义。——译者注

** 承认判例的不溯及性变更、允许检察官进行刑事追诉的情况下，被告人无罪却被起诉，承受追诉程序上的负担。与此相对，承认判例的溯及性变更的情况下，检察官提起刑事诉讼的结果是，根据变更后的判例被告人受到处罚。两种情况比较来看，前一种情况下，被告人虽然枉受了程序上的负担，但结果是无罪，与后一种情况相比，仍然是有利于被告人的解释。——译者注

*** 日本法中，判例的抽取标准比较灵活，有可能避开判例所涉及的问题，以其他的争点为诉因，或者结合具体的事实关系解释为此案件中的问题不同于判例所示法解释所针对的问题。在这种情况下，判例对于现实需要解决的案件便不再有约束力。——译者注

**** 日本判例与英美判例不同，不严格区分主论和旁论，凡是对此后案件解决有影响力的法律性判断，无论以主论的形式出现，还是以旁论的形式出现，都可以成为判例。在此，笔者正是强调了这一点，即虽然以旁论的形式出现，但是，对此后的法院判决仍然有先例约束力。关于日本判例制度的详细介绍参见于佳佳："日本判例的先例约束力"，载《华东政法大学学报》2013年第3期，第46~50页。——译者注

三、类推解释的禁止

(一) 类推解释和扩张解释

一般而言，类推解释（类推适用法律）因违反罪刑法定主义而得不到允许，但允许扩张解释，因此，是哪一种解释就变得很重要。关于某一解释是类推解释还是扩张解释，学说中经常存在分歧。并且，人们也会说，无论是类推解释还是扩张解释，凡有损国民预测可能性的解释都得不到允许；人们还会说，采用类推解释这种形式本身就得不到允许。讨论之所以如此错综复杂，是因为把两个问题混在了一起，一个是实质层面的问题，即法律适用的结果是否会损害国民的预测可能性；另一个是形式层面的问题，即法律适用的逻辑形式是类推还是扩张。可以从罪刑法定主义所依据的第一个要求和第二个要求出发对这些问题进行如下梳理。[19]

首先，从保障预测可能性的要求出发，无论是类推解释还是扩张解释，只要是损害国民预测可能性的解释就得不到允许。如果本来就是把扩张解释定义为，在法律语言的日常用语范围内进行解释，那么这样的解释是不会损害预测可能性的，因此，扩张解释总能得到允许。但是，这即使在逻辑形式上是扩张解释，也是通过在定义时说明，超过日常用语范围、损害国民预测可能性的解释不是扩张解释，从而预先设定了结论。

其次，从议会制民主主义的要求出发，即便是国民可能预测到的解释，也不允许在适用刑罚法规时采用类推解释的形式。这是因为，这样的解释在承认此刑罚法规不适用于某行为的同时却又在适用此法规，这会违反法律主义。在逻辑形式上，类推解释的问题是法律主义的问题，关于这一点，考虑一下列举性条款的解释就很清楚了。例如，《刑法》第125条规定："毁坏铁道或其标识，或者通过其他手段实施"，法官只能根据列举的手段来进行类推，从而判断出什么符合这里的"其他手段"。这并不违反罪刑法定主义，因为立法者本身就指示了由法官进行的类推。

(二) 有利于被告人的类推解释

多数教科书中都写着：罪刑法定主义是以保护被告人为目的的原则，因此，允许有利于被告人的类推。但是，罪刑法定主义也是基于议会制民主主义的要求，若是如此，那么法官擅自类推适用国会所制定的违法性阻却事由

---

[19] 详细内容参见拙文「類推解釈の可否と限界」现代刑事法31号34页（2001年）。

和责任阻却事由就侵犯了立法者的权限，这理应是得不到允许的。[20] 虽然可以说，因为罪刑法定主义是以保护被告人为目的的原则，所以有利于被告人的类推解释不违反罪刑法定主义，但是，这并不意味着违反法律主义（《宪法》第41条）的问题会因此而消失。

当然，在不进行有利于被告人的类推解释就会违反宪法时，有利于被告人的类推解释作为合宪性限定解释而得到允许的情况是存在的。例如，关于有利于被告人的类推解释可以举出的例子是，基于无期待可能性的责任阻却。如果把责任主义解释为基于《宪法》第13条的宪法上的原则，就能够把基于无期待可能性的责任阻却理解为合宪性限定解释。但是，不能把有利于被告人的类推解释全都说成是合宪性限定解释。

如此就有必要考虑，之所以能够承认有利于被告人的类推解释，是为了将刑法中的违法性阻却事由和责任阻却事由以开放的形式加以规定，立法者承认由法官进行补充。因此，当察知立法者的旨趣是，严明规定犯罪阻却事由、不承认由法官进行补充时，法官通过类推解释扩大犯罪阻却事由的范围就会违反法律主义，得不到允许。

四、明确性原则

关于明确性原则，也同样是考虑到罪刑法定主义所依据的复数要求，进行如下梳理。

第一，从保障预测可能性的观点出发，未必一定由该法律独自来确保处罚范围的明确性。行政机关在法律授权范围内制定的规章，甚至行政机关的通知、发布的指南等都包含在内，作为全体如果能够担保明确性，就可以满足保障预测可能性的要求。

第二，以上述内容为前提，在多大程度上必须由法律独自来担保处罚范围的明确性，这是法律主义的问题，是国家机关内部的权限分配问题。国民的预测可能性成为问题时，就不允许以国家方面取缔的方便为由限制法律担保的范围。法律主义成为问题时，在立法者考虑宜于委任行政机关来设定具体的处罚范围，其合理性能得到承认的情况下，以此为限，可以广泛承认其以明示或默示方式对下位规范的制定进行委任。

第三，从保障个人自由的要求出发，处罚范围即使是明确的，但只要刑

---

[20] 高橋·36頁。文献中指出，被害人和社区的预测可能性也会成为问题，因此只允许扩张解释。

罚法规不当侵害了个人自由，就必然违反了《宪法》第13条，是违宪的。过度宽泛的刑罚法规会违宪，原因就在于此。这种情况下，如果满足了以下两个条件，法院根据合宪性限定解释将处罚范围限定在恰当的范围内就可以得到允许。一个条件是，由法官立法不会违反法律主义；另一个条件是，解释的结果在保障国民预测可能性的程度上是明确的。

福冈县少年保护培养条例案件的最高法院判决［最大判昭和60（1985）年10月23日刑集39卷6号413页］指出，"本条例第10条第1款的规定中所谓的'淫行'不应该解释为，宽泛的、一般意义上的对青少年的性行为；具有相当性的解释是，乘其身心未成熟之际，以诱惑、威胁、欺骗或使其困惑等不当手段进行性交或者类似性交行为，此外，还要承认该性交或类似性交行为只是在把青少年作为使自己的性欲望得到满足的对象来对待。……这样的解释也符合有通常判断能力的一般人的理解。按照上述方法解释'淫行'时，该规定的处罚范围并非不当、过宽、不甚明确，因此，不能说本案所涉及的规定违反了《宪法》第31条。"此判决存在的问题是：①实质上是法官立法，会违反法律主义吧（参见本判决的少数法官意见）？②解释所表示的要件，特别是后一要件*不明确吧？③根据后一要件进行处罚实质上与保护道德没有什么不同吧？

五、刑法的解释和立法

从大审院时代至今，日本法院认为值得处罚的新行为出现时，会通过软性地解释刑罚法规来应对。[21] 代表性的例子：在过去有判决认为，旧《刑法》第366条中所谓的"所有物"包含电气［大判明治36（1903）年5月21日刑录6辑874页］；有判决认为，《刑法》第129条中所谓的"汽车、电车"包括汽油机车［大判昭和15（1940）年8月22日刑集19卷540页］；相对新的判决中，有判决将公文书的复印件解释为公文书伪造罪的对象［最判昭和51（1976）年4月30日判决刑集30卷3号453页］等。

日本法院之所以采取这种软性解释的态度是出于政策判断，即在刑事立法难以推进的状况下，为了以明治40（1907）年制定的刑法来应对新情况，软性解释是必要的。笔者认为，法院所考虑的是，面对新情况，如果不以软

---

* 后一要件是指，"作为使自己的性欲望得到满足的对象来对待"。——译者注
[21] 参见松尾浩也「判評」松尾浩也等编『刑法判例百選Ⅰ（第4版）』5頁（1997年）。

性地解释法律来应对,"与社会现实之间的矛盾就会出现,这反而有可能损害国民对法律的信赖和尊重,引发蔑视法律的风潮"。[22]

但是,法院通过解释来应对新问题会存在如下问题。

第一,刑事法院不适于成为对包括新问题在内的各种各样利害关系进行汇总和协调的场所。在现在的立法中,制定法案前会汇总通过多种渠道收集起来的意见。以内阁提出法案为例,在管辖官厅所设立的审议会等机构中,专家和各行各业的精英会对内阁提出的法案进行多次讨论,也包括相关人员的听证会。讨论后做成草案,草案后会附上公众意见,对必要之处进行修改。制作法案的过程中,也会与有关行政机构进行协调,内阁法制局也会进行审查确认。在国会,由两院的常任委员会和全员会议进行审议,最终制定出法律。而刑事审判则是针对个别案件,判断时会受到当事人主义和各种证据法则的制约,在这样的刑事审判中,进行同样的操作是不可能的。

第二,根据罪刑法定主义的原则,法院的软性解释是有界限的。无论如何,法院努力以解释来应对新情况,以至于背负着国民的过大期待,这反而会危及法院的权威。如果说应对新问题本来就不是法院而是议会面对的问题,难道就会让国民对法院和法失去信赖吗?毋宁说,难道不是只有法院采取岿然不动的态度,国民对法院的信赖才会提升吗?

即使有如上问题,也仍然可以评价说,在日本,曾经存在过让法院的软性解释得以正当化的情况。假如承认这一点,即便如此,那种情况现在也正在发生着大的变化。

第一,最近,刑事立法活动迅速开展起来,刑事立法迟延曾经是软性解释的根据,但已成了过去的问题。即使仅以刑法修改为例,最近的修改中新设的犯罪有,国民以外人员的国外犯(第3条之2)、支付用卡电磁记录相关犯罪(第162条之2以下)、危险驾驶致死伤罪(第208条之2)、机动车驾驶致死伤罪(第211条第2款)、集团强奸罪(第178条之2)、人身买卖罪(第226条之2)、以妨害强制执行为目的的毁损财产罪(第96条之2)、不当指令电磁记录相关犯罪(第168条之2,第168条之3)等。各个立法是否恰当另当别论,刑事立法迟缓的状况不复存在了。在这种状况下,法院如果仍然维持软性解释的态度,将成为刑事立法的大障碍。这是因为,立法者即使考虑处罚范围的妥当性,想选择表明此处罚范围的文句来制定条文,这些文

---

[22] 藤木·45页。

句也有可能被法官进行扩张解释，如此将难以制定出恰当的条文。法院采取软性解释的态度，一方面是在纵容那些制定恶法的行政机关和立法机关，另一方面是在给那些想认真制定法律的行政机关和立法机关施加负担。

第二，日本目前规制改革*的目标是，从以政府事前指导为特征的事前规制社会转型为以制定明确规则、对规则违反进行制裁为特征的事后规制社会。法院采取软性解释的态度会大大妨碍上述政策目标的实现。笔者认为，判例和学说一直以来是为了应对眼前的案件而进行的软性解释，却太疏于顾忌如此解释的涟漪效应。本章开头所说的刑法学者的话的确不能得到证明，但也不能说其是不着边际的话。[23]

对现代法院的要求是，严格解释刑罚法令，尽量把应对新问题的任务交给立法。

六、结语

罪刑法定主义因依据复数不同的要求而具有了有复合性的性格。通过本章的学习，希望读者了解的第一点是追根溯源理解观点、进行思辨性探讨的重要性。希望读者由此体会到一种相遇平生未见如此景致时的快乐。第二点是现在日本刑法的解释方法。希望读者具备与时俱进解释刑法的态度。

最后，谈一个重要的注意事项为本章作结。在刑法总论授课中提出来讨论的多是罪与非罪、此罪与彼罪之间的界限难认定的临界案例。使用临界案例能够鲜明地表明问题点，因此，为了让同学们在有限的时间内理解问题点，这样的授课方法有合理性。但是，如果只听临界案例，恐怕也会对一般情况下的刑法解释运用产生误解。读者中也许有人会有一个印象，认为罪刑法定主义在日本的司法实践中尚没有确立。如果有这样的印象，那便是误解。例

---

* 规制改革是指，通过废除没有必要的国家规制或制定不严苛的国家规制来实现让国家规制合理化的目的。——译者注

[23] 最高法院平成 8（1996）年 2 月 8 日判决（前注［1］）讨论过某规定的适用问题，关于此规定，2002 年全面修改《鸟兽保护法》时增设了处罚未遂犯的规定（《鸟兽保护以及狩猎合理化相关法律》第 83 条第 2 款）。判例的解释数年后就没有用了。判例处罚让野鸭逃掉了的被告人，又能为后世留下什么呢？参见拙文「卷頭語：お気に入りの事件」法学教室 334 号 1 頁（2008 年）。包括此判决在内，类推禁止问题的详细研究参见川口浩一「刑法における類推禁止の原則（上・下）」関西大学法学論集 3 号 36 頁（2007 年），6 号 74 頁（2008 年）。

如，《刑法》第 134 条泄露秘密罪的主体中，只有医生，没有护士。[24] 从保护患者秘密的角度出发，医生泄露秘密和护士泄露秘密侵害法益的程度没有差别，即便是从职业义务重要性的角度出发来考虑，两者也没有多大差别（笔者认为，至少相比从事"祈祷或者祭祀职业"的人，护士在现代社会中发挥着重要的作用）。但话虽如此，认真的法律人谁都不会去考虑把《刑法》第 134 条类推适用于护士泄露秘密的情况。这是因为，在日本，罪刑法定主义已经确立了，其重要性无论如何强调都不为过。学习罪刑法定主义的各种原则是重要的，而牢牢地掌握罪刑法定主义的最基本的内容则更为重要。

---

[24] 直到最近，特别法中都没有处罚护士泄露秘密的规定。现在，根据《保健师、助产师、护士法》第 44 条第 3 款，护士泄露秘密的行为会受到处罚。

第三章

构成要件论

一、序言

在日本刑法中，对犯罪的一般定义是，"该当构成要件、违法且有责的行为"。此定义将犯罪的成立要件分为构成要件该当性、违法性和有责性，把按照这个顺序分析犯罪论体系作为前提。并且，在这样的犯罪论体系中，置于中心的概念是"构成要件"。《法学教室》这本杂志曾经刊登了一期特辑，主题是"刑法学习的第一道栏——构成要件"，在开篇有如下一段论述：

据说，从19世纪初期就开始使用"Tatbestand"即构成要件这一用语，但直到20世纪，理论上的深入探讨才在德国得以展开，不久又传到了日本。但是，现在关于构成要件的学说有诸多分歧，这反映出此概念的复杂性……学习刑法总论时，正确理解构成要件理论是学习犯罪论体系时的要点，同时对学习者而言也是第一道难关。[1]

本章的目的是想帮助读者不被这"第一道栏"绊倒，能够前进下去。帮助读者的方法不是让读者锻炼脚力以便能跨越一道高栏，而是让读者尽可能地跳过一道低栏。

二、构成要件及其功能

在日本，关于构成要件的学说大致分为三类。行为类型说的解释是，相

---

[1] 法学教室7页166号（1994年）。特集中刊登的论文如下：曽根威彦「行為類型としての構成要件」8頁；山中敬一「構成要件概念の新構想——客観的公正要件と主観的公正要件」14頁；井田良「犯罪論体系と構成要件概念——違法類型説の立場から」20頁。这些论文至今仍是学习构成要件理论时的最佳参考文献。对比较法感兴趣请参照特集中刊登的如下论文：江口三角「構成要件とフランス」26頁；拙文「刑法学構成要件とアメリカ刑法学」31頁。最近的文献资料收录于「刑法学における『犯罪体系論』の意義」法律時報1042号（2012年）。

对于违法和责任而言，构成要件是价值上中立行为的类型。违法类型说的解释是，构成要件是违法行为的类型。违法、有责类型说的解释是，构成要件是违法且有责行为的类型。根据是否将故意、过失作为构成要件的要素，可以对诸学说再进行区分。

其中哪种学说妥当，这取决于期待构成要件发挥什么样的功能。构成要件并非现实世界中存在的"物"，而是作为一个便于探讨犯罪论的工具由学者创造出来的概念。因为这是一个单纯的概念，所以可能有多种多样的定义；因为这是一个工具，所以根据其是否发挥作用来判断优劣。并且，工具是否有作用因其用途不同也会发生变化（红酒开瓶器在拔木塞时是有用的，但在倒酒时却派不上用场）；即便是同样的用途，在有各种各样的工具存在时（用于拔木塞的工具也有很多种），哪一个用起来更方便某种程度上是使用者个人喜好的问题。既然构成要件在犯罪论中是工具的角色，那么也可以作同样的理解。关于各种构成要件的概念，之所以说"讨论哪一个正确基本没有意义"[2]，其道理就在于此。

那么，期待构成要件承担什么角色呢？学说中关于构成要件的功能有以下七种考虑：①"罪刑法定主义功能（保障功能）"表明，与各个刑罚法规所规定的犯罪类型不该当的行为不受处罚；②"个别化功能"是指区分此罪与彼罪、个别认定；③"违法推定功能"是指，违法阻却事由例外存在的情况除外，该当构成要件的行为即违法（还有学者承认责任推定功能）；④把违法性判断和有责性判断的内容与构成要件关联在一起进行制约的功能；⑤"故意规制功能"表明故意的对象；⑥为解决未遂、共犯和罪数等诸问题提供标准的功能；⑦诉讼法上的功能是指，表明《刑事诉讼法》第335条第1款中的"应当构成犯罪的事实"。

当然，构成要件概念并非当然具有这样的功能。构成要件作为价值上中立行为的类型时，没有③的功能；构成要件作为违法类型时，不完全具有①②⑦的功能。围绕构成要件概念争论的问题是，在这些功能中应该期待构成要件发挥哪个功能。并且，一个中肯的指摘是，"让构成要件这一个概念承担起复数角色，不仅在方法论上是错误的，而且会勉强其承担性质迥异的功能，由此而生的弊端是，没有恰当地让构成要件概念承担起作为犯罪要素所应该

---

[2] 平野·199頁。

承担的角色。"[3] 当然，如果构成要件概念能够不吃力地承担起复数角色，那是最好不过了。但是，这是结果，首先需要决定一个应该让构成要件发挥的功能，决定一个能够最恰当发挥此功能的构成要件概念，此后再探讨这样的构成要件另外还能够发挥什么功能。

若说最期待构成要件发挥的功能，那便是罪刑法定主义功能。本来，贝林格把构成要件作为犯罪成立的一个要件就是为了表明罪刑法定主义的要求；即便在现在，多数人也都重视构成要件的罪刑法定主义功能。以下，首先从与罪刑法定主义功能的关系角度，探讨构成要件概念；其次，探讨构成要件与违法性判断的关系；最后，探讨其与故意、过失的关系。

三、构成要件的罪刑法定主义功能

（一）罪刑法定主义功能的含义

在构成要件的功能当中，最基本、最重要的就是罪刑法定主义功能，但是，在逻辑上采用构成要件概念并非必然坚持罪刑法定主义。[4] 清楚地表明这一点的是，把构成要件理论介绍到日本的小野博士和泷川博士却肯定类推解释。[5] 町野教授承认，在逻辑上采用构成要件概念并非必然坚持罪刑法定主义，在此基础上指出，"肯定构成要件有罪刑法定主义功能的观点是承认刑罚法规的约束力，由此所形成的犯罪类型即为构成要件，不允许处罚不该当此构成要件的行为，在这个意义上，承认构成要件的犯罪限定功能。与此相对，认为应该把构成要件从罪刑法定主义中解放出来的观点不承认构成要件有上述那样的犯罪限定功能。"[6] 但是，这样的犯罪限定功能与其说是构成要件本身所具备的功能，不如说是承认刑罚法规的约束力所具备的功能。

如果以忠实于罪刑法定主义的刑罚法规解释来确立构成要件，以这样的构成要件来约束法官，那么罪刑法定主义当然会得到保障。在通过解释刑罚法规来确立构成要件的工作中，承认刑罚法规的约束力，这是第一次的保障功能；法官在个案中适用法律时受这种构成要件的约束，这是第二次的保障

---

[3] 町野朔「構成要件の理論」芝原邦爾等編『刑法理論の現代的展開・総論Ⅰ』6頁（1998年）[同『犯罪論の展開Ⅰ』（1989年）収録］。

[4] 参见小野清一郎『犯罪構成要件の理論』216頁以下（1953年）（初版1928年）。

[5] 参见小野・52頁；泷川幸辰「刑法総論」『泷川幸辰刑法著作集第1巻』155頁以下（1981年）（初版1929年）。泷川博士后来改变主张，否定类推解释。这是因为他开始认识到，在阶级对立的资本主义社会，如果不严格遵守罪刑法定主义，刑法就会沦为阶级压迫的手段。

[6] 町野・前注［3］11-12頁。

功能。如果这样来区分，那么构成要件所具有的功能主要是第二次的保障功能。当然，虽说是第二次的，但并不意味着不重要。

以上论述的前提是，把构成要件理解为通过解释刑罚法规而推导出来的概念。还有一种理解是，在构成要件论中，构成要件是"指导性样貌"，在逻辑上先于犯罪类型。

的确，法律的要件由语言表述出来、其意思得以传达，因此，语言所指出的形象如果没有以某种形式让人们对其有一个共同的认识，那么其内容就无法被理解。如果"《刑法》第199条*的构成要件与现实中多见的'杀人'所共通的是深深烙印于我们心中的'杀人'的形样"这一说明[7]表达的是上述意思，那还是能够理解的。[8]

但是，笔者认为，把构成要件作为"指导性样貌"来理解时，这种理解中融入了过多商标印象论的意味。商标印象论是指，"在事物成形、被构造出来之前预先设定的其应该呈现出来的外观形象"。但是，笔者难以理解的是，既然承认根据罪刑法定主义以刑罚法规来约束法官，那么为什么还必须承认以某些超越法律文句的内容来约束法官？构成要件作为个别犯罪的要件来理解就足够了，赋予其更多的哲学意义毫无用处。

若问构成要件在其确立阶段是否完全没有保障功能，也并非如此。如果采用的解释是，因为构成要件是犯罪类型，所以其要件必须是类型性的、形式性的，那么，构成要件即便在其确立阶段也能够发挥一定的保障功能。但是，因为规范性构成要素**的存在不可避免，所以在这种意义上的罪刑法定主义功能也的确是有界限的。

（二）重视罪刑法定主义功能的构成要件

无论是哪一种解释，最期待构成要件发挥的功能都是罪刑法定主义功能，如果这样来理解，那么构成要件就必须是违法、责任类型。这是因为，立法

---

* 本条规定，杀人者科处死刑、无期徒刑或5年以上有期徒刑。——译者注

[7] 内田·84頁。

[8] 对新现象，立法者使用技术性、专业性概念来制定刑罚法规本来也是有可能的；此外，即使采用谁都想不到的崭新方法来杀人，也应该承认杀人罪，因此，也不可以只把"一开始就深深烙印在心中的形样"称为构成要件。

** 原著中的日文表述是"規範的構成要件"（中文即"规范性构成要件"），但经与原著作者确认，更加准确的用词是"規範的構成要素"（中文即"规范性构成要素"）。此类要素是指，构成要件要素当中的那些必须通过规范性的刑法解释才能确定含义的要素，如"猥亵"就是典型的例子。——译者注

者不仅考虑行为的类型性违法性，也考虑类型性有责性，将可罚行为的类型规定在刑罚法规中，构成各个犯罪的要素中不仅包括违法要素，也包括责任要素。例如，刑法分论所规定的主观性要素，无论是主观性违法要素，还是主观性责任要素，都必须得是构成要件要素。隐匿、毁灭证据罪中"证据的他人性"是客观性责任要素，*这种客观性责任要素也同样如此。[9]

把构成要件解释为违法、有责类型这种观点，在日本最初是由小野博士和佐伯千仞博士主张的，[10] 这也是极其自然的理解。然而，这种主张在学说中遭到强烈的反对，反对的理由是，让违法要素和责任要素同属于构成要件恐怕会导致违法和责任的区别变得模糊不清。[11] 这样的担心的确并非只是杞人忧天。但是，在承认主观性违法要素的情况下，即使从构成要件中排除责任要素，违法和责任的混同仍有可能发生，防止发生的办法不是从构成要件中排除责任要素，而是严密区分违法判断和责任判断。不明确区分违法和责任的违法、责任类型说是不妥当的；但是，如果违法、责任类型说所考虑的是，将规定可罚性的两个不同性质的要素加以类型化、包含于构成要件中，那么此学说绝非不当。[12]

四、构成要件和违法判断的关系

（一）构成要件的违法推定功能

构成要件论的发展史上，贝林格所构想的构成要件与违法性和有责性等价值判断相区别，是中立行为的类型，但此后，构成要件开始被理解为违法类型。如果将构成要件解释为原则上是违法行为的类型，那么，只要违法阻却事由不存在，该当构成要件的行为就是违法的，在这个意义上，构成要件

---

* 《刑法》第104条规定的隐匿、毁灭证据罪中，犯罪对象限于"他人所犯刑事案件相关的证据"，即文中所指称的"证据的他人性"。因此，隐匿、毁灭自己所犯刑事案件相关的证据是不可罚的。把"证据的他人性"解释为客观性责任要素的根据是，难以期待行为人不去隐匿、毁灭自己所犯刑事案件相关的证据，因此不可罚。在此，期待可能性是责任要素，因此将"证据的他人性"解释为客观性责任要素。——译者注

[9] 山口·33页。此文献从违法类型说出把"证据的他人性"作为构成要件要素，因此否定客观性责任要素的存在。

[10] 参见佐伯·125页。

[11] 参见山口·31页。

[12] 参见町野·前注[3] 18页。

具有了违法推定的功能。[13] 需要注意的是，这里所说的"推定"并不意味着诉讼法中所说的推定。[14] 这不过是在说，因为构成要件在违法性阻却事由例外不存在的情况下是可罚的违法行为的类型，所以，如果违法性阻却事由不存在就是违法，这只是在定义不言而喻的事情。[15]

与此相对，即便在现在，支持当初贝林格构想的行为类型说也被有力地提出来。[16] 但是，刑罚法规是立法者对类型上违法、有责的可罚行为作出的规定，不能不考虑实质违法性、有责性就解释构成要件。假如行为类型说中的构成要件概念是可能的，即便如此，这样的构成要件也会过度宽泛，不能充分发挥罪刑法定主义功能（应该想到，过度宽泛的刑罚法规违宪）。

批评意见认为，通说在判断"构成要件—违法性阻却"中，①判断犯罪成立要件时的测试次数减少，导致判断的可信度降低；②不能积极地确认"违法行为"；③不能论及违法的程度。[17] 但是，无论哪一个批评都不恰当。关于第一个批评，并不是测试次数越多可信度越高，判断了构成要件该当性后再判断实质违法性多是没有意义的。关于第二个批评，如果解释时将构成要件限定于，若不该当违法性阻却事由就只能说其是具有可罚性违法的类型，那么问题就不存在了；此外，如果承认构成要件的违法推定功能，就不能承认超法规违法性阻却事由这种说法也是不能成立的。[18] 关于第三个批评，通过判断构成要件该当性，可以作出的判断是，违法达到了可罚的程度；在此程度以上的违法的程度在违法性阻却和量刑中作为问题就足够了。

---

[13] 在同样意义上，从违法、责任类型说出发，如果该当包含着构成要件故意的有责类型，那么原则上就能够承认与违法类型相对应的责任，在这个意义上，能够承认责任推定功能。
[14] 参见平野龍一「構成要件という概念をめぐって」『犯罪論の諸問題（上）』11頁以下（1981年）。与此相对，下列文献认为，应该解释为意味着一定的诉讼法上的推定关系。鈴木茂嗣「犯罪論の体系（2）」法学論業138巻4＝5＝6号71頁以下（1996年）〔『犯罪論の基本構造』（2012年）収录〕。
[15] 违法推定功能的意思甚至不是，该当构成要件的行为"通常"违法。例如，根据通说，医生的手术也该当伤害罪的构成要件，因此，在该当伤害罪构成要件的行为当中，作为医疗行为其违法性被阻却的行为数远远多于违法性被阻却的行为数（2002年查处的涉嫌伤害罪的案件有36 324件）。
[16] 参见内田·86頁以下；曽根·前注［1］8頁以下；山火正則「構成要件の意義と機能」『刑法基本講座第2巻』14頁以下（1994年）等。
[17] 曽根·前注［1］9頁。
[18] 参见町野·前注［3］32頁。

毋宁说，如果切断构成要件和违法判断意味着，能够脱离构成要件的限制，自由地判断违法性，那么切断两者就是不当的。[19] 例如，判断伤害罪本身的违法性时，应该判断伤害行为的违法性，不应该考虑无证行医中的违法性和诈骗保险金中的违法性（不过，判断违法性阻却时，有必要个别考虑[20]）。

(二) 构成要件消融说和后置说

因为构成要件是违法类型，所以解释刑罚法规、决定构成要件之际，有必要考虑行为的可罚的违法性。于是，在学说中，也有观点强调构成要件是违法类型，构成要件该当性判断融于部分的违法性判断之中了。[21] 但是，构成要件该当性判断与违法性判断之间有质的差别。这是因为，构成要件终究必须是类型性、形式性的。虽然在判断是什么样的构成要件时，实质性考虑是必要的，但是，通过这样的考虑而确定下来的构成要件不是个别性、实质性的，而必须是类型性、形式性的。笔者认为，将构成要件该当性判断作为违法性判断的一个要素的观点（至少在犯罪论体系上）放弃了两种判断之间质的差异，在这一点上是不妥当的。

关于构成要件和违法性判断的关系，也有观点主张在构成要件该当性判断之前进行违法性判断。最近，铃木茂嗣教授提出，必须区分实体论上的"犯罪类型"论和认定论上的"构成要件"论，在实体论上应该在讨论了违法性、有责性和当罚性之后再提出"犯罪类型"该当性。[22]

的确，解释刑罚法规、确立构成要件之际，从违法类型说的立场出发，有必要考虑可罚的违法性；从违法、责任类型说的立场出发，有必要考虑可罚的违法性和有责性，为此，必须一开始就知道违法和责任是什么意思。[23]

---

[19] 参见山口·30页。对此的反驳是，积极的违法判断所表达的意思是，通过否定违法性阻却事由存在来消极判断违法是不够的；并非试图导入一个存在于实体法外部的不明确、不安定的"价值"。内田·92页注释6。

[20] 参见本书编码第103页以下。町野认为，在行为无价值论中，不法因法益内容而具有相对性这种情况不可能存在，但这言过其实了。町野·前注 [3] 29页。

[21] 参见西原·（上）154页以下。

[22] 参见铃木·17页以下；前注 [14] 同『犯罪論の基本構造』29页以下。铃木教授所说的"犯罪类型"与违法、责任类型说中的构成要件概念几乎相同。铃木教授指出，为了避免概念混乱，不使用"构成要件"，而使用"犯罪类型"这一称谓。但是，笔者认为，改变已经约定俗成的称谓反而会招致混乱。

[23] 这一点迄今为止也是当然能够意识得到的，多数教科书在构成要件理论之前，以"刑法的任务"、"刑法的原则"、"犯罪论体系"为标题，讨论违法和责任相关的一般理论。

在这个意义上，铃木教授的主张是正当的。但是，通说认为，应该在违法性判断之前进行构成要件该当性判断，而铃木教授将此作为单纯的认定论上的问题来理解，笔者认为，这种理解是不妥当的。这是因为，罪刑法定主义之下，遵从立法者制定的刑罚法规来决定什么是违法，不能脱离构成要件来考虑违法性。在违法性阻却之前判断构成要件该当性，不仅仅是单纯的认定论问题，而是具有犯罪实体论上的意义。

五、构成要件和故意、过失

（一）故意、过失的体系性地位

关于故意和过失的体系性地位，因为构成要件论和故意、过失论交错在一起，所以学说对立变得复杂。首先，将构成要件解释为违法类型时，有两种观点。一种观点将故意、过失解释为责任要素，不包含在构成要件之中；另一种观点将故意、过失解释为违法要素，包含在构成要件之中。其次，将构成要件解释为违法、责任类型时所主张的观点是，故意、过失包含在构成要件之中。笔者主张最后一个观点。[24]

为了让构成要件发挥罪刑法定主义功能，把故意、过失也作为构成要件要素是可取的。例如，不存在过失毁坏器物罪，没有必要承认过失毁坏器物行为有故意毁坏器物罪的构成要件该当性。此外，罪刑法定主义不只在解决是否处罚时是妥当的，在解决以什么法定刑的罪名来处罚时也是妥当的，因此，罪刑法定主义功能中个别化功能也是必要的，也是为此区分故意犯和过失犯是有必要的。因此，笔者认为，将构成要件解释为违法、责任类型时，将故意、过失解释为属于责任类型的构成要件要素是恰当的。

与此相对，町野教授承认构成要件出自违法要素和责任要素，却认为故意和过失停留在非类型性的心理状态，因此不是犯罪类型，否定其是构成要件要素。[25] 但是，笔者认为，这样的说明没有说服力，因为故意和过失不是一般性的心理状态，例如，杀人的故意、盗窃的故意就构成了犯罪类型的一部分。[26]

本来，故意的内容中包含着违法性认识或违法性认识的可能性时，因为

---

[24] 关于构成要件和故意的关系参见拙文「故意、錯誤論」山口厚、井田良、佐伯仁志『理論刑法学の最前線』98 頁以下（2001 年）。

[25] 町野・前注［3］32 頁。

[26] 参见山口・32 頁。

违法性认识或其可能性停留在非类型性的心理状态，所以不能称为构成要件的要素。此外，对属于违法性阻却事由的事实的认识也不会与个别的犯罪类型有关系，所以不能称为构成要件的要素。因此，如果把这些认识作为故意的内容，那就有必要将其理解为有别于构成要件故意的责任要素。如果认为构成要件是犯罪成立的原则类型，那么，既然违法性阻却事由是例外事由，就应该解释为，对违法性阻却事由的认识也是例外事由，不属于构成要件。

有批评意见认为，如果把故意、过失解释为构成要件要素，那么，在误想防卫中，当误认事实中存在过失时，就会出现判断上的回转现象，即承认行为有故意犯的构成要件该当性却构成了过失犯，这是不恰当的。[27]* 这种批评所依据的思考方法是，故意是结果的认识，过失是结果的不认识，故意和过失以这样的形式处于相互排他性关系当中。但是，应该试着去怀疑这种常识性的思考方法。过失不是单纯的结果不认识（这与无过失是一样的），结果预见可能性才是过失的本质要素。倘若如此，那么故意和过失就结果预见可能性这部分是重合的。[28] 该当故意犯的构成要件并非就不该当过失犯的构成要件，如果这样考虑，那么肯定了构成要件故意后又重新承认过失犯的成立便没有什么不合适的了。

（二）构成要件的故意规制功能

一般认为构成要件有故意规制功能，其缘由是德国刑法中规定，"对属于法定构成要件的事实不知时，此事实不能归责。"日本虽然没有这样的规定，但也是同样来解释的。

把故意作为构成要件要素时存在的问题是，构成要件会丧失故意规制功能。[29] 的确，行为人认识到自己有故意，这么说是没有意义的，因此，如果把故意作为构成要件要素，那么就这一部分，构成要件便不再有故意规制功能。但是，并不是构成要件的所有要素都要有故意规制功能，主张违法类型

---

[27] 参见川端·381页。与此相对的观点是，如果以"违法构成要件该当性→违法阻却→责任构成要件该当性→责任阻却"这样的顺序来进行判断，就可以避免这种问题。西田典之「構成要件の概念」西田典之、山口厚編『刑法の争点』15頁（2000年）。

　* 回转的日语原文是"ブーメラン"，对应的英文是"boomerang"。——译者注

[28] 参见高山佳奈子『故意と違法性の意識』136頁（1999年）。这只是说，故意和过失作为构成要件要素，就预见可能性这部分是重合的；并不是说，只要能够承认故意，就总可以承认过失犯。如果故意和过失是相互排斥的，那么对于以过失犯起诉的被告人，当可以合理怀疑其对结果发生有认识时，就会被判处无罪，而这样的判断结论是不恰当的。

[29] 山口·30页。

说的学者不是也承认这一点吗。这是因为，为了构成要件全体都有故意规制功能，需要全部以客观要素来构筑构成要件，但既然承认主观性违法要素，就不可能再采纳这样的构成要件概念了。倘若如此，那么把故意作为构成要件的要素之后，主观性要素就不再是故意的对象了，如此解释在笔者看来没有不合适之处。故意是构成要件的要素，却不是故意的对象，就如同眼睛是身体的一部分，但眼睛看不到眼睛。

从与构成要件的故意规制功能之间的关系角度来看，存在的问题是，如何处理对属于违法性阻却事由的事实的认识。考虑这个问题时，首先要回答的问题是，如何处理对属于违法性阻却事由的事实的认识错误。如果解释为这是违法性的认识错误、不阻却故意（所谓的严格责任说），那么故意的对象就只是构成要件该当事实，故意规制功能在如下积极面和消极面都会是妥当的。积极面是指，属于构成要件的事实会成为故意的对象；消极面是指，属于构成要件的事实以外的事实不会成为故意的对象。与此相对，当采用的立场是，肯定对属于违法性阻却事由的事实的认识错误会阻却故意时，有三个选择项。其一，只在积极面上肯定故意的规制功能，在消极面上否定故意的规制功能。即使是不属于构成要件的事实，如果是为违法性提供基础的事实，也必须认识到（认识到属于违法性阻却事由的事实时，可以阻却故意）。其二，把故意区分为构成要件故意和责任故意，以此区别为前提，构成要件的故意规制功能只对构成要件故意是妥当的。认识到了属于违法性阻却事由的事实时，不是阻却构成要件故意，而是阻却责任故意。其三，在积极面和消极面都承认故意的规制功能，在此基础上，把违法性阻却事由解释为消极性构成要件要素，即采用所谓的消极性构成要件要素理论。[30]

首先，严格责任说不妥当。这是因为，考虑故意的责任非难时，为违法性提供根据的事实是属于原则性类型还是属于例外性情节并不重要。其次，如果说哪个观点妥当，笔者站在区分构成要件故意和责任故意的立场上，认为第二个观点妥当。最后之所以不采纳第三个观点是因为，违法性阻却事由具有一般性，与各个犯罪类型之间没有关系，其判断也同样，判断作为犯罪

---

[30] 参见中義勝『誤想防衞論』（1971年）。

类型的构成要件该当性与判断个别、具体的违法性阻却之间存在着质的差别。[31]

本来，即便是说承认故意规制功能，也是在《刑法》第38条*的"特别规定"不存在的情况下才这么说；过失犯中故意不必要是当然的，因为立法者也有可能承认过失和故意的复合形态，** 所以对构成要件的一部分有过失就足够了这种情况也可能存在。[32] 进一步而言，如果像判例那样来解释，认为对结果加重犯的加重结果不需要有过失，那么对构成要件的一部分也不需要有过失了。

六、结语

本章的结论是，把构成要件理解为违法、责任类型，故意、过失也包含于作为责任类型的构成要件中。这样的构成要件概念最符合罪刑法定主义，对学生和一般人而言也是容易理解的。笔者认为，这就是众多并立栏杆中最低的、最容易跨越的那一道。对这样的构成要件概念，平野龙一博士提出的批评是，"到了这个地步，甚至都可以说构成要件理论崩塌了。"[33] 但是，构成要件并不等同于犯罪要件的总体，所以笔者并不认为"崩塌了"。

---

[31] 参见井田·前注［1］22页。井田教授此后改变了之前的观点，采用了消极性构成要件要素理论。参见井田良「違法性阻却事由の理論」現代刑事法9号83页以下（1999年）。井田教授的两篇论文无论哪一篇都有说服力（想到了《韩非子》中"矛与盾"的寓言故事，说井田教授的前后观点像"矛与盾"绝没有讽刺的意思），笔者认为，这恰恰表明了，这个问题不是在逻辑上来解决的问题，而是构成要件的使用方法的问题。（笔者的意思是，构成要件概念发挥着一定的功能，重视某种功能时，某个意义上的构成要件就变成是正确的；重视另外的功能时，另外的意义上的构成要件就变成是正确的。学者曾经重视某功能，然后开始认为另外的功能才是重要的，在这种情况下，对构成要件的思考方法也会发生变化，笔者认为，井田教授的观点转变恰好表明了这一点。——译者注）

* 本条第1款规定，没有犯罪意思的行为不处罚，但是，法律有特别规定的情况不受此限制。——译者注

** 这里的复合形态是指结果加重犯的情况。通说认为，对加重结果，主观上的过失是必要的，因此，结果加重犯的构造就是，对基本犯是故意，对加重结果是过失，故意和过失如此复合在一起。——译者注

[32] 笔者认为损害名誉罪就是这样的构成要件。参见拙文「名誉とプライヴァシーの保護」芝原邦爾等编『刑法理論の現代的展開·各論』85页（1996年）。有的学者要求，对与违法性相关联的客观处罚条件要有预见可能性（甚至是预见）。参见佐伯千仞「客観的処罰条件」『刑法における違法性の理論』149页以下（1974年）；松原芳博『犯罪概念と可罰性』225页以下（1997年）等。

[33] 平野·Ⅰ 98页。

说不定是笔者自学生时代起就忘了跨刑法学的第一道栏杆，一直忘到了现在。读完本章，是感觉构成要件理论没有什么大不了的，想轻松地跨越这道栏杆、继续前进呢？还是决定不要重蹈笔者的覆辙，想认认真真学习构成要件理论来跨越这道栏呢？结论取决于读者。但无论读者选择哪一种，笔者都完成了作为教师的任务（选择后者的情况下，笔者便是反面教材了）。

第四章

因果关系之一

一、序言

当结果发生是一个构成要件要素时,要使犯罪成立,行为和结果之间必须有因果关系。[1]根据日本的通说,因果关系判断分两个阶段,一是判断行为(实行行为)和结果之间的条件关系,二是以条件关系存在为前提判断相当因果关系。这种通说的判断框架是,先判断行为和结果之间事实上的关联,在这种关联能够得到肯定的情况下,再进一步从法律的、规范的视角出发进行限定,可以将前者称为事实因果关系的判断,将后者称为法律因果关系的判断。[2]

学说中,关于因果关系的含义有各种讨论,但在结果犯中,行为和结果之间至少必须有事实因果关系,这是罪刑法定主义的当然要求。例如,甲和乙以杀害丙的故意分别独自向丙开枪射击,一发子弹命中了丙,丙死亡。在这种情况下,如果甲发射的子弹命中了,那么只有甲的行为与丙的死亡结果之间有因果关系,可以说只有甲"杀了人(丙)"。因此,无论乙的行为多么危险,乙都不承担杀人既遂的责任(如果甲和乙之间有意思联络,那么乙作为共同正犯也承担杀人既遂的责任)。如果谁的子弹射中了丙无法排除一切合理怀疑得到证明,那么甲和乙都只承担未遂的责任。[3]

对于通说的判断框架,无论对第一阶段的事实因果关系判断,还是对第

---

[1] 论文连载时,小林宪太郎教授阅读了本章的底稿,提出很多宝贵意见,受益匪浅。
[2] 在犯罪论体系上将此区别予以明确的观点是,把事实因果关系的判断作为行为论的问题,把法律因果关系的判断作为构成要件该当性的问题。参见曾根·51页以下,61页以下;高桥·112页。笔者认为,如果采用的立场是在构成要件之前讨论行为论,这个观点就是前后统一的。
[3] 这是原则,同时伤害的特例[《刑法》207条(本条规定,两人以上以暴力实施伤害的情况下,无法知道各自暴力造成伤害的轻重,或者无法知道谁导致伤害结果时,即使不是共同实行人,也按共同犯罪处理。——译者注)]是例外,围绕其合宪性有讨论。

二阶段的法律因果关系判断，都存在着有力的批评意见。首先，关于第一阶段的判断，主张的观点是，把条件关系理解为也是以限定刑事责任为目的的规范性判断，结果回避可能性不存在的情况下否定条件关系。关于第二阶段的判断，主张的观点恰恰相反，即把因果关系限于事实性判断，在因果关系之外的结果归属的判断框架下从法律的、规范的视角出发进行限定。此观点被称为客观归属论，是德国的通说，最近在日本的支持者也多起来。本章是因果关系之一，拟解决第一阶段的问题；下一章是因果关系之二，拟解决第二阶段的问题。

以下是本章中会解决的案例（按文中出现的先后顺序排列）。在阅读标题二以下的内容之前，希望读者考虑一下，能否承认甲的行为和被害人死亡结果之间的因果关系（结果归属）。

案例一：甲对死刑囚丙心怀恨意，在死刑执行官乙正要启动死刑执行开关时将乙推开，在执行预定时刻亲自启动开关致丙死亡。

案例二：甲和乙分别独自在丙的饮用物中投入了致死量的毒药，丙喝下后死亡。

案例三：丙被毒蛇咬伤，救命的血清只有一支，医生乙正要给丙注射这支血清，就在此时，甲夺下血清扔掉，丙死亡。

案例四：医生甲错把毒药作为治疗用药给患者乙注射，导致乙死亡。不过，即便注射了正确的治疗用药，乙也会因为其特殊体质而死亡。乙的特殊体质是不能预见到的情况。

案例五：在案例四中，甲给乙注射毒药，实施了安乐死，甲有杀人的故意。

案例六：甲殴打乙的头部导致乙死亡，即使甲不殴打乙，几乎在同一时刻也会有一块石头落到乙的头上将其砸死。

二、条件关系

（一）通说及其问题点

通说将行为与结果之间事实上的关联称为条件关系，根据条件关系公式（假定的排除法）进行判断。此公式是，"如果没有那个（行为），就没有这个（结果）"。适用条件关系公式时，第一，必须具体地、个别地把握结果。例如，甲给濒临死亡的病人乙灌下毒药，乙在十分钟后死亡；不过，即便甲不给乙灌毒药，乙也会在几日后死亡。这种情况下，应该具体地将十分钟后的死亡认定为结果（如果甲没有灌毒药，那么乙就不会十分钟之后死亡，因此条件关系成立），而不可以认为，即使甲不灌毒药，乙也会（数日后）死亡，因此否定条件关系。

第二，通说认为，适用条件关系公式时，"拿掉的"只是行为者现实中实施了的行为，不得假定其他未发生的行为或事实"附加上去"。以案例一为例，甲如果不启动开关，乙就会启动开关，这是未发生的事实，不得附加上去，因此，可以肯定甲启动开关的行为与丙的死亡之间存在条件关系。

第三，存在着复数个能够导致结果发生的替代原因，且无论哪一个都能单独导致结果发生，这是择一竞合的情况。例如，案例二中，适用条件关系公式的判断结论是，即使没有甲的行为，丙也会因乙的行为而死亡，即使没有乙的行为，丙也会因甲的行为而死亡，因此，可以否定条件关系。通说认为，上述结论不恰当，在择一竞合的情况下，必须将条件关系公式修改为，"无论拿掉几个条件中的哪一个，结果都会发生；如果一起拿掉，结果就不会发生，在这种情况下，每个条件都独立地导致了结果发生"，由此肯定条件关系。

1. 对结果具体、个别性的把握

适用条件关系公式时，必须首先具体地、个别地把握结果，关于这一点，基本没有异议。但并不是不管具体化、个别化到什么程度都可以。例如，濒死的患者乙本来是左侧卧，甲将其姿势变为右侧卧后，乙死亡。这种情况下，如果将结果认定为"右侧卧的乙死亡"，那就得肯定甲的行为与乙的死亡结果之间存在条件关系。但是，只要把乙的姿势变为右侧卧对乙的死因和死亡时间没有影响，那么上述判断就明显不恰当。应该将结果具体化、个别化到什么程度，判断时有必要考虑对此构成要件而言什么是重要事实。对杀人罪的构成要件而言，尸体面朝哪个方向这件事本身并不重要。

2. 未发生事实的附加禁止

通说主张"禁止附加未发生的事实"。对此的批评意见有：①条件关系公式本来就是通过假设作出判断，禁止附加的根据不清楚；②不作为、妨碍救助被害人的情况下，必须附加未发生的事实才能判断条件关系。妨碍救助被害人的情况如案例三。不作为的情况下，需要判断的是，如果履行了作为义务，结果就不会发生了吗？在这一判断中，必须附加未发生的事实来判断条件关系。同样，妨碍救助被害人的情况下，需要判断的是，如果甲不夺走血清，乙给丙注射了血清，丙就会得救吗？在这一判断中，必须附加未发生的事实来判断条件关系。

对批评意见②，如下回应是可能的。即不作为的情况下，问题不是单纯的不作为，而是有作为义务却不作为，因此，拿掉不作为来考虑就意味着，附加的是作为义务得到履行的状态。同样，在妨碍救助被害人的情况下，介入了乙的不作为导致结果发生，因为是甲的作为迫使乙不作为，所以与通常的不作为一样，有必要附加未发生的事实。由此可见，以这两种情况不能直接说明，对于一般的作为犯也允许附加未发生的事实。[4]

接下来回答批评意见①提出的问题，即禁止附加的根据是什么。通说在条件关系的判断中试图确认行为与结果之间事实上的关联。倘若如此，在判断条件关系时就不应该附加对结果没有影响的、未发生的事实。换言之，条件关系公式的本质是通过假定来进行判断，禁止附加并不是在内部对条件关系公式进行制约，而是以发现行为与结果之间事实上的关联为目的从外部进行制约（对于事实因果关系的判断而言，这是本质性制约）。

3. 择一竞合的案件

一般作为择一竞合处理的案件需要分情况讨论，以便进一步明确事实关系。[5] 其一，被害人喝下两倍致死剂量的毒药，死亡时间提前了。这种情况下，具体地把握结果，能够肯定条件关系。[6] 其二，只有一方的毒药发挥了作用，被害人死亡。这种情况下，只能够肯定毒药先发挥作用的一方的条件关系。[7] 如果不能证明哪一方的毒药发挥了作用，那么遵循"存疑有利于被告人"的原则，双方都构成杀人未遂。不妥当的观点是，把"无法证明谁的毒药发挥了作用、导致死亡的情况"作为择一竞合的情况，肯定条件关

---

[4] 参见井田良「因果関係の理論」現代刑事法4号65頁（1999年）。

[5] 参见曾根·53-54頁；内藤·（上）255頁以下。

[6] 本来，虽说生命的每一分每一秒都是重要的，但如果仅仅把死亡的发生提前了一秒，也可以承认条件关系吗？有疑问的余地。关于这个问题，请参照本章第二部分中对结果回避可能性的说明。需要注意的是，不仅仅是死亡时间提前的情况，死亡结果推迟发生的情况也同样可以承认条件关系。

[7] "先发生的事情'以其力支配了'后发生的事情，这不过是一种个人感觉的表达"[町野朔『犯罪論の展開 I』166頁以下（1989年）]。毒药是否发挥了作用，并非只是这种个人感觉的表达，而是需要科学证明的问题。

系。[8] 其三，双方的毒药都对被害人发挥了作用，具体形态也与单独一份毒药发挥作用时的经过完全相同，被害人死亡。这种情况是真正的择一竞合（以下的"择一竞合"都是指这种情况）。在这种情况下，如果照搬适用条件关系公式，就得否定条件关系。通说认为这样判断不恰当，于是对条件关系公式进行修改，但受到的批评是，不是共同犯罪却允许把两个下毒行为一起拿掉的原因不甚清楚。

通说提出的理由是："①独自一个行为就能够杀人，结果是人死了，却把两个行为都作为杀人未遂，这与常识相悖；②至少对结果发生有一半的贡献；③实行行为所欲达成的结果发生了，在这一点上却不能追究责任，这不合理；④与因果关系重叠的情况*相比，实施了更危险的行为，却只成立未遂，会导致处罚的不均衡。"[9] 但是，①和②中讨论的前提是因果关系的存在，即"行为的结果是人死了"、"有一半的贡献"，这是在前提中把结论预先设定好了。③成不了理由，因为在介入因素切断因果链条的案件中，即使行为有杀害他人的危险性，人死亡的结果也发生了，也仍然可以否定条件关系。④也成不了理由，因为即使实施了更危险的行为，但只要该行为没有造成结果发生，当然是未遂。结论是，在择一竞合的情况下，通说首先作出一个判断，即因为无论哪一方的行为都与结果之间有事实上的关联，所以应该肯定条件关系；然后，勉强适用条件关系公式以得出与上述判断相符合的结论。

（二）合法则性条件关系说

通说拟在因果关系判断的第一阶段确认行为和结果之间现实存在着事实上的关联（事实因果关系）。这应该得到支持。通说的问题在于，没有充分认识到，条件关系公式所表明的行为与结果之间的关系超过了这种事实上的关联。条件关系公式不过是为了判断事实因果关系的（不充分的）手段，如果已经能够判断出行为与结果之间事实上的关联，那就没有必要非使用条件关系公式不可了。

---

[8] 相反，有的学者认为，择一竞合的案件全都是"不能证明哪一方发挥作用、导致死亡"的情况（例如，井田·前注［4］65页）。这种观点也不妥当。参见山中·257页；成濑幸典「条件関係について」森本益之等编『大野眞義先生古稀祝賀　刑事法学の潮流と展望』128页（2000年）。

* 因果关系重叠的情况是指，单独一个行为不能导致结果发生，两个行为共同作用导致结果发生的情况。在这种情况下，既然结果发生了，就说明每一个行为都与结果发生之间存在着因果关系。——译者注

[9] 大谷·212页。

在德国，合法则性条件关系说成为通说。该学说认为，因果关系的判断就是依据因果法则来判断个别的、具体的关联是否存在。即使在日本，此学说的支持者最近也在增多。[10] 日本通说的实际情况正是合法则性条件关系说，笔者认为，这个观点基本上是妥当的。

本来，判断行为与结果之间事实上的关联时就必须根据科学法则和经验法则，这是理所当然的，因此，也可以说，没有必要特地称之为合法则性条件关系说。[11] 此外，如果强调合法则性，恐怕也会招致误解。一个误解是，行为和结果之间只要有一般性合法则性关系就可以了（这个要求过低了，必须是具体的行为和结果之间有合法则性关系）；另一个误解是，对全部的事态经过中的一环一环都必须证明合法则性关联（这个要求过高了，只要证明行为与结果之间的关系是合法则的就足够了）。把因果关系第一阶段的判断只称作事实因果关系的判断就足够了。

（三）规范性条件关系说（逻辑上的结合说）

与上述通说的观点相对，町野朔教授的主张是，刑法的因果关系不同于自然的、科学上的因果关系，它是指由条件关系公式所表明的行为与结果之间逻辑上的结合关系，目的是限定刑事责任（逻辑上的结合说）。[12] 具体而言，即使不实施此行为，结果也会发生的情况下（事后看，没有结果回避可能性的情况下），因为不能说行为"支配了"结果，所以应该否定结果归属。此外，町野教授附加未发生的事实来判断条件关系，否定了案例一中的条件关系，也否定了案例二这种择一竞合案件中的条件关系。此后，町野教授观点的基本内容得到了以山口厚教授为首的学者们的有力支持。[13]

---

[10] 参见山中·259 頁以下；林陽一『刑法における因果関係理論』33 頁以下（2000 年）；川口浩一「因果関係（1）—条件関係について」西田典之等編『刑法の争点』20 – 21 頁（2007 年）等。

[11] 参见吉岡一男「条件関係における択一的競合について」法学論叢 126 巻 4 = 5 = 6 号 159 頁（1990 年）；成瀬·前注 [8] 127 頁。

[12] 参见町野·前注 [7] 111 頁以下。这篇论文 [「条件関係論」（初版1969 年）] 是町野教授的处女作（至今也不清楚这样说是否合适），笔者在开始从事学术研究之初就拜读了这篇论文，深受感动。如果读者们对因果关系理论有兴趣，或者读者们想阅读法律论文来让思维变得清晰，向读者们推荐这篇论文和书中收录的其他论文。

[13] 参见山口厚『問題探究刑法総論』7 頁以下（1998 年）；林·114 頁以下；鈴木左斗志「刑法における結果帰責判断の構造」学習院大学法学会雑誌 38 巻 1 号 181 頁以下（2002 年）等。在结果的要件中考虑结果回避可能性的观点参见小林憲太郎『因果関係と客観的帰属』39 頁（2003 年）。

但是，结果犯中，行为人之所以承担责任是因为该行为引起了结果；因果关系并不仅仅是单纯的逻辑上的结合关系（并不是逻辑上人会死）。山口教授承认，条件关系判断中包含事实因果关系的判断和结果回避可能性的判断，同时认为应该将两个判断都综合到条件关系这一要件中。[14]这就是说，如果此后要判断结果回避可能性，那么事实因果关系的确认作为犯罪成立的要件便不再具有独立的意义。*

这些观点都是把条件关系的判断理解为从刑法目的出发进行的规范性判断，将其作为结果回避可能性的判断。以下把这种观点称为规范性条件关系说。一般都会承认，在不作为犯和过失犯中，结果回避可能性会成为问题。规范性条件关系说把结果回避可能性作为包括故意作为犯在内的犯罪成立的一般性要件，将其体系性位置定位为因果关系论，作为条件关系的要件。

即使与过失犯、不作为犯一样，故意作为犯中也有结果回避可能性要件，但笔者也认为，因果关系判断的第一阶段仍然应该是确认事实上的关联，事实因果关系和结果回避可能性应该作为不同的要件来对待。理由在于，其一，行为和结果之间事实上的关联（行为引起了结果）是结果犯的本质性要素，积极表明这一点是重要的。这是因为，犯罪论体系并非只为了甄别犯罪的成立与否，还必须对犯罪的成立进行恰当的说明。其二，结果回避可能性的判断是刑法视角下极其规范性的判断，与事实因果关系判断的性格迥然不同，笔者认为，区分两者才会减少混乱。[15]接下来探讨判断结果回避可能性的必要性及其判断方法。

---

[14] 参见山口·前注［13］11頁［山口·55頁］；林·124頁。与此相对，与町野朔教授同样，认为事实的关联本身没有意义的观点参照铃木·前注［13］176頁。

　*　在此，结果归属的判断主要取决于结果回避可能性的有无，有可能存在三种情况。一是事实因果关系存在，却没有结果回避的可能性。这种情况下，否定结果归属。二是事实因果关系存在，也有结果回避的可能性。这种情况下，肯定结果归属。三是事实因果关系不存在，也没有结果回避的可能性。这种情况下，否定结果归属。——译者注

[15] 例如，一种情况是，介入情节切断了因果关系，在这种情况下，事实因果关系本来就不存在。另一种情况是，事实性因果关系存在，却没有结果回避的可能性。从规范性条件说的立场出发，对两种情况的处理是相同的。因此，根据结果回避可能性的判断方法，会出现的问题是，在前一种情况下也得肯定条件关系。如果区分两种情况，在前一种情况下，不需要讨论结果回避可能性就可以否定因果关系。

三、结果回避可能性

(一) 判断结果回避可能性的必要性

不作为犯的成立必须有结果回避可能性，这一般能够得到承认。过失犯的成立也同样，必须有结果回避的可能性。例如，在过失犯中，以结果回避可能性问题而闻名的案件是京交叉路口案件。被告人是掌车人，不注视前方，没有注意到铁路和公路的交叉路口处有一个一岁零九个月的幼童，将其辗死。关于此案件，大审法院认为，即使被告人注视前方，在发现被害人的时间点拉响警笛，启动异常情况下的刹车装置，也不能说其有可能避免被害人死亡，因此，被告人怠于注视前方不会成为结果的原因［大判昭和4（1929）年4月11日新聞3006号15頁］。最高法院最近也出了判决。此案中，被告人驾驶着汽车，怠于履行缓慢行驶的义务，黄灯亮起的时候驶入十字路口，与疾驰过十字路口的车辆相撞，造成同乘者一人死亡。关于此案件，最高法院认为，即使减速进入十字路口，也不能说其有可能避免两车相撞，否定业务上过失伤害罪成立［最判平成15（2003）年1月24日判時1806号157頁］。

问题是，故意作为犯中是否也同样会有结果回避可能性的问题。[16] 考虑一下案例四和案例五。在案例四中，医生甲过失导致患者乙死亡，但即使治疗中没有过失，乙也同样会死亡。因此，根据判例和通说的立场，因为没有结果回避可能性，所以否定过失犯的成立。那么，案例五又该如何判断呢？案例四和案例五的不同仅在于是否有故意；相同的是，即使甲履行了作为医生的义务，结果仍会发生。倘若如此，案例五也应该以没有结果回避可能性为由来否定结果归属（有可能成立杀人未遂）。如果对此予以否定，笔者认为，一定会遭到的批评是，以"邪恶的意思"为理由就肯定了犯罪成立。[17]

---

[16] 以下文献把结果回避可能性作为过失犯的要件。井田良「コメント」山口厚＝井田良＝佐伯仁志『理論刑法学の最前線』48頁（2001年）；高橋・116頁；山中・244頁。最近探讨结果回避可能性的论文参见斎野彦弥「結果回避可能性（上）（中）」現代刑事法60号55頁以下、63号62頁以下（2004年）；小林憲太郎「信頼の原則と結果回避可能性」立教法学66号1頁以下（2004年）［同『刑法の帰責』136頁以下（2007年）收录］。

[17] 参见山口・55頁。笔者过去在探讨这个问题的时候，最初采纳的立场是，没有必要考虑结果回避可能性；之后采纳的立场是，即使考虑结果回避可能性，也要受到限制。拙文「因果関係論」山口＝井田＝佐伯・前注［16］3頁以下。笔者在进行本稿写作时仍然认为，只需要对考虑结果回避可能性设置限制，这个立场没有变，只是在此前的文稿中，故意作为犯也要考虑结果回避可能性这一点没有明确提出来。

（二）结果回避可能性的判断方法

判断结果回避可能性时，需要假定什么样的行为是行为人的结果回避行为；需要在多大程度上考虑行为人以外的第三方行为和自然现象。这些问题都有决定性的重要意义，也是难题。以下提出两个代表性观点，加以探讨。

1. 行为人的行为

行为人即使不用右手持枪射击，也会用左手持枪射杀，这种情况下不应该否定结果回避可能性。对此谁都不会否定。山口教授认为，所假定的应为之行为在作为犯的情况下是单纯的不作为，在不作为犯的情况下是有作为义务者的作为。[18] 与此相对，町野教授认为，在作为的情况下也应该想到"不违反法之期待的行为"。[19] 作为犯的情况下，只假定不作为，上述案例都得肯定结果回避可能性。[20] 如果认为这个结论不妥当，就应该想到"不违反法之期待的行为"。

2. 第三方的行为

第三方的行为成为问题时，町野教授区分替代原因现实发生了的情况和没有现实发生的情况。现实发生了的行为要考虑，对没有现实发生的行为只应该考虑"不违反法之期待的行为"。例如，甲射杀了丙，如果甲不开枪，乙几乎在同一时刻会射杀丙。这种情况下，因为不能考虑乙的违法行为，所以可以肯定结果回避可能性。[21] 与此相对，择一竞合的案件中，可以否定结果回避可能性。在案例一中也同样，死刑执行官执行死刑是合法行为，所以可以否定结果回避可能性。

对此观点，山口教授认为其问题在于，根据是否现实发生来区别对待，有充分的理由吗？一人已经设定好了定时炸弹，另一人想扔手榴弹就埋伏起

---

[18] 山口·55-56页。
[19] 参见町野·前注［7］168页以下。
[20] 笔者认为，难以把京交叉路口案件作为不作为的案件来肯定结果回避可能性。详细内容参见铃木·前注［13］180页以下。
[21] 参见町野·前注［7］169页。也许有学者会认为，在这些案件中，丙的死亡时间多少会推迟发生，所以，结果是不同的。但是，在案例一中，可以想到的情况是，死刑执行官就在旁边，完全在同一时间启动开关。此外，即使多少会推迟，但仅以此就认为结果不同，肯定结果回避可能性，这是有疑问的。例如，京交叉路口案件中，如果踩急刹车，那么碾过被害人的时间多少会推迟；最高法院平成15年（2003年）判决的案件也同样，如果缓慢行驶，那么撞车的时间会推迟，被害人死亡的时间也会多少推迟。因此，如果将结果具体化把握，就会肯定结果回避可能性，可以承认过失犯成立。但是，判例没有采用这样的立场，也不应该采用。如果是这样，那就必须在某种抽象的程度上来考虑结果的同一性。

来等待被害人到来，在两人之间，前者应考虑而后者不应考虑这种区别可能吗？因为他人的犯罪相关意思在给定条件下会现实发生，所以与现实发生了的行为相比，差别只不过是现实发生的程度不同。[22] 并且，关于行为人的行为以外的情况，山口教授过去支持的观点是，能预测得到的全部予以考虑。*但是，这个观点的明显不当之处是，在第三方几乎同时想杀害被害人的情况下，被害人将不受保护。在此，山口教授也改变了观点，现在的观点是，"如果作为替代原因的第三方行为不过是在假定了行为人'应该实施的行为'的情况下所预测到的，那么对此不予考虑。"[23]**

无论町野教授还是山口教授总在考虑的是，结果发生前已经现实发生了的第三方行为。[24] 但是，虽说是现实发生了的行为（例如，设置了定时炸弹），但并不是这个行为导致了结果的发生（这会变成介入因素切断因果关系的情况），因此，法律上也理应否定这样的行为导致结果发生。[25] 换言之，一个人实施了某危险行为，会让法益侵害发生时，到行为以结果发生的形式

---

[22] 山口・前注 [13] 14 頁。

* 具体而言，如果从第三方的犯罪意思中能够预测到行为的实施，那么就应与行为现实发生的情况一样对待，要考虑行为。按照山口教授的观点，问题涉及自然现象时也同样判断，自然现象实际发生的情况以及预测到自然现象会发生的情况下，都要考虑自然现象。——译者注

[23] 山口・56-57 頁。与此相对，有的学者认为，如果第三方的行为是自己意思不能左右的行为，就应该和自然现象一样，不管违法还是合法，都应该附加考虑。参见松原芳博「刑法總論の考え方（5）」法学セミナー 656 号 121 頁（2009 年）。

** "应该实施的行为"是指"法所期待的行为"，在作为犯的情况下是单纯的不作为，在不作为犯的情况下是作为义务得到肯定的作为。对此，山口教授的说明如下：虽说可以预测到第三方行为会取代行为人的行为得到实施，成为结果发生的原因，但是，如果由此就否定行为人的行为与结果之间的因果关系，否定对其进行处罚，以至于放弃对法益的保护，那么从法益保护的视角来看是不合理的。在这种情况下，只要被预测得到的第三方行为是违法的，那么法律上也要求第三方不得实施此行为，必须以此为前提来判断行为人之行为的结果回避可能性。直到结果发生的时点仍然未能现实发生的第三方行为虽然可代替行为人的行为成为结果发生的原因，但是，应该以第三方行为属于法所不期待发生的行为为前提来判断，假如行为人不实施行为，是否有可能避免结果发生（以上内容参见山口・57 頁；以下内容是译者的归纳总结）。结论是，第三方行为虽然可能被预测到，但是其本身就是法所不期待发生的违法行为时，在判断结果回避可能性时，不考虑第三方行为，肯定行为人的行为与结果之间的因果关系。——译者注

[24] 也有观点认为，并不是在结果发生时，而是在行为时判断是否现实发生了。根据此观点，在择一竞合的案件中，如果行为有先后，那么只有先实施的人条件关系成立；如果行为是同时的，那么两人的条件关系都成立。参见小林・前注 [13] 46 頁以下。

[25] 参见铃木・前注 [13] 201 頁。铃木教授提出的批评是，并且，结果回避可能性的判断本来就是假定性判断，在此判断中，"试图设定一类'现实发生了的行为'本身就是无意义的（202頁）。"

实现为止，采取防止结果发生的措施理应是法所期待的；不能够只因为行为已经被实施了，就当作给定条件下的前提来解决问题。

进一步而言，在第三方行为没有现实发生的情况下，总是要考虑法所期待的行为吗？这也是有疑问的。案例一中，死刑只有按照法律程序执行时，才是合法的（并非只要到了预定执行死刑的时刻，不管是谁都可以杀害死刑囚）。因此，笔者认为，把死刑执行官的行为作为法期待的行为，附加考虑此行为来否定结果回避可能性，这是不恰当的。

3. 自然现象

町野教授和山口教授一致认为，自然现象全部予以考虑。案例六中，限于落石是自然现象（即人为过失造成的落石除外）的情况下，否定结果回避可能性。但是，刑法想防止的不是单纯的人死，而是人的行为造成的人死，所以，笔者认为，应该区别考虑自然现象造成的人死和人的行为造成的人死。[26] 死刑囚任由谁来杀死都可以，这种观点不正确；同样，注定要死的人几乎在同一时刻任由谁来杀死都可以，这种观点也不正确。射杀了正在游泳的人，即使不射杀，也几乎在同一时刻会被身边的鲨鱼吃掉、死亡。在这种情况下，笔者认为，没有理由否定结果归属。即使把上述案件改为误认为正在游泳的人是鲨鱼而将其射杀的过失案件，结论也是一样的。笔者认为，没有理由区分为，如果落石是人为过失造成的，就是杀人既遂；如果是不可抗力造成的，就是杀人未遂。

如上，判断结果回避可能性时，在多大程度上考虑未发生的事情，关于这个问题存在观点对立。对立的原因是，在如何看待"结果回避可能性不是单纯的事实概念，而是关乎处罚合理性的规范概念"这一点上观点不同。山口教授认为，之所以应该考虑结果回避可能性是因为，"结果不能回避的情况下，即使把这样的行为作为处罚对象，从遏制法益侵害将来（同样情况下）发生这一刑罚目的的角度看，处罚也得不到正当化。"但是，笔者认为，犯罪遏制是在行为时点发挥作用，行为人在行为时点不可能知道事后看是否有结

---

[26] 在点评笔者的观点时，山口教授提出的反对意见是："行为人让被害人服用了毒药，药效发挥前，被害人死于心脏病，心脏病与服用毒药没有关系。在这种情况下，以杀人既遂处罚行为人不妥当。"山口厚「コメント」山口＝井田＝佐伯・前注［16］35页。但是，所举的案例是介入因素切断因果关系的案例，事实因果关系本身就不存在，所以否定既遂是当然的，以此案例为根据不能说明，文中所说的情况下也应该否定既遂。事实因果关系判断和结果回避可能性判断两者混在一起考虑的问题在这里也表现了出来。

果回避可能性，因此，从犯罪遏制的观点出发不能有理有据地说明在事后看结果回避可能性的必要性。[27] 再有，笔者认为，原则上也不应该承认，当想到法益会受到第三方行为、自然现象的侵害时，该法益就不受刑法上的保护了。在这个意义上，结果回避可能性的考虑应是受到限定的。[28]

通说认为，过失犯中，行为人即使实施了"法所期待的行为"（无过失的行为），此行为也的确会导致实质上相同的结果发生时，以没有结果回避可能性为由否定过失犯的成立。这样判断的实质性根据是，为了与实施了法所期待的行为就不受处罚这一判断结论之间保持一致。这样考虑是妥当的。笔者认为，在故意作为犯中也存在着有必要同样来考虑的情况。因此，应该将结果回避可能性作为过失犯和故意犯的共通要件来对待，相关判断如上所见极具规范性格，应该有别于事实因果关系判断，定位为法律因果关系论（或客观归属论）。

四、结语

因果关系的问题是目前学界最热议的问题。对最前沿的讨论，同学们有必要理解到什么程度，这是一个难题。结果回避可能性的问题尤其是难题（并且，本章讨论的不过是问题的一部分），还有必要进行更多的讨论。不过，重要的问题的确都包含在本章讨论的内容之中了，了解一下什么会成为问题是有必要的，也是有益的。学者并非只是在做头脑体操，而是为了解决现实存在的问题而思考出各种各样的理论。虽然有时会觉得琐碎，有时也会觉得不实用，但在多数情况下，对解决新问题是有重要意义的。新问题出现时真正派得上用场的是理论性根据，并且，新问题会源源不断地涌现出来。

---

[27] 小林·前注［13］32 頁以下。小林教授主张，把结果回避可能性包含在结果的概念中。虽然能够理解这样主张的意图，但小林教授所说的，没有结果回避可能性一般就没有"结果"，这种说法与日常用语的意思过分脱节，笔者认为不恰当。京交叉路口案件中，无论如何也不能说幼童死亡的结果不存在。难道这只是笔者的脑子不会转弯？

[28] 鈴木·前注［13］204 頁。铃木指出，"对行为进行结果归属的根据归根结底是，此行为'对结果的贡献程度（影响力大小）'。如此而言，要求行为人回避的对象正是'对此结果的贡献程度（影响力大小）'"，推导出了几乎相同的结论。

第五章

因果关系之二

一、序言

如前章所述,通说想在事实因果关系(条件关系)的基础上对刑法上的因果关系再进行限定。为此,通说准备的框架之一是实行行为的概念,二是相当因果关系说。学说中,长期以来,相当因果关系说是通说,压倒性地得到多数学者的支持,在学说内部,讨论最多的问题是,以什么样的情况作为基础来判断相当性(判断根据的问题)。

但是,以下文介绍的大阪南港案件为契机,人们开始认识到,相当因果关系说中,相当性的判断方法并不明确,甚至有不恰当的地方,人们开始论说"相当因果关系说的危机"。继而出现的有力主张是,把因果关系论限定为事实因果关系的判断,在另外的客观归属论中进行结果归属的限定。与此相对,也有学者为了把相当因果关系说从"危机"中解救出来作过各种尝试。现在,有关因果关系的讨论已是错综复杂。本章中,简要论及实行行为的概念之后,会尽量通俗易懂地说明相当因果关系说在哪些点上会存在问题。[1]

二、实行行为的概念

通说的解释是,因果关系的起点不是单纯的行为,而是该当构成要件的

---

[1] 小林宪太郎教授也阅读了本章,提出诸多宝贵意见,特此致谢。本章中也有不能充分论及的地方,请一起参照拙文「因果関係論」山口厚＝井田良＝佐伯仁志『理論刑法学の最前線』7頁以下(2001年)。

行为，即实行行为。[2] 根据通说，实行行为不仅是因果关系的起点，而且是未遂犯成立所要求的实行着手行为，也是正犯行为。因此，当一个行为导致结果发生的危险性明显很低，结果却因此行为而发生了时，[3] 在判断因果关系之前就可以否定此行为的实行行为性，既遂当然不成立，未遂也不成立。但是，这种通说的观点有如下问题。

第一，作为因果关系起点的行为和未遂的成立时期应该区分开考虑。例如，把毒投到食物中，将食物邮寄出去，对这种隔离犯的案件，判例[大判大正7（1918）年11月16日刑録24辑1352頁]认为，被送达对方家、处于可能饮用的状态时，才可以承认杀人罪未遂成立，实行行为和未遂的成立时期分离了。实行行为性的判断是立足于事前的危险判断，结果发生的危险在某种程度上存在就足够了；与此相对，未遂成立时期的判断是立足于事后针对未遂结果发生与否进行危险判断，需要的危险应有更高程度的迫切性。[4]

第二，根据通说，是正犯还是共犯，在实行行为的时点就决定了，此后的情况全部是因果关系的问题。但是，这种观点不妥当，通说本身也不能自圆其说。[5] 例如，医生甲把加入了毒药的药剂交给不知情的护士乙，命令其给患者丙注射。乙在中途知道了药剂有毒，却仍然给丙实施了注射，致其死亡。通说认为，甲构成间接正犯的未遂和教唆的既遂（后者吸收前者），承认在因果过程中正犯变成了共犯。

那么，如何看待作为因果关系起点的实行行为概念呢？认为根本不需要

---

[2] 本来，在结果发生了，并且能够肯定行为与结果之间有因果关系的情况下，才能承认行为的构成要件该当性，因此，通说的表达方式容易引起误解。批评意见参见高山佳奈子「相当因果関係」山口厚編著『クローズアップ刑法総論』12頁（2003年）。而像团藤博士那样区分构成要件该当和构成要件实现的观点｛团藤·123页[根据团藤博士的解释，所谓某事实该当构成要件是指，该事实与此构成要件所预设的犯罪类型是一致的。但是与犯罪类型一致并不必然意味着该事实完全实现了此构成要件。该当构成要件却无法完全实现此构成要件的情况是存在的。因此有必要区分构成要件该当（volle Verwirklichung des Tatbestandes）和构成要件实现（Tatbestandserfüllung）。犯罪要既遂，后者是必须的。而该当构成要件的行为即使没有实现构成要件，也可以以未遂犯来处罚。连构成要件该当性也欠缺时，连未遂犯都不成立。——译者注]｝会免遭上述批评。

[3] 常举的例子是，心想被害人被雷劈死就好了，就让被害人到树林里去，被害人真的被雷劈死了（雷劈人案例）；心想被害人坠机摔死就好了，就让被害人乘坐飞机，被害人真的因飞机失事摔死了。

[4] 未遂犯也要求未遂结果必须发生，是这个意义上的结果犯。参见山口厚『危険犯の研究』56页以下（1982年）；本书编码第341页以下。

[5] 参见島田聡一郎『正犯·共犯論の基礎理論』2页以下（2002年）。

实行行为概念的观点也是有力观点。[6] 这种观点认为，当一个行为导致结果发生的危险性明显很低，结果却因此行为而发生了时，可以以因果经过异常为由否定因果关系，[7] 由此可见，把实行行为单独作为问题有害无益。

的确，从行为无价值论的立场出发把实行行为作为犯罪的本质来考虑，这是有疑问的。结果无价值论认为，犯罪的本质是法益侵害或引起法益侵害的危险，这个立场是妥当的。但笔者认为，既然刑法的目的是以保护法益为目的的一般预防，那就不能否定刑法有作为行为规范的性格，而向国民表明什么样的行为事前被禁止也是犯罪论的重要作用。[8] 在行为时点进行事前判断，如果某行为造成结果发生的危险达到了某种程度的高度危险，就是实行行为，如此判断并无不当。

三、相当因果关系说及其问题点

（一）围绕判断根据的探讨

通说为了限定结果归属所采用的第二个框架是相当因果关系说，该学说"把事态发展一般类型化后进行考察，只有在实行行为导致一定结果发生具有相当性的情况下，才承认刑法上的因果关系。"[9] 基于什么范围的情况（判断根据）来判断相当性？根据对这个问题的回答不同，相当性因果关系说分为主观说、客观说和折衷说。主观说认为，应该基于行为当时行为人认识、预见到的情况以及能够认识、预见到的情况来判断。客观说认为，应该立足于审判时，基于行为当时客观存在的全部情况以及行为后发生了的、客观上可能预见到的情况来判断。折衷说认为，应该基于行为当时一般人可能认识、预见到的情况以及行为人认识、预见到了的特别情况来判断。主观说让因果

---

[6] 参见山口厚『問題探究刑法総論』2頁以下（1998年）（山口·50-51頁承认了实行行为的概念）；高山·前注［2］13頁等。

[7] 判断未遂犯是否成立时，未遂结果和行为之间是否存在因果关系需要另行判断。参见山口·前注［6］『探究』6頁。

[8] 参见杉本一敏「相当因果関係と結果回避可能性（6·完）」早稲田大学大学院法研論集106号409頁以下（2003年）。井田教授的评论是："也许可以说，从结果无价值的立场出发否定刑法的行为规范性这种观点所采用的逻辑是，以扫清道德主义为最高使命、为此不惜'粉身碎骨'。"井田良「結果無価値と行為無価値」現代刑事法1号83頁（1999年）。笔者认为，过去也许是这样，但现在，扫清道德主义已经得到普遍认同，没有必要不惜粉身碎骨了。还有学者认为，结果无价值、行为无价值的问题和因果关系论之间没有逻辑上的关系，参见鈴木左斗志「因果関係の相当性について」刑法雑誌43巻2号234頁以下（2004年）。

[9] 内藤·（上）267頁。

关系过于主观化，基本得不到支持；[10] 折衷说和客观说相持不下。

(二) 客观说的问题点

客观说最主要的根据是，因果关系应该是客观性的，由行为人的主观所左右是不恰当的。[11] 但是，客观的是事实因果关系，而相当因果关系（法律因果关系）是想从刑法的视角出发对事实因果关系进行限定，因此，相当因果关系为行为人的主观所左右并不是奇怪的事情。

客观说所谓的客观预见可能性本来是指什么呢？如果是一般人的预见可能性，那么行为人利用已知的特别情况让结果发生时，也得否定因果关系，这明显不恰当。如果把任谁基本都可能知道的情况全部考虑在内，[12] 那么在极广的范围内都得肯定因果关系。例如，甲致使乙负伤，乙住院期间死于医院的火灾。在这种医院火灾案件中，如果火灾是有人（如医院的管理者）可能预见到的，就得肯定因果关系，但这个结论不妥当。

客观说还有一个疑问是，行为时的情况与行为后的情况未必区分得开。[13] 行为后发生的情况其原因应该在行为发生时已经存在了，因此，如果自始至终都采用客观说，就有可能把所有情况都考虑在内。对这样的疑问，反驳意见认为，行为后的情况并不是指，情况存在这件事情本身，而是指这个情况介入到行为引发的因果经过中，并对结果发生产生了一定的影响。[14] 可是，被害人的特殊情况一直被作为行为时的情况，如果是反驳意见所说的那样，血友病或结核的病灶等被害人的特殊情况对结果有贡献的方式是，在被害人负伤后导致凝血机制障碍或病灶在伤口治疗药物的作用下恶化，那么，就不得不把被害人的特殊情况作为行为后的情况来对待了。

最近，也有学者开始主张，不根据行为时还是行为后来区分判断标准。其中最有力的观点是，从一般预防的观点出发，以介入情况的利用可能性为

---

[10] 最近，有学者把因果关系解释为，"行为人基于自己的观点左右了结果发生"的关系，主张采取与主观说相同的基准。参见辰井聡子『因果関係論』106 页以下（2006 年）；辰井聡子「因果関係論—解題と拾遺」川端博等編『理論刑法学の探究1』1 页以下（2008 年）。

[11] 参见内藤・（上）273 页；平野・I141 页；山口・59 页等。

[12] 林・136 页。此文献以"行为时点认识能力最高的人"为标准。

[13] 参见山中・267 页；山口・前注［6］『探究』18 页。

[14] 参见曽根威彦「相当因果関係の構造と判断方法」司法研修所論集99号12页（1997年）［『刑法における結果帰属の理論』（2012年）収録］。

标准。[15] 但是，这个观点也存在的疑问是，行为人已经知道的特别情况难道没有利用可能性吗？* 此外，如果对利用可能性不作严格解释，那么介入情况基本全有利用可能性，如此就接近条件说了；反之，如果对利用可能性作严格解释，就会大大限定因果关系的范围。例如，因医疗过失等第三方过失行为的介入导致死亡结果发生的情况下，因为难以利用他人的过失，就得否定因果关系。

笔者认为，利用可能性说的根据中也存在问题。该学说的主张者从一般预防的观点出发来说明利用可能性的必要性，但是，一般预防是在事前、行为时点发挥作用，虽说行为后有了异常介入情况，但也没有理由否定处罚。从保障国民行动自由的角度出发也同样，理应没有必要保障实施法益侵害危险性高的行为的自由。[16]

特殊情况介入的情况也同样，因为对已经知道的人而言并非偶然、异常的情况，所以为了恰当限定法律因果关系，应该把行为人的主观方面考虑在内。在这一点上，折衷说比客观说更有优势。虽说把行为人的主观方面考虑在内，但判断的对象终归是客观性的因果经过，行为人的主观方面不过是作为资料被使用，目的是为了判断这样的因果经过是否具有相当性，因此，不会把因果关系和责任混为一谈。[17]

---

[15] 参见町野·164页以下；山口·前注［6］『探究』26页以下；高山·前注［2］26页以下；堀内·73页以下。

* 利用可能性说是以客观说为前提提出来的学说，关注的问题是，客观上是否有利用的可能性。如果有可能利用介入情况，就应该肯定因果关系。可能存在的一种情况是，某些情况对于一般人而言是不具有利用可能性的，但行为人因特别认识到此情况，因而对其有利用可能性。在这种情况下，如果肯定利用可能性，从而肯定因果关系，那就与条件说几乎无异了（为了避免这种事情发生，利用可能性说需要用一定的标准，如理论一般人标准来对具有利用可能性的情况进行限定），因此，利用可能性说的主张者不会承认把行为人可能知道的情况都视为有利用可能性。对此，批评意见认为，既然利用可能性说的关注点是利用可能性，那么也应该肯定行为人特别知道的情况具有利用可能性。——译者注

[16] 高山·前注［2］26页。此文献举出"雷劈案件"来说明有必要保障国民的自由，但这是事前看法益侵害危险性低的情况。

[17] 有时人们会说，在实务中，折衷说和客观说的差异主要在伤害致死罪的判断中表现出来。在结果加重犯中，如果要求对加重结果有预见可能性，那么即使根据客观说肯定因果关系，也不会得出不当的结论。但是，在故意犯的情况下（例如，以杀人的故意向着被害人开枪，结果射偏了，打中了被害人的手腕，但被害人因自身特殊情况而死亡），因为根据通说不能否定故意，所以折衷说和客观说会得出不同的结论，这一点需要注意。

(三) 折衷说的问题点

若问折衷说是否妥当，折衷说也有问题。首先，"一般人的预见可能性"这一判断标准不明确。例如，医生过失的介入导致被害人死亡时，如何判断一般人是否有可能预见到这样的过失？如果认为医生的过失常有，[18] 而交通事故更加司空见惯，所以往医院运送被害人的车辆遭遇交通事故导致被害人死亡的案件也得肯定相当性。不过，如果严格解释"一般人的预见可能性"，那么在他人过失行为介入的情况下，基本上就都得否定因果关系。笔者认为，结果就是，折衷说在直觉上认为应该肯定因果关系的情况下，就会肯定介入情况的预见可能性；在直觉上认为不应该肯定的情况下，就会否定预见可能性。这是有疑问的。*

其次，折衷说给出的理由也有疑问。作为折衷说的根据提出来的是，构成要件也是有责类型。[19] 但是，即使把构成要件解释成违法、有责类型，这种理由也不成立。这是因为，因果关系是客观归属问题，客观归属属于客观构成要件。折衷说的另一个根据是，行为是集主观和客观为一体的构造。[20] 但是，因果关系论着眼的问题是行为和结果之间的关联，即使行为是集主观和客观为一体的构造，也并不由此就应该在判断因果关系时直接考虑行为人的主观方面。虽说行为是集主观和客观为一体的构造，但没有人会认为判断人死亡的结果时也应该考虑行为人的主观方面。客观说给出的理由是，因果关系是客观的，其理由说明中存在诸多疑问；上述折衷说给出的理由中存在的疑问不亚于客观说。

(四) 相当因果关系说的问题点

在相当因果关系说中，除了采用客观说还是主观说的问题之外，更基本的问题在于，相当性的判断构造不明确。一直以来，围绕相当因果关系说，

---

[18] 判例认为，即使医生的过失是死亡的一个原因，也能够肯定因果关系 [例如，大判大正12 (1923) 年5月26日刑集2卷458页]。学说也一般在非重大过失的情况下肯定因果关系。包括法院判决在内，参见町野·176页。

* 原著作者在此不是在着重论述结论正误的问题，而是着重强调，预见可能性实质上无法发挥判断标准的功能，只是为了迎合直觉得出的结论而附上的一个理由。从后文的论述中可知，就结论而言，根据原著作者所主张的规范性判断方法，在医生过失介入的情况下，只要不是重大的过失，就应该肯定相当因果关系；而在交通事故介入的情况下，应该否定相当因果关系。——译者注

[19] 团藤·177页。
[20] 福田·107页注5。

讨论的问题只是判断根据，而在相当性的判断中，明确判断根据的范围有什么意义，在明确了判断根据的范围后采用什么方法进行判断等问题未必清楚。大阪南港案件让这些问题凸显了出来。

本案中，被害人因被告人的暴行而失去意识，倒在地上，又遭受了不知是谁实施的暴行，死亡。第一个暴行导致脑出血，第二个暴行的影响不过是让脑出血的范围扩大、让死亡时间提前了几分钟。对本案，最高法院平成2（1990）年11月20日决定（刑集44卷8号837页）认为，"被害人的死因是由犯人的暴行造成的伤害，在这种情况下，即使此后第三方施加的暴行让死亡时间提前了，也能够肯定犯人的暴行与被害人死亡之间的因果关系。"虽然对失去意识倒下的被害人施加暴行是异常情况的介入，但仍然应该承认因果关系（包括笔者在内的多数学者会这样考虑）。如果这样考虑，那么接下来的问题是，如何从相当因果关系说出发来进行说明。特别是，担当本案调查官*的大谷直人法官提出的批评是，根据相当因果关系说以什么判断方法把本案中第三方的介入行为从判断根据中排除出去，这并不清楚；并且，相当性因果关系说强调介入行为是否异常，这与实务上的思考方法有不匹配之处——实务上的思考方法是，具体地查明被告人的行为与结果之间的关联，由此来认定对结果发生是否有贡献、贡献的样态，再基于认定结果来判断因果关系。[21] 这里指出的问题作为"相当因果关系说的危机"，引起了颇大反响。

相当因果关系说的第二个问题是，相当性判断终结于介入情况的预见可能性和因果经过的通常性等问题的事实性判断吗？

在下列情况下，判断相当性时有必要进行规范性考虑。

第一，故意行为介入的情况。例如，行为人实施了过失伤害行为后又故意杀害了被害人的情况下，一般会否定过失行为和结果之间的因果关系［最决昭和53（1978）年3月22日刑集32卷2号381页］。此外，强奸的被害人基于自由意思自杀的情况下，一般认为不成立强奸致死罪。负伤的被害人因为宗教上的原因拒绝接受治疗而死亡的情况下，也应该否定因果关系。[22] 不

---

* 调查官是法官以外的法院职员，根据法官的指示，展开与案件审理和判断相关的一系列调查。1947年，作为战后司法改革的成果之一，最初在最高法院和高等法院设置调查官；1966年修改《法官法》，在地方法院也开始设置调查官。最高法院调查官具有职业法官身份。在地方法院和高等法院，调查官主要辅助法官处理有关知识产权、税务等专业性案件，其构成人员是具有相关专业知识的人员。——译者注

[21] 参见大谷直人「判解」『最判解刑事篇平成2年度』232页以下（1992年）。
[22] 上述内容参见町野·170页以下。另参见拙文·前注［1］26页。

过，如后文所述，把这些案件作为正犯性的问题来对待也是有力观点。

第二，笔者认为，故意行为以外的人的行为（多是过失行为）介入时也同样要进行规范性考虑。一种情况是，医生的过失介入导致被害人死亡。一般而言，只要不是重大过失，就可以肯定相当性。另一种情况是，受伤的被害人被送往医院的途中遭遇交通事故死亡的情况和遭遇医院火灾死亡的情况下，原则上否定相当性。但是，笔者认为，通过比较两种情况下预见可能性的差别难以得出上述结论。笔者认为，上述结论是规范性考虑的结果，即医生的治疗行为与伤害行为紧密联系在一起，因此，只要过失的程度不是极其重大，就应该肯定相当性；与此相对，交通事故和医院火灾可以视为有别于伤害行为的另外的危险，因此，原则上应该否定相当性。[23]

结果归属的判断不终结于预见可能性、结果通常性等事实性判断，而是终结于规范性判断。这一点已经由客观归属论的主张者指出了，最近开始得到相当因果关系说支持者的广泛认可。[24]

四、相当因果关系说的重新构建

（一）相当性的判断方法

为了把相当性因果关系说从危机中解救出来，学者们做了各种尝试来明确相当性判断。笔者对此总结如下。

第一，相当性因果关系说的相当性判断并不是一般性地判断行为和结果之间的关系（所谓的一般性、类型性判断），而应该以具体因果经过为对象，判断其相当性。如果一般性地判断由行为产生了的结果是否相当，那么只要实施了结果发生危险性高的行为，就总得肯定相当性。例如，甲让乙喝下了致死量的毒药，丙偶然路过，看到了在濒死状态挣扎的乙，将其杀害（因为乙处于濒死的状态，所以不能逃跑）。在这种情况下，一般性判断的结论是，让被害人喝下致死量的毒药，被害人死亡，这是有相当性的，因此肯定因果

---

[23] 参见辰井聡子「不適切な医療の介入と因果関係」上智法学43巻1号163頁（1999年）。
[24] 参见町野朔「因果関係論の現状と問題点」『犯罪論の展開I』105頁以下（1989年）；井田良「因果関係の相当性に関する一試論」『犯罪論の現在と目的的行為論』112頁以下（1995年）；大谷・前注［21］241頁。与此相对，也有学者把相当因果关系的判断和事实因果关系的判断并在一起，只判断合法则的条件关系，这是一元化的判断。参见林陽一『刑法における因果関係理論』244頁（2000年）；小林憲太郎『因果関係と客観の帰属』150頁以下（2003年）。

关系。但是，这样的判断方法无视介入情况的贡献程度和异常性，不妥当。[25]

第二，判断具体因果经过的相当性时，重要的是介入情况对结果发生的贡献程度。在介入情况的贡献程度小时，无论介入情况多么异常，都不会否定相当性。[26] 例如，大阪南港案件中，第二个暴行的影响只是让死亡时间多少提前了，因此能够肯定相当性。在介入情况的异常性对结果的发生有重要影响的情况下，介入情况的异常性在判断相当性时会成为问题，而并非所有的介入情况都会成为问题。例如，甲把乙从悬崖上推下去后，乙却奇迹般地保住一命，但是被送到医院后，由于医生的过失而死亡。本案中，因为被害人能保住一命实属奇迹，所以谁都不可能预见到；即便如此，也不会由此就否定相当性。把这样的情况从判断根据中拿掉来判断相当性是没有意义的。[27]

第三，为了恰当地判断相当性，判断时有必要将结果在一定范围内抽象化。[28] 这是因为，人不可能控制全部的情况，既然如此，那么结果发生在一定幅度内便是当然的。大阪南港案件也同样，如果把被害人的死亡认定为"某时某分的死"，那么第二个暴行的贡献程度就会变成百分之百；[29] 但是，如果在某种程度上抽象地把握死亡时间，就可能作出判断，第一个暴行作为死因其贡献程度是压倒性的，而第二个暴行的贡献程度甚微。不过，这种抽象化是为了判断相当性，并不是把构成要件结果本身进行抽象化（在事实因果关系即条件关系的判断中，要求具体地把握结果，与这里的抽象把握结果之间并不矛盾）。

学说中，也有观点认为，如果死因是问题，就没有必要把贡献程度作为问题了。[30] 但笔者认为，把介入情况放在死因中考虑是有局限性的。首先，即使死因相同，在死亡时间明显提前以至于不能说是同一结果的情况下，应该否定相当性。有必要把大阪南港案件的判例理解为，对于第二个暴行导致死亡时间提早了几分钟的案件，最终考虑到与具体案件的关系，肯定了因果关系。其次，如果能够评价为，对死亡结果有贡献的主要是介入情况，就应该否定因果关系。例如，被害人受到致命的伤害，被送到医院后死于医院火

---

[25] 参见井田·前注［24］94页以下；町野·174页以下。慎重起见，补充说明的一点是，不同于毒药起作用之前被射杀那样的因果关系被切断的案件，本案中可以肯定条件关系。
[26] 曾根·前注［14］24页。另参见大谷·前注［21］241页。
[27] 参见井田·前注［24］87页注19。
[28] 参见山口厚「判評」警察研究64卷1号52页（1993年）；井田·前注［24］89页以下等。
[29] 浅田·148页。此文献认为，因为把死期提前，所以应该否定因果关系。
[30] 高山·前注［2］5页。

灾的情况下，应该否定相当性。在这种情况下，没有理由再去区分，如果被害人最初受的是烧伤，死因相同，所以肯定相当性；如果是枪伤，死因不同，所以否定相当性。[31]

如上所述，如果在相当性判断中以具体的因果经过为对象，考虑介入情况的贡献程度，那么相当性因果关系说一直以来所从事的划定判断根据范围的工作就没有必要了。这是因为，拿掉介入情况是为了判断其贡献程度，在相当性判断中，最终，包含这种介入情况在内的具体的因果经过成为了对象。[32]

第四，介入情况对因果经过的贡献大时，问题就变为，把结果归属于行为人的实行行为还是归属于介入情况。根据客观归属论进行判断的本质是，确定结果是谁的"把戏"。在判断相当性时也同样要求进行这样的判断。

首先，笔者认为，介入情况是不受人的行为影响的自然现象时，与一直以来的相当性判断一样，归属的标准是一般人或行为人的预见可能性，不可能预见到自然现象介入的情况下，不应该将结果归属于行为人的行为。例如，被害人因行为人的暴行而丧失意识，被弃置野外冻死了。这种情况下，具有决定性意义的重要问题是，是否有可能预见气温低到会冻死人。

与此相对，介入情况是人的行为时，行为和介入情况之间的关联变得重要。如前文所述，医生治疗过失的案件与交通事故、医院火灾等案件在处理上应该有差别，原因在于，医生的治疗行为是与伤害行为直接联系在一起的行为，[33] 而交通事故和医院火灾却不是。因此，即使同样是医生的治疗过失，如果偶然地附带实施了一个治疗行为而导致死亡结果发生，就应该否定相当性。介入情况是被害人逃走途中的行为时也同样，问题在于，是否与行为直接联系在一起。被害人逃到了安全场所之后所实施的行为与行为人的行为之间难以认定为有直接联系，在判断是否逃到了安全场所时应该考虑被害人的心理。

（二）正犯性（溯及禁止论）的问题

山口教授主张，在相当因果关系之上再增加从规范视角对因果关系进行限定的要素，即"溯及禁止"的原则。该原则是指，"认识到构成要件的结果，并基于自由意志实施了造成此结果的行为（对构成要件结果有完全故意

---

[31] 参见小林·前注［24］139页以下。介入情况是不作为的案件参见拙文·前注［1］19页。
[32] 参见小林·前注［24］145页以下。
[33] 论文连载时将这样的行为称为"由伤害行为所支配的行为"，但"支配"这个词的语气过强，因此本书中进行了更改。

的行为）时，构成要件的结果不能归属于上述行为背后的行为。"[34] 如前所述，一直以来都能够承认，因故意行为的介入而否定因果关系的情况是存在的。山口教授将这种情况一般化，将其体系性位置定位为有别于相当性判断的归属原理。但是，还有一种有力的观点认为，这种"溯及禁止"的考虑有别于因果关系的问题，应该作为（单独）正犯性的问题来对待。[35] 笔者认为，有力观点在理论上更加清晰。问题在于，什么情况下应该否定正犯性，是否应该吸收山口教授所说的溯及禁止论。笔者认为，"在自律性故意行为介入的情况下，一概否定背后者的正犯性"这种考虑是不恰当的。[36] *

（三）与客观归属论之间的关系

最近，变得有力的观点是客观归属论。该理论将因果关系限定于事实因果关系，其他的法律判断在客观归属论的框架下另外进行。在判断能否将结果归属于行为时，客观归属论首先区分法所不允许危险的创设和此危险的实现，然后进一步对案例群进行详细地类型化，表明判断标准。[37]

在日本，一般的理解本来就是，刑法的因果关系论不终结于事实因果关系判断，而是需要进行法律判断，法律判断的内容是，能否把结果归属于行为。并且，最近的相当因果关系说实质上是想吸取客观归属论的主张。[38] 但无论如何，客观归属论之所以没有成为通说，是因为与德国的通说是条件说所不同，日本的通说是实行行为性和相当因果关系说的组合。在日本，如果

---

[34] 山口・64頁。
[35] 参见岛田・前注［5］62頁以下；高山・前注［2］6頁以下。
[36] 铃木左斗志「刑法における結果帰責判断の構造」学習院大学法学院雑誌38卷1号272頁（2002年）。此文献对溯及禁止论提出批评，主张以介入情况的贡献程度来判断因果关系和正犯性。另参见松原芳博「刑法総論の考え方（23）」法学セミナー674号115頁以下（2011年）。
 * 笔者认为不恰当的重要根据是，即使介入行为是基于自由意志实施的故意行为（即自律性故意行为），但如果此行为对结果发生的贡献程度很低，那么仍然可以肯定此行为背后的行为具有正犯性，也能够把结果责任归属于背后的行为。此外，"正犯背后的正犯"在德国是通说，在日本也得到普遍认同。——译者注
[37] 在日本，客观归属论的代表学者是山中教授。在日本，客观归属论的圣经是山中敬一『刑法における客観的帰属の理論』（1997年）。这本书像圣经一样厚（整本书共800多页），想一般性了解的读者先阅读书中的相关部分（山中・279頁以下）也许就可以了。此外推荐阅读的文献是「特集——客観的帰属論の展望」現代刑事法4号4頁以下（1999年）中刊登的数篇论文。另参见安達光治「客観的帰属論——犯罪体系論という視点から」川端等編・前注［10］45頁以下；曽根・前注［14］『結果帰属』131頁以下等。
[38] 参见井田・前注［24］112頁；林・144頁；前田・185頁；町野朔「客観的帰属論」『刑法の争点』25頁（2000年）等。另参见松宫・79頁以下。

以宽松的标准判断相当性，实质上能够吸收客观归属论采用的危险创设和危险实现的判断框架，因此没有必要特地采用另外的判断框架。[39] 另外，对是否采用客观归属论犹豫不定的另一个原因是，客观归属论涵盖的内容很广泛，超过了传统因果关系论的判断框架，还可以覆盖过失论、正犯论和共犯论、刑法分则的解释论等。笔者也认为，"相当性"这一用语的意思不限于经验上的通常性，[40] 由此而言，把结果归属问题作为相当因果关系问题来处理（至少目前）是恰当的。如果"相当因果关系说"这个称呼不恰当，那可以只称其为"法律因果关系论"。

五、判例的解析

（一）判例是否为条件说

以前对判例的评价多是判例基本采用条件说。之所以这么评价是因为，在被害人的特殊情况导致死亡结果发生的结果加重犯案例群中，判例依据条件说才会使用的说理来肯定因果关系。[41] 但是，应该结合案件的具体事实关系来理解判例，判例的一般性说理本身不是判例。此外，判例理论[42] 必须能够对涉及此问题的复数判例进行无自相矛盾的统一性说明。因果关系的判例中也有不少以条件说解释不了的判例，例如，美国士兵交通事故后逃逸案件的判例［最决昭和42（1967）年10月24日刑集21卷8号1116页］。因此，必须用条件说之外的理论对判例理论作出说明。[43]

关于这一点，应受关注的判例是最高法院平成15（2003）年7月16日决

---

[39] 井田良「因果関係の理論」現代刑事法4号68頁（1999年）；曾根威彦「わが国の客観的帰属論」『内田文昭先生古稀祝賀論文集』23頁以下（2002年）等。山中教授对此观点提出批判。参见山中·前注［37］4頁以下。

[40] 笔者认为，毋宁说，在通常性这个意义上使用"相当性"这一用语才是特殊情况，与正当防卫的相当性一样，更多是在"与此相符合"［『広辞苑（第6版）』1629頁（2012年）］这个意义上使用的。

[41] 最判昭和25（1950）年3月31日刑集4卷3期469頁（本案中，脑梅毒造成被害人脑部重度病变，被害人的脑组织坏死，死亡）；最判昭和46（1971）年6月17日刑集25卷4期567頁（本案中，被害人的心脏有重度病变，急性心脏病发作，死亡）；最决昭和49（1974）年7月5日刑集28卷5期194頁（本案中，潜藏于被害人体内的结核病灶恶化，致其死亡）等。

[42] "判例理论"是指，法院从法律角度对某一法律问题的一般性考虑方法，涉及这一法律问题的诸多判例都依据此理论作出。中野次雄『判例とその読み方（第3版）』3頁以下（2009年）（本书是了解判例学习方法的必读文献）。刑法学中一般所称的"判例"多是指判例理论。

[43] 这些判例的详细分析参见铃木左斗志「因果関係（上）（下）」法学教室261号53頁以下、262号62頁以下（2002年）。

定（刑集57卷7号950页）。本案中，数名被告人长时间对被害人实施手段激烈的暴行，被害人在逃跑时进入高速公路，发生交通事故死亡。对本案，最高法院认为，"被害人想逃跑，进入了高速公路，只能说这本身是极其危险的行为。被害人遭受了来自数名被告人长期、连续性的酷烈暴行，对数名被告人有极度的恐惧感，在拼命想逃跑的过程中，情急之下选择了这样的行动。这种行动作为逃离数名被告人暴行的方法并非明显不自然、不相当。如此便能够评价为被害人进入高速公路、死亡起因于数名被告人的暴行，可以肯定数名被告人的暴行与被害人死亡之间的因果关系，做出上述判断的原判决是正当的，予以认可。"此决定的重要意义在于，说明了在被害人行为显著不自然、不相当的案件中，不能够"评价为"结果起因于暴行。[44] 另外，此决定指出，"在拼命想逃跑的过程中，情急之下选择了这样的行动"，对此，可以理解为，被害人的行为与数名被告人的暴行直接联系在一起这一点为判例所重视。

夜间潜水授课中，因为数名被害人不恰当行为的介入，死亡结果发生。根据上述平成15年的决定，判例（最决平成4（1992）年12月17日刑集46卷9号683页）认为，因为数名被害人的不恰当行为由被告人的过失行为"诱发"，所以能够肯定因果关系。很明显，判例承认因果关系的前提有两点，一是"诱发"要件；二是数名被害人的不恰当行为并非"明显不自然、不相当"（结合案件的具体事实关系，应该说平成4年决定本来就是这个趣旨）。

（二）判例是否为相当因果关系说中的客观说

判例理论采取的是相当因果关系说中的客观说，这在以前也是有力观点。[45] 的确，涉及被害人的特殊情况时，判例总是肯定因果关系。但笔者认为，对此外的情况，还没有判例以该情况是行为时的情况为由来承认因果关系。如此看来，不能马上断定判例理论是相当因果关系说中的客观说。[46] 如果假定最高法院是从规范的视角来判断行为与介入情况之间的具体联系，那么涉及被害人的特殊情况（因素）时，法院进行特别考虑也是可能的。一种考虑是，被害人应该作为单个的个体受到尊重，有特殊因素的被害人在刑法

---

[44] 本案评析参见深町晋也「判評」法学教室281号148页（2004年）；曾根威彦「判評」『平成15年度重要判例解説（ジュリスト1269号）』156页以下（2004年）；前田雅英「演習」法学教室283号116页以下（2004年）。

[45] 参见中野・前注［42］71－72页；平野・I146页等。

[46] 中野博士指出，判例理论未必限于已有理论，也有可能是代替已有理论的崭新理论，因此，在断言判例理论就是某种（已有）理论时需要谨慎。中野・前注［42］72页。

上也应该作为这样的人被对待。如果从行为和介入情况之间的联系出发来考虑，也可以说，被害人和被害人的要因不可分地联系在一起。另外一种考虑是，间接给被害人科处义务让其避免这种要因带来的危险，有失公平。[47] 判断法律因果关系就是要判断，应该把结果归属于什么人（什么事）。如果行为人和被害人不能支配的特殊情况是被害人的因素，这种情况下，把结果归属于被害人不公平，那就应该归属于行为人的行为，这样的规范性判断存在于判例理论中。[48] 如果采用这样的规范性判断，那么，笔者认为，在行为人向被害人开枪射击，但是射偏了，击中了埋在地下的炸弹（一般人和行为人都对此不知情），炸弹爆炸，被害人死亡的情况下，有可能否定因果关系。在这种情况下，判例想必也不会承认因果关系。

这样来理解判例理论不过是一种可能的理解方法。而且，即使笔者对判例理论的理解是正确的，是否赞同这种理论则另当别论。笔者认为，可以支持这种理论，但没有得到学界的好评。[49] 读者是怎么考虑的呢？

（三）判例是否为客观归属论

上述是连载论文的内容，此后，学说中越来越多学者采用的判断框架是，"行为的危险在结果中得以实现了吗"。[50] 认为判例也在采用这种判断框架的观点变得有力。[51] 实际上，判例也开始使用"危险得以实现"这种表达。[52]

---

[47] 如果以这种考虑方法为主，那么可以想到的是，在被害人有意图地实施有风险的行为时，即便让被害人为其因素所引发的结果承担责任也不会违反公平。参见橋爪隆「刑事歸責論と民事不法行為論の比較」刑法雑誌44巻2号225頁（2005年）。
[48] 即使肯定因果关系，如果对死亡结果没有过失，也不能以伤害致死罪来处罚行为人，所以，问题不是可否处罚行为人，而是把被害人的因素导致的结果归属于被害人是否妥当。
[49] 批判意见参见井田良「コメント」山口＝井田＝佐伯・前注［1］54頁；辰井聡子「判評」『刑法判例百選Ⅰ（第5版）』21頁（2003年）；塩見淳「法の因果関係（2）」法学教室380号74頁（2012年）等。此外，民法学说中也有关于被害者因素的详细讨论，对待有特殊因素的人时也同样，在不遏制其参与社会活动的范围内，可以让其承担风险，方法就是肯定因果关系或结果的客观归属，在此基础上，应该考虑预见可能性的问题。这个观点参见小林憲太郎「被害者の自己保護義務と結果の帰責」立教法学66号47頁以下（2004年）［『刑法の帰責』（2007年）収録］。
[50] 参见井田・116頁；高橋・127頁以下；山口・60頁（结果是，没有必要区分为事实上的关联和规范性限定两个阶段，直接判断危险的实现就可以了）；山中・279頁以下等。
[51] 参见山口・60頁。
[52] 并不是说，判例已经接受了（也没有否定）客观归属论所主张的各种规范性考虑。最近判例的解说参见小林憲太郎「因果関係に関する近時の判例理論について」立教法学81号253頁以下（2011年）；島田聡一郎「相当因果関係・客観的帰属をめぐる判例と学説」法学教室387号4頁以下（2012年）。

例如，在下列案件中，给机长下达了错误指示的航空管制员以业务上过失伤害罪被追究刑事责任。对此案，最高法院平成22（2010）年10月26日决定（刑集64卷7号1019页）认为，"就因果关系这一点，虽然907号飞机的机长没有遵从仪表的上升指示而是继续操纵飞机下降是介入情况，……但是，不能认为机长不遵从仪表的上升指示是异常操作，毋宁说，被告人下达的下降指示对机长继续操纵飞机下降有大的影响，因此，机长不遵从仪表的上升指示而是继续让907号飞机下降这一情况不能成为否定下降指示和空中接近之间因果关系的理由。本案的空中接近是航空管制员错误地下达下降指示这一危险得以实现的结果，应该说这一指示与本案的空中接近之间存在因果关系。"在另一个案件中，不召回有缺陷的车辆导致了交通事故。对此案件，最高法院平成24（2012）年2月8日决定（裁时1549号14页）也认为，对缺陷车辆置之不理的结果是，"对装备D车圈的车辆，两被告人没有采取必要的措施以便实施召回等改善措施，本案的濑谷事故是违反上述义务的危险得以实现的结果，因此，能够肯定两者之间的因果关系。"

现在，判例和学说在判断因果关系（或结果的客观归属）时，一般都采用危险得以实现这种判断框架。但是，应该注意两点。

第一，判断因果关系（或结果的客观归属）时，即使采用"行为的危险在结果中得以实现了吗"这种判断框架，至今所遇到的问题也不会迎刃而解。[78] 留下的问题是，判断"行为危险"时所依据的情况是像客观说那样考虑行为时存在的（或者认识能力最高者可能认识到的）所有情况，还是像折衷说那样考虑一般人可能认识到的情况以及行为人认识到的特别情况。此外，判断"得以实现"时也同样，有异常情况介入的情况下如何判断是否得以实现了，这是采用相当因果关系说时同样存在的问题。需要注意的是，如果只说"能够肯定行为的危险得以实现"或"不能肯定"，这只是说了结论，无法成为对问题的说明。

第二，虽然危险得以实现这种判断框架与客观归属论的判断框架类似，但这并不意味着客观归属论所主张的规范性判断在判例中已经得到采用。判例使用危险得以实现这种判断框架来判断行为与结果之间有强的事实上的关联，并不意味着承认了规范性考虑。客观归属论明确地区分作为事实性判断的因果关系论和作为规范性判断的客观归属论；与此相对，判例表示不采用这种区分。在这个意义上，判例的判断框架与客观归属论的判断框架看似相仿、实则不同。但判例也没有明确否定规范性考虑，因此，这一点仍是今后需要解决的问题。

六、结语

在笔者还是学生的那个时代，采用相当因果关系说，再讨论一下客观说和折衷说哪一个妥当就足够了。与过去相比，现在的因果关系论（法律因果关系论）变得非常复杂。本章中，笔者希望尽可能通俗易懂地说明这个问题，但对于是否成功了没有自信。读者当中也许有人会问，本章的内容需要理解到什么程度？在此，关于理解的程度，笔者谨就个人考虑提出一个标准。

第一层次，理解相当因果关系说中的客观说和折衷说以及"行为的危险得以实现"的判断框架，仅能够适用于代表案例（跳过难题）。

第二层次，在第一层次的基础上，仅理解因果关系相关的主要判例。特别需要理解的是，即使存在异常的介入情况，如果对结果的贡献程度小（如同大阪南港案件），就不能否定法律因果关系。这可以达到及格的水平了。

第三层次，理解在实际判断法律因果关系时，介入情况的性质和实行行为之间的联系会成为重要的判断要素。理解到这个层次是老师所期望的水平。如果想成为司法者、自己判断因果关系的有无，必须达到的层次是，理解介入情况的预见可能性在判断中几乎没有作用。

第四层次，本章关于被害人要素的说明纯属笔者的个人观点，只要在头脑中有个印象，知道还有这样一种观点就足够了。书写考试答案时，如果是笔者之外其他老师的考试，那么，不写这部分内容想必也不会扣分。[53] 当然，就笔者而言，希望在不远的将来，这样的讨论会变得一般化，升格到第三个层次。

---

[53] 过去，在讨论被害人同意的有效性时，笔者提出法益关系错误说（参见本书编码第218页），当时也让学生注意同样的问题。此后，很多教科书和论文开始论及法益关系错误说，最近，（笔者认为）这样的注意就变得没有必要了。

第六章

不作为犯论

一、序言

你在散步时看见一个孩子掉进水塘，四周没有其他人，只有你能救这个孩子。很幸运，孩子落水的地方水不深，只要不介意水会弄湿衣服，可以容易地救起这个孩子。你会救吗？

你想必会救。但是，假如你没有救，孩子死了，只要你和孩子（或者孩子溺水这件事）之间没有特殊关系，就不会受处罚。这是因为，在日本对于一般性紧急救助义务和违反此义务没有刑罚规定，只要不能承认存在基于特别关系的法定作为义务，不作为杀人罪那样的不真正不作为犯就不会成立。

与此相对，在德国和法国，刑法中存在违反一般性紧急救助义务的犯罪。[1] 在美国，尽管只有少数州有这样的刑罚规定，但围绕处罚可否的讨论非常热烈。[2] 而在日本却基本连讨论都没有，这是什么原因呢？是因为日本人道德高尚，即使没有法律规定（甚至刑罚法规）也会助人为乐，所以没有必要讨论？还是因为与欧美人相比，日本人对他人漠不关心，认为没有必要救不相干人的命？

无论是什么原因，在日本，对溺水儿童见死不救者的刑事责任问题主要只有一个，就是不真正不作为犯。为了成立不真正不作为犯，作为义务是必

---

[1] 德国《刑法》第323条C规定，"意外事故、公共危险或困境发生时需要救助，根据行为人当时的情况有可能进行救助，尤其对自己无重大危险且又不违背其他重要义务而不进行急救的，处1年以下自由刑或罚金刑。"法国《刑法》第223-6条第2款规定："对处于危险状态的人，要求立即采取行动或进行救助，这样做对自己或第三人并无危险，能够进行援助却故意怠慢"，处5年监禁并科75 000欧元罚金。

[2] 将救助义务化的法律是《新约圣经》（路德福音书第10章）中的"仁慈的撒玛利亚法律"（Good Samaritan Law）。详细介绍参见樋口範雄「よきサマリア人と法」石井紫郎＝樋口範雄编『外から見た日本法』243页以下（1995年）。

要的。最近，一般采用的观点是，将这种作为义务所依托的地位称为保障人地位，作为构成要件要素来安排其体系性位置。不作为犯论中最大的问题是，保障人地位在什么情况下能得到肯定。

笔者以前曾写论文讨论过保障人地位的产生根据，主张排他性支配和创设、增加危险的行为两者是必要的。[3] 本章中，笔者首先说明如此主张的原因；此后论述的中心是对笔者观点的批评意见以及笔者对批评意见的回应。

二、与罪刑法定主义之间的关系

处罚不真正不作为犯时是将以作为形式规定的刑罚法规适用于不作为，在这一点上会有罪刑法定主义的问题。在德国，强有力的观点是，不真正不作为犯该当的是没有被写出来的不作为构成要件，规定不真正不作为犯处罚的德国《刑法》第13条*"与作为犯构成要件合并在一起，是以把作为犯构成要件改造为不作为犯构成要件为目的的类推容许规定"。[4] 如果认为在日本也应该同样来考虑，但既然没有像德国刑法总则中那样的规定，不真正不作为犯的处罚作为类推解释就理应是违反罪刑法定主义的。[5] 也有观点认为，只在有可能将不作为视为"被伪装的作为"的限度之内承认不真正作为犯的成立。[6]

但是，可以成立不真正不作为犯的犯罪类型是作为的构成要件这种理解是有疑问的。例如，"杀人"这一文句的日常含义中也包括以不作为让人死亡的行为，母亲不给幼儿吃东西故意致其死亡的情况下，说"母亲杀死了幼儿"连扩张解释都不算；放火罪的"放火"这一文句中也包含不灭火、将目的物

---

[3] 参见拙文「保障人的地位の発生根拠について」内藤謙等編『香川達夫博士古稀祝賀 刑事法学の課題と展望』108頁以下（1996年）。不真正不作为犯的最新研究参见平山幹子『不作為犯と正犯原理』（2005年）；岩間康夫『製造物責任と不作為犯論』（2010年）；吉田敏雄『不真正不作為犯の体系と構造』（2010年）。

　* 该条规定，不防止刑法构成要件结果发生的人，只有当其有依法必须保证该结果不发生的义务，且当其不作为与因作为而使法定构成要件的实现相当时，才依法受处罚。——译者注

[4] 参见中森喜彦「保障人説について」法学論叢84巻4号1頁以下（1969年）；堀内捷三『不作為犯論』3頁以下（1978年）；平山・前注［3］38頁以下、42頁等。

[5] 参见金澤文雄「不真正不作為犯の問題性」団藤重光等編『佐伯千仭博士還暦祝賀（上） 犯罪と刑罰』224頁以下（1968年）。

[6] 松宮・89頁。另参见梅崎進哉「いわゆる不真正不作為犯の因果論的再構成」九大法学44号31頁（1982年）。

置于燃烧状态，笔者认为，这是在扩张解释的范畴内。[7] 如果认为不作为本来也包含在杀人罪的构成要件中，那么"不真正"不作为犯这种称谓方法虽说已约定俗成，但并不恰当。

对上述理解的批评意见是，如果这样解释，那么像《刑法》第130条、第218条*那样一个条文中规定了作为和不作为两种行为样态的刑罚条款就没有必要了。[8] 但是，当主张根据刑罚法规的文句解释不作为也能够和作为一样被处罚时，还不至于意味着，所有的刑罚法规都当然包含不作为犯。根据规定的方法，不能包含不作为这种情况也理应是存在的。例如，错把他人的伞当作自己的伞拿了回来，不返还、据为己有的行为是侵占脱离占有之物，而不将其解释为不作为的盗窃。这是因为，难以把不返还这一不作为解释为"窃取了"。[9] 同样，也不能把非法侵入住宅罪的"侵入了"解释为不作为。虽然"侵入了"这一用语中也可能包含以不作为进入住所（例如，没有制止第三方将自己搬入他人住宅），但是，住所内的人拒不退出的行为也能说成是"侵入了"住所吗？这是有疑问的。如果住所内的人拒不退出的行为不能说成是"侵入了"住所，那么与侵入罪并列来规定拒不退出罪就是有充分理由的。[10] 遗弃罪也同样，因为不保护不包含在遗弃的概念中，所以特别存在不保护的罚则。**

即使杀人罪的构成要件中能够包含不作为，也并不意味着与结果之间有因果关系的所有不作为都包含在内。该当构成要件的不作为，只是有义务进行必要的作为（作为义务）来阻止该当构成要件结果发生的人没有作为。通

---

[7] 参见内藤·（上）226頁；町野·128頁。

* 《刑法》第130条规定，无正当理由侵入他人的住宅、由人看守的宅邸、建筑物或船舶的，或者要求退出上述场所，却拒绝退出的，处3年以下有期徒刑或10 000日元以下罚金刑。《刑法》第218条规定，对年老者、年幼者、身体残疾者或患者承担保护责任的人将上述保护对象遗弃，或者不提供其生存所必要的保护措施，处3个月以上5年以下有期徒刑。——译者注

[8] 松宫·89頁。

[9] 读者中也许有人会认为，因为盗窃罪是状态犯，所以占有转移后的不作为不能作为盗窃来处罚。但这是将原因和结果颠倒了。正确的思考方式是，因为不能把占有转移后的行为作为盗窃进行处罚，所以盗窃罪是状态犯。参见拙文「犯罪の終了時期について」研修556号19頁（1994年）。

[10] 岛田聪一郎「不作为犯」法学教室263号119頁注3（2002年）。此文献把拒不退出罪的处罚范围限于被害人明确要求其退出的情况。

** 日本《刑法》在第217条中规定了"遗弃罪"；在第218条中规定了"保护责任者遗弃罪和不保护罪"。——译者注

说将这种作为义务所依托的地位称为保障人地位，将其置于构成要件要素的位置。什么情况下能够承认保障人地位交由法院解释，如果存在着罪刑法定主义的问题，那就是在这一点上。对学说的要求是，提出尽可能明确的标准来说明保障人地位的产生根据，以便满足保障国民预测可能性这一罪刑法定主义的要求。

三、保障人地位的产生根据

（一）形式根据

关于基于保障人地位的作为义务产生根据，一直以来，通说提出的是法令、合同和事务管理、事理*；作为事理的内容提出了先行行为、监护人、所有者和管理者、基于卖主地位等情况。但是，虽说刑法以外的法令中规定了一定的义务，但这并不意味着违反了这些义务就直接成为刑法上违法性的根据。例如，医生承担着法律规定的到宅诊疗义务（《医师法》第19条第1款），但是，即使拒绝到宅诊疗，患者因此死亡，也不会直接构成不作为的杀人罪。合同的不履行也只会带来民事上的责任，虽说不履行会导致法益侵害的发生，但不会直接成立不真正不作为犯罪。刑法上的作为义务不是道德上的义务，而必须是法律上的义务，提出以事理作为根据完全解决不了问题。实际上，判断保障人地位有无时，只列举出作为义务的形式根据是不充分的。

通说一直以来也承认存在上述问题。通说也认为，法令和合同义务只是作为义务的一时性根据，在这些根据里加上α，不真正不作为犯罪才会成立。但是，如果α实质上决定着不真正不作为犯是否成立，那么把α作为要件就可以了，把法令、合同单独提出来是没有意义的。例如，把他人的孩子带在身边照顾，却不给孩子吃的，致其死亡。这种情况下，从通说出发的判断是，如果养子关系成立，根据民法在合同成立的情况下基于合同产生作为义务。但是，即使在养子关系和合同关系都不成立的情况，也应该能够肯定作为义务，因此，最终作为义务根据的是，把孩子带在身边照顾、将其置于自己的支配之下。[11] 学说中，还有学者认为，将法令、合同和事理作为作为义务的根据首先提出，在此基础上，要成立不真正不作为犯，作为和不作为的等价值性必须得到承认。这种学说虽然有力，但如果这里所谓的等价值性就是指

---

* 日本原文是"条理"，意思是法律之外的社会生活中的事物章法、规矩。——译者注

[11] 前田·138页注18。此文献认为，对自己孩子承担的义务同样不是基于民法上的义务而产生的形式性义务。此义务的产生根据是，一直以来持续不断地提供食物等事实。

上述的α，那么直接讨论等价值性要件就足够了。[12]

如果认为将法令、合同独立提出有意义，那么所采纳的立场便是，只有在这种法律上的义务存在时才承认作为义务。19世纪费尔巴哈主张的就是这种观点。此后的学说认为，以此来考虑的作为义务范围太过狭窄，便将作为义务的范围扩大。最近，高山教授又在主张，将不真正不作为犯的成立限定在法令上的义务（包含合同、事务管理等民法上的义务）存在的情况。[13]

但是，如杀人罪的规范是由刑法本身来作依托的，对于作为杀人的构成要件该当性而言，刑法之外法定义务的存在并非不可欠缺；同样，对于不作为杀人的构成要件该当性而言，刑法之外法定义务的存在也理应不是不可欠缺的。高山教授认为："财产犯罪的成立与否根据民法及其他法律所形成的财产秩序进行判断，与此相同，犯罪的不法内容的实质由其他部门法来提供根据。"[14] 但这只不过是因为，财产秩序这一财产犯保护的法益是由私法构筑的。

在实际的适用中也有疑问的是，不真正不作为犯成立的情况下就总能肯定法令上的义务吗？例如，关于总当作作为义务的根据提出来的民法上的抚养义务，有力的观点是，一起居住的亲属间有相互帮助的义务（《民法》第730条），这是伦理上的义务，至少不能理解为这个义务即决定了具体的权利义务关系。同样，亲属间的抚养义务（《民法》第877条）也有诸多不清楚的问题，例如，超过了金钱支付抚养的交易抚养*是否也包含在内（后者在刑法上会成为问题）；复数抚养者的情况下，抚养义务归谁所有；具体抚养义务产生的时点等。[15]

此外，根据法令上的义务来判断作为义务时还存在的难题是，既然把法令上的义务全都作为刑法上的作为义务并不妥当，就必须区分会成为刑法上

---

[12] 这种学说在多数情况下也会把法益侵害的危险性作为等价值性的问题提出。例如，车祸逃逸案中，虽然作为义务会由过失的先行行为而产生，但是，如果不存在对被害人生命的高度危险，就不能承认不作为杀人和作为杀人之间有等价值性。不过，对未遂犯而言，必须存在结果发生的现实危险，这对于作为犯和不作为犯都是同样的，并非不作为犯固有的要件。参见町野・131页。

[13] 参见高山佳奈子「不作为犯」山口厚編『クローズアップ刑法総論』67頁以下（2003年）。

[14] 高山・前注［13］59頁。

* 金钱支付抚养是原则性抚养方法。此外，交易抚养是基于当事人之间的合意，根据各自的能力分担抚养义务。——译者注

[15] 参见大村敦志『家族法（第3版）』255頁以下（2010年）。

作为义务的义务和此外的义务（一直以来通说也存在这样的问题）。笔者不认为高山教授的观点有充分的说服力并且成功地解决了这个问题。[16]

最近，变得一般化的观点是，基于保障人地位的作为义务分为法益保护义务和危险源监督义务两种。前者着眼于与法益之间的关系，是保护此法益的义务；后者是指，如果不适当管理，恐怕会侵害到他人的法益，对这样的危险源进行管理的义务。作为义务的确有这样两种，但两者有时有可能重合；危险源监督义务也是为了防止法益遭到危险源侵害而科处的义务，因此，也可以说两种义务最终都可以还原为法益保护义务。此外，上述观点对两种义务的产生根据没有作任何说明。

（二）实质根据

1. 先行行为说

先行行为会成为作为义务的根据，这也得到了通说的承认。将先行行为作为保障人地位唯一根据的是日高教授。日高教授认为，在构造上，作为和不作为之间有道鸿沟，为了让作为和不作为等价值，有必要用不作为者的先行行为来填上这道鸿沟，并且，先行行为必须是过失行为。[17]

自己创设出危险的人有义务将危险排除，这样考虑是有说服力的。但是，对先行行为说的质疑是，关于不作为，作为和不作为的等价值性会成问题，以此前的先行行为能填上构造上的这道鸿沟吗？还存在的问题是，行为人以过失行为造成了让结果发生的危险，认识到这一情况却置之不理，以致结果发生时，就会成立故意的不真正不作为犯，过失犯就会广泛转化为故意犯。笔者不认为这样的处罚在刑事政策上是可取的；在实务上也同样。例如，交

---

[16] 高山教授认为，违反道路交通法上救助义务的犯罪会处以5年以下自由刑或50万日元以下的罚金刑，因为这个处罚很重，所以不救助造成死伤结果的情况也包含在内（高山·前注[13] 70页）。但很难认为，立法者的意思是，这个犯罪可以将法定刑明显更重的杀人罪和保护责任者遗弃致死罪的适用排除在外。如果被说成是，修改《道路交通法》时把本罪的处罚上限由3年自由刑提升到5年，是为了用这个犯罪来排除杀人罪和保护责任者遗弃罪的适用，那么想必立法者会惊诧不已。再有，关于不作为放火的神柜案（在神柜案中，行为人认识到了，燃着的烛台没有放稳，倾向于神符的方向，却没有采取措施防止着火的危险发生，反而想利用这种危险状态，以便火灾发生后获得保险赔偿，因此以放火罪被起诉。——译者注）［人判昭和13（1938）年3月11日刑集17卷237页］，高山教授认为，如果是租借，根据《民法》上的管理义务可以产生作为义务；如果是自宅，就没有这样的义务，所以不能承认作为义务（高山·前注[13] 73页）。因此对此也有疑问。但问题在于，放火罪的作为义务首先是为了保护公众法益，根据是否为所管建筑物的所有者来决定作为义务的有无，这不妥当。

[17] 参见日高義博『不真正不作為の理論』154页以下（1979年）。

通肇事逃逸案中，并不是只以过失的先行行为就能承认不作为杀人罪的保障人地位。

2. 社会期待说

从行为人与法益主体或危险源之间社会层面的关系出发，有学者认为，法益保护强烈依存于行为人的作为，提供保护在社会层面受到人们强烈期待的情况下，承认保障人地位。[18] 此观点的特征是，不是仅从事实上来把握，而是从社会期待的层面来规范性地把握法益的依存性，但问题也正在于此。这是因为，社会层面的期待最终不过是存在于社会中的道德性规范，这就等于是在说，"社会应该承认保障人地位时，就承认保障人地位"。从罪刑法定主义的观点出发，如果对学说的要求是设立明确的标准，那么这种学说就是不可取的。

3. 事实上的承担说（具体依存性说）

堀内教授认为，法益侵害等结果的发生依存于不作为者时，肯定保障人地位；在妨碍结果发生的条件行为开始时，即事实上承担起保护时，承认这种依存性。[19] 事实上的承担说的特色是，克服了社会期待说的不明确性，把法益的依存性限定于具体事实，能够确保判断的明确性是这个学说的优点。

但是，这个学说中也有几个疑问。其一，行为人的法益依存于不作为者这种状态即使不依据事实上的承担也会发生，因此，把实质根据限定为事实上的承担的根据不甚清楚。例如，只有新生婴儿和父亲两个人在家时，新生婴儿的生命就依存于父亲，这与父亲之前是不是在照看新生婴儿没有关系。其二，一开始没有承担保护责任的，一概不负责；而一时性提供了保护的，反而要承担责任，这不均衡。例如，笔者认为，以下结论不妥当，即独居老人健康恶化，快饿死了。邻居对此视而无睹，一开始什么都不做的，不承担不作为的责任；觉得老人可怜，几番提供食物的，就有了作为义务，如果停止提供，就因不作为犯受处罚。一旦开始保护，仅此就得承担重责，这会让人们不再去积极提供保护，政策上也是不妥当的。

---

[18] 参见木村龟二「不作為犯における作為義務」『刑法解釈の諸問題（1）』248 頁以下（1939 年）；江家義男「不純正不作為犯の理論構成」『江家義男教授刑事法論文集』35 頁（1959 年）。笔者认为，通说如果实质性地考虑，就会归结为这个观点。神山敏雄尝试将社会期待说进一步明确化。神山敏雄「保障人義務の理論の根拠」斎藤誠二等編『森下忠先生古稀祝賀（上） 変動期の刑事法学』214 頁以下（1995 年）。

[19] 参照堀内・前注［4］253 頁以下。通常情况下，事实上的承担是指承担法益保护；应该把承担危险源管理的情况也包含在内。

的确，行为人用车载着交通事故的被害人，开始送其到医院时，可以承认作为义务，这是恰当的。但笔者认为，这样判断的理由是，用车载着被害人，让其处于没有可能获得他人救助的状态，让被害人生命受到的危险显著增大；并且，只有行为人能救助被害人，在这个意义上设定了排他性支配。如果这样来解释，那么在刚才的例子中，给邻居老人只提供食物的情况下，应该否定作为义务。[20] 交通肇事后用车载着被害人将其弃置到其他场所的情况也同样，从被后续车辆辗死的危险性高的场所转移到更加安全的场所的，从被救助可能性低的场所转移到被救助可能性高的场所的，不应该肯定作为义务。应该说，所谓既然把事情承担下来了就得负责到底，不过是道德上的义务。[21]

4. 支配领域说

西田教授认为，作为担保作为和不作为等价值性的要素，不作为者具体地、现实地支配着因果经过，即排他性支配是必要的。并且，基于自己的意思设定了事实上的排他性支配时，以及基于一种规范上要求其作为的关系而拥有了排他性支配时，能够承认保障人地位。特别将后者称为支配领域性。[22]

西田教授的观点继承了事实上的承担说的想法，并且从规范的观点出发，把保障人地位扩大到特别关系得到承认的情况，这是此观点的特征，也正是问题之所在。笔者认为，西田教授虽然把特别关系限定于亲子、建筑物的所有人、借贷人、管理人等基于身份关系和社会地位而继续不断地承担保护和管理义务的人，但是，所谓规范上要求其作为的情况结果就等同于应该承认保障人地位的情况，难以限定。

---

[20] 即使是善意的，但因为继续照顾，以至于让周围的人（包括行政机关）形成了一种事实上的信赖，认为这个人在照顾着，所以没有必要援助。在这种情况下，在让他人救助的可能性减少这个意义上，可以承认危险增加。

[21] 与此相对，高山教授提出《民法》第697条第1款以及第700条规定的事务管理者的继续管理义务，认为这不是单纯的道德上的义务，而是法定义务（高山·前注［13］67页注56）。的确，《民法》第700条规定，"在本人、其继承人或法定代理人得以进行管理之前，管理者需要继续进行管理。"但是，不应该按字面来解释《民法》第700条的文句。在此，继续管理义务的实质根据是，因为开始管理，所以其他人管理的可能性就不存在了，与一开始不进行管理相比，中途放弃管理会导致更大的危害产生，设想到这种让法益状态恶化的情况，科处给管理者继续管理的义务。美国的《侵权法第二次重述》指明了这一点。See Restatement (Second) of Torts, pp. 323–24 (1965).

[22] 西田典之「不作為犯論」芝原邦爾等编『刑法理論の現代的展開　総論Ｉ』第89页以下（1988年）。

在西田教授的观点中，另一个问题是，一概不承认先行行为是保障人地位的根据。但笔者认为，在法益侵害的危险由先行行为创设出来，排他性支配也得到承认的情况下，可以承认保障人地位。西田教授认为，基于先行行为来处罚不作为犯是双重处罚；但笔者认为，双重处罚是应该通过因果关系论或罪数论来解决的问题。*

（三）笔者的观点

上述这样的学说状况下，笔者认为，排他性支配＋危险的创设或增加（下文简称为危险的创设）是保障人地位的根据。

应该把排他性支配作为要件是因为，如西田教授所言，不作为也有必要与作为一样支配着结果的发生。判例中，不真正不作为犯能成立的案件几乎都是排他性支配能得到承认的案件。

但是，如果仅以排他性支配就承认保障人地位，那么在偶然具有排他性支配的情况下也得肯定保障人地位。如果认为这种情况下不应该承认不作为杀人罪的成立，[23] 就有必要指出，排他性支配的存在是承认保障人地位的必要条件，但不是充分条件。

笔者认为，作为另一个要件，行为人创设出危险或让危险增加是必要的。根据先行行为肯定保障人地位的学说是以危险的创设为根据。但是，仅以此为根据，保障人地位的范围会过宽，因此，限定要素是必要的。这种限定要件就是排他性支配。事实上的承担说如果恰当理解了这一点，也能够在危险的创设和排他性支配的设定中求取保障人地位的根据，皆如前述。笔者的观点是将先行行为说和事实上的承担说综合在一起、重新构成的观点。

关于排他性支配和危险创设之间理论上的关系，笔者曾经的说明是，排他性支配要件是为了担保作为和不作为的等价值性；危险创设要件是从"除非积极侵害他人利益，否则不处罚"这一自由主义观点出发提出的要求，即

---

* 所谓双重处罚是指，根据先行行为说，实施了过失的先行行为之后，没有采取避免结果发生的措施，并且对结果的发生有认识的，过失犯转化为不作为的故意犯。此前的过失先行行为也可罚的情况下（如交通肇事），会对先行行为进行重复评价。但笔者认为，只有在过失先行行为可罚的情况下才有可能出现双重处罚的问题，为了避免这个问题，可以通过因果关系论（否定过失先行行为与结果之间的因果关系）或罪数论来避免双重处罚。因此，笔者的结论是，西田教授以避免双重处罚为由来否定先行行为，是没有说服力的。——译者注

[23] 陌生人把婴儿弃置在行为人的宅子里，逃跑了。井田良认为，在这种情况下，考虑到排他性支配领域、生命法益的重大性、向警察报告的容易性，可以肯定保障人地位。井田良「不真正不作为犯」现代刑事法3号94页（1999年）。

所谓的外在性制约。之后考虑时,笔者认为一元说明更好,即把危险创设要件也作为担保作为和不作为等价值性的要件。为了承认作为和不作为的等价值性,从因果支配的观点出发,排他性支配是必要的;从保障自由的观点出发,危险创设是必要的。

笔者认为,应该将创设危险的行为解释为,客观上危险就足够了。[24] 把先行行为作为作为义务根据的观点一般要求先行行为是过失。如果这样来解释,那么在行为时不能预见到结果发生的危险,但行为后知道了此危险的情况下,就得否定作为义务,这不妥当。[25] 例如,行为人将他人关在了冷冻仓库中,即使行为人对此没有过失,也应该肯定行为人在刑法上有义务把关在里面的人放出来。

另外,关于排他性支配,行为人之外没有其他人可以救助被害人的情况下,即使没有管理支配着该场所,也应该承认保障人地位。例如,在人迹罕至的山中给被害人造成致命伤害的情况下,应该肯定有救助被害人的保障人地位。

进一步而言,笔者认为,也应该承认基于特别知识的排他性支配。上述案件中,行为人是运输公司的员工,即便没有冷冻库的管理权限,但只有行为人知道有人被关在了里面,这为排他性支配提供了根据。

探讨刑法上瑕疵制品责任时会涉及上述问题。在制造、贩卖制品的时点,不可能知道制品的危险性,但卖出后知道了(或者可能预见到了)危险性却没有回收,使用制品的消费者因制品缺陷而死亡或遭受伤害。这种情况下,

---

[24] 因此,有时也能够承认,实施了正当防卫的人对侵害者而言有保障人地位。参见拙文「防衛行為後の法益侵害防止義務」研修577号9頁(1996年)。对此,高山教授的批评意见是,对袭击人的狗实施防卫行为,让狗受伤并放置不理,致使狗死亡的情况下,可能要不当地追究毁坏器物罪的责任(高山·前注[13] 65頁)。高山教授设定的案例是对物防卫,但在对人防卫的情况下是否有说服力,这是有疑问的。例如,推侵害人的胸,让其摔倒失去直觉的情况下,如果是在严冬的晚上,有冻死的危险,仍然应该进行救助(至少应该向警察报告);如果置之不理致使其死亡,笔者认为,即便承认不作为的杀人罪也并非不当。正当防卫只承认在防卫必要限度内的法益侵害,侵害者并非完全不受法律保护。笔者认为,理论上,即使是狗,如果能够很容易地进行救助,也应该进行救助,不过,因人和狗的不同会让救助被期待的程度有所差异,这样解释是可能的。

[25] 德国的通说要求先行行为是违反了义务的行为,但是,在判断瑕疵制品的回收义务时,德国的判例实质上已经不再要求义务违反性要件。德国判例和学说的详细说明参见岩间·前注[3] 5頁以下。另参见北川佳世子「製造物責任をめぐる刑法上の問題点」早稲田法学71卷2号171頁以下(1996年);鎮目征樹「刑事製造物責任における不作為犯論の意義と展開」本郷法政紀要8号357頁(1999年)。

如果认为贩卖制品这一先行行为中没有无过失，否定保障人地位，那么不作为犯罪就不会成立。此外，如果把排他性支配限定于事实上的管理，那么至少将制品转手给消费者后，制造公司便没有排他性支配了，不作为犯罪还是不成立。但在这些情况下，危险创设和排他性支配都应该得到承认。[26]

（四）笔者观点受到的批评

1. 危险创设的必要性

第一个批评意见是，母亲生出婴儿后，弃之不理致其死亡的情况下，危险创设得不到承认，因此，根据笔者观点就得否定不作为杀人罪的成立。[27]坚持主张危险创设的必要性是因为考虑到了，如果不要求危险创设，那么在放入社会期待这样的规范性观点后，保障人地位的范围会变得不明确。[28]

笔者本来的主张是，母亲生出婴儿后，弃之不理致其死亡的情况下，不处罚是不妥当的，因此，应作为保护责任者遗弃致死罪来处罚。* 笔者过去的考虑是，排他性支配要件和危险创设要件是关于不真正不作为犯的保障人地位的要件，而真正不作为犯的作为义务由刑法特别规定，排他性支配和危险创设两个要件不适用于真正不作为犯。对这种观点的批评是，自由主义的要求对于真正不作为犯也应该是妥当的，法律规定存在的情况下就赋予其决定性意义这种考虑是否妥当是有疑问的。[29] 但是，笔者认为，一直以来，保障人地位相关讨论是围绕不真正不作为犯成立范围的讨论，不曾把真正不作为犯纳入讨论的范围。在立法者通过明文规定给公民科处义务的情况下，即使这种对公民的制约超过了通常对自由进行制约的范围，但只要不违反宪法，

---

[26] 在日本，药品不当使用导致艾滋病感染的案件中会存在此类问题。包括参考文献在内，详细说明参见甲斐克则『医事刑法への旅Ⅰ（新版）』159 页以下（2006 年）。

[27] 林干人教授对笔者观点的批评是，"基本上有道理，但最大的问题是，即使在亲子关系的情况下，也会因上述要件得不到满足而否定作为义务。"参见林·156 页。不承认不作为杀人本来就不是笔者的一家之言，同样的观点参见堀内·前注［4］255 页；浅田和茂等『刑法各论』79 页（1995 年）；镇目·前注［25］356 页等。

[28] 林教授提出的批评是，根据身份关系和社会生活中的地位肯定作为义务的理论根据是什么，这样判断的意义是什么，在什么范围内可以这样判断，这些问题都不清楚（林·163 页）。与此相对，中森教授认为，既然法把社会关系作为对象，那么人在社会生活中的角色不同当然有重要意义，不应该厌弃规范性考察。中森喜彦「保障人说」现代刑事法 41 号 6 - 7 页（2002 年）。说明规范性关系具有重要性的文献还有塩见淳「作为義務の成立根拠」法学教室 381 号 64 页（2012 年）。

* 保护责任者遗弃罪是真正不作为犯，有保护责任的人不履行保护责任的，构成此罪。——译者注

[29] 参见中森·前注［28］6 - 7 页。

就能够科处这样的制约。真正不作为犯就是这种情况。

话虽如此,但是,母亲把刚出生的婴儿弃之不理致其死亡是不作为杀人的典型例子,如果这是在理论上能够得到说明的,还是宜于承认不真正不作为犯的成立。[30]* 重新考虑一下,笔者认为,在目前通常在医院里生孩子的现状下,在得不到他人帮助的自宅偷偷生孩子就是对出生的孩子创设了危险,这样考虑就有可能肯定保障人地位。即使是突然阵痛要生孩子这种情况,基本上都能承认对这种事态的发生有预见可能性;即使不能承认预见可能性,若是考虑到危险创设不需要有过失,也就没有问题了。[31]

2. 排他性支配的必要性

另一个批评意见所质疑的是,排他性支配要件是否有必要;即使有必要,这是否是保障人地位的问题(当然,这一批评并非只针对笔者的观点)。

首先,岛田教授主张的观点是,不妨认可排他性支配要件,但不是作为保障人地位的问题,而是作为单独正犯性的问题来理解。[32]

本来,从作为和不作为等价值性的观点出发,对排他性支配要件的要求是为因果经过的具体性支配提供根据,因此,在狭义共犯**中,既然作为的情况下,不要求共犯者对因果经过的支配,那么不作为的情况下,共犯者本人也没有必要有排他性支配。但是,如果像岛田主张的那样,把排他性支配作为单独正犯的要件,那么共同正犯中就不再要求排他性支配要件了,*** 这不

---

[30] 山口教授认为,根据"法益的脆弱性的支配","父母承担了养育子女的责任,子女的安全依存于父母,因此,可以肯定父母处于保障子女法益的保障人地位、有作为义务"。山口·89-90页。但是,能否承认母亲对刚出生的子女承担了养育责任,答案不甚清楚。

* 承担说所谓的"承担"必须是"事实上的承担",其根据不是法律上的义务,而是事实根据。也许经常会说,母亲对刚出生的孩子承担养育义务,但这里的养育义务是"法律上的义务",与"事实上的承担"不同。因此,根据事实上的承担说不能直接得出结论,母亲抛弃刚出生的婴儿构成不作为的杀人罪。当然,多数情况下,母亲会对刚出生的婴儿事实上承担起保护义务。但是,在母亲从一开始就不准备养育婴儿,生下婴儿后放置不管的情况下,是否能够承认其事实上承担了保护义务,就是有疑问的。在后一种情况下,如果采用事实上的承担说,那么刚出生的婴儿在法律上就不受保护了,这就是事实上的承担说会面临的批评。——译者注

[31] 岛田教授认为,把持续怀孕、生孩子评价为继续性保护关系的创设和维持是有可能的。岛田·前注 [10] 118页。但是,笔者认为,本章的说明方法才是合乎情理的。

[32] 岛田·前注 [10] 115页。

** 狭义共犯是指教唆犯和帮助犯。——译者注

*** 在日本刑法理论中,共同正犯属于广义的共犯,与单独正犯相并立。根据岛田的观点,排他性支配是单独正犯性的根据,因此,在分类上属于共犯的共同正犯是不要求排他性支配的。——译者注

妥当。例如，根据岛田的观点会作出的不合理判断是，在单纯的交通肇事后逃逸案中，如果驾驶员是一个人，那么因为欠缺排他性支配＝单独正犯性，所以不作为的杀人罪不成立；而如果和坐在副驾驶座上的带路人一起创设了危险，因为不要求排他性支配，所以不作为的杀人罪就得成立。

有共犯者的情况下，处于共犯关系中的行为人要作为一个整体来判断排他性，这被作为当然的前提。笔者认为，应该维持这个意义上的排他性支配要件。

其次，也有观点认为，排他性支配要件本来是不需要的。[33] 如果要求排他性支配，在儿童掉进水塘案中会作出的不合理判断是，如果水塘附近只有父亲一个人，就可以肯定父亲的保障人地位；如果还有其他人能够实施救助，就不能肯定父亲的保障人地位。在此，井田教授认为，父亲之外的十个人根本不想救溺水的孩子时，也可以说孩子的生命具体地、排他性地依存于父亲的作为。[34] 的确，笔者认为，周围的人考虑到父亲会救所以没去救这样的情况下，对父亲会去救有现实的信赖，是有可能承认排他性支配的。上述情节不存在时就难以承认排他性支配。笔者认为，如果考虑到这里讨论的问题是不作为杀人罪，那么这并非是不恰当的结论。

本来，可能提出的批评是，"排他性支配"这一用语的语气过强。对于排他性支配说而言重要的是，法益保护依存于特定人这种关系。有学者指出，即便是作为犯，显然也没有必要直到最后都支配着因果经过，因此，不是把因果经过的支配，而是把"对导致结果发生的原因的支配"作为问题才妥当。[35] 的确如此。如果认为排他性支配说就是要求完全支配着因果经过（大家一直是这样来理解的），那么，为了避免对笔者的主张产生误解，有必要改用排他性支配之外的用语。

另外，瑕疵制品责任有争议的情况下，如果要求排他性支配是指事实上占有，那么不作为犯成立的余地就会受到极其严格的限制，而这种限制显然不妥当。在此，如果要承认"排他性支配"，那么如前文所述，就有必要提出信息独占而形成的"支配"，不过，用"排他性支配"这一用语来表达这种

---

[33] 参见鎮目・前注［25］350 頁以下；塩見淳「不作為犯論」西田典之＝山口厚編『刑法の争点（第 3 版）』19 頁（2000 年）；高山・前注［13］56 頁等。
[34] 井田良＝丸山雅夫『ケーススタディ刑法』89 頁（2011 年）。
[35] 山口・89 頁。

关系，可能会有异议。[36]

也许应该改用一个更为贴切的用语来代替"排他性支配"，可是想不出贴切的用语；而且，排他性支配这一用语可以表达出限定性意味，改用其他用语而舍弃这种意味也很可惜，因此，目前还想继续使用这一用语。

如果从多元角度来说明保障人地位的根据，在理论上能够完全掌控犯罪的判断，那么即便是多元说也没有关系，但是否存在这样的学说，笔者至今也不知晓。

3. 效率性说

最后，想论及一下镇目教授的观点。镇目教授认为，复数人都有可能避免结果发生，就把复数人全都处罚，这会导致过度制约国民自由，因此，有必要对主体进行选择。"只有能够最有效地采取结果回避措施的主体才处于保障人地位"；并且，为了保障行为选择的自由，"必须存在的情况是，在结果发生的危险和行为人之间存在着行为人可以让他人介入的可能性减少这种关系，行为人基于自己的意思接受了上述关系成立。"[37] 这种观点是想提出一个具有事实性、实质性内容的标准。但是，笔者认为，谁能够最有效地回避结果发生，未必明确；[38] 而且以"效率性"这一经济学概念来决定保障人地位是否妥当，也是有疑问的。[39]

（五）新判例

最近，关于不真正不作为犯的重要事件是，最高法院判例承认了不作为杀人［最决平成17（2005）年7月4日刑集59卷6号403页］。本案中，被告人有能力实施"夏克提"*这种特别治疗，聚集了信奉者。患者甲重病入院，亲属乙拜托被告人进行夏克提治疗。被告人要在入住的宾馆实施治疗，让甲出院，知道医生警告过近期内不能出院，也知道乙意图得到出院许可后就把甲送到自己这里，却仍然指示乙："输液治疗会有危险。今明两天最危险。明天把甲带过来。"甲需要接受输液等医学治疗，被告人却让已入院的甲

---

[36] 瑕疵制品责任参见岩间·前注 [3]。
[37] 参见镇目·前注 [25] 353页以下。
[38] 参见高山·前注 [13] 62页。高山教授也提出批评，她认为，只要不能肯定效率性上第一顺位者有选择行为的自由，根据效率性说的判断结论就是，谁都没有作为义务。但是，笔者认为上述批评有问题，因为不能肯定第一顺位者的作为义务，第二顺位者就会承担作为义务。
[39] 参见岛田·前注 [10] 116页。
＊ 夏克提是英文 Shakti 的音译，在印度教中被信奉为最基本的宇宙能量，利用这种能量进行治疗就是夏克提治疗。——译者注

出院，创设了对甲生命的具体危险。甲被送到宾馆后，被告人看到甲的容态，认识到如此下去有死亡的危险，但只实施了夏克提治疗，以间接杀人的故意导致甲没有接受维持生命所必须的医学治疗，搁置病情，致其死亡。

对上述事实关系，最高法院认为，"被告人以应该归咎于他自己的事由造成了对患者生命的具体危险。此后，患者被送到宾馆，在宾馆里，信奉被告人的亲属乙委托被告人对病重患者进行全权治疗。这时，被告人认识到了患者的病情严重，自己没有办法进行救治，因此，直接负有义务让患者接受维持生命所必须的医学治疗，但其却以间接杀人的故意让患者没有接受上述医学治疗，搁置病情，致患者死亡，构成不作为杀人罪。"这个判例在肯定杀人罪的保障人地位时指出，被告人创设出危险，接受全权委托为被害人提供保护，即具有排他性支配。这是妥当的判例。

四、结语

读者在读完本章后，如果赞同笔者的观点，笔者非常欣慰。即使不赞同，如果能够理解笔者主张这种观点的原因，思考不能赞同笔者观点的理由，写作本章的目的即达成了，笔者同样欣喜万分。

第七章
违法性的判断

一、序言

到前章为止，讨论的是构成要件该当性，自本章开始进入违法论。如第三章中所述，笔者认为故意和过失是主观构成要件要素，因此，在体系性上，把故意和过失的判断置于违法性阻却事由的判断之前。但相比体系，本书更加重视实质，因此决定把违法论放在前面。在教科书等文献中，主观违法要素的问题本来都是在构成要件该当性中解决的。

战后的违法论主要采用结果无价值论和行为无价值论的分析框架。这样的分析让刑法学的理论水平有了突飞猛进的提高。但是最近，笔者认为，刑法研习者中出现了一种倾向，即程式化地记住了"结果无价值"和"行为无价值"这对概念，却不考虑为什么会是这样、是否的确如此。本章中，笔者拟提出几个违法论的问题，重新审视采用结果无价值论和行为无价值论的分析框架所进行的讨论。

二、违法性判断的构造

（一）结果无价值的必要性

将犯罪定义为该当构成要件、违法、有责的行为，违法性就成了犯罪成立的要件之一。刑法的任务在于保护法益，因此，法益侵害或法益侵害危险的发生是科处刑罚不可欠缺的要件，[1] 在这个意义上，把违法的实质解释为引起法益侵害或法益侵害的危险，法益侵害或法益侵害的危险就是结果无价值。这种观点是结果无价值论（物的不法论）。与此相对，行为无价值论（人

---

[1] 笔者认为，刑罚正当化的根据在于报应，从这个立场出发，可以从刑法的任务和刑罚的根据两个方面来说明结果无价值的必要性。从其他观点出发，可以从刑法谦抑性对处罚的制约角度来说明。山口教授提出了"遏止过度介入这一自由主义原则"。山口·101 页。

的不法论）认为，违法的实质在于规范违反。日本的行为无价值论中，单纯以行为无价值来作为违法实质的行为无价值一元论基本不存在；一般的观点是，行为无价值和结果无价值两者都考虑（违法二元论、折衷的行为无价值、二元性人的不法论）。需要注意的是，在日本，包括本书在内，说到行为无价值论时主要是指后一种观点。

行为无价值论以结果无价值的存在为前提，以行为无价值来限定处罚范围。但实际情况是，行为无价值论的主张者几乎都认为，在违法性阻却的情况下，若不能同时否定结果无价值和行为无价值，就不能承认违法性阻却；而根据结果无价值论，只要否定了结果无价值，就能承认违法性阻却。由此可见，相比结果无价值，行为无价值的处罚范围更大。典型的例子是，行为无价值论认为，防卫意思是正当防卫的要件，偶然防卫的情况下不承认违法性阻却。

在构成要件阶段，不管采用哪种违法论，根据罪刑法定主义，不该当构成要件的行为不处罚。并且立法者在判断是否设定处罚某行为的刑罚规定时，不仅要判断行为的法益侵害性，而且要考虑责任的程度、社会相当性、处罚的必要性和弊端等。[2] 对此，结果无价值论也不否定。此外从结果无价值论的立场上同样也能够承认，需要考虑行为的危险性来限定构成要件。* 由此可见，在构成要件阶段，违法论相关立场的不同和处罚范围并非直接结合在一起。

与此相对，违法性阻却在法律的规定中很笼统，所以违法论大有所为。行为无价值论正是在这种状况下有扩大处罚范围的功能。理论上孰优孰劣姑且不论，行为无价值论的主张者认为自说的"卖点"是，相比结果无价值论，行为无价值论划定的处罚范围小，但不可以再这样说了。[3]

行为无价值论的主张者不承认偶然防卫阻却违法性，提出的理由是：既然构成要件该当结果这一结果无价值存在，那么在违法性阻却的情景下，为了让行为正当化，行为有价值必须存在。[4] 但是，在偶然防卫中，被侵害的

---

[2] 例如，吸食大麻受处罚，而吸食烟草不受处罚，仅从危害国民健康角度是无法说明其中的差别。

　* 结果无价值论者要求行为必须具有实质性危险，在行为伴随着危险的同时也具有一定的社会有益性的情况下，需要对危险性和有益性进行比较衡量，如果有益性高于危险性，那么比较衡量的结论是否定结果无价值。——译者注

[3] 佐久间·171頁。此文献完全承认，行为无价值论会让处罚范围扩张。

[4] 参见佐久间·171頁；板倉宏「結果無価値論と犯罪論の主観化」『西原春夫先生古稀祝賀論文集（第1巻）』210頁（1998年）等。

利益在客观上受到保护，这是结果有价值，理应是没有必要根据行为有价值让其正当化了。结果是，偶然防卫的案件中，行为无价值论是只根据行为无价值就肯定了犯罪既遂。[5]

行为无价值论中，认识到上述问题的学者指出，偶然防卫这种欠缺结果无价值、只剩行为无价值的情况应该按未遂犯处罚[6]。这个观点才具有理论上的一致性，但是，只有行为无价值就肯定未遂犯的处罚这一点仍然有问题。既然未遂犯也是犯罪（况且，比照既遂犯，量刑只是可以减轻），就应该解释为，未遂犯的成立也要求引起结果无价值*。[7]

（二）违法性阻却的原理

构成要件原则上是违法行为类型，不是中立性行为类型，因此，在判断构成要件该当行为的违法性时，判断的内容是，是否例外存在阻却违法性的事由。从结果无价值论的立场出发，违法性阻却的原理是欠缺法益性（或者法益受保护的必要性）和存在优越利益。[8] 违法性阻却事由当中，前者的代表例子是被害人同意，后者的代表例子是紧急避险。

与此相对，从行为无价值论的立场出发，诸多观点认为，违法性阻却的原理是社会相当性。不应该处罚有社会相当性的行为，此言不差。但问题是，社会相当性的内容非常宽泛、抽象，光说社会相当性是没有意义的。[9] 当你作为检察官或法官不知道怎么判断违法性时，对你说"根据是否有社会相当

---

[5] 参见木村光江「結果無価値論と行為無価値論の対立の構造の意義と機能と射程——結果無価値論の立場から」現代刑事法 3 号 30 頁（1999 年）；山口·103-104 頁。

[6] 参见井田良「違法性阻却の構造と実質的原理」山口厚＝井田良＝佐伯仁志『理論刑法学の最前線』71 頁（2001 年）；野村·225 頁以下等。

* 未遂犯的结果无价值是指，引起了结果发生的危险。以故意杀人罪为例，既遂犯的结果是人死了，未遂犯的结果是引起了致命的危险。——译者注

[7] 参见拙文「コメント」载山口＝井田＝佐伯·前注 [6] 203 頁以下；本书编码第 342 页。

[8] 虽说是优越利益说，但只要没有减法就可以了，没有必要是加法。因为违法是减法评价，所以与行为造成的减法相抵消的加法存在，加法和减法抵消为零的，就不再是违法了。在这个意义上，优越利益说这个名字是有误导性的，应该称其为均衡利益原则。参见斋藤·83 頁。这个观点是妥当的，但在此仍然遵从传用语习惯。

[9] 参见曾根·97 頁。社会相当性说的代表者福田博士也认为："以社会相当性这样的所谓一般条款性概念来直接断定是否会阻却违法性，违法和合法之间界限不清楚，有害于法的安定性。"福田·150-151 頁。

性来判断就可以了"，管用吗？裁判员*不知道怎么判断时，法官对裁判员说："请根据社会相当性作出判断。"裁判员会反驳说："要是知道，就不这么费劲了。"

为了赋予社会相当性实质性内容，将其理解为"历史上形成的社会生活秩序"，[10] 这样理解恐怕会处罚与法益侵害无关的社会伦理秩序违反。此外，如果按照字面理解"历史上形成的"这一用语，那么在判断新现象相关的问题时就起不了什么作用了。如果想要避开这种问题，让社会相当性有实质性的内容，那么最终就等同于优越利益说了。

（三）违法性判断依据的情况

如第一章所述，虽然很多情况下的理解是，结果无价值论和行为无价值论的对立在于争论是否应该用刑法来保护道德乃至社会伦理秩序，但现在，行为无价值的主张者中也几乎没有人会主张以刑法对社会伦理秩序本身进行保护了。[11] 如上所言，根据社会相当性说判断违法性阻却时，本来的确会担心社会伦理秩序违反本身会受到处罚。

因这一点而受到关注的是最高法院昭和55（1980）年11月13日决定（刑集34卷6号396页）。本案是以诈骗保险金为目的的同意伤害，最高法院否定伤害罪的违法性被阻却。最高法院首先一般性地指出："被害人对身体伤害作出承诺的情况下，判断伤害罪是否成立不单是考虑承诺存在这个事实，还要综合考虑取得上述承诺的动机、目的、伤害身体的手段、方法、损伤的部位、程度等诸多情况。"在此基础上进一步指出："为了伪造成过失的机动车撞车事故以诈骗保险金，得到了被害人的承诺，故意让自己驾驶的车辆撞上被害人，致其受伤。在这种情况下，上述承诺是为了骗取保险金这一违法目的而获得的，是违法的，这样的承诺不会阻却伤害行为的违法性。如此解释是相当的。"

也有评析意见认为，上述判例以行为的反伦理性为由否定违法性阻却，这是赤裸裸的行为无价值论。[12] 但是，以诈骗保险金为目的伪装成交通事故

---

* 日本在2004年5月21日颁布了《裁判员参加刑事裁判相关法律》（简称《裁判员法》），2009年5月21日起开始施行裁判员制度。裁判员制度是指，一般国民作为裁判员参刑事审判，与职业法官一起判断被告人是否有罪，在有罪的情况下如何科处刑罚。因为日本的裁判员制度与英美的陪审制度在制度设计上有差别，所以译者没有采用"陪审员"这一用语。——译者注

[10] 参见如福田·141页。
[11] 参见本书编码第7页以下。
[12] 参见町野朔「刑法の解釈」芝原邦爾編『刑法の基本判例』7页（1988年）。

的行为是诈骗的预备行为,是有法益侵害危险的行为,因此,不能评价为,判断违法性时考虑上述情况就是直接以反伦理性为由作出判断。即使依据结果无价值论采用优越利益说,如果利益衡量的对象中包含着欺诈的危险,理应能够得出同样的结论。在此,真正会成为问题的并非是行为无价值论还是结果无价值论,而是在判断伤害罪的违法性阻却时是否可以考虑欺诈的违法性。[13]

主张可罚的违法性理论的佐伯千仭先生曾经指出,判断违法性时,违法的质会成为问题。[14] 例如,一般能够承认,无证医生的治疗行为只要在医学上是恰当的,即使无证行医有《医师法》上的违法性,也没有伤害罪的(可罚)违法性。如果可以这样理解,那么关于欺诈的违法性也应该同样来解释,这里的问题就是,不能以欺诈的违法为根据肯定伤害罪的违法性。

结果无价值论的主张者中,也有学者认为,在判断违法性阻却时,在违法性根据方向上能考虑的只有以此构成要件所保护的法益。[15] 但是,正如林干人教授所言,为了防止自己的衣服被淋湿而夺走他人伞的情况下,判断是否成立紧急避险时,能够考虑自己的衣服不被淋湿这一利益,却不能考虑对方的衣服被淋湿这一不利益,这不妥当。[16] 甲为了避开撞过来的自行车而把站在身边的乙撞倒后逃跑,致使乙倒地受伤,手中所持的壶也摔坏了。在这种情况下,判断伤害罪的违法性阻却时,对乙的伤害和壶的毁损两者都应该被考虑。[17]

如下进一步来说明,紧急避险中所考虑的违法不限于以此构成要件所保护的法益受到侵害;以及基于被害人同意来判断伤害罪的违法性阻却时,不

---

[13] 参见井田良『犯罪論の現在と目的行為論』147頁以下(1995年)。
[14] 佐伯千仭『刑法における違法性の理論』21頁(1974年)。
[15] 参见松宫·102页;山口·103页。
[16] 参见林·213页。深町晋也承认应一起考虑,但限于构成要件该当事实(西田等『注釈』499页)。
[17] 甲没有毁坏器物故意的情况下,只是不可罚的过失毁坏器物,但是,判断违法时依据的情况不限于可罚行为。还应该考虑的情况是,甲有毁坏器物的故意,但检察官没有以毁坏器物罪起诉,这种情况下所产生的问题是,为了肯定伤害罪的违法性,是否可以考虑未起诉的犯罪的违法性。实体法上,把故意和过失作为责任要素考虑时,过失毁坏器物和故意毁坏器物在违法性判断中被同样对待;把故意和过失作为违法要素考虑时,没有理由在违法性判断时不能考虑违法性更大的故意毁坏器物。诉讼法上也同样,毁坏器物的事实只在判断伤害罪的违法性时考虑,而且这是违法性阻却事由相关的事实,需要严格证明,因此,不会出现量刑中考虑余罪那样的问题。笔者就诉讼法上的问题请教过川出敏裕教授,特此致谢。当然,文责自负。

应该考虑欺诈罪的违法性。紧急避险阻却违法性的根据在于，由行为所保全的利益超过了侵害的利益。[18] 因此，必须将此行为造成的法益侵害全部考虑在内。与此相对，被害人同意阻却违法性的根据在于，同意使得此法益受保护的必要性不复存在，因此，不应该考虑与此法益没有关系的欺诈的违法性。如果这样来考虑，就可以说，判例和支持判例的学说存在的问题首先是，不承认被害人同意作为违法性阻却事由有独立的地位，只承认其地位是行为的社会相当性判断所需要的一个要素。[19]

判断无证行医者治疗行为的违法性时，不应该考虑无证行医的违法性，这也是因为治疗行为阻却违法性的根据在于患者的治疗利益。假如阻却违法性的根据在于医生职业上的特权，* 那么，无证对于伤害罪的违法性阻却判断而言也会成为重要要素。

对第一章所举外交部机密泄漏案的判例［最决昭和53（1978）年5月31日刑集32卷3号457页］也可以进行同样的分析。对判例的强烈批评是，判例将被告人利用肉体性爱关系取材的行为评价为"明显蹂躏了女性的人格尊严"，从而肯定了行为的违法性，在这一点上混淆了法与伦理。假如承认取材方法是违法的，即便如此，因为本案中成为争点的违法性阻却的根据在于国民的知情权，所以重视这种取材方法的违法性、否定违法性阻却是无视违法的质，这不妥当。

最终，违法性阻却中宜在什么范围内来考虑违法，取决于成为争点的违法性阻却事由的根据。即使站在行为无价值论的立场上，如果问题涉及违法的质，也并非会考虑所有行为的违法性。反之，也并不是只要站在结果无价值的立场上就会自动承认违法的质的区别。

（四）事前判断和事后判断

行为无价值论认为，违法的本质在于行为的规范违反性，违法性判断必须是以一般人为标准的事前判断。井田教授的说明是，"构想出来的违法概念如果不能够让行为人（被置于行为人立场上的一般人）在行为的时点知道什

---

[18] 关于紧急避险性质的各种观点在紧急避险的相关章节中探讨，在此，以紧急避险是违法性阻却事由为前提，继续进行讨论。

[19] 参见大谷・261页。

* 在日本，只有医生才能从事医疗行业，无证行医行为构成非法行医罪，此罪是抽象危险犯，保护的利益是"医生对医疗行业的独占"，这是医生职业上的特权。此罪与伤害罪之间的区别在于，无证行医行为是否招致了对患者身体的具体危险。——译者注

么是合法、什么是违法，那么这样的违法概念就没有与罪刑法定主义原则以及刑法规范所产生的一般预防的要求结合起来。为了实现罪刑法定主义，为了实现遵守规范所产生的一般预防效果，行为无价值论必须是能够在行为时点告知什么是合法的、什么是违法的理论。"[20] 但并不是说一旦重视行为的规范性，刑法的违法性判断就会全部变为事前判断。表明这一点的典型例子是，假想防卫的情况下，即使一般人任谁都会误认为存在急迫不正的侵害，行为无价值论的主张者也并非就会承认违法性阻却。[21] *

行为无价值论的主张者不能在所有情况下始终维持事前判断，这是因为，"违法性阻却事由是为了提供一个行动标准，目的是在广义的法益冲突或利益纠葛的情况下，以此行为标准来正确解决纠纷"[22]，这个行动标准不仅考虑行为人方面的情况，而且必须考虑被害人方面以及周围人的情况。因为行为标准必须是存在于行为人、被害人、周围人三方关系中的主观标准，所以站在行为人立场上的事前判断就不能始终得以维持。[23]

有时也会说，结果无价值论是把刑法理解为审判规范，把违法性理解为事后判断。但是，结果无价值论也同样会讨论行为的事前危险性（实行行为性）问题。并且，在违法性阻却的判断中，有时也对违法性阻却事由的要件进行事前判断。例如，基于《刑事诉讼法》的令状逮捕是法令行为，其违法性被阻却，但是令状签发的要件，即"有足够的相当理由来怀疑犯罪嫌疑人犯了罪"是事前判断，即使事后知道了不是犯人，也不会向前追溯承认逮捕行为违法。在这个意义上，即使从结果无价值论出发，也没有必要否定刑法的行为规范性，如果在此涉及的问题始终是法益侵害的危险性，那么在结果无价值的框架下说明是可能的。

综上可见，违法性判断是事前判断还是事后判断，也同样不取决于采用行为无价值还是结果无价值，重要的问题是个别违法性阻却事由的要件解释。

---

[20] 井田良「結果無価値と行為無価値」現代刑事法 1 号 81 頁（1999 年）。

[21] 与此相对，承认违法性阻却的观点参见藤木·172 頁；川端·384 頁。野村认为，可以肯定行为本身的合法性，犯罪不成立。野村·161 頁。

* 在此，否定犯罪成立的理由不是肯定违法性阻却，而是否定过失。具体而言，根据行为无价值论，一般人任谁都会误认为存在急迫不正的侵害时，行为人的假想防卫中没有过失，以此为由，否定犯罪成立。换言之，不把假想防卫当作真正的正当防卫那样的违法性阻却事由来看待。——译者注

[22] 参见井田·前注 [6] 63-64 頁。

[23] 参见井田·前注 [13] 151 頁。

三、主观违法要素

（一）是否承认主观违法要素

作为主观违法要素的主观构成要件要素在多大程度上应该得到承认，这个问题从过去开始就在讨论，是行为无价值论和结果无价值论的主要对立点之一。会成为问题的是故意、目的犯中的目的、倾向犯中的主观性倾向、表现犯中的心理过程等。行为无价值论认为，违法的本质在于行为的规范违反性，因此在违法性判断中重视行为人的主观，承认上述问题都是主观违法要素。与此相对，结果无价值论认为，违法的本质在于法益的侵害和法益侵害的危险，因此一概不承认主观违法要素。

但是，一方面，即便是结果无价值论，也在行为人的主观对法益侵害和法益侵害的危险有影响时承认主观违法要素。另一方面，也并不是采用了行为无价值论就肯定所有的主观违法要素。例如，并不是采用了行为无价值论，就认为要构成盗窃罪必须有不法取得的意思。从行为无价值论出发，否定倾向犯和表现犯的主观违法要素也是完全可能的。* 结果是，这个问题也同样，并不是采用行为无价值论和结果无价值论中的一个立场，在逻辑上就必然得出相应结论，应该是个别要件逐个探讨的问题。

一概否定主观违法要素的观点认为，法益侵害和法益侵害的危险必须基于行为的客观要素进行判断，行为人主观上怎么想是内心、心理要素，这是责任问题，而不是违法问题。[24] 并且，对肯定说提出的批评是：①主观要素没有与之相对应的客观要素**时，根据这样的主观要素决定是否违法，其认定不仅不明确，而且在违法和合法的阶段，刑法会介入内心的想法本身；②关于目的犯的目的，如货币伪造罪中的行使目的，若将这一目的客观化，解释为样态上表现为有行使的客观危险性的伪造行为，把行使的主观意图作为责任要素来考虑，则是妥当的；③根据伪造的方法、场所、规模等客观情况，基本所有情况下都可能有行使的危险性。

---

* 以强制猥亵罪的主观要件为例，行为无价值论完全有可能主张，强制猥亵罪的成立只要有故意就足够了，在这里仅把故意作为行为无价值的要素。——译者注

[24] 内藤『（上）』216頁；中山研一『刑法の論争問題』1頁以下（1991年）；曾根威彦『刑事違法論の研究』55頁以下（1998年）；前田・40頁；浅田和茂「主観的違法要素と犯罪論—結果無価値論の立場から」現代刑事法3号46頁以下（1999年）。

** 这里是指主观上的超过要素。——译者注

首先，一方面，的确不可以仅根据行为人的主观来判断法益侵害的危险性。例如，不管行为人是否有行使目的，制成的货币客观上如果没有达到让一般人误以为是真货币的程度，就不能称之为伪造。并且，即使有行使的目的，如果从客观情况来看不可能有行使的机会，行为的危险性也不存在，应该否定伪造罪成立。[25] 这一点从以下情况也看得清楚，即把故意解释为主观违法要素的学者并不赞同主观说所主张的仅以故意的存在就肯定未遂犯的成立。否定说明确指出了，客观上必须存在法益侵害的危险，在这一点上意义重大。

其次，另一方面，只根据客观方面就能够判断法益侵害的危险性也是不可能的。[26] 例如，向着人举起子弹上膛的左轮枪，手指扣在了扳机上，这种情况下，是否有杀人的危险理应取决于行为人主观上是否要扣动扳机（当然，即使没有扣动扳机的意图，左轮枪也有走火的危险性，但扣动扳机的意图让危险性飙升）。如果像否定说那样，判断法益侵害的危险时绝对不考虑这样的主观方面，那就会作出如下两个判断之一，或者认为直到扣动扳机为止都没有危险，或者认为无论是否有扣动扳机的意图都有危险。如果是前者，未遂犯成立的时期过迟；如果是后者，与通说相比，未遂危险的认定范围扩大。当然，对后者，否定说会通过责任要件对认定范围进行限定，但是，例如，判断能否进行正当防卫时，根据上述否定说的观点，即使没有扣动扳机的意图，也得允许对杀人行为进行正当防卫。

如果说作为主观违法要素会有认定上的困难，但在责任阶段考虑主观性要素也同样困难。内心事实的认定如果作为违法要素就困难，如果作为责任要素就容易，这是不可能的。此外，承认主观违法要素就介入到内心中了这种说法也同样有问题，如果以判断行为的反伦理性为目的考虑主观，也许可以这么说；但如果在判断法益侵害的危险性的限度内来考虑主观，就不可以这样说了。

以下，逐一探讨学说中所承认的主观违法要素。

（二）故意

故意是否为主观违法要素，这是结果无价值论和行为无价值论的分水岭。

---

[25] 参见高橋則夫「主観的違法要素と違法論——行為無価値論の立場から」現代刑事法3号60頁（1999年）；振津隆行『刑事不法論の展開』161頁（2004年）等。

[26] 参见奥村正雄「結果無価値論と行為無価値論の対立構造——行為無価値論の立場から」現代刑事法3号41頁（1999年）。

行为无价值论一般把故意作为违法要素；结果无价值论不承认故意是违法要素，即使承认，也只是在未遂犯中把故意作为违法要素，在既遂犯中仍把故意作为责任要素。

把未遂阶段的故意作为违法要素，既遂了就作为责任要素，对这种观点老套的批评意见是：同样是主观性要素，既遂结果发生前后性格却变了，这不合理。但是，这种批评意见错误地把违法性、责任等犯罪论上的概念等同于桌子和书等实实在在的东西。违法性、责任等概念是为了表明某种事态对犯罪认定而言具有什么样的功能。在未遂阶段，为了判断结果发生的危险性，故意是必要的要素，所以是违法要素；而在既遂阶段，法益侵害已经发生了，违法性判断就没有必要了，所以就不再是违法要素了。

一直以来，把故意作为未遂犯的违法要素这种观点中，本来就有不正确的地方。向着人扣动扳机的意思严格来说不同于故意。[27] 例如，把人误认为是熊，对其瞄准，并欲扣动扳机的情况下，没有杀人故意，但和有杀人故意的情况一样，对射杀对象造成的危险是存在的。即在这种情况下，成为靶子的人的生命所面临的危险不是由杀人的故意所左右，而是由瞄准欲扣动扳机的行为意思所左右。

（三）目的犯

目的犯有两种，一是以结果为目的的犯罪，二是以接下来的行为为目的的犯罪。其中，前者中，与目的相对应的法益侵害的危险性必须客观存在，可以把目的理解为对这种危险性的认识。因为这样的认识并不会提高法益侵害的危险性，所以不是违法要素。[28] 例如，诬告罪（《刑法》第172条）的目的是让人受到刑事或惩戒处分，并不是只要诬告了，犯罪就成立；要成立犯罪，客观上有受到刑事或惩戒处分的危险这种状况必须存在，行为人必须对此有认识。以妨碍强制执行为目的毁坏财产罪（《刑法》第96条第2款）也同样，并不是只要以妨害强制执行为目的毁坏财产，就直接构成犯罪；客观上必须有被强制执行（并且对此进行妨害）的危险，必须对此有认识。

与此相对，像货币伪造罪的行使目的那样，以接下来的行为为目的的目

---

[27] 参见铃木左斗志「方法の錯誤について」金澤法学37卷1号91页（1995年）；高山佳奈子『故意と違法性の意識』151页（1999年）。中野提出的批评是，目的行为论把行为意思或目的意思与故意等同看待（中野·27页）。

[28] 参见平野·I 125页；山口·96页。

的犯中，这种目的存在会让法益侵害的危险性提高，目的便是主观违法要素。[29]

（四）倾向犯

受德国学说的影响，关于强制猥亵罪，* 只有以刺激行为人的性冲动或使其性冲动得到满足为目的实施时，才具有违法性，构成犯罪；在行为中发现行为人的主观倾向，这是倾向犯。判例［最判昭和45（1970）年1月29日刑集24卷1号1页］也指出："要构成《刑法》第176条前段规定的强制猥亵罪，该行为必须是在刺激犯人的性欲、使其兴奋或者使其性欲得到满足的性意图之下实施的，即使是威胁妇女拍摄裸照这样的行为，如果完全是出于报复或者侮辱、虐待妇女的目的而实施，强要罪**等其他犯罪的成立与否另当别论，强制猥亵罪不成立。"

关于要求性意图的理由，第一种观点是，要与合法治疗行为进行区分。医生以治疗为目的接触女性身体的，不是违法；但以性意图接触的，就是违法。但作为治疗行为是否合法，这个问题应该根据该行为客观上是否是恰当的治疗行为来决定，应该说与医生内心是什么样的心情没有关系。医生治疗患者过程中如果心存猥亵，有这种心情之前的行为是合法行为，有了这种心情就突然变为违法行为，这种说法不合理。

第二种观点是，强制猥亵罪是猥亵罪的一种，是对社会风俗的犯罪，因此性意图是必要的。但是，强奸罪和强制猥亵罪都是对性自由的犯罪，虽然与公然猥亵罪和散布淫秽物罪被规定在同一章节中，但应该解释为完全各自独立的犯罪。此外，假如有对社会风俗的犯罪的性格，即便如此，也不会由此就认为行为人必须有性意图。例如，当众全裸即便只是为了让人感到吃惊，

---

[29] 对于没有行使目的的货币伪造，通说认为，该当《取缔货币和证券仿造法》中的仿造货币罪。但如果把此罪的保护法益解释为与货币伪造罪的保护法益相同，那么，本罪也应该对主观违法要素有所要求。参见拙文「通貨偽造罪の研究」金融研究23卷法律特辑专号158页（2004年）。

* 日本《刑法》第176条规定，对已满十三周岁男女，以暴行或胁迫手段，实施猥亵行为的，处6个月以上7年以下自由刑；对未满13周岁男女实施的，处6个月以上10年以下自由刑。——译者注

** 日本《刑法》第223条第1款规定，以加害生命、身体、自由、名誉或者财产相通告进行胁迫，或者使用暴行，使他人实施并无义务实施的事项，或者妨害他人行使权利的，处3年以下自由刑。同条第2款规定，以加害亲属的生命、身体、自由、名誉或者财产相通告进行胁迫，使他人实施并无义务实施的事项，或者妨害他人行使权利的，与前款同。——译者注

也构成公然猥亵罪。*

第三种观点是，行为人有性意图才会侵害到被害人的性羞耻心。但是，只要性意图是内心的事情，被害人就不会知晓，因此，不会是性意图本身伤害到被害人的性羞耻心。此外，假如承认性意图对被害人的性羞耻心会产生影响，即便如此，也不能认为，如果没有这样的意图，性羞耻心所受的伤害就不至于达到可罚的程度。[30]

结论是，强制猥亵罪所保护的法益是人的性自由，因此应该解释为，不管行为人有什么意图，强迫女性赤裸拍摄裸体照片的行为都侵害了性自由，强制猥亵罪成立。[31] 强制猥亵罪所保护的法益是性自由，伴随着这种认识被接受，性意图不要说的主张者多起来，现在，不要说已经成为通说。[32]

对于以抓住弱点、摆布女性为目的威胁女性、让其全裸拍照的案件，最近下级法院判决［東京地判昭和62（1987）年9月16日判例タイムズ670号254頁］也指出，"足以能够作出如下认定：本案中，让（被害人）全裸拍照的行为是把此女作为男性的性趣味的对象来对待，让此女有性羞耻之心，这是明显有性方面意味的行为，即猥亵行为；并且，被告人认识到了，就是这样的猥亵行为——换言之，认识到了这是把自己作为男性、在性方面刺激自己、让自己兴奋的具有性方面意味的行为——却有意想实施这种行为，以致使用了判决中所言明的暴行"，强制猥亵罪成立。判决认为，本案的行为是"把自己作为男性、在性方面刺激自己、让自己兴奋的具有性方面意味的行为"，如此认定，表明考虑到了最高法院的判决。但本判决并没有像最高法院判决那样，要求行为人有让自己得到性满足的意图，本判决说的是，行为是客观上有性方面意味的行为，行为人对此有认识即可，因此，可以将本判决评价为实质上采用了不要说。

---

* 日本《刑法》174条规定：在不特定多数人面前实施猥亵行为的，处6个月以下自由刑或30万日元以下罚金，或者拘留或小额罚金。——译者注

[30] 高橋・前注［25］61頁。此文献指出，"不存在一种意思指向，这种意思指向让行为具有强制猥亵行为的特征，支配着强制猥亵罪的实行行为"。但笔者认为，真正问题是，为什么有必要将主观性倾向作为构成强制猥亵罪的行为所具有的特征？没有这样的理由。

[31] 橋爪隆「判評」松尾浩也等編『刑法判例百選Ⅱ（第4版）』31頁（1997年）。此文献认为，应该从客观情况出发来判断是否构成猥亵行为。

[32] 団藤・133頁。上述文献也要求强制猥亵罪中有性意图。但是，団藤博士在以下文献中明确否定了这一点。団藤重光『刑法綱要各論（第3版）』491頁注3（1990年）。笔者在把《刑法綱要総論》翻译成英文的时候，就这一点询问过団藤博士。団藤博士的回答是：只是把强制猥亵罪作为例子举出来，并不是采用了必要说。

即使是最高法院判例,也未被下级法院遵循,实质上没有发挥判例的功能,这种情况有时是存在的。* 笔者认为,本案就是表明这一点的好例子。从判例学习的角度而言,本案很好地表明了,即使是最高法院的判例也不能囫囵吞下去。

(五)表现犯

行为人的心理过程或状态表露于行为,这种行为构成的犯罪是表现犯,因此,如果不比较心理层面和客观层面,就不能判断出犯罪是否成立。关于伪证罪中"伪"的含义有两种学说。主观说认为,"伪"是指与自己的记忆相反。采用主观说时,如果不考虑证人内心中的记忆,就不能决定是否是"伪",这样解释时,伪证罪就是表现犯。[33] 与此相对,客观说认为,"伪"是指与客观真实的情况相反,这样理解时,伪证罪就不是表现犯。

首先,即使在此也必须在行为人内心之外客观存在着危害刑事司法作用的危险。从主观说出发也同样,"连危害司法作用和惩戒作用的抽象危险都没有的行为不会构成伪证罪。"[34] 其次,探讨客观说和主观说中哪一个妥当。如果证言在客观上是真实的,那么危害公正审判的危险就不存在,因此还是客观说妥当。不过,没有目击到事实却作证说目击到了事实,这种情况下,即使目击内容与真实情况一致,也应该解释为客观上是伪的证言。[35]

四、结语

用结果无价值和行为无价值这对概念分析违法论,有助于理解违法论的

---

* 在日本,违反判例解释作出的判决是法定上告理由。在这个意义上,判例对此后法院解释法律发挥着实质上的影响力,因此,被称为"实质上的法律渊源"。一方面,日本下级法院通常会遵循判例解释作出判决;另一方面,把判例作为实质上的法律渊源并不意味着地方法院不可以挑战判例,作出更加合理的法律解释,这是为了实现个案正义的要求(日本判例制度的详细介绍参见于佳佳:"日本判例的先例约束力",载《华东政法大学学报》2013年第3期,第41页以下)。在这样的判例制度背景之下,可以更好地理解东京地方法院判决。本判决虽然实际上采用了不要说,但在判决文中,也并没有直接从正面反驳判例解释,而是很小心地顾及了判例的措辞。——译者注

[33] 山口·97頁。此文献指出,"从主观说出发也同样,违法性的根据是客观的叙述违反了记忆,并非单纯的内心状态就会成为违法要素",因此,无论采用主观说还是客观说,都不能承认主观违法要素。山口教授只把为违法性提供根据的要素称为主观违法要素,与此相对,通说所指称的主观违法要素还包含了对违法性判断而言有必要考虑的要素,山口说和通说在此有所不同。

[34] 参见团藤·前注[32]『各論』102頁。

[35] 详细说明参见山口厚 = 井田良 = 佐伯仁志『理論刑法学の最前線Ⅱ』(2006年)192-195頁(井田),216-217頁(山口),223-224頁(佐伯)。

基本框架。但是，实际在解释违法性阻却事由的要件时，对单个的违法性阻却事由逐个进行更加细致的探讨是不可缺少的。读者中也许有人一直认为，结果无价值论或行为无价值论之中无论采取哪一个，只要采取其中的一个立场，就能全部理解犯罪论了，但听到笔者说需要逐个探讨时，也许有人会感觉泄气。要知道世间的事并非如此简单，以单一程式就全部理解了。如果明白了这一点，对刑法解释的理解会加深，兴趣也会更浓。

第八章

正当防卫论之一

一、序言

违法性阻却事由中,如果说哪一个问题被讨论得最多、公布的司法判例最多,虽然没有统计过,但想必是正当防卫了。无论在理论上还是实务上,正当防卫都是重要的问题。论文连载时分两回探讨了正当防卫,此后,又相继出现了诸多重要判例,引起了学界的热议,笔者的观点也受到了批评。因此,本书拟分三回探讨正当防卫,*特别受关注的防卫过当问题在第三回(第十章)中探讨。

二、正当防卫权的诸相

常言道,"正当防卫无历史"。这么说是因为把正当防卫权理解为了,紧急状况下人保全自己的权利。但在近代国家中,以权利的实现、保全为目的行使武力原则上由国家独占,因此,正当防卫在什么样的情况下、在多大程度上能得到承认,取决于国家想在多大程度上贯彻武力独占,国家在多大程度上整备了保护个人权利的制度。正当防卫权的形态由国家权力的形态所决定,所以正当防卫权因国家、时代的不同而不同。[1]

例如,直到德川时代**的中期,正当防卫权都没有得到承认;到德川时代

---

* 日本《刑法》第36条规定,面对急迫不正的侵害,为了防卫自己或他人的权利不受侵害,不得已采取的行为,不处罚;超过防卫程度的行为,酌情减轻或免除刑罚。川端教授承认正当防卫的历史性,认为考察作为理念的正当防卫时,有必要明确的是,正当防卫有作为自然权其历史性得不到验证的侧面。——译者注

[1] 参见川端·333頁。

** 德川时代又称江户时代,公元1603—1867年这段时期。——译者注

后期，正当防卫才得到承认，但受到限制。[2] 明治13（1880）年旧刑法只在分则中规定了故意杀伤侵害者情况下的正当防卫（旧刑法第314条、第315条）。明治40（1907）年现行刑法开始对正当防卫进行一般性规定。此后，昭和*初期，热心宣讲防盗知识的怪盗**横行市井，以此为契机，《盗贼防范法》得以制定，其中规定了正当防卫的特别规定。[3] 正当防卫得到承认的范围随着时代变迁在变化。此外，从比较法视角来看，笔者认为，日本与欧美（笔者所知情况限于德国和美国）相比较，正当防卫的容许范围更为狭窄。[4]

笔者认为，在日本学说中有力的解释是，广泛承认正当防卫是基于对自由主义、个人权利保护的重视。这种观点源于以下考虑：①在德国，18世纪正当防卫权受到限制，此后逐渐扩大起来，从19世纪后半期开始得到极其广泛（被评价为"激烈"、"果断"的正当防卫权）的承认。对此的理解是，这表明了个人自由对绝对主义国家的胜利。[5] ②与日本相比，正当防卫在欧美得到更加广泛的承认，这是个人权利意识强的结果。③广泛承认正当防卫会限定国家的刑罚权。

不容否定的是，上述理解也有正确的一面。但是，因为正当防卫涉及的问题是，武力行使作为私人间利益冲突的合理解决手段在多大程度上会得到承认，所以不能只从国家对个人的关系角度来理解。例如，广泛承认正当防卫的另一个侧面是，保护社会中的强者所拥有的、应受保护的财产不被弱者

---

[2] 参见石井良助『刑事不法論史』449頁以下（1986年）。关于日本正当防卫权历史的介绍参见振律隆行『刑事不法論の展開』67頁以下（2004年）。

　* 昭和是1926－1989年间昭和天皇在位期间使用的年号。——译者注

　** 昭和年间有一怪盗名叫妻木松吉，入户抢劫时会忠告被抢人："你家里光线太暗，盗贼容易入户"，"你得养条狗来防窃贼"，"你得把门窗关紧"，"要报警的话，电话线已经被我切断了，但在不远处的某某地应该有派出所"，忠告后旋即消失，不见踪影。《朝日新闻》在对此盗贼进行报道时称其为"热心宣讲防盗知识的怪盗"，成为当时的流行语。——译者注

[3] 这部法律第1条第1款规定了正当防卫。法律制定部门对此的说明是，不是扩张刑法第36条的正当防卫，只是单纯的注意规定。但是，学说中的解释是，从立法当时来看是扩张规定。最近，最高法院判例［最决平成6（1994）年6月30日刑集48卷4号21页］的解释也是，该规定以宽松标准要求防卫行为相当性。这部法的详细说明参见川端博『正当防衛権の再生』35頁以下（1998年）。

[4] 参见前田·355页。

[5] 参见山中敬一『正当防衛の限界』14頁以下（1985年）。

侵害。[6] 此外，广泛承认行使武力解决纠纷唯恐也会酿成解决问题不靠和谈靠铁腕的风潮。

与《刑法》第37条关于紧急避险的规定不同，《刑法》第36条关于正当防卫的规定不要求害的均衡，立法者当时的考虑是，即便保护的是一件衣服，只要有必要，也可以杀了侵害人。[7] 但是，这样的立场从战前就开始受到批评，现行宪法（《宪法》第13条后段）把生命作为最重要的法益，要求给予最大限度的尊重，笔者认为，依据现行宪法，也不可能维持上述立场了。现在的学说认为，法益显著不均衡的情况下，不能承认正当防卫，但什么样的情况下法益显著不均衡？不允许为了保护几块豆腐伤害人命［大判昭和3（1928）年6月19日新聞2891号14頁］，除了这种情况，答案未必清楚。

一方面，《刑法》第36条和第37条都规定了"不得已采取的行为"*，但学说和判例的解释是，紧急避险的情况下，补充性是必要的，与此相对，正当防卫的情况下，补充性是没有必要的。不过，实务上，在生命和身体受到重大侵害的情况下，补充性是否真的没有必要？笔者认为，有重新讨论的余地。

因为正当防卫的规则是紧急状态下的规则，所以必须明确、让国民容易明白。现在，正当防卫论中最多被论及的就是，正当行为没有必要对不正当行为做出让步。但不要受一表面论断的干扰，而是去阐明实际上妥当的规则。

---

[6] 例如，对《盗贼防范法》的批评是，这是保护资产阶级不受无产阶级侵害的法律，瀧川幸辰博士斩钉截铁地说："像《盗贼防范法》那样的法律，除了让统治阶级的直接行动合法化之外一无是处，必须说这是恶法。"瀧川幸辰「盗犯防止法における正当防衛の拡大化」『瀧川幸辰刑法著作集第4巻』233頁［1980年（初版1930年）］。在美国也同样，普通法中的正当防卫权在西进运动时代有显著的扩张，在这样的背景下，除了重视自律自卫的西进精神外，还有一方面的原因是，保护大牧场主的利益不遭受新入美国的殖民者的侵害。对这些情况详细的描述参见Richard Maxwell Brown, *No Duty to Retreat*: *Violence and Values in American History and Society* (1994)。这是本饶有兴味的书。作为题外话，迈克尔·西米诺（Michael Cimino）导演的《天堂之门》（Heaven's Gate）这部电影讲述了，怀俄明州大牧场主和殖民者之间的对抗引发了1890年"约翰逊县战争"（Johnson County War）。这部电影虽然票房惨败，但笔者喜欢。

[7] 参见高橋治俊＝小谷二郎編・松尾浩也相補解題『相補刑法沿革綜覽（増補複刻版）』883頁（1990年）。

* "不得已采取的行为"说明防卫或避险行为必须是保护法益的最后手段，又称为"补充性"。从日本刑法条文上看，正当防卫和紧急避险都要求"补充性"。现在的通说是，保全自己的利益和法确证的利益两者同时考虑。——译者注

三、正当防卫的正当化根据

(一) 法确证的利益说

关于正当防卫阻却违法性的根据，有两个对立的观点，分别是攻击者一方欠缺法益性（法益受保护的必要性）和存在优越利益。但是，无论哪一种观点都不过是形式性说明，为什么欠缺法益性、为什么能够承认优越利益，对这些问题需要进行更加实质性的说明。有两种观点：一种观点仅从个人保全自己的利益角度进行说明；另一种观点从保全自己的利益和法确证的利益两方面进行说明（以下，称考虑法确证利益的观点为法确证的利益说）。现在学说中，法确证的利益说是有力观点，[8] 因此先来探讨这个观点。

法确证的利益是指，承认对不正当的攻击进行反击，正当权利的不可侵犯性由此得到公示这样的利益。这种利益也可以在理念的意义上理解为黑格尔学派提出的"法之否定之否定"；也可以在维持对法规范妥当性的信赖和实现对违法行为的遏制性效果等更加现实性的意义上来理解。两种理解分别与黑格尔的绝对报应刑论和积极的一般预防论相对应。法确证的利益说欲说明的是，因为这样的利益存在，所以正当防卫中不要求补充性和害的均衡，但笔者认为，这样理解会有以下问题。

第一，法确证的利益是法益受到保护而产生的反射性利益，能否称其为独立的利益尚有疑问。因为量不清楚，所以不要求害的均衡这一说明是否可能，也有疑问。[9]

第二，正当防卫中不要求补充性，这正是法确证的利益说欲说明的问题，但法确证的利益说却对此无法进行说明。这是因为，即使在能退避*侵害的情

---

[8] 参见斎藤誠二『正当防衛権の根拠と展開』54 頁以下（1991 年）；井田・273 頁；山中・421 頁；川端・329 頁；大谷・273 頁；斎藤・180 頁；高橋・256 頁等。有学者在优越利益说的框架下说明保全自己的利益和法确证的利益。参见内藤『（中）』328 頁；曽根・99 – 100 頁。还有学者把保全自己的利益、法确证的利益和法益受保护的必要性欠缺结合在一起进行说明。参见井田良「正当防衛論」現代刑事法11 号 84 – 85 頁（2000 年）。

[9] 参见山本輝之「優越利益の原理からの根拠づけと正当防衛の限界」刑法雑誌35 卷 2 号 208 頁（1996 年）。

* "退避"是日语表达，意思是一时性离开现场、避开危险。译者没有找到对应的恰当中文，所以直接使用日语原文并加以解说。——译者注

况下首先退避，此后再处罚侵害者，也能够确保法确证的利益*。[10]

第三，法确证的利益说认为，根据此学说可以得出结论，挑拨防卫、对无责任能力者的防卫、家庭内的防卫等情况下正当防卫权受到限制。[11] 但这些主张有诸多疑点。

首先，从法确证的利益说出发是否能够说明挑拨防卫的情况下正当防卫权受到限制，这是有疑问的。如果认为法确证的意思是公示行为的违法性，那么违法行为遭到反击，法确证的利益就理应得到承认。[12] 法确证是从国家、社会角度而言的利益，笔者认为，无论防卫人是否实施了违法的挑拨行为，法确证的利益都不会改变。

其次，从法确证的利益说出发是否能够说明，对无责任能力者防卫时，正当防卫权受到限制，这也是有疑问的。如果认为法确证的意思是公示行为的违法性，那么即便是对无责任能力者的违法行为进行反击，也与对有责任能力者的违法行为进行反击一样，法确证利益都理应得到承认。

当然，幼儿举棒打来时，情况基本都是把棒从幼儿手中卸下、按住幼儿就足够了。这种情况下，不允许实施给幼儿带来重大伤害危险的防卫行为。对拿错了伞、正要离开的人，提醒他注意到拿错了就可以了，什么都不说就抓住他的手腕将伞生拽硬抢下来是没有必要的。[13] 但这里的问题始终都是，

---

* 法确证的利益说欲说明的是，即使防卫行为之外有其他保护法益的替代性手段，但只要肯定正当防卫可以达到公示法规范上对侵害行为的否定效果，就可以肯定正当防卫，换言之，正当防卫中不要求补充性。佐伯教授对此的批评是，在可以通过退避保护法益的情况下，先退避再返回来处罚侵害人，这种处罚行为不应该是正当防卫。虽然这种处罚也能够达到公示法规范上对侵害行为的否定效果，但法确证的利益说也不会肯定正当防卫，换言之，在这种情况下，法确证的利益说也可能承认，退避可以保护法益的，应该先退避。因此，坚持法确证的利益说并不必然否定正当防卫中要求补充性。——译者注

[10] 参见山口·112頁。
[11] 参见山中·前注［5］301頁以下；斋藤·前注［8］143頁以下；井田·前注［8］85-86頁以下等。
[12] 参见山本·前注［9］208頁；橋爪隆『正当防衛論の基礎』277頁（2007年）。
[13] 井田教授认为，"一人在进站台前上台阶途中不小心被绊倒了，另一人故意施加暴行，不应该考虑可以像殴打后者一样来殴打前者。"井田·前注［8］85頁。对上述观点也可以进行同样的反驳。具体而言，对不小心被绊倒了的人，扶住他或者退一步躲开就能保护自己的身体；但对故意施加暴行的人，可以预想到制止他或者躲开之后他仍然会继续进行殴打，所以殴打他（多数情况下）是保护自己身体必要的。正如井田教授指出的那样，攻击者的主观对防卫者而言是外在事实，所以在判断违法性阻却时考虑攻击者的主观完全没有问题（井田·前注［8］86頁）。但之所以这样考虑，并不是因为攻击者的责任程度重要，而是为了判断攻击的危险性才有必要这样考虑。

具体的防卫行为是否有必要性，而不应该根据侵害者刑事责任能力的有无把针对无责任能力者的防卫作为单独一类来判断。学者在主张限制对无责任能力者实施防卫行为时提出的案例都是本来就不能肯定防卫行为必要性的案例，把这些案件说得好像是一般性例子，为自说的正当性提供根据，笔者认为这是有疑问的。例如，有学者主张，对少年*进行防卫时，正当防卫权要受到限制。乍一看，会感觉这种主张有说服力，这是因为，会无意识间想到，受到攻击者是成年人，与少年之间体格差异大。如果少年要攻击比自己更年幼的人，那么，笔者认为，对这样的被攻击者的正当防卫权进行限制就是明显不恰当的。

主张对无责任能力者的正当防卫权进行限制时也许是把法确证的利益理解为更为现实性的、防卫行为所产生的一般预防效果了。但是，这里所考虑的一般预防的对象倘若是社会生活中的一般人，那么侵害者责任的有无理应不会成为问题。相反，如果一般预防的对象是指与侵害者处于同样状况的人，而对这样的人是没有一般预防效果的，所以，不得不否定对无责任能力者的正当防卫。[14] 这一结论是基于主观违法论，该理论把行为人的责任作为判断行为违法性的前提，现在已经没有支持者了。

关于家庭内（夫妻间、亲子间等）的正当防卫，法确证的利益为什么会减少，答案并非不言自明。假如正当防卫权应该受到限制，即便如此，也不可能由法确证的利益这种似是而非的论据推导出结论，而应该由更加具体的论据，如父母对未成年子女的保护义务推导出结论。如果这样来解释，那么，因为未成年的孩子对父母没有保护义务，所以孩子遭受父母虐待时，其正当防卫权不会受到限制。成年人夫妻间（并且是事实上关系已经破裂的夫妻间）的保护义务在多大程度上能得到承认，这个问题也同样需要慎重探讨，以防止家庭暴力的被害人一方的正当防卫权受到不当的限制。

---

* 原文中使用的日语词是"年少者"，译文是"少年"；在后文还使用了另一个日语词是"未成年者"，译文是"未成年人"。根据日本《民法》第4条，年满20周岁即成年。因此，未成年人是指未满20周岁。日本《劳动基准法》对年龄的区分标准，未满15周岁者为"儿童"；未满18周岁者为"少年"；未满20周岁者为"未成年人"。但在这里，佐伯教授并没有参照上述严格的年龄区分标准，少年大略指十四周岁左右的青少年。——译者注

[14] 实际上也是否定的。井田·273 頁注8。此文献认为，正当防卫的前提是攻击者有过错、可归责（有故意或至少有过失）。同样要求归责性的观点参见三上正隆「正当防衛」曽根威彦＝松原芳博编著『重点課題刑法総論』80 頁（2008 年）。

(二) 保全自己的利益

这种观点认为，正当防卫的根据仅在于保全自己的利益，在防卫必要的限度内，攻击者的法益欠缺法益性（受保护的必要性），或者法益的价值减少。前者是法益性欠缺说，后者是优越利益说。[15]

也有多数学者认为，保全自己的利益，换言之，保护自己的本能是对不法攻击瞬间反击的人类本能。但这样的说明与其说是把正当防卫理解为违法阻却，不如说是在近似责任阻却的意义上理解正当防卫，这不恰当。[16] 之所以这样说是因为，如果重视这种瞬间反击，那么相关的解释就得是，预想到侵害的情况下，没有急迫性。而判例和学说都认为，这种解释不妥当，对此，本章第五部分探讨急迫性时再说明。

因此，保全自己的利益必须理解为紧急状态下的个人权利。这种理解的传统样态是，自力保护自己法益的权利是人类与生俱来的自然权，根据社会契约委托给国家行使。在接受委托的国家不能保护个人的情况下，以自己防卫权的形式表现出来，这是基于社会契约论的理解。[17] 当然，刑法的正当防卫权是实体法上的制度，因此，直接以自然权为根据未必恰当。[18] 但是，不应该将保全自己的利益单纯理解为利益衡量的天平上承载的一个利益，而应该将其理解为作为违法性阻却根据的权利。在这个意义上，社会契约论的理解即便在现在也是有意义的。如果把问题设定为，《刑法》第36条是比照第35条把握，还是比照第37条把握，[19] 那么应该将第36条理解为与第35条法令行为一样的权利行为。* 对合法的逮捕行为，被逮捕者不能抵抗，其自由

---

[15] 前一观点参见平野『Ⅱ』228頁；高山佳奈子「正当防衛論（上）」法学教室267号82-83頁（2002年）；后一观点参见山本・前注［9］208頁；林・187頁；橋爪・前注［12］34頁，87頁以下。

[16] 对此，也有反驳意见认为，把正当防卫作为违法性阻却还是作为责任阻却，这是法律上（技术性）构成的问题，不同于"正当防卫根据"的问题（斎藤・前注［8］47頁）。但不可以说，违法性阻却和责任阻却的区分是与实质相脱离的、单纯法律上构成的问题。

[17] 这个观点的代表者是霍布斯，在现在的文献中对此有最明确说明的文献是堀内・152頁。

[18] 参见松宫・135頁。

[19] 参见山本辉之「防衛行為の相当性と過剰防衛」現代刑事法9号52-53頁（2000年）。山本教授认为，这种对立是防卫者的法益的绝对优越性与相对优越性之间的对立，因为攻击者的法益不完全为零，所以应该理解为与第三十七条近似。但是，正如依照法令的行为也是在一定要件下才能得到承认，并不是把正当防卫作为权利行为，防卫者的法益就必然是绝对优越的。

* 日本《刑法》第35条规定，依据法令的行为或正当业务行为不处罚。《刑法》第36条是正当防卫的规定，第37条是紧急避险的规定。——译者注

权受到了限制；同样，对行使正当防卫权的行为，防卫对象的法益受保护的必要性在防卫必要的限度内被否定。

本来，只说"防卫必要的限度内，法益受保护的必要性被否定"是无法回答应该在什么情况下承认正当防卫这个问题的。例如，后文中会谈到的不履行债务、有积极加害意思、自己招致侵害、能够容易地回避和退避侵害等情况下，为了判断是否应该承认正当防卫，有必要把侵害者和被侵害者的双方利益情况都考虑在内，进行实质性判断。在这个意义上，优越利益论的主张也是正确的。

（三）作为紧急权的正当防卫

教科书中会写道：正当防卫是紧急权之一，在国家提供的保护在时间上来不及的情况下，能够承认这种紧急权。但是，这样的学说说明与正当防卫的具体要件论之间存在如下不统一。

第一，学说把自救行为这种急迫性得不到承认的情况解释为超法规违法性阻却事由，所要求的要件有：没有时间获得国家机关经法定手续提供的救济；如果不直接进行自力救济，权利的实现事实上不可能或者显著困难。[20] 自救行为中，国家提供保护在时间上的确来不及，这个意义上的紧急性是要件之一，正因为如此，自救行为也被定位为紧急权之一。如此而言，以自救行为只适用于急迫性得不到承认的情况这种理解为前提，正当防卫的急迫性与紧急性之间有不重合之处，因为有不重合之处，正当防卫与自救行为之间的差异得以产生。学说一向只是努力从与紧急避险进行区别的角度来说明正当防卫的根据，考虑到与自救行为之间的关系，也必须从与自救行为进行区别的角度来说明正当防卫的根据（自救行为也涉及正当行为对抗不正当行为的关系）。

第二，认为正当防卫是在不能获得国家保护的情况下例外得到承认，却又解释为，进行正当防卫没有退避义务、报官义务。如果一时性退避向公机关求助或报官寻求保护，就能够保护法益，那么为什么允许不这么做就进行正当防卫？当防卫行为对生命、身体有重大侵害时，也许应该通过要求退避义务、报官义务来解决上述疑问。但是，如果认为一般性地科处退避义务和报官义务不妥当，就有必要作出相关说明。

第三，国家不能提供保护的情况下，能够代替国家保护法益，如此说来，

---

[20] 例如，参见内藤『（中）』459 頁以下。

国家能提供保护理应成为正当防卫权的界限。但很多情况下，对于不受处罚的违法行为，* 国家当场不能行使武力。[21] 例如，丈夫将与妻子通奸、想把妻子从夫妻住所处带走的人摔倒在地，对此，下级法院［福冈高判昭和55(1980)年7月24日判例时报999号129页］认为，这是为实现夫权的防卫而不得已采取的行为。[22] 学者一般对此也表示支持。但是，假如被告人向国家寻求保护，国家能够以武力防止妻子被带走吗？当然是不能的。夫妻间的贞操义务虽说是法律上的义务，但此义务的违反只会成为离婚原因、发生损害赔偿义务，法律不能强制性让夫妻履行贞操义务。如果认为这种情况也应该承认正当防卫（本来就有可能解释为，不可以承认夫权的正当防卫），那么正当防卫权就会有一部分超过了国家行使武力的权限范围。

关于第一个疑问可以理解为，首先把正当防卫定位为个人的权利；在此基础上，通常，国家以维持社会秩序为由独占武力会对这种保全自己的权利形成限制，但在急迫的侵害存在时，限制就被解除。理由之一是，无纷争、安定的秩序已经部分地被否定，在此，承认武力行使的弊端不大。[23] 理由之二是，因为急迫的侵害存在，所以判断侵害存否时出现错误的可能性小，权利被滥用的可能性也低。[24] 如果这样理解，那么判断急迫性时，单纯是国家不可能提供保护这一点是不够的，还要求侵害在时间上迫在眉睫，与侵害直接相连的活动客观上已经开始。[25]

关于第三个疑问，也能从同样的观点出发进行说明。针对一定的法益侵害，国家会避免以武力阻止，而是待事后解决。因为国家大张旗鼓地介入反而有可能扰乱社会秩序，如果这样理解也许就有可能在一定范围内承认私人

---

* 虽然不构成犯罪，但是仍然有民法等其他部门法上的违法性。关于日本刑法中，违法性的多元化解释参见于佳佳："违法性之'法'的多元解释"，载《河北法学》2008年第26卷第10期，第14页（收录于《人大复印资料 刑事法学》2008年12月）。——译者注

[21] 《警察职务执行法》第4条和第5条规定，只有可能造成对人的生命或身体的危险或对财产的重大损害时，才承认警察当场实行强制行为。

[22] 被告人继续手持开刃的菜刀以杀意刺向被害人的胸部，导致被害人死亡，这构成防卫过当。

[23] 井田良「緊急権の法体系上の位置づけ」現代刑事法62号6頁（2004年）。

[24] 关于这一点作为参考的是，《刑事诉讼法》第213条也给予公民个人逮捕现行犯的权限。参见远藤邦彦「正当防衛に関する二、三の考察——最二小判平成9年6月16日を題材に」『小林充先生・佐藤文先生古稀祝賀 刑事裁判論集上巻』59頁以下（2006年）。

[25] 参见高山・前注［15］83頁。

进行正当防卫了。[26] 不过，如此考虑所承认的正当防卫权便有了相当的局限性。这一点本来就包括是否应当承认正当防卫这个问题，有必要讨论。

关于第二个疑问，有学者主张把"留在现场的利益"作为问题进行说明，[27] 笔者认为，这种观点值得倾听，拟在急迫性、防卫行为的相当性部分对此进行探讨。

（四）与责任阻却的关系

正当防卫是违法性阻却事由，这在现在已无异议。[28] 但并不是说，是违法性阻却事由就没有作为责任阻却的侧面了。只是说，违法性如果被阻却，有责性的判断就没有必要了。在防卫者的正当防卫没有过错的情况下，也不能进行责任非难，所以，考虑正当防卫时，经常一开始就想当然地认为责任也不存在，以防卫者的行为值得非难为由否定正当防卫，这样就会出现混同违法和责任的倾向。[29] 说正当防卫是违法性阻却事由的意思是，即便责任非难可能，也不可罚，因此，有必要警惕把违法和责任混为一谈。

四、不正侵害

（一）对物的防卫

一般把"不正"解释为违法。* 关于这一点，过去就开始讨论的问题是，法益侵害的危险由物、动物引起时，能否对这些物、动物进行正当防卫（对

---

[26] 关于夫权的防卫权，如果认为限制国家以武力介入的理由是"法不入家庭"，那么也可以考虑承认丈夫实施的防卫行为。

[27] 参见橋爪・前注［12］71頁以下；山口・113頁。

[28] 大越本来就认为，"判例至今为止始终把正当防卫作为类似于责任阻却的事由来把握"，其理由是从旧刑法到现行刑法的连续性。大越義久『刑法解釈の展開』32頁（1992年）。斎藤认为，《刑法》第36条包括责任没有达到可罚程度这种情况。斎藤・181頁以下。

[29] 松原芳博「偶然防衛」現代刑事法56号50頁（2003年）。上述文献指出，正当防卫的典型案例（prototype）让人们对正当防卫形成了一个常识性印象，典型案例中的行为人一点儿错都没有，这样的印象让人们想到的是责任阻却，而违法性阻却这一点被掩盖了。

* 正当防卫构成要件要求，防卫的对象必须是"不正"的侵害。探讨"不正"的质所要解决的是，正当防卫构成要件所要求的"不正"的认定问题。"不正"是违法的意思［大判昭和8（1933年）年9月27日刑集12卷1654頁］。根据山口教授的解释，正当防卫要件所要求的"不正"不要求具有刑法上的违法性，即不要求具有构成要件该当性为前提的违法性。此外，即便侵害行为能够被承认是违法的，但有些情况下，受侵害的一方需要不得不忍受这种侵害。例如，甲把东西借给乙，借贷期结束后，乙不返还，这种情况下不允许甲通过正当防卫取回自己的东西。这种情况下，虽然乙不返还的行为是违法的，但是不属于正当防卫要件所要求的"不正"（参见山口・116－117頁）。——译者注

物防卫）。结果无价值论认为，违法的本质在于法益侵害或法益侵害的危险，从这个角度评价违法时，不以人的行为为前提就能够承认违法状态，因此，承认对物防卫。与此相对，行为无价值认为违法的本质在于行为违反了规范，从这个角度分析，行为规范是针对人所设定的，违法评价以人的行为为前提，因此，法益侵害的危险由物或动物引起时，不能承认不正侵害，否定对物防卫（在紧急避险的限度内，能够承认违法性阻却）。

但是，同前章所述，结果无价值论＝对物防卫肯定说、行为无价值论＝对物防卫否定说这种程式也不成立。一方面，结果无价值论中也有学者认为，"不正侵害"这一概念中要求行为性，由此否定对物防卫。[30] 另一方面，行为无价值论中也有学者认为，"不正"是正当防卫的要件，不是作为犯罪成立要件的违法，只要有法益侵害的危险就够了，由此肯定对物防卫。[31]

考虑这个问题时，作为前提有必要注意以下两点。

第一，只有该当构成要件的行为其违法性阻却才会成为问题。即使拍死了停在手腕上吸血的蚊子，正当防卫成立与否也不会成为问题。对物防卫会成为问题的情况有两种，一是物或动物（下文略称"物"）是人的所有物，防卫行为该当毁坏器物罪的构成要件；二是毁坏无主物的行为例外地该当刑罚法规的构成要件。后者的代表例子是，杀伤野生动物触犯了《鸟兽保护法》、《稀有动植物物种保护法》等法律中的刑罚规定。[32]

第二，物造成法益侵害的危险，这起因于物的所有者的故意、过失行为时，作为人的违法行为，根据对物防卫否定说也同样，一般能够承认正当防卫。[33]

以上述分析为前提考虑对物防卫，结论上，应当承认正当防卫。人咬就能成立正当防卫，狗咬就只能成立紧急避险，这明显不均衡。在此，所主张的是，即便不是违法，只要有法益侵害的危险，就承认对物的防卫。但是，如果认为正当防卫的根据在于法确证的利益，就难以肯定对物防卫了。[34] 山

---

[30] 参见高山・前注［15］85 頁。

[31] 参见大塚・384 頁。

[32] 根据《动物保护法》第27条第1款，处罚"滥杀、滥伤受保护动物者"，因此，为了保护人的生命、身体或财产而杀伤受保护动物的，能够解释为不是"滥"捕杀。

[33] 与此相对，桥田认为，饲养者只有过失的情况下，不可以说动物是工具，如此就不能承认动物和其背后的饲养者是一体性的，所以对正当防卫的成立是有疑问的。橋田久「侵害の不正性と対物防衛」現代刑事法9号40頁（2000年）。

[34] 参见高橋・262 頁；山中・458 頁。

中教授认为，对于物或动物，进行法确证是没有意义的，同时指出，作为对物进行管理和支配的反射效果，物的管理者有义务容忍针对物带来的侵害实施以法确证为目的的防卫行为。[35] 但笔者认为，作为管理和支配的反射效果所承认的是容忍义务，不是法确证的利益。

从结果无价值论角度要求行为性的学者认为，之所以可以通过施加给侵害人负担来解决利益冲突状况，是因为利益冲突状况源于人的行为。但笔者认为，正当防卫不是刑罚，因此法益侵害的危险没有必要由"行为"引起。高山教授认为，"无法让欠缺行为性的事态停下，因此不能将其作为'不正侵害'来对待。"[36] 但是，正当防卫是通过武力让侵害停下来，即便是欠缺行为性的事态，让其停下来也是有可能的。

最近受关注的观点是，否定对物防卫，但以《民法》第720条第2款为根据承认刑法上的违法性阻却。[37] 该条规定："为了避开他人之物引起的急迫危难而损伤此物的情况下"，不承担损害赔偿责任。

上述观点的前提是，承认法秩序的统一性，根据是，民法上合法的行为在刑法上也一定是合法的。《民法》第720条第2款和刑法解释之间一定是没有矛盾的，这在以前就被认识到了，是对物防卫肯定说的有力根据之一。* 这个学说的新颖之处在于，把《民法》第720条第2款作为刑法上的违法阻却事由来看待。笔者过去也认为，法秩序统一性这种考虑本身是妥当的，上述学说中的观点很有吸引力。[38] 但是，笔者在写本稿时重新考虑后开始认为，

---

[35] 参见山中·458-459頁。关于《禁止狩猎法》也同样，国家是提供保护的主体，其所处的地位是，如果不履行保护责任，就应该仍受到国家实施的正当防卫。

[36] 高山·前注［15］85頁。

[37] 参见橘田·前注［33］39頁；井田·前注［8］89-90頁；松宫·139頁等。井田·280-281頁也以《民法》第720条第2款为根据讨论"防卫性紧急避险"的问题。

* 对物防卫肯定说是承认刑法上的正当防卫的学说，因此，对物防卫中"防卫"是指刑法上的防卫。对物防卫肯定说承认刑法上的正当防卫时采用的理由是，在民法中能够承认防卫行为，换言之，在民法上不违法。与此相对，井田教授认为，《刑法》第35条的"法令"包括民法，根据《民法》第720条第2款否定违法转化到刑法中，就是根据《刑法》第35条规定的法令行为来承认违法性阻却。换言之，虽然结论都是承认违法性阻却，但是井田教授认为，根据《民法》第720条第2款并不是通过承认正当防卫来阻却违法性，所以，其学说是对物防卫否定说。——译者注

[38] 参见佐伯仁志＝道垣内弘人『刑法と民法の対話』258頁以下（2001年）（佐伯的发言）。与此相对，对法秩序统一性抱有疑问的观点参见小田直樹「正当防衛の前提要件としての『不正』の侵害（1）」広島法学18巻1号135頁（1994年）；岡本勝『犯罪論と刑法思想』267頁以下（2000年）；高山·前注［15］84-85頁等。

适用《民法》第720条第2款解决不了问题，理由如下。

第一，此观点的代表学者井田教授认为，《民法》第720条第2款的适用不要求补充性和害的均衡性（与刑法上的正当防卫要件相同）；但是，民法学说中的有力观点是，要求补充性和害的均衡性。[39] 当然，对民法进行解释并非是民法学者的专属特权，但如果认为《民法》第720条第2款中不要求补充性和均衡性，就有必要说明实质性理由。[40] 井田教授的说明是，"一方面，危险源之物引发了危险事态时，对遭遇了突如其来危险的人而言，通过破坏此物摆脱危难应该得到允许；另一方面，对物的所有者而言，在自己的物导致危险事态发生的情况下，可以让他承担此物受破坏的风险。"[41] 但是，井田教授主张刑法上的正当防卫不要求补充性和害的均衡时所使用的理由是基于攻击者的归责性的法确证利益，这理应是井田教授否定对物防卫时使用的理由。刑法中不承认的违法性阻却在民法中却得到承认，又适用于刑法，这不合理。[42]

第二，《民法》第720条第2款是关于毁坏他人之物的规定，不适用于毁坏无主物，因此，以此来解决对物防卫的问题并不充分。[43]

结论是，对物防卫肯定说是妥当的，[44] 只要不在法确证的利益中找根

---

[39] 吉村良一『不法行為法（第4版）』63頁（2010年）；潮見佳男『不法行為法Ⅰ（第2版）』453頁（2011年）。上述文献认为，《民法》第720条第2款的要件是，没有其他方法，被保护利益和被侵害利益之间存在均衡。平井宜雄『債権各論Ⅱ不法行為』97頁（1992年）也把法益均衡作为要件。

[40] 主张适用《民法》第720条第2款的学者如何考虑《民法》第720条第1款（《民法》第720条第1款规定：对他人的不法行为，为了保护自己或第三人的权利或法律上受保护的利益不受他人不法行为的侵害，不得已实行加害行为的人不承担损害赔偿责任。但是，允许被害人要求实行了不法行为的人进行损害赔偿。——译者注）呢？第1款中也包含着《刑法》中所说的正当防卫和紧急避险的情况，如果认为第1款中不要求害的均衡（法条用语中没有此要件），得出的结论就会是，根据《刑法》第37条不被正当化的行为却根据《民法》第720条第1款被正当化。为了避免得出这样的结论，对第三人实施加害行为的情况下，就有必要要求害的均衡（这种解释参见平井·前注［39］96页）。但是，如果可以通过解释附加上第1款中没有明文规定的要件，那就不能排除通过解释解释附加上第2款没有明文规定的要件这种可能性。

[41] 井田·前注［8］90页。

[42] 参见西田·160页。例如，大谷否定法确证的利益，却又承认比照正当防卫来处理。（大谷·227页）对这种观点也有同样的疑问。

[43] 在德国，对野生动物的攻击也可以考虑类推适用德国《刑法》第228条，该条与日本《民法》第720条第2款相对应。参见井田·281页注37。

[44] 佐伯＝道垣·前注［38］260页。上述文献中，笔者的观点改为肯定对物防卫。不过，被踱步的丹顶鹤撞上时，能避开就避开，是不允许对其捕杀的。

据，从结果无价值论角度当然可能得出这个结论，从行为无价值论角度也可能得出。

本来，对野生动物的防卫就是不可一概而论的问题。笔者认为，能够想到的情况是，遭受野猪、鹿、猴等野生动物带来危害的农家、林主首先是要通过防护栏来防止危害，不足以防止危害的情况下也有必要依据《鸟兽保护法》得到都道府行政负责人的许可后捕捉，不允许为了保护自己的财产直接捕杀野生动物。这应该如何解释呢？无论是以反复遭受危害为理由来否定侵害的急迫性，还是以能够获得许可捕捉为由来否定防卫行为的必要性，都是难以解释的。如果可以如此解释，那么每天遭小偷的小卖部就不能对盗窃进行正当防卫了。因为《鸟兽保护法》在规定相关制度时已经考虑到了鸟兽带来的危害，所以应该理解为，在《鸟兽保护法》的制度性框架之外，以保护财产为目的捕杀鸟兽，不被允许。在这个意义上，正当防卫权是受到限制的。但《鸟兽保护法》的框架并非是，在必要的情况下也禁止为了保护人的生命和身体捕杀鸟兽，因此，例如遭到野熊袭击的人为了保护自己杀伤了熊的情况下，应该承认正当防卫阻却违法性。笔者认为，从下列规定中也能够看到这一点。《濒临灭绝野生动植物物种保存法》规定：禁止捕捉、摘取、杀伤、损伤国内稀有野生动植物种，对上述行为进行处罚（第9条文本，第58条），但以保护人的生命或身体为目的必要的情况除外（第9条但书，同法施行规则第1条之2第1号）。

（二）合法行为

对合法行为不能进行正当防卫。例如，依照令状实施的逮捕行为是合法的，因此，即便是无罪者，也不能进行正当防卫。

根据行为无价值论，没有违反客观注意义务的行为不违法，不承认对此行为进行正当防卫。从这个观点出发考虑，自行车冲进人行道的情况下，是否能进行正当防卫与自行车驾驶员是否有过失有关。川端教授在探讨对物防卫时指出，要求行为人慎重考虑动物的侵害是否源于人的精神活动，这会给行为人科处过度的负担，防卫作为紧急权的现实作用就没有了，因此肯定对物防卫。[45] 与判断动物的侵害是否源于人的精神活动相比，判断人的侵害行为是否违反了注意义务同样困难，甚至更加困难。要求行为人慎重考虑侵害行为是否违反了注意义务，这会给行为人科处过度的负担，因此，与承认对

---

[45] 参见川端·345页。

物防卫一样，应该承认对无过失行为进行正当防卫。

五、急迫性

（一）急迫性和"不正"的质

在利益冲突状况中，有的情况下要求以公力手段解决，不承认以正当防卫解决。债务不履行是民法上的违法，原则上应该采用民法的救济手段，不承认正当防卫。[46] 如前文所述，防止野生动物对财产造成损害的情况也可以同样来考虑。

学说和判例一向把下述情况作为急迫性的问题来理解。例如，往工厂的排水管中倒入生石灰来阻止工厂的废液排出。对此案件，有下级法院判决［高知地判昭和51（1976）年3月31日判例时报813号106页］承认，废液排出是对住民健康法益的不正侵害，但认为在时间上并非没有可能向法院请求临时处分，不存在急迫性，否定了正当防卫。

与此相对，山口教授没有把这种情况作为急迫性问题，而是作为"不正"的质的问题来对待。[47] 的确，诸如高知地方法院判决的案例那样，新的侵害行为继续发生的情况下，山口教授的解释也是可能的。但是，如果山口教授在有偿借用、到期后物未返还的情况下也同样认为，"物的占有（以此来保持利用的可能性）这一利益不断被持续性地侵害"，能够承认侵害的急迫性，那么，笔者认为这就不恰当了。如果这样解释，那么盗窃犯不返还所盗物品的情况下也会肯定侵害的急迫性（现存性），对于从盗窃犯手中取回被盗物品的行为，就可以适用紧急避险了。* 如前文所述，急迫性的要件不能仅从侵害的继续性和公力保护的必要性角度来理解，盗窃犯确保对物的占有后，即便法

---

〔46〕 判例［最判昭和30（1955）年10月14日刑集9卷11号2173页］对恐吓罪的解释是："对他人有权利的人行使权利时，只要在权利的范围内，并且行使的方法没有超过社会通常上一般应该容忍的程度，那么行使权利不会有任何违法的问题。"另参见盗窃罪相关判决［最决平成元（1989）年7月7日刑集43卷7号607页］。

〔47〕 参见山口·117－118页。如果作为不正的质的问题来处理，即使否定了正当防卫，还有可能成立紧急避险，在这一点上有实际意义（不过，在高知地方法院判决的案件中，补充性没有得到承认，结论不会变）。

* 根据山口教授的观点，即使否定了正当防卫，因为承认急迫性，所以仍然有可能承认紧急避险。但对于这样的判断结论，佐伯教授是否定的。关于为什么紧急避险会成为问题，译者作一点补充说明：即虽然被盗物品的所有权不在盗窃犯，但日本判例和通说认为，盗窃罪的保护法益是占有，所以，从盗窃犯手中取回被盗物品仍然可以侵害到盗窃犯占有被盗物品的利益。——译者注

益侵害在继续，也应该否定急迫性。

（二）急迫性的开始时期

急迫性的存在是正当防卫的前提条件，急迫性的开始时期和结束时期在时间上划定了正当防卫的范围。

如前文所述，急迫性的开始时期是指法益侵害迫切存在时。[48] 判例［最判昭和24（1949）年8月18日刑集3卷9号1465页］认为："《刑法》第36条所谓急迫侵害中的'急迫'是指，法益的侵害迫在眉睫，即法益侵害的危险已经紧迫，并不是指危害的现存性。"

因为正当防卫不是刑罚，所以未遂的成立时期和急迫性的开始时期没有必要一致。欲使用手枪杀人的情况下，杀人罪的未遂时期是端好枪的时点，即便如此，正当防卫是不需要等到对方端好枪的。如果直到这个时点才能正当防卫，防卫行为就过迟了。

相反，因为正当防卫不是刑罚，所以在未遂前的阶段，即使预备罪已经成立，也不能由此就直接承认急迫性。以杀害对方的意图把手枪揣在怀里，前往对方所在地的时点，杀人预备罪成立了，但还不能承认存在急迫的侵害。

132

围绕正当防卫的开始时期所探讨的问题是，在急迫侵害开始的时点防卫不可能，但在此前防御可能的时点上，是否能进行正当防卫？例如，德国学者所举的案例中，边陲旅馆的经营者偷听到来客在商量抢劫，为了防止被抢，就往饮用物中放入安眠药，让来客睡着的情况下，是否能承认正当防卫？[49] 同样的问题存在于美国的家庭暴力案件中，妻子感到生命受到威胁，趁丈夫睡觉时杀了他的情况下，是否应该承认正当防卫？这也成为热议的重要问题。[50]

既然急迫性要求时间上的迫切性，那么这些案件中就不能承认侵害的急迫性，不能承认正当防卫。在此，有的学者认为，急迫性是正当防卫的要件，危难的现存性是紧急避险的要件，后者的解释空间更大，有可能承认紧急避险的适用。[51] 但是，从文义解释出发，并不能说现存性的语义比急迫性更

---

[48] 关于此问题的详细说明参见橋田久「正当防衛の始期」産大法学29卷3号1页以下（1995年）。

[49] 参见斋藤·前注［8］261页。

[50] 在美国，孩子受虐待而杀害父母的案件也会涉及这个问题。德国判例中也有类似案件。参见斋藤·前注［8］289页。

[51] 参见斋藤·前注［8］287页；高山·前注［15］83页；西田等『注释』483页（深町晋也）；山口·146页；山中·523页等。与此相对，肯定正当防卫急迫性的观点参见西田·145页。

广。如上述判例所言，也可以说，在日常用语中，"现存性"比"急迫性"语义更窄。此外，《盗贼防范法》第1条第1款规定："为了排除对自己或他人的生命、身体或者贞操的现存危险，杀伤了犯人时"。即使把此规定解释为以宽缓的标准要求《刑法》第36条的相当性，也不可以解释为以宽缓的标准要求急迫性。总而言之，立法者认为侵害的急迫性和危难的现存性是同样的概念。当然，如果有实质性理由，条文使用什么用语就不再是决定性的了。但一般的解释是，正当防卫和紧急避险的不同取决于侵害是不是不正。因此，笔者认为，不能对作为紧急行为前提要件的急迫性和现存性作不同的解释。紧急避险适用说的观点是，否定正当防卫中所承认的那种明显的防卫行为，补充性和害的均衡性要件得到满足就可以承认违法性阻却。也许可以说，这样"退一步"解释妥当，但理论根据未必充分。

如果急迫性结束后的行为有可能作为自救行为正当化，那么急迫性开始前的行为也有可能作为自救行为正当化，这在理论上一致。虽然一直以来，自救行为涉及的问题全部是财产权的保护和恢复，但没有理由认为自救限于财产权的保护和恢复。自救行为的要件在补充性这点上必须比紧急避险更加严格，笔者认为，在涉及重大法益侵害的情况下，也有可能阻却违法性。一直以来，难以承认以自救行为阻却违法性，这是因为，所涉案件中欲保护的法益都是财产性利益，事后救济的可能性大。

（三）急迫性的终止时期

如果法益侵害已经结束，对过去的侵害实施反击行为不能说是对侵害的防卫行为，因此不能承认正当防卫。

在监禁罪那样的继续犯中，在法益侵害继续、犯罪继续期间，可以承认侵害的急迫性。与此相对，对杀人罪那样的即成犯，一旦既遂，便没有可能正当防卫了。有问题的是像盗窃罪那样的、犯罪既遂后法益侵害仍然继续的状态犯。与急迫性的开始时期未必是未遂犯的成立时一样，急迫性的终止时期也未必是犯罪的既遂时期。盗窃罪的既遂时期是犯人取得财物占有的时点，但笔者认为，可以解释为，直到犯人确保对此财物的占有为止，急迫的侵害都在继续。[52] 具体而言，犯人取得财物后当场想取回的情况下和从现场一直

---

[52]《盗贼防范法》第1条第1款虽然规定了："取回赃物时"，为了保护生命、身体、贞操实施正当防卫。但笔者认为，此规定的前提是，取回行为本身也可能成为正当防卫。

继续追赶犯人的情况下都可以肯定急迫性。[53]

(四) 急迫性和侵害的预期

判例［最判昭和 24（1949）年 11 月 17 日刑集 3 卷 11 号 1801 頁，最判昭和 30（1955）年 10 月 25 日刑集 9 卷 11 号 2295 頁］曾经采取的立场是，当然预料到了侵害，迎向危险，身陷危险中的情况下，侵害的急迫性欠缺，但转变后的立场是［最判昭和 46（1971）年 11 月 16 日刑集 25 卷 8 号 996 頁］："即使一开始就预料到了侵害，也不应该由此直接否定急迫性。"如果只因为预料到了侵害就否定急迫性，那就会得出如下不恰当的结论，即只要不正侵害可以预料到，就想去的地方也不能去了；只要受虐待或被欺负的被害人充分预料到了侵害，就不能进行正当防卫了。本来，最高法院昭和 30（1955）年 10 月 25 日判决是在"充分预料到，并且为应对进行了充分准备以便有可能实施对抗、加以迅速有力的反击性伤害，迎面而上"，身陷侵害的情况下，否定急迫性，并非只因为预料到了就否定急迫性。

此后，最高法院［最決昭和 52（1977）年 7 月 21 日刑集 31 卷 4 号 747 頁］指出："合理的解释是，不仅仅是预料到了侵害没有回避，而是想利用机会、积极实施加害对手的行为，以这样的意思面临侵害时，侵害的急迫性要件不充分。"有积极加害意思的情况下否定急迫性，这一立场已经作为判例确立了下来。

判例遭到学者的猛烈批评。批评意见认为，急迫性是客观性要件，因此以积极加害意思为理由否定急迫性不妥当。急迫性是客观性要件这一点并非不言自明。不过，笔者认为，作为结论，判例的立场还是不妥当。原因在于，客观上完全相同的防卫行为，根据积极加害意思这一心情要素的有无，有时违法性被阻却，有时违法性不被阻却，这不妥当。[54] 实际上同样，在实务中，一般是根据外部、客观情况来认定积极加害意思，因此，仅以积极加害

---

[53] 参见浅田·221 頁；井田·282 頁；西田·161 頁。但大谷和川端认为，窃取财物后，在犯罪现场或在现场附近取回财物的行为是针对过去发生的侵害所实施的行为，所以是自救行为。大谷·275 頁；川端·337 頁。
[54] 参见橋爪·前注［12］235 頁以下。

意思这样的内心情况来判断正当防卫的成立与否是有疑问的。[55]

学说中也有观点认为，预料到侵害后，做好了充分迎击准备的，法益侵害的危险性消失，所以否定急迫性，把判例的积极加害意思客观化理解。[56]

的确，预料到袭击，乘着装配有防弹玻璃的车辆，完全没有必要对枪击进行防御的情况下，也许应该说急迫的侵害本来就不存在。[57] 但在做好了充分迎击准备的情况下，如果只有实施防卫行为才能保护法益，那么无论迎击准备做得多么完美，也不能说没有法益侵害的危险。

对否定急迫性的观点，也有批评意见认为，如果否定急迫性，就没有可能构成防卫过当了，因此，应该作为防卫行为相当性的问题来对待。但是，如果从一开始就认为不存在正当防卫的情状，那么，将防卫过当的可能性也一起否定才恰当，因此，批评理由不充分。

关于此问题，拟在下一章中再次探讨。

---

[55] 围绕法院判决的讨论参见香城敏麿「正当防衛における急迫性」小林充＝香城敏麿編『刑事事実認定（上）』300 頁以下（1992 年）；安廣文大「正当防衛・過剰防衛に関する最近の判例について」刑法雑誌 35 卷 2 号 243 頁以下（1996 年）；「正当防衛・過剰防衛」法学教室 387 号 14 頁以下（2012 年）；橘爪・前注 [12] 120 頁以下等。另参见司法研修所編『難解な法律概念と裁判員裁判』24 頁以下（2009 年）。

[56] 参见川端·333 頁。

[57] 参见山中·427 頁。

第九章

正当防卫论之二

一、序言

接着前一章继续探讨正当防卫。因为现行刑法总论对正当防卫的要件只有一个一般性规定，所以讨论也是一般性地展开。不过，本章中，笔者主张，应该根据防卫是否有致命危险来区分正当防卫的要件。

二、防卫意思

（一）防卫意思和攻击意思

判例采取的是防卫意思必要说，得到了行为无价值论主张者的支持。关于防卫意思的内容，判例认为，"对于对方的加害行为，虽说是激奋或怒气冲昏头脑而加以反击，但不应该直接解释为欠缺防卫意思，只要在受到攻击时趁机实施积极加害行为等特别情况不存在，（就能够承认防卫意思）"［最判昭和46（1971）年11月16日刑集25卷8号996页］"借防卫之名对侵害者积极施加攻击的行为欠缺防卫意思，不能承认这是以正当防卫为目的的行为，但是，防卫意思与攻击意思并存时的行为不欠缺防卫意思，能够评价为以正当防卫为目的的行为"［最判昭和50（1975）年11月28日刑集29卷10号983页］。

因为判例采用的立场是，有积极加害意思时否定急迫性，所以急迫性和防卫意思之间的关系会成为问题。关于这一点，（时任）法官安广文夫的梳理是，预料到侵害会发生，这种侵害前的心理状态是作为急迫性要件的积极加害意思的问题；实施防卫行为时的心理状态是防卫意思的问题。此外，在内容层面也同样，有如下两种不同的认定：防卫意思如果不完全是攻击意思，就可以承认防卫意思；与此相对，积极加害意思只要有利用侵害这一机会积极施加攻击的意思，就要否定急迫性。[1]

学说中的防卫意思必要说多是将防卫意思定义为，认识到对方正在施加急迫不正的侵害，对此进行应对的意思；同时认为积极加害意思不是急迫性的要件，而应该作为防卫意思要件来考虑。[2] 但是，如果把防卫意思理解为主观正当化要素（在主观层面上对故意的违法进行否定的要素），[3] 就难以把积极加害意思这一行为人的动机、心情装入到防卫意思中。此外，笔者认为，行为人即使有积极加害意思，也不能否定在实施防卫行为的时点有"应对急迫不正侵害的意思"。

从结果无价值论的立场来看，如果客观上该当正当防卫，违法性就应该被阻却，不要求有防卫意思。因此，作为一般论，不能赞同把防卫意思作为正当防卫要件的判例立场。但在具体适用中，在毫无疑问能够肯定防卫行为相当性的案件中，否定防卫意思的情况基本不存在；[4] 在可以否定相当性的案例中，判例要求防卫意思要件，让其作为判断《刑法》第36条第2款适用的要件来发挥作用。* 如果认为防卫过当的处罚减免根据在于责任减少，那么从防卫意思不要说角度也能够认同判例的结论。这是因为，为了承认防卫过

---

[1] 参见安廣文夫「正当防衛・過剰防衛に関する最近の判例について」刑法雑誌35卷2号244頁（1998年）。

[2] 例如，大谷·276頁；佐久間·209-210頁；福田·155頁注1等。与此相对，野村认为，防卫意思单纯是对急迫不正侵害的认识。野村·225頁。

[3] 所指出的问题是，如果把防卫意思作为主观正当化要素，那么正当化限于认识所及范围内，即过失犯和结果加重犯的情况下，结果不能被正当化。参见平野『Ⅱ』243頁；山中·463頁等。但如果认为，主观正当化要素是为了否定故意的违法所必要，那就可以理解为，没有认识到的结果没有必要在防卫意思所及范围内。笔者认为，在理论上，从防卫意思必要说出发也同样认为，过失犯中不需要防卫意思。防卫意思必要说的主张者本来就没有采用这样的结论，而是在过失犯中也要求排除侵害的意思。参见福田平＝大塚仁『対談刑法総論（中）』14頁［大塚的发言］（1986年）；大谷·284頁。

[4] 参见松宫·147頁。最高法院昭和46年判决以后，否定防卫意思的法院判决基本上就不多了，其中的一个例子是东京高等法院昭和60（1985）年10月15日判决（判例时报1190号138页）。被害人喝醉了，在腰际水平拿着菜刀，威胁被告人。对此，被告人用威士忌的酒瓶猛打被害人的头部。被害人当场倒地，菜刀也从手中脱落，完全没有了攻击的意思，但被告人仍然不断痛打被害人。判决认为，这完全是过于激奋、施加制裁的意思，即积极攻击意思，否定了防卫意思。

* 此条款是防卫过当的规定。防卫意思得到承认的情况下，才可以肯定存在着正当防卫的情状，这是防卫过当条款适用的前提；否则，只是单纯的伤害行为。——译者注

当的处罚减免，必须肯定防卫意思。*〔5〕

（二）偶然防卫

丙射杀甲时，甲也正在射杀丙（或者是丙身旁的乙）。在处理这种所谓偶然防卫的案件时，过去一般认为，根据防卫意思必要说，这是杀人既遂；根据防卫意思不要说，这是无罪。但最近变得有力的观点是，无论根据必要说还是不要说，都是杀人未遂。〔6〕从防卫意思必要说出发采用未遂说的根据是违法二元论，因为欠缺结果无价值、残存行为无价值，所以未遂犯成立；从防卫意思不要说出发采用未遂说的理由是，违法结果发生的可能性存在，因此未遂犯成立。**〔7〕对后一观点的批评意见是：如果彻底采用结果无价值论，那么不仅结果，行为也理应可以正当化，〔8〕"'侵害可以，但不允许试图侵害'这种说法与威尼斯商人中的'切肉可以，但是不得流血'一样，是同水平的诡辩"。〔9〕对此的反驳是，未遂说所讨论的危险并不是让该当构成要件结果（这个结果可以正当化）发生的危险，而是让另外可能存在的违法结果发生的危险，在说"侵害可以，但不允许试图侵害"时，前一个"侵害"与

---

* 防卫意思不要说的主张是，违法性阻却的判断中不需要考虑主观正当化事由。认为防卫过当的根据是责任减少的学者主张，没有防卫意思就不能承认责任减少，在这里，防卫意思是必要的。因此，采用前一主张的学者也可以同时采用后一主张。——译者注

〔5〕 参见平野『Ⅱ』222 页。山口认为，虽然也可以考虑不作为防卫过当处理，但是在理论上更好的处理方法是，承认防卫过当却不减免刑罚。山口·125 页。

〔6〕 从不要说出发采用未遂说的观点参见西田·171 页；平野『Ⅱ』242 页；山中·465 页等。从必要说出发采用未遂说的观点参见野村·226 页。

** 防卫意思必要说认为，只有以防卫意思实施的行为才是法律上允许的防卫行为，没有防卫意思的行为在法律上不被允许，所以承认行为无价值。偶然防卫的对象因为攻击行为导致自身法益受保护的必要性丧失或减少，换言之，偶然防卫造成的结果是法律上允许的，所以否定结果无价值。综上，实施了法律上不允许的行为，没有造成法律上不允许的结果，所以成立未遂犯。防卫意思不要说认为，违法结果（换言之，不承认是正当防卫的结论）发生的现实性危险被创设，因此肯定未遂。此学说不要求正当防卫的故意，只要认识到违法结果会发生，故意要件就充足了。——译者注

〔7〕 只是说未遂犯成立得到承认的可能性存在，并非在主张总能够得到承认。这个问题与对象不能使什么程度上能够承认未遂犯这一问题处于相互平衡的关系当中，本来都是未遂犯的问题。

〔8〕 参见前田雅英『刑法総論講義（第 3 版）』243 页（1998 年）（前田·385 页认为，只是说不通）。

〔9〕 松宫·151 页。

后一个"侵害"是不同的侵害,因此没有不合理之处。[10]

未遂说中存在两个问题。第一,即使能承认未遂犯的违法性,是否能够承认构成要件该当性。现行法的未遂规定预设的只是构成要件结果不发生的情况,如果这样理解,那么在罪刑法定主义的意义上,不能承认未遂犯成立。[11]但是,《刑法》第43条只规定了"着手实行犯罪、未完成的人"。笔者认为,从文义上完全可以将此规定的意思解释为,不能让该当构成要件的违法结果得以实现的人。

第二,行为违法的情况下,是否就可以承认对偶然防卫者进行正当防卫了。如果承认,就变成正当防卫和正当防卫的对立。如果否定实施不正侵害在先者的正当防卫权,那么从与不正侵害在先者之间的关系角度考虑,就能回避这个问题。不过,第三方实施正当防卫的可能性仍然存在。对此,可以想到的解决方法是,从与可能发生的违法结果之间的关系角度考虑,对偶然防卫者不能进行正当防卫。例如,甲想杀乙,把自己所有的人形模具当作乙,对其开枪射击的情况下,视情况承认杀人未遂是可能的,但不应该承认对甲的行为进行正当防卫。如果这样来考虑,那么在偶然防卫的情况下也同样不

---

[10] 参见松原芳博「偶然防衛」现代刑事法56号53頁(2003年)。一个行为就甲这个结果而言是合法的,就乙这个结果而言却可以判定为违法,这并不奇怪。例如,可能出现的情况是,正当防卫行为的效果在第三方身上发生时,从与侵害者的关系角度考虑,行为是合法的;但从与第三方的关系角度考虑,行为是违法的。(例如,防卫者甲向着侵害者乙射击,子弹误中在侵害者身旁的丙。在这种情况下,在与乙的关系中,甲可以被认定为正当防卫,是合法的;但在与丙的关系中,甲的行为就有可能是违法行为。——译者注)

[11] 野村·226頁。上述文献主张准用未遂的规定,在与罪刑法定主义之间的关系这一点上,此主张是有疑问的。

能对防卫行为进行正当防卫。*

如上所述，未遂说在理论上是十分立得住脚的观点。从与可能发生的违法结果之间的关系角度考虑，承认了未遂犯，那么，不仅是通常偶然防卫的情况，偶然防卫未遂的情况下，也能成立未遂犯。在此，处罚范围是否过分变大的问题仍然存在。[12] 但作为结论，未遂说是妥当的。[13]

三、防卫行为的相当性

（一）对通说的疑问

"不得已采取的行为"这一要件一般作为防卫行为相当性的问题处理，讨论的问题是防卫行为的必要性和均衡性（狭义的相当性）。

如第八章第二部分所述，《刑法》第36条和第37条都规定了"不得已采取的行为"这一相同文句。但通说的解释是，根据《刑法》第37条补充性是必要的，而根据《刑法》第36条补充性是不必要的。防卫行为必须是相对

---

* 例如，甲举枪想射杀乙，乙对此不知道，但也有杀甲的故意，举枪射杀甲。根据未遂说，乙的偶然防卫行为构成杀人罪的未遂，虽然是未遂，但行为仍然具有违法性。以这样的理解为前提，是否当然能得出结论，甲或者第三方丙仍然能够对乙进行正当防卫？这是需要讨论的问题。甲因先实施了违法行为，所以其正当防卫权被否定，即使承认乙的行为违法，也不允许其对乙进行正当防卫。问题在于，是否能够承认丙对乙的正当防卫权？佐伯教授认为，着眼于乙的行为是否造成了法所禁止的结果，有可能得出否定第三方防卫权的结论。在正文所举的例子中，假如把人形模具误认为是想杀的人而对其进行射杀，虽然是未遂犯，但没有造成法所禁止的结果，因此不能对未遂犯人进行正当防卫。同理，偶然防卫的情况下，通过承认未遂犯承认了法所不允许的行为，同时否定了法所禁止的结果发生，在考虑第三方对偶然防卫者的防卫权时，只考虑结果是法所不禁止的，否定第三方的防卫权。因为偶然防卫没有造成法所禁止的结果，所以第三方的紧急避险也不成立。这里需要注意的是，对于第三方的防卫权，还有另外一种似乎更通常的考虑方法，由此得出的结论是肯定第三方的防卫权。具体而言，第三方本身没有过错的先行行为，目的是阻止看上去会侵害法益的偶然防卫，主观上对造成法所禁止的结果没有认识。对于这样的行为，假如采用否定说，就不能以正当防卫或紧急避险阻却其违法性。为了避免得出对第三方不公平的结论，有必要肯定第三方的防卫权。而佐伯教授之所以特意探讨否定说的根据，只是想说，如果要否定通常似乎可以肯定的第三方防卫权，可以如此来考虑，仅此而已。不同的思考方法可以得出不同的结论，这正是佐伯教授本书中所欲体现的"思之道、乐之道"。——译者注

[12] 如果认为处罚范围过大，那么在解释《刑法》第43条时会采用以下两种观点之一：一是把未遂犯限定于构成要件结果不发生的情况；二是违法性阻却的效果扩大到违法结果可能存在的情况。

[13] 因为不处罚伤害致死的未遂和伤害的未遂（有时称暴行罪为伤害罪的未遂，但暴行罪是结果犯），所以实际上就这一点会成为问题的主要是杀人未遂的情况。这种情况多是，如果对过剩结果的发生有积极的意图，就不承认正当防卫。

的、最小限度的，这一判断以实施反击行为为前提，在反击行为中选择侵害性最小的即可。因此，杀害攻击者如果是必要最小限度的防卫行为，那么即使在能够安全逃脱的情况下，也可以杀害对方。

另外，通说的解释是，《刑法》第37条中有害的均衡要件，但《刑法》第36条中没有，因此，在正当防卫中，不要求保全法益和侵害法益之间的均衡，只有在两者显著不均衡的情况下，才不能说是"不得已采取的行为"。[14] 学说一般举出判例［大判昭和3（1928）年6月19日新闻2891号14页］只是说，为了保护几块豆腐这样的财产利益而侵害他人生命的，不被允许。由此推测，学说也许认为，只有在如此极端不均衡的情况下才否定正当防卫。

如上，日本学说在解释中一般采用的立场是，不要求防卫行为的补充性和均衡性，并且认为判例也采用这样的立场。与此相对，在美国《模范刑法典》（Model Penal Code）中区分有侵害生命、造成重大身体伤害危险的反击行为和此外的反击行为。前者只有在满足以下两个条件时才能得到承认：①针对的是生命侵害、重大身体伤害、拐卖、有强制性的性行为、不法侵夺住宅；②当场不能安全逃脱。[15] 即当反击行为有侵害生命的高度危险时，保全法益和侵害法益之间大致的均衡性和补充性是必要的。在前章中已提及，在日本所承认的正当防卫的范围比欧美狭窄。这话难道有错吗？没错。难以想象比起社会上普遍用枪的美国，在日本正当防卫的范围更广。如下文所述，笔者认为，日本的判例也采用了与《模范刑法典》同样的立场，基本上能够支持这种判例的态度。*

（二）对判例的理解

有关防卫行为相当性的先例性判例［最判昭和44（1969）年12月4日刑集23卷12号1573页］认为："不得已采取的行为"是指，"对急迫不正侵害的反击行为作为防卫自己或他人权利的手段是必要最小限度的行为，即反击行为作为对侵害的防卫手段具有相当性，因此，只要反击行为没有超过上述限度，作为对侵害的防卫手段便具有相当性，即使反击行为造成的结果偶然

---

[14] 山中教授认为，"不得已采取的行为"中不应该含有相当性要件，应该解释为正当防卫的内在性制约之一。参见山中敬一『正当防衛の限界』243页以下（1985年）。山口教授也认为，不应该承认相当性要件，这种情况下，"因为不是防卫行为，所以应该否定正当防卫。"参见山口·131页。

[15] 详细说明参见拙文「アメリカの正当防衛法」ジュリスト1033号51页以下（1993年）。

* 佐伯教授对判例立场的解读不同于上文介绍的日本通说对判例立场的解读。——译者注

大于会遭受侵害的法益，也应该解释为，此反击行为并非不是正当防卫行为。"

如果正当防卫中均衡性不会成为问题，那么问题理应只在于防卫是否有必要性，即使相比会遭受侵害的法益，结果更加重大，也不否定正当防卫，这是当然的。但是，需要注意判例所处理的案件事实是，行为人被对方抓住手指向上折，疼痛至极想挣脱，于是猛推对方的胸部，致其仰面倒下，后脑偶然撞在了停在旁边的车上，头部受伤，需接受45日的治疗。[16] 与此相对，在另一则案件中，在桥面上遭到被害人殴打，猛推被害人胸部，致其跌落至桥下40米的河岸上死亡。对此案，下级法院判决认为："《刑法》第36条第1款所谓的'行为'……不是仅指狭义的行为即动作，而应该解释为包含着与故意犯的结果相同的结果加重犯的结果，相当性的有无也不是仅判断狭义的反击行为，而应该把结果也包含在内，对全体进行判断"，从而否定了防卫行为的相当性〔東京地八王子支判昭和62（1987）年9月18日判例时报1256号120頁〕。很清楚的是，昭和44年判例认为行为中不包括发生的结果，因此，要让昭和62年的判决正当化，就有必要考虑案件的具体事实关系，对昭和44年判例的适用范围进行限定性理解。并且，笔者认为，这样理解判例与其他判决之间也具有统一性。[17]

首先，关于均衡性，在下级法院判决中有判决〔鳥取地判昭和51年（1977年）11月16日判例タイムズ349号286頁〕明确指出："预测到防卫行为的强度会导致对方死亡，为了肯定这种防卫行为合法，作为其前提的对方的攻击行为也有必要是针对生命的、重大且具有极其高度急迫性的侵害行为。"在一则案件中，7名中学生为了夺取钱财，单方面对少年施加暴行，少年用刀刺入被害人的胸，致其失血死亡。对本案，最高法院判例也认为，没有用刀威吓，而是一下子就刺入致其死亡，这种行为作为排除对身体现存危

---

[16] 对于此案，平野博士的评析是："当防卫行为是在可评价为相当的范围内时，即使不是最好的，也应该承认正当防卫"，"本案的确不是必要最小限度，但具有相当性"。平野『Ⅱ』239-240頁。如果严格解释必要最小限度，那么的确如平野博士所言，但是判例以及支持判例的学说在判断必要最小限度时，都会考虑在某种程度上宽松地判断。

[17] 大越教授对判例的著名分析是：判例是根据"武器对等原则"判断相当性。参见大越義久『刑法解釈の展開』46頁以下（1992年）。的确，笔者认为，大越教授的分析在暴行和伤害案件中非常适用，但在使用凶器伤人致死和杀人的案件中，即使对手使用凶器进行攻击在判断是否有致命危险时很重要，但仅以此并不能承认相当性。毋宁说，受到重视的是，判断包括退避行为和要求救助在内是否有其他可能采用的手段。

险的手段是过当的［最决平成6（1994）年6月30日刑集48卷4号21頁］。最高法院考虑到了，根据针对生命的危险是否存在，防卫行为的相当性判断会发生变化。在被告人实施了具有高度致命危险的防卫行为，造成防卫对象伤害致死[18]或将其杀害（包括未遂）的案件中，据笔者所知，至今还没有判决[19]在防卫对象的侵害对被告人尚不构成致命或重大伤害危险的情况下[20]就承认正当防卫的。

关于补充性，在杀人罪和伤害致死罪相关判决中常会争论的问题是，可不可以逃走。例如，丈夫甲和被告人有事实性婚姻关系，甲喝醉了，冲着被告人说"你活不过今天了"，边说边殴打，掐住被告人的脖子，又用高尔夫球杆殴打其后脑，被告人用单刃削皮刀刺向仰面躺着的甲的颈部，致其死亡。对本案，名古屋地方法院平成7（1995）年1月11日判决（判例时报1539号143页）认为，应该考虑避开身体要害部位使用单刃削皮刀，对于随后甲的反击，完全能够期待被告人手持单刃削皮刀、高尔夫球杆威胁甲，然后逃跑，此后交由警察处理，因此，超过了防卫限度。再例如，两名被害人是暴力团成员，深夜来到被告人家，打碎门锁，闯入室内，被告人用胁差这种短刀刺中被害人，将其杀死。对本案，福冈高等法院昭和62（1987）年8月17日判决（判例时报1258号140页）认为是防卫过当，理由之一是，从晾台翻越隔壁家的房顶逃跑并不是那么困难。在另一个案件中，暴力团的一个分支12人因财产继承问题反目，持枪械打斗，被告人用短刀刺中头目，将其杀死。对本案，仙台高等法院秋田支部昭和55（1980）年1月29日判决（判例タイム

---

[18] 伤害致死的案件中，也有些案件中不存在致命的高度危险，如被害人摔倒、碰到头、死亡，这种类型的正当防卫不是这里所讨论的问题。

[19] 也许有人会想，法院判决少只是因为，检察官不会起诉作为正当防卫而明显无罪的案件，而实际上能够承认正当防卫的案件想必是相当多。承认无责任能力的判决数量少，明显是因为上述原因存在。但笔者认为，杀人或伤害致死行为是否为正当防卫存在争议的情况下，不存在上述原因。

[20] 为了免受强奸、与强奸相当的强制猥亵，（在日本《刑法》中，强制猥亵罪是比强奸罪轻的犯罪，但是，强制猥亵罪的行为样态从男性摸女性屁股到肛交跨度很广，其中，如强制肛交是与强奸相当的、严重侵害性自由的行为。日本目前也在讨论修改《刑法》，对此类强制猥亵适用与强奸相同的刑罚，也只有对这类强制猥亵有可能承认正当防卫。——译者注）也能够承认正当防卫。旅店接客女杀嫖客案件的判决［東京高判昭和63（1988）年6月9日判例时报1283期54页］认为，被告人的行为是防卫过当，"（同意买春的）被告人其性自由以及身体自由所受侵害的程度不能和一般女性所受侵害的程度相提并论，必须大大降低来考虑"。这段判断（对错另当别论）中的情况有决定性意义。

ズ423号148頁）以不存在容易逃跑、能够避免侵害的情形为由，肯定了正当防卫。如果在能逃跑却实施防卫行为的情况下否定防卫行为的相当性，就意味着能逃跑的情况下必须逃跑，给防卫人科处了退避义务，这就不得不说，《刑法》第36条也要求补充性。

退避义务在防卫行为的时点会成为问题。如果一开始就预料到了侵害，却实施了可能侵害生命的防卫行为，那么否定的是侵害的急迫性。例如，被告人是暴力团头目的保镖，头目在理发中遭到其他暴力团成员七八个人的持枪袭击，被告人与赶到现场的几个人一起开枪射杀了两个人。对此案件，大阪高等法院平成13（2001）年1月30日判决（判例时报1745号150頁）认为："预料到了侵害，为避免遭受侵害可以诉诸公力救济，退避也是可能的，却迎向侵害，给对方施加与侵害同种类同程度的反击，实施防卫行为，以视情况行使超过防卫程度的武力也在所不惜的意思实施加害对方的行为。这种情况下，就是实施了法治国所不允许的私斗，这种行为本来就是违法的。"此判决也许想通过认定有"行使超过防卫程度的武力也在所不惜的意思"，表明存在积极加害意思，但是，即便被告人的意思始终只是防御性地施加同种类同程度的反击，判决也不打算容忍本案这样的抵抗争斗。因为这样的"私斗"是法治国家中一般不能容忍的事态。

旧刑法只规定了关于杀伤犯的正当防卫，对此的解释是，补充性是必要的。[21] 从历史沿革的角度看，上述判例的态度是源自旧刑法的规定以及相关解释。随着现行刑法的施行，解释也变为在正当防卫中补充性是不必要的。笔者认为，判例是把杀伤犯（特别是杀人、伤害致死）作为例外，遵循过去的解释。[22]

（三）对判例的评价

如上那样理解判例时，接下来的问题是，能否支持这样的判例？笔者认为基本上能够支持。关于杀人，即使有被害人同意，刑法也不承认根据欠缺法益性阻却违法性。* 伤害罪也同样，关于危及生命的伤害，通说不承认根据

---

[21] 参见大越·前注［17］10頁以下；米田泰邦『犯罪と可罰の评价』125頁（1983年）；川端博『正当防衛権の再生』35頁以下（1998年）。

[22] 现行刑法施行前后，判例并没有发生翻天覆地的变化。判例自旧刑法时代开始就在继承先例，这一点可参见大越·前注［17］20頁以下。

* 日本《刑法》第202条规定："教唆或者帮助他人使之自杀，或者接受嘱托或承诺而杀人的，处6个月以上7年以下自由刑。"前段是自杀参与罪，后段是（基于被害人）同意杀人罪。——译者注

被害人同意阻却违法性。这样的刑法规定和解释符合现行宪法关于最大限度尊重生命的要求。以这样的刑法态度为前提，在判断有高度致命危险的反击是否构成正当防卫时，要求大致具有均衡性和补充性是恰当的。即使把法益性（受保护的必要性）的欠缺作为正当防卫的根据，这种说明也是以能够承认防卫为前提，并非总要否定攻击者的法益性。既然正当防卫是实体法上的权利，那么，在此有实体法上的内在制约是当然的。笔者认为，从法确证的利益说出发也同样，法确证这一抽象利益难以比生命的价值更加优越。[23] 此外，即使根据下文所述"留在现场的利益"来说明正当防卫不要求补充性的理由，也不能认为"留在现场的利益"高于生命的价值。[24]

与此相对，防卫行为没有致命危险的情况下，应该按照以往的学说，解释为不要求补充性。判例一般也不会要求补充性。这是因为"留在那里的利益"也必须得到保护，这样理解是恰当的。[25] 对这样的说明，读者恐怕并不认为留在现场的利益有多么重要。读者之所以有这种想法，是因为在考虑具体情形下的各个利益。的确，在繁华大街上被殴打的情况下，不能说站在当场的利益高于对方的身体利益。但是，应该作为问题考虑的是更加一般性的、制度性的利益。如果一般性地科处回避侵害的义务和退避侵害的义务，那么结果就会变成，只有预料到了侵害，就不能去想去的地方了；只要遭到了侵害，就总得逃跑。这样的社会显然不是自由的、众所期冀的社会。虽说是利益衡量，也并不是一个个具体利益都要被衡量，而是进行一般性、制度性衡量。因此，如上所述，在判断有高度致命危险的反击行为是否构成正当防卫时，要求补充性就意味着，即使进行了一般性、制度性衡量，也仍然是生命的价值受到重视。在判断没有致命危险的反击行为是否构成正当防卫时，也

---

[23] 法确证的利益说是把正当防卫理解为类似于刑罚的制度，《刑法》规定死刑适用的犯罪类型限于有高度致命危险的犯罪，内乱等犯罪另外考虑。并且，实际上只有极其恶劣的杀人才会被科处死刑。

[24] 即使是一命换一命的情况，能够安全退避时，真正的冲突也只不过存在于"留在现场的利益"和生命之间。

[25] 山口・115 页；佐藤文哉「正当防衛における退避可能性について」『西原春夫先生古稀祝賀論文集（1）』240 页以下（1998 年）；橋爪隆『正当防衛論の基礎』71 页以下（2007 年）。与此相对，受攻击时逃走而带来的名誉问题在现代社会并不重要。被害人递来刀子，挑起争斗，接连不断进行挑衅，后被刀子刺中，死亡。对此案件，大阪高等法院昭和 62（1987）年 4 月 15 日判决（判例时报 1254 号 140 页）认为：即使一时受辱，也应该首先采取逃跑手段，既然不甘受屈，有意在现场进行争吵打斗，那么在此后的打斗过程中，即使自己的生命和身体遭受到来自对方的攻击，也不能说是急迫不正的侵害。

同样应该解释为，在"留在现场的利益"基本得不到承认时，例外地要求补充性。

也许存在的疑问是，通过解释来限定正当防卫是否违反了罪刑法定主义。因为《刑法》第36条和第37条中都有"不得已采取"这样的文句，所以即使要求补充性，也理应不会出现罪刑法定主义的问题。另一个疑问是，能否根据致命危险的有无来对《刑法》第36条的同一文句作出不同的解释。如果允许根据致命危险的有无来对伤害罪的违法性阻却作出不同的解释，*那么这样来解释正当防卫也未尝不可。

如上所述，笔者认为，基本能够支持判例的解释方法，不过，关于具体的相当性判断，正如学说所批评的那样，存在限定过度的一面。例如，对于使用凶器的反击，判例经常以威吓或攻击身体的非要害部位就足以防卫为由来否定正当防卫的相当性。作为一般结论，不能说这样的判断不恰当，但这样是否真的就能够防卫了，必须慎重探讨。"否定防卫行为的相当性是因为，在某种程度上能够积极地论证可能采取其他具有相当性的防卫措施，否则，对被告人而言就是在强人所难。"[26] 此外，判断时应该考虑的情况包括：①趁对方不注意时反击是最有效的反击方法之一，威吓就会让对方有所警戒，反击的有效性会明显减损；②特别是在遭到多数人包围的情况下，经常是若不趁其不备便再无胜算；③在紧张的心理状态下，对方在动，瞄准对方身体非要害部位进行反击并不容易，如果特意瞄准，防卫失败的风险会增大等。[27] 防卫行为的相当性判断应该以能够安全保护法益为前提，不应该让遭受急迫不正侵害的一方负担风险。

---

* 日本通说认为，当争议行为有致命危险或有造成重大伤害的危险时，被害人此行为及其后果表示的同意不能阻却争议行为的违法性；当争议行为只造成轻伤害的危险时，被害人同意可以阻却争议行为的违法性。伤害罪的规定是同一个法条的规定，但在解释上，根据争议行为的性质不同作出了不同的解释，并且这种解释方法得到了通说的认可。——译者注

[26] 神户地判昭和61（1986）年12月15日判例タイムズ627号218頁。
[27] 暴走族数人手持铁锹，单方面对少年施加暴行，追赶少年。少年逃进了死胡同，被追上，确实可以预料到会遭受有致死伤危险的暴行，因此，用随身携带的刀子刺中两人，导致其中一人死亡。对此案件，判决［東京高決平成元（1989）年9月18日高刑集42卷3号151頁］考虑到以下情况，否定了原审作出的防卫过当的判断，承认了正当防卫。这些情况包括：①身心受到逼迫，没有暇余在刺入时瞄准非要害部位或手下留情；②即使大声呼救，也没有效果；③威吓即使能够一时间镇住对方，但反而会煽起对方的争斗心，刀子被打落，遭受更加激烈的暴行。此判决是妥当的。

(四) 防卫行为的必要最小限度

没有退避义务，或者已经尽数履行了此义务的情况（逃跑后被追上那样的情况）下，可以允许当场实施防卫行为，不过，防卫行为必须是在相对的必要最小限度内。这个判断是事后性、客观性判断，事后判明的情况也要考虑在内。[28] 例如，攻击者持有模型刀，即便在周围的人看来是真刀，也必须以这是模型刀为前提来判断必要最小限度。下级法院判决中有判决［大阪地判平成3（1991）年4月24日判例タイムズ763号284頁］认为："关于防卫行为的手段，客观事实与行为人的认识之间有出入时，应该以行为人的认识为标准来判断防卫行为的相当性。"但这个判决不妥当。行为人的误信应该作为误想防卫的问题来处理。

当然，虽说是事后判断，但也只是说事后判明的情况也包含在判断相当性所依据的基础情况之中，而在判断攻击达到什么程度、什么程度的反击必要时，必然是限于行为时预测到的情况。此外，如果是必要最小限度的防卫行为，那么即使防卫失败了，也不会立足于事后将其判定为违法。在学说中，也有学者从优越利益说的立场出发，认为防卫失败的情况下就是违法。[29] 但是，这种观点会导致人们不再愿意去实施防卫行为，因此不妥当。[30] 如果采用的解释是，在防卫必要限度内否定攻击者法益受保护的必要性，那么，即使在防卫失败的情况下，也能够容易地说明防卫行为并不违法。

(五) 对私见的批评

如上所述，笔者的观点是，把防卫行为区分为有高度致命危险的防卫行为和此外的防卫行为。关于前者，要求补充性和大致上的法益均衡性，即有高度致命危险的防卫行为只能在为了保护重大法益，并且没有其他避免侵害的方法时，才被容许。因此，在遭受急迫不正侵害的人针对侵害必须要实施对侵害者生命有高度危险的防卫行为时，如果确实有可能安全逃避侵害，被侵害人必须逃，不逃而实施了有高度致命危险的防卫行为时，否定防卫行为的相当性。

不退避侵害而实施防卫行为的，防卫行为的相当性被否定，一直以来，

---

[28] 桥田认为，为了"避免正当防卫权的冲突"，必须是事后判断。橘田久「防衛行為の相当性(1)」法学論叢136卷1号40頁（1994年）。与此相对，井田认为，与防卫行为有关的要件是行为（无）价值性的要素，防卫行为必要性和相当性的判断必须立足于行为时的事前判断。井田良「正当防衛論」現代刑事法11号86－87頁（2000年）。

[29] 参见山本辉之「優越利益の原理からの根拠づけと正当防衛の限界」刑法雑誌35卷2号213頁（1996年）。

[30] 参见山口·125－126頁；山中·472頁。

学说用"存在退避义务"这种表述来说明上述情况。那么，笔者的观点就可以说成是，有必要实施致命危险的防卫行为时承认退避义务。说到退避义务可能会存在的（笔者认为，实际上已经出现了）误解是，不退避（违反退避义务）会受处罚。退避义务论所主张的只是，有退避义务却实施防卫行为的情况下，否定正当防卫。根据笔者的观点，即使不退避，也不会实施有致命危险的防卫行为这种情况是有可能的。[31] 为了避免误解，也许不宜使用"退避义务"这一用语，在此谨遵照用语习惯。

最近，越来越多的学者赞同，在一定的情况下承认退避义务。[32] 不过，对笔者的观点仍有诸多批评意见，在此予以回应。[33]

笔者这样主张的第一个理由是，关于正当防卫的成立要件应当提出明确的规则。[34] 判例作为一般论认为不存在退避义务，学说也认为正当行为没有必要对不正当行为做出让步，一般会支持判例。但是，如前文所述，法院即使作为一般论否定退避义务，但在确实能够安全退避侵害却有意实施防卫行为、侵害了生命的情况下，也会否定防卫行为的相当性，这无异于实质上科处了退避义务。如果上述笔者对判例的理解是正确的，[35] 那么判例应该明确提出规则，即为了保护身体免受不正侵害有必要侵害对方生命的情况下，只要确实能够安全退避侵害，就必须退避。一边说退避义务不存在，一边又在

---

[31] 也有可能存在的情况是，被侵害者不退避，甘愿忍受对自己法益的侵害（根据与侵害者之间的关系和法益价值的程度，能够考虑到这种情况）。在这种情况下，被侵害人当然不会因违反了退避义务而受到处罚。

[32] 退避义务肯定说从前就存在，最近退避义务论的代表观点参见佐藤·前注［25］237 頁以下以及橋爪·前注［25］91 頁以下，305 頁以下。退避义务相关的日德判例和学说参见宮川基「防衛行為と退避義務」東北学院法学 65 号 19 頁以下（2006 年）。英国法的情况参见岡本昌子「正当防衛と侵害回避義務—イギリスの正当防衛論における退避義務を中心に」同志社法学 57 巻 6 号 437 頁以下（2006 年）。最近还有观点在一定情况下肯定退避义务的存在，参见前田·362 頁；三上正隆「正当防衛」曽根威彦＝松原芳博編著『重点課題刑法総論』88 頁（2008 年）；宿谷晃弘「正当防衛の基本原理と退避義務に関する一考察（2・完）」早稲田大学大学院法研論集 125 号 192 頁（2008 年）。

[33] 此后，笔者撰文「正当防衛と退避義務」『小林充先生·佐藤文哉先生古稀祝賀 刑事裁判論集上巻』88 頁以下（2006 年），包括判例分析在内，进行了更加详尽的分析。对于笔者在论文中主张的观点，有学者提出了批评意见。笔者又在拙文「裁判員裁判と刑法の難解概念」法曹時報 61 巻 8 号 1 頁以下（2009 年）中对批评意见进行了探讨。以下内容基于后篇论文。

[34] 给国民提供正当防卫的明确标准具有重要性。参见安廣·前注［1］242-243 頁。

[35] 判例分析参见拙文「正当防衛と退避義務」前注［33］。批评意见参见山口「正当防衛論の新展開」法曹時報 61 巻 2 号 326-327 頁（2009 年）。

不退避的情况下否定正当防卫,这对防卫行为人而言不公平,并且,"正当行为没有必要对不正当行为做出让步"这种表面意思和法院的真实意思*之间的区别也不为裁判员所理解。

对笔者观点的强烈批评是,过度限制了正当防卫权。例如,山口厚教授认为,正当防卫是法律上所承认的正当"权利"的防卫手段,能排除侵害正是这一"权利"的内容,因此,原则上不能要求遭受不正侵害的人退避侵害。[36]当然,如果情况是,不实施正当防卫就不能保护权利,那么防卫行为必须得到容许。而笔者观点的前提是,通过退避确实能够安全保护法益,并非是给权利者科处甘受法益侵害的义务。并不是所有情况下都能承认以武力排除侵害,因此,只是说能排除侵害是权利的内容,理应无法得出不存在退避义务这一结论。批评意见认为,笔者的观点实质上是不承认有致命危险的侵害会构成正当防卫,只承认紧急避险。[37]但是,针对有致命危险的侵害,并非总有必要实施有致命危险的反击。例如,侵害者用刀子乱砍,对此如果能够用木棒进行对抗,就可以不退避侵害,实施防卫行为。

小林宪太郎教授也认为,不正侵害所表明的判断是,世上无法才好;作为排除不正侵害的方法,可以考虑让侵害停下来和让被侵害者躲避两种方法时,采用前一方法是合乎正义的,因此,在有必要采用不退避、让侵害停下来这种方法的范围内,侵害者的利益中"构成不正侵害"的这部分利益**失去了在法律上受保护的实质价值。[38]

但是,解除不正侵害的方法不限于对构成不正侵害这一利益进行侵害。例如,居室的房门开着,有人把手搭在门把手上,正要非法侵入的情况下,从里把门锁住也能防止他人侵入,从门缝间刺出开刃的菜刀也能防止他人侵入。作为解除不法侵害的方法,难道能说后者符合正义吗?不管什么情况都

---

* "表面意思"对应的日语是"建前","真实意思"对应的日语是"本音",这是具有日本特色的一对词,其中所折射出来的日本特色文化是,嘴上说的和心里想的未必一致。——译者注

[36] 参见山口·前注[35] 320页。

[37] 参见山口·330页;橋爪·前注[25] 71页以下。

** 小林的观点是,并不是只要是侵害者的利益就总允许以正当防卫来侵害其利益,而是只允许以正当防卫侵害侵害者的利益中"构成不正侵害"的这部分利益。正当防卫所侵害的侵害者的利益也就是小林所谓的"构成不正侵害的利益"。小林举出的例子是,甲殴打乙时,乙将放置在身边的甲的壶打碎,拿起碎片进行防卫。在这种情况下,针对乙的暴行,甲的行为是正当防卫,但就器物损毁而言,甲的行为只是攻击性紧急避险。参见前引论文同页注7。——译者注

[38] 小林憲太郎「違法性とその阻却——いわゆる優越利益原理を中心に」千葉大学法学論集23巻1号395頁(2008年)。

科处逃跑义务也许是违反正义的，但笔者的观点不过是，在没有特别的负担又能够退避的情况下，要求一时性退避。

可以不退避就对不正侵害反击这种观点背后的考虑想必是把正当防卫作为制裁了。所考虑的是，为了面向将来防止不正侵害，有必要对侵害者加以制裁，预防目的因退避侵害而无法达成。[39] 但是，如果把正当防卫作为制裁来把握，那么侵害不仅是违法的，而且有必要是有责的，但这就与判例和通说的解释不一致了。*

山口教授也认为，一时性退避会让可选择的防卫行为的范围变大，以侵害性更低的反击行为就可能进行权利防卫的情况下，能够科处一时性退避义务。[40] 但是，如果在以侵害性更低的反击行为就可能进行权利防卫的情况下都能够承认退避义务，那么在只要退避就无需实施反击行为的情况下，当然更加应该能够承认退避义务了。[41]

对笔者观点还存在的疑问是，不正侵害针对自己的重要法益，且具有急迫性的情况下，是否有可能要求被侵害人冷静地考虑退避义务的有无。[42] 同样，还有批评意见认为，对于一般国民而言，要求其必须判断是否有必要实施对生命、身体有重大危险的反击行为是过度的要求。[43] 按照笔者的观点，肯定退避义务只限于被侵害者确实能够安全退避的情况，判断时也必须考虑紧急状况下被侵害者的心理状况，因此，即使是采用笔者的观点，也不会要求被侵害人冷静地考虑是否有退避义务。此外，美国很多州目前都在使用笔者建议的标准，笔者认为，既然在枪支普及的美国都有可能使用，那么在日

---

[39] 小林说正是这样的观点。在美国，最近正当防卫权有扩张的动向，这是基于防止犯罪的考虑，参见拙文·前注［33］「正当防衛と退避義務」93 頁以下。

* 判例和通说认为，可以对无责任能力者进行正当防卫，只是在正当防卫权是否受限制这一点上，有讨论的余地。——译者注

[40] 山口·前注［35］325 頁。桥爪指出，山口教授也不认为防卫行为人的优越性是绝对性的。橋爪隆「正当防衛論の最近の動向」刑事法ジャーナル16 号 11 頁（2009 年）。

[41] 参见橋爪·前注［40］12 頁。

[42] 参见宫川·前注［32］34 頁。

[43] 参见宿谷·前注［32］197 頁。照沼认为，"生命处于重大危险之下的弱者为了自保而直面侵害的情况下，正当防卫被否定这样的案件并非不存在；此外，目前在日本，越来越多的人在批评，行政上的救济迟迟不能提供，犯罪造成的伤害面扩大，在这种现状下，让国家在制度上对'保护自己利益的权利'提供保障这种关系得以明确的解释才是可取的。"照沼亮介「侵害に先行する事情と正当防衛の限界」筑波ロー・ジャーナル9 号 132 頁（2011 年）。

本就更有可能使用了。*

再重申一下,科处退避义务限于确实有可能安全退避的情况;在被侵害者退避要冒风险的情况下,没有必要退避。此外,判断是否确实有可能安全退避时,也必须将紧急状况下被侵害者的心理状况考虑在内。进一步而言,即使确实有可能安全退避,但倘若错误地相信不可能安全退避,那么作为误想防卫处理,故意责任被阻却。即便笔者对自己的观点作出了如此说明,批评者也仍然认为笔者的观点会导致正当防卫受到过度的限制,那么笔者只能说,这是笔者与批评者之间的价值判断不同了。

肯定一种杀人行为构成正当防卫,这是赋予私人杀人的权利。作为权利行为的正当防卫中,原则上不存在退避义务,但在现代的日本社会中,纵然是防卫行为,笔者无论如何也不认为,能够原则上承认杀人的权利。

四、打架斗殴和自招防卫

(一)打架斗殴和积极加害意思

判例的解释是,行为人只预料到了侵害,还不能否定侵害的急迫性;但有积极加害意思的情况下,否定急迫性。但判例是以积极加害意思为标准、从正当防卫的根据出发来判断是否应该承认正当防卫的,急迫性要件不过用以表明结论。也可以把这样的解释评价为,"正当防卫制度的要旨是例外的情况下行使武力,'急迫性'要件是这一要旨的'结晶',这样解释有高度的说服力。"[44] 但是,既然能够承认自救行为,就不能因为急迫性被否定而直接认为,涉及违法性阻却之争的利益冲突状况不存在了,** 如果认为判例理论的意图基本是否定违法性阻却,那么与其说判例在否定急迫性,毋宁说判例认为客观上不是防卫行为更为恰当。[45] 因为不以保护法益为目的的行为也不会

---

* 对科处退避义务这种观点的最主要批评是,被侵害者在退避时可能会遭受侵害。在枪普遍使用的美国,如果侵害者是持枪攻击,从背后向退避者开枪这种情况更容易发生。即便侵害者实际上不是用枪进行攻击,但被侵害者只要想到侵害者有持枪的可能性,想必也不会转身就跑。考虑到上述这点,美国理应对科处退避义务更加谨慎。但目前很多州都认为,在防卫行为有致命危险的情况下,可以给被侵害者科处退避义务。因此,佐伯教授认为,相比美国,在不允许国民持枪的日本,刑法上更有可能承认退避义务。——译者注

[44] 井田·前注[28]91頁。

** 日本学说上承认自救行为是急迫性不存在情况下的超法规阻却事由。详细参见本书第八章第三部分中的说明。——译者注

[45] 参见佐藤·前注[25]245頁;前田·367頁等。

构成紧急避险、自救行为等其他的紧急行为。

重要的问题不是否定什么要件，而是标准。问题在于，根据积极加害意思这一心情要素的有无来区别考虑是否妥当。如既已论述的那样，针对预料到的侵害，实施有高度致命危险的反击行为时，以一开始就能够避免侵害为由或以不能承认武器对武器的私斗为由，可以否定急迫性要件，在这里，行为人是否有积极加害意思发挥不了作为实质性标准的功能。预料到会使用手枪进行攻击时，不回避，而是准备手枪、进行反击、杀害对方，在这种情况下，无论行为人内心多么"讨厌这样做"、"不愿意这样做"，只要实施了反击，就可以肯定积极加害意思。[46]

其他情况下也同样，积极加害意思的有无主要通过外在表现出来的情况来认定，对于纯粹的内心意思作为标准是否会发挥作用，笔者是持怀疑态度的。当然，必须在理论上区分实体性要件和实体性要件的认定。虽说在裁判中通过外在表现出来的情况来认定故意，但也并非意味着故意就变成客观要素了。但是，积极加害意思不过是判例创设出来的标准，认为其必须是主观要素的理论根据也不清楚。因此，没有必要采用如下迂回性方法，即有意将积极加害意思作为主观要素，再通过外部情况来认定积极加害意思。客观地判断作为正当防卫应该解决的利益冲突状况是否存在就可以了。如先前所述，判断之际应该考虑的情况是，不回避预料到的侵害，赶往预料到侵害会发生的场所，或者停留在现场，这样做是否有可以得到承认的正当利益；科处退避义务会给自由带来多么重大的限制。[47] 如此判断时，重要的判断要素还包括：行为人以什么目的留在现场；行为人预料到的侵害多大程度上确实会发生。所谓客观的判断并不是说，一概不考虑行为人的主观。

（二）挑拨防卫和自招侵害

学说中所讨论的问题是更加一般性的挑拨防卫乃至自招侵害。讨论挑拨防卫时将其区分为意图、故意和过失三种情况。意图的情况下，否定正当防卫（还有防卫过当）；故意和过失的情况下，一般的观点认为，防卫行为的相

---

[46] 例如，被害人递来刀子，不断挑事打架，被告人无可奈何刺中被害人，致其死亡。对此案件，前注［25］大阪高等法院昭和62（1987）年4月15日判决否定了急迫性。在这样的情况下，只要没有从被害人处逃离，就不会否定积极加害意思。

[47] 详细探讨无法在本书中进行。请参照本章引用的桥爪教授和佐藤教授的研究。

当性要受到限定（要求补充性和害的均衡性）。[48]

关于自招侵害，也有学者想采用原因中的违法行为理论来解决问题。[49]* 在理论上，这样的观点也是可能的。但问题是，承认中途的防卫行为完全正当化是否恰当。在承认完全正当化的情况下，因为这个行为本身不违法，所以就不能对这个行为进行正当防卫了，也不能限制防卫行为的相当性。笔者认为，并不是结论上能处罚自招侵害者就可以了，仍然应该把防卫行为时点的违法性作为问题。

判例中，有意挑拨的情况下，有积极加害意思就否定急迫性，但此外的情况下如何处理未必明确。

涉及这一点而受到关注的新判例是最高法院平成20（2008）年5月20日决定（刑集62卷6号1786頁）。

案件事实如下：甲和乙在路上争吵起来，乙突然握拳打了甲的左脸，打了一下就走了。甲骑着自行车追上乙，在距离殴打现场大约60米的人行道上，从后面用力殴打乙的后背上部、脖颈附近。乙受到甲的攻击向前方倒下，但马上站起，用随身携带的防身用特殊警棍殴打甲数下，致使甲受伤。

一审判决认为，被告人乙认识到了甲有可能追上来，"应该说，本案是一连串的打架斗殴"，原则上没有可能纳入正当防卫的观念，因此否定正当防卫的成立。原审判决也同样认为，被告人完全预料到了甲的报复性攻击，甲的暴行是由被告人自身所施加的暴行招致的，因此，不能承认甲的暴行有急迫性，否定正当防卫的成立。

对乙的上告，最高法院认为："被告人先遭受了来自甲的攻击，然后对甲施加暴行。甲的攻击由被告人的暴行所触发，此后马上在临近场所发生了一连串的、一体存在的事态。因为被告人以不正行为自己招致了侵害，在本案的事实关系中，甲的攻击并没有大大超过被告人上述暴行的程度，所以不能认为本案被告人的伤害行为是被告人正当地实施反击行为的情形下的行为。"

---

[48] 详细说明参见山本辉之「自招侵害に対する正当防衛」上智法学論集27卷2号142頁以下（1984年）；山中·前注［14］293頁以下；斎藤誠二『正当防衛権の根拠と展開』（1991年）；橘爪·前注［25］253頁以下。

[49] 参见山口厚「自ら招いた正当防衛状況」『法学協会百周年記念論文集第2巻』751頁以下（1983年）。

* 这是否定正当防卫成立的理论。先肯定防卫时点上正当防卫的成立，但防卫者因招致侵害的原因行为而被追究刑事责任。在这种情况下，防卫者实际是利用正当防卫来实施侵害。——译者注

本决定因以下两点受到关注。其一，不是像原审判决那样否定急迫性，而是否定了"正当地行使反击行为情形"（以下称为"正当防卫情形"）下的行为，由此否定了正当防卫的成立。其二，一审判决以及原审判决所提出的否定急迫性的理由之一是，乙预料到甲的侵害，与此相对，本决定并没有论及预料到侵害，没有将预料到侵害解释为自招侵害中否定正当防卫的必要条件。根据判例，即使没有预料到侵害，但只要具备以下三个要件，也能否定正当防卫。这三个要件是：①以违法行为招致了侵害；②侵害没有大大超过招致侵害的违法行为的程度；③侵害与招致侵害的违法行为在空间上、时间上可以说是相接续的一连串的、一体存在的。[50]

本决定没有把自招侵害作为急迫性要件的问题，推测其中的原因是，没有把是否预料到侵害作为否定正当防卫的要件。[51] 这样理解当然也是可能的，不过，此决定是在裁判员制度开始［《裁判员法》平成 21（2009）年 5 月 21 日开始施行］后作出的，因此，笔者认为，也有可能是最高法院想与此前的解释保持距离。此前的解释是，根据积极加害意思、防卫意思等主观要件来划定正当防卫的界限。根据间接事实的累积来认定主观要件这种判断方法，对于裁判员而言并不容易理解。如果是故意那样的不可欠缺的主观要件也就罢了，如果并非如此，就没有必要设计一个专门通过解释来认定的且认定困难的主观要件了。如果间接事实表明了实质性要件，就应该只把间接事实要件化。[52] 如果此决定就是表明了这样的方向，那应该得到积极评价。

在学说中，也有有力观点认为，为了否定正当防卫，在先行行为的时点

---

[50] 参见山口・前注 [35] 312 页；橘爪隆「判评」『平成 20 年度重判解（ジュリスト1376号）』174 页（2009 年）；照沼亮介「正当防衛と自招侵害」刑事法ジャーナル16号 20 页（2009 年）等。与此相对，有学者认为，②不过是指出了事实，不是要件。塩见淳「侵害に先行する事情と正当防衛」法学教室 382 号 84 页（2012 年）。

[51] 参见山口・前注 [35] 312 页。

[52] 参见三浦透「判解」『最判解刑事篇平成 20 年度』429 页（2012 年）。

必须预见到对方会实施侵害行为。[53] 但是，并不是处罚先行行为。[54] 因此，笔者认为，如果在对方实施了侵害的时点能够认识到该侵害是针对自己的先行行为的反击，那么就没有必要在先行行为的时点事前认识到存在这样的反击。以下结论是不妥当的，即如果自信地认为，即使给对方施加暴行，对方也会因害怕自己而不敢进行反击，那么其正当防卫权就不受限制；如果认为，一旦给对方施加暴行，对方就会进行反击，那么其正当防卫权就要受到限制。进一步而言，是否连行为人对侵害的预见可能性都应该不作要求，这是有讨论余地的。笔者认为，理论上是不要求的。本来，为了站在判例的立场上认定"一体存在的事态"，应该考虑被挑拨者的侵害行为和挑拨行为之间有必要存在着前者完全有可能实施那样的密切关联性。[55] 在这种情况下，行为人通常是有可能预见到被挑拨者会实施侵害行为的，因此，在实际适用中，极少出现偏差。此外，对方的侵害行为即使一般人也不可能预见到的情况下，可以否定先行行为和侵害行为之间的法律因果关系，不会出现自招侵害的问题。

对上述这样的判例立场，提出两点疑问。

第一，此决定针对的案件事实是，①乙的暴行→②甲的暴行→③乙的暴行作为一连串的行为被实施。笔者认为，判例仅以①和②的关系就否定了正当防卫的情形，没有将③的样态作为问题。但是，暴行也有各种各样的形态，因此，仅以①和②的关系就判定应该一概否定正当防卫，这是有疑问的。[56] 例如，乙发觉甲打了过来，抓住甲的手腕将其制服的行为构成针对甲实施的暴行（或者逮捕），但如果这只限于一时性限制甲的自由，笔者认为，作为正当防卫予以容许是可以的。不能认为，因为乙针对甲施加了暴行，所以就不得不甘受同样的暴行。如果采用的解释是，因为判例把"实施反击行为"作

---

[53] 例如，吉田认为，从权利滥用说的立场出发，只有在有意图或故意的情况下，才可以否定正当防卫。吉田宣之「『自招防衛』と正当防衛の制限——最高裁判所平成20年5月20日第二小法廷決定を素材にして」判例時報2025号3頁以下（2009年）。桥爪也认为，只有确实预料到侵害的情况下（科处回避侵害的义务），才可以否定正当防卫（橘爪·前注［25］309頁）。桥爪的观点本来就是，在完全能够预测到招致侵害那样的客观情形下，可以不要求预料到侵害，而是根据客观的事实关系来否定紧急状况存在（橘爪·前注［50］175頁）。

[54] 如果像小林那样，把自招防卫受到限制的根据理解为，招致急迫不正侵害者是有责任的，并因此受到制裁，那么就得要求行为人有可能预见到会招致不正侵害。小林·前注［38］390頁。

[55] 参见橘爪·前注［50］175頁。

[56] 照沼·前注［50］20頁。上述文献指出，"'即使不考虑是马上用刀砍还是开枪射击'，完全剥夺乙在一定范围内行使有形武力、保全身体的可能性也是得不到认可的。"另参见照沼·前注［43］123頁。

为问题，所以只是阻止侵害的行为不是"反击行为"，那么采纳相同的结论是可能的。

第二，乙想要避开甲的攻击而逃跑，但在死胡同被追截，这种情况下，乙是否也不得不甘受甲的攻击？当乙的行为限于防御性行为时，可以与第一中的情况同样来考虑，但笔者认为，这种情况下，可以容许更加积极性的反击行为。如果采用的解释是，判例提出的"甲的攻击并没有大大超过被告人上述暴行的程度"这一标准中的"攻击程度"不仅包括暴行的强度，也包括非实施暴行不可这种暴行的样态，那么采纳相同的结论是可能的。

或者，也许应该说，此决定是限于本案事实关系的判例，本案之外的情况超过了此判例的适用范围，上述两点的相关讨论是开放的。

五、结语

过去，关于因果关系的判断，笔者曾经过说：正面提出判断的实质性标准供大家来批评是重要的，"实话实说是最好的政策"。笔者认为，关于正当防卫的要件也同样可以这么说。一边说不逃也可以，一边却在不逃、实施防卫行为的情况下进行处罚，这不公平。如果必须要逃，那就应该清楚地这么说。裁判员制度开始施行后，已经不再是专业人士默契地适用一般条款了。因此，对于像正当防卫这样经常在法院争论的问题，以明确的形式表明判例标准是刑法解释学最重要的课题之一。

本章对判例的理解是否贴切，对此当然可能存在不同意见。支持本章所理解的判例的立场也会受到批评。无论是哪一点，都期待读者的批评。关于本章对判例的理解，特别期待实务部门读者的批评。

第十章

正当防卫论之三

一、序言

根据《刑法》第36条第2款,"超过了防卫限度的行为",即为防卫过当行为,处罚酌情减免。[1] 最近,防卫过当的相关重要判例陆续出现,学界的讨论也变得热烈,拟用一个章节来探讨。

二、防卫过当的类型

防卫过当分两种:一是在急迫不正的侵害继续进行中所实施的防卫行为本身超过了必要的程度;二是侵害结束后又实施了反击行为(追击行为)。一般称前者为质的过当,后者为量的过当。[2] 对量的过当,适用《刑法》第36条第2款,如后文所述,存在有力的异议。

关于质的过当和量的过当之间的区分,也有观点认为,侵害继续进行中实施了过当反击行为的情况也属于量的过当。后文会讨论,是否应该将最初的防卫行为和此后的反击行为作为一个整体来判断正当防卫和防卫过当。[3] 这个问题在侵害继续进行中实施了反击行为的情况下也可能存在,因此,如

---

[1] "刑的减轻"是指,根据《刑法》第68条以下的规定减轻刑罚。刑减轻时,法定刑被修改,处断刑形成,并不是单纯在法定刑的框架内减轻宣告刑。初学者中有人会误解,需要注意。"减轻有期徒刑或禁锢时,最高刑期以及最低刑期各减掉1/2"(第68条第3款),例如,伤害致死罪的刑罚减轻时,因为此罪的法定刑是3年以上(第205条)20年以下有期徒刑(第12条第1款),所以处断刑就变成1年6个月以上10年以下,在这个幅度内决定宣告刑。此外,"刑罚的免除"是有罪判决的一种(不过,浅田认为是无罪判决〔浅田·237页〕)。

[2] 质的过当和量的过当这种用语未必容易理解,因此,有学者建议使用强度的过当和时间的过当(或事后过当)。参见佐久间·210页;林·202页;安田拓人「事後的過剰防衛について」『立石二六先生古稀祝賀論文集』243页以下(2010年)等。

[3] 例如,参见永井敏雄「量的過剰防衛」龍岡資晃編『現代裁判大系30卷』132页以下(1999年)。

果重视这一点，那么这样的区分方法也是有道理的。与此相对，侵害继续进行中的反击行为可能成立防卫过当，对此没有异议；有争论的是侵害结束之后的行为。因此，如果重视这一点，就要根据侵害继续的有无作出区分。无论哪一种分类都是可能的，但根据侵害继续的有无进行区分在概念上更加明晰，所以在此遵照一向被采用的分类方法。[4]

即使根据侵害继续的有无来区分质的过当和量的过当，界限微妙、难以区分的情况仍然存在。[5] 关于这一点的重要判例是最高法院平成9（1997）年6月16日判决（刑集51卷5号435页）。案情是：现代化住宅的二楼廊道上，甲突然用铁锹攻击乙，两人撕打在一起。乙夺下了铁锹殴打甲（第一个暴行）。甲夺回铁锹想殴打乙，乙逃脱，转身看到甲当时的姿势是手持铁锹、上半身探到了扶手外。乙走到甲身边，掀起他的左脚，让甲从四米高处跌落在路面上（第二个暴行），使其受到重伤。一审判决和原审判决认为：被害人甲处于上半身探到外侧的状态，不易恢复到原来的姿势，在这一时点，急迫不正的侵害结束了，同时，防卫意思也消失了，因此，乙的行为不构成正当防卫也不构成防卫过当。与此相对，最高法院认为："能够承认，有可能很快恢复直立的姿势之后追上被告人，再度进行攻击"，急迫不正的侵害仍在继续；又进一步肯定了防卫意思。在此基础上，最高法院指出："一方面，不得不说，此人在上半身探到扶手外的时点，攻击力会相当程度地减弱。但另一方面，被告人对此人实施的暴行中，只要掀起一只脚致使其从大约四米高处跌落到混凝土路面上的行为稍有差池，此人死亡的结果就可能发生。参照这种情况，必须说，用铁锹打了此人头部一下的行为也包含在内，被告人的一连串暴行作为一个整体，超过了为防卫不得已的程度。由此可见，应该说被告人的暴行是针对甲实施的急迫不正侵害、为了防卫自己的生命和身体所实施的超过了防卫程度的防卫过当。"

对判例的理解是，相比侵害开始时期的判断，判例对这种侵害继续性的判断更宽松。如此前所述，[6] 要求急迫性的根据不仅可以从法益保护观点出发得到说明，还可以从平稳因侵害的开始而遭到破坏、判断错误较少等方面得到说明。如此来看，对侵害开始后的场面另作处理是有理由的，能够支持

---

[4] 参见松田俊哉「判解」法曹时报62卷1号291页（2010年）。
[5] 参见松尾昭一「防衛行為における量の過剰についての覚書」『小林充先生・佐藤文哉先生古稀祝賀　刑事裁判論集上巻』134页（2006年）。
[6] 参见本书编码第123页。

判例的态度。[7]

三、刑的减免根据

防卫过当刑罚减免的根据有三种学说，分别是违法减少说、[8] 责任减少说、[9] 违法、责任减少说。[10] 最近，违法、责任减少说变得有力，但此学说也有不明确的地方。虽说是违法、责任减少说，但可能存在两种观点：一种观点认为违法和责任同时减少是必要的（重叠并用说）；另一种观点认为违法和责任中有一个减少即可（择一并用说）。[11]

从这样的根据论出发，一般可以考虑推导出以下结论。

第一，量过当的情况下，不能承认违法减少，因此，如果根据违法减少说或重叠并用说，便不能适用《刑法》第 36 条第 2 款；但如果根据责任减少说或择一并用说，就能够适用。[12]

第二，误想防卫过当的情况下，不能承认违法减少，因此，如果根据违法减少说或重叠并用说，便不能适用或准用《刑法》第 36 条第 2 款；但如果

---

[7] 参见松尾・前注 [3] 131 頁以下；曾根威彦「侵害の継続性と量的過剰正当防衛に関する二、三の考察——最二小判平成 9 年 6 月 16 日を題材に」『小林充先生・佐藤文哉先生古稀祝賀　刑事裁判論集上巻』67 頁（2006 年）；山口厚「正当防衛と過剰防衛」刑事法ジャーナル 15 号 54 頁（2009 年）等。

[8] 参见前田・395 頁；町野朔「誤想防衛・過剰防衛」警察研究 50 巻 9 号 52 頁（1979 年）；山本輝之「優越利益の原理からの根拠づけと正当防衛の限界」刑法雑誌 35 巻 2 号 209 頁（1996 年）；同「量的過剰防衛についての覚書」研修 761 号 9 頁（2011 年）等。

[9] 参见西田・178 頁；平野『I』245 頁；福田・159 頁等。

[10] 井田・294 頁；伊東・193 頁；大塚・394 頁；大谷・291 頁；川端・356 頁；佐久間・222 頁；曾根・106 頁；高橋・279 頁；内藤『（上）』365 頁；林・201 頁；山口・135 頁；松原芳博「刑法総論の考え方（12）」法学セミナー 663 号 97 頁（2010 年）等。可罰的责任减少说认为，根据在于，违法减少带来的责任减少和固有责任减少的双重责任减少之外，再加上处罚的必要性（一般预防和特别预防）减少。参见浅田・237 頁；山中・498 頁。

[11] 这样命名此学说的文献是在松原・前注 [10] 97 頁。在违法、责任减少说的主张者中，并非有很多人明确指出了自己采用哪一个立场。井田、林和松原在前注 [10] 所列文献中明确指出，采用择一并用说。在违法、责任减少说中，有的观点认为，以违法减少说为基础（即使没有责任减少，也承认刑罚减轻），如果没有责任减少，就不能承认免除（参见松宫・145 頁）；相反，也有观点认为，以责任减少说（可罚的责任减少说）为基础，如果没有违法减少，就不能承认免除（参见浅田・241 頁）。

[12] 参见西田・178 頁；安田・前注 [2] 253 頁等。否定说参见町野・前注 [8] 52 頁；山本・前注 [8] 刑法雑誌 35 巻 210 頁；橘田久「量的過剰防衛」刑事法ジャーナル 16 号 25 頁以下（2009 年）；松宫・145 頁等。

根据责任减少说或择一并用说，就能够适用或准用。[13]

第三，从责任减少说或重叠并用说出发，即使采用防卫意思不要说，但为了承认防卫过当，也会认为"防卫意思"（"防卫意思"的含义略微不同，参照后文）是必要的。[14] 这是因为，如果没有"防卫意思"，就不能承认责任减少。从这个立场出发，即使承认《刑法》第36条第1款适用于偶然防卫，也不能承认《刑法》第36条第2款适用于偶然防卫过当。

考虑了以上诸点后，笔者认为责任减少说妥当。[15] 需要注意的是，责任减少说并非不承认防卫过当的违法性减少（质过当的情况下，承认违法性减少），而是认为，如果没有责任减少，就不能适用《刑法》第36条第2款。

对上述理解，最近也有学者提出了疑问。首先，关于第一点，有力观点认为，如果可以把侵害继续进行中的行为与侵害结束后的行为视为一连串、一体性存在的一个行为，那么作为一个整体能够承认违法减少。[16] 其次，关于第二点也同样，行为人的主观方面与防卫过当的情况相同，因为可能科处的刑罚以责任作为限度，所以能够适用或准用《刑法》第36条第2款。[17] 如果能够这样解释，那么根据论的意义明显受到限制。

对责任减少说的批评是，并非不安和惊愕让责任减少，就可以承认刑罚减免，防卫过当是针对急迫不正的侵害所实施的防卫行为。[18] 但是，这样的批评也同样适用于违法减少说和重叠并用说。这是因为，法益受到了保护，由此违法性减少，仅承认了这一点（例如事前防卫行为和自救行为的情况）并不能适用《刑法》第36条第2款。急迫不正侵害的存在以及与其相对应的

---

[13] 参见西田·177页。否定说参见曾根·108页。
[14] 参见西田·172页。
[15] 林·201页认为，之所以采用择一并用说，是因为应该承认偶然防卫过当。但是，即便承认偶然防卫过当，也没有必要承认偶然防卫过当要减轻刑罚。
[16] 参见曾根·107页；高桥·279页；山口·134页。
[17] 参见林美月子「過剰防衛と違法減少」神奈川法学32卷1号13页（1998年）；橋爪隆「防衛行為の一体性について」『三井誠先生古稀祝賀論文集』107页注5（2012年）；山口·196页等。前田教授采用违法减少说（前田·395页），认为误想防卫过当因为责任减少，所以应该承认刑罚减免（前田·447页）；高桥教授也认为，违法减少划定了外部边框（高桥·279页），承认对误想防卫过当准用《刑法》第36条第2款（高桥·285页）。前田教授和高桥教授的观点与文中所述观点是否相同，不甚清楚。
[18] 当这样来批评责任减少说，采用违法、责任说时，如果不采用重叠并用说就会自相矛盾。但多是采用了择一并用说。

行为如果不存在,[19] 就不能承认《刑法》第 36 条第 2 款的适用,这是当然的前提,与根据论是什么无关。[20] 立法者并没有在能够承认违法减少或责任减少的所有情况下都必然承认刑罚减免,[21]《刑法》第 36 条第 2 款是立法者就正当防卫的情形特别规定的刑罚酌情减免条款。

这样考虑时,明显不妥当的理解是,因为必须科处与责任相当的刑罚,所以从违法减少说和重叠并用说出发,也能够肯定在误想防卫过当的情况下适用《刑法》第 36 条第 2 款。之所以这样理解不妥当是因为,并不是承认了责任减少就能适用或准用《刑法》第 36 条第 2 款,《刑法》第 36 条第 2 款的根据在于责任减少时,才能适用或准用该条款。以下情况也清楚地表明了这一点。例如,在行为人误认为实施了中止行为的情况下,把中止犯的减免根据解释为违法减少或违法、责任减少的人不会说,因为必须科处与责任相应的刑罚,所以就可以适用或准用中止犯的规定。

待解决的问题是,从违法减少说或重叠并用说出发,能否以防卫行为的一体性为根据来承认量的过当。关于这一点,最近相继出现了几个重要判例。

四、由判例展开的讨论

最高法院在昭和 34(1959)年 2 月 5 日判决(刑集 13 卷 1 号 1 頁)中首次承认了量的防卫过当。案情是:甲手持修剪屋顶用的大剪刀,深夜侵入乙家,用刀尖抵着乙的脖颈,一边恐吓"杀了你这个东西",一边逼迫。乙想:这么下去就要被杀了,于是抓起身旁的斧子,给甲的头部一击(第一个暴行)。甲受到这最初的一击后侧身倒下,追击态势被打破。但乙出于恐惧、惊愕、兴奋、狼狈又对着甲的头部砍了数下(第二个暴行)。甲因脑损伤死亡。一审判决认为:第一个暴行是正当防卫行为,第二个暴行该当《盗贼犯罪防范法》第 1 条第 2 款,* 宣判无罪。对此,原审判决认为:"将同一时机中同

---

[19] 安田·前注 [2] 255 頁称之为"有防卫的情形"。

[20] 参见西岡正樹「判評」法学 74 卷 2 号 147 頁(2010 年);仲道裕樹「過剰防衛における行為把握」早稲田社会科学総合研究 12 卷 2 号 7 頁(2011 年)[仲道裕樹『行為概念の最定位』(2013 年)收录];横内豪「過剰防衛における責任減少の意義」上智法学論集 53 卷 4 号 207 頁以下(2010 年)等。

[21] 量刑必须与行为的违法和责任相当,但是,日本的法定刑幅度大,酌情减轻的规定也被规定在法律(《刑法》第 67 条)中。

* 该条款规定,对自己或他人的生命、身体或者贞操的危险现实存在,行为人出于恐怖、惊愕、兴奋或狼狈等原因,当场杀伤犯人的,不处罚。——译者注

第十章　正当防卫论之三

一个人的举动进行分割，分别适用要旨不同的两部法律，这是不符合立法目的的处置，终归是不能允许的。被告人面对甲实施的急迫不正的侵害，为了防卫自己的生命、身体，持斧子作出反击的态度。最初一击让甲侧身倒下，由此打破了甲对被告人进行侵害的态势。被告人却因始料未及的情况而过于恐惧、惊愕、兴奋、狼狈，又继续三四回实施了追击行为。因此，不得不说被告人的一连串行为……'超过了防卫程度'。"最高法院也认为："被告人的一连串行为本身作为一个整体，参照当时的情形，……该当（《刑法》第36条）第2款中所谓的'超过了防卫限度的行为'，认为其有罪的原审判决正当。"这个判例把侵害进行中的第一个暴行和侵害结束后的第二个暴行作为一个整体、一体性地来考察，承认了量的防卫过当。[22]

最近的判例中，就此问题受到关注的是最高法院平成20（2008）年6月25日决定（刑集62卷6号1859页）和最高法院平成21（2009）年2月24日决定（刑集63卷2号1页）。前者否定了对第一个暴行和第二个暴行进行一体性评价；后者对此予以肯定。

平成20年决定的案件是：乙遭甲的殴打后，打了甲的脸（第一个暴行）。甲倒地时后脑撞到地面、失去意识、不能动弹。过于激愤的乙完全认识到了上述情况，却用脚踢甲的腹部，施加暴行（第二个暴行）。第二个暴行造成了甲肋骨骨折等伤害。甲此后因头盖骨骨折引发的视网膜下出血死亡，成为死因的伤害是由第一个暴行造成的。最高法院认为："受到第一个暴行倒地的甲已经不可能进一步对被告人实施侵害行为了，被告人认识到了这种情况，完全基于攻击的意思实施了第二个暴行。因此，第二个暴行明显不满足正当防卫的要件。并且，两个暴行虽然在时间上、空间上连续，但在甲侵害的继续性和被告人防卫意思的有无这两点上，明显性质不同；被告人对处于无抵抗状态的甲实施了相当激烈的第二个暴行。鉴于上述情况，应该说两个暴行中间断开了，对急迫不正的侵害继续实施反击时，不能承认是量过当的反击。"由此可见，把两个暴行作为全体来考察、承认一个防卫过当成立是不相当的。第一个暴行构成正当防卫，不能被问罪；而关于第二个暴行，本来就连讨论正当防卫的余地都没有，此暴行让甲受到伤害，被告人应对此承担伤害罪的

---

[22]　山本・前注［8］研修761号17页。上述文献指出，此判例把质过当的第二个暴行和正当防卫的第一个暴行作为一个整体进行考察，承认了一个防卫过当，承认量过当的判例不存在。但是，"侵害的态势打破"这一原审认定的事实是本判决的前提，应该理解为，这一前提意味着侵害结束了。参见永井・前注［3］141页。

责任。"

　　平成21年决定的案件是：乙在拘留所的牢房里，关押在同一牢房的甲将乙按倒在桌子上，作为反击，乙又把甲按倒在桌子上（第一个暴行）。被按倒在桌子上的甲处于反击和抵抗都困难的状态，乙又用拳头多次殴打甲的脸部（第二个暴行），致使甲受伤，需三周治愈。与甲的伤害之间有直接因果关系的只有第一个暴行。原审决认为：能够承认第一个暴行作为对甲所实施的急迫不正侵害的防卫手段是相当的；但是，第二个暴行已经超过了作为防卫手段的相当性范围。因此，第一个暴行和第二个暴行作为全体，应该评价为一个防卫过当行为，防卫过当构成伤害罪。辩护律师认为：本案的伤害是由没有违法性的第一个暴行造成，因此，即使第二个暴行超过了作为防卫手段的相当性范围，防卫过当也不可能构成伤害罪，不过是成立暴行罪，由此提出上告。最高法院认为："在前述事实关系下，被告人对被害人施加的暴行是针对急迫不正侵害的一连串、一体性的暴行，能够承认这是基于同一个防卫意思的一个行为，因此，作为全体考察，承认其作为一个防卫过当，伤害罪成立，这样判断是相当的。辩方指出的情况作为对被告人有利的情况来考虑就足够了。"

　　从两个决定中可以看出，判例在承认"防卫行为"一体性时采用的标准是，是否能够承认"防卫行为"是"针对急迫不正侵害的一连串、一体性的、基于同一个防卫意思的一个行为"。平成20年决定的案件"虽然时间上、空间上是连续的"，但是，"在防卫意思有无这一点上，明显性质不同"，因此，不能够视为"一个防卫过当"。从判例的措辞来看，不清楚的是采用了以下两种判断中的哪一个：一种判断是，根据时间上、空间上的连续性判断一连串、一体性，与此并行判断是否基于同一个防卫意思；另一种判断是，时间上、空间上有连续性、基于同一个防卫意思的情况下，可以评价为一连串、一体性。但无论采用哪一个判断，都是根据时间上、空间上的连续性（客观要素）和防卫意思的连续性（主观要素）来判断防卫过当是否成立，这一点是清楚的。[23] 并且，判例采用的这种判断方法不会因侵害是否继续（即根据质过当

---

[23] 本来，量过当情况下的"防卫意思"与通常意义上的防卫意思就有差别。侵害结束后实施反击行为的情况下，行为人的认识有两种情况：一种是认识到了侵害结束，另一种是没有认识到。在前一情况下，行为人没有通常意义上的防卫意思，以防卫意思开始实施的防卫行为只是在同一动机下继续进行着。而后一情况本来就属于误想防卫。参见橘爪·前注［17］100-101页；安田·前注［2］258页以下。

和量过当）而有不同。实际上也是如此，此前介绍的平成9年判决的案件中，承认了侵害的继续性之后，把第一个暴行和第二个暴行作为一体性的，认定为防卫过当。

问题是，为什么复数行为能够作为一个行为进行评价？[24] 当侵害进行中的防卫行为是正当防卫时，这一问题会变得尖锐，平成21年决定的案件正是这种情况。此决定认为，即使在这种情况下也作为一个行为来处理，第一个暴行构成正当防卫这个情节在量刑中考虑即可。但是，此结论受到了强烈的批评。批评意见认为，判例的立场是向前追溯到作为正当防卫违法性被阻却的行为来承认违法，这是不妥当的。[25] 虽说在量刑中考虑即可，如果像平成21年决定的案件那样，成立的犯罪是伤害罪的，那么在量刑中考虑是可能的，但在成立伤害致死罪的情况下，即使减轻处罚，也不能科处罚金刑。有可能免除刑罚，就没有问题了吗？这是有疑问的（即使在应该科处罚金刑的情况下，也变成是必须免除刑罚了）。有罪判决的被告人会背负污名，在这一点上，伤害罪和伤害致死罪之间也有天壤之别。此外，像平成20年决定的案件那样，如果完全以攻击意思实施第二个暴行，因为第一个暴行和第二个暴行分开来评价，所以只成立伤害罪；如果以防卫意思实施第二个暴行，作为一体来评价，就是防卫过当，伤害致死罪成立。如上，犯罪情节轻的反而成立重罪，这一点也是问题。[26]

还有一种有力的观点是，否定像判例那样进行全体评价，而是从违法减少说或重叠并用说的立场出发，否定量的防卫过当。[27] 但是，虽说判例的结论不妥当，但也没有必要一概否定量的过当。[28] 有的情况下，通过宽松解释侵害的结束时期，能够作为质的过当来处理，但在平成20年决定那样的案例中，难以认为侵害在继续。

---

[24] 这个问题是以复数犯罪的成立为前提，必须与罪数论相区别。罪数论的意思是，是否把这些犯罪作为一个犯罪（科刑上的一罪、包括的一罪）来科处刑罚。

[25] 参见山口・前注［7］57頁，同「判評」刑事法ジャーナル18号83頁（2009年）；仲道・前注［20］13頁；西岡・前注［20］149頁等。平成9年的决定参见小田直樹「判評」『平成9年度重判解（ジュリスト1135号）』1135頁（1998年）；橘田久「外延の過剰防衛」産大法学32巻2＝3号234頁（1998年）等。

[26] 参见山口・前注［25］81頁。

[27] 参见橘法：前注12，第26頁。

[28] 旧刑法第316条规定了质的过当和量的过当。在现行刑法制定过程中，看不到立法者有意排除量的过当。参见安田・前注［2］247頁；成瀬幸典「量的過剰に関する一考察（2・完）」法学75巻6号754頁以下（2012年）。

从责任减少说的立场也同样。为了承认量的防卫过当,"防卫情形"的继续是必要的,因此全体评价是必要的。问题在于,应该在什么样的情况下承认全体评价。

五、若干探讨

(一) 对判例的评价

关于平成 21 年决定那样的案件,应该像判例那样把两个暴行作为"一个行为",进行全体评价。第一个可以提出的理由是犯罪论体系上的理由。在最先探讨此问题的论文中,永井敏雄法官的论文对之后的讨论产生了颇大影响。此论文认为:"对于短时间内连续性地推进、在社会生活上作为一个片段存在的事态,采用全体评价的方法是相当的";理论上的根据是,"关于人实施的行为,判断构成要件该当性和违法性阻却事由有无时,首先应该确定成为判断对象的'一个行为'的内容,确定之后,应该就这'一个行为'全体,判断构成要件该当性和违法阻却事由有无等。"[29] 论文又指出,关于重大结果由第一个行为造成的情况,存在制约全体评价的观点[30]和贯彻全体评价的观点:"如果考虑方法是,判断构成要件该当性和违法性阻却事由有无时,首先确定成为判断对象的'一个行为'的内容,那么,让已决定的'一个行为'这种视角发生动摇、之后将其分割则与理不符,因此,当然应该贯彻全体评价。"[31] 进一步而言,事态告一段落后又冷酷地攻击被害人这是严重的犯行,而从分割判断的立场出发,反而会成立较轻的犯罪,* 因此,有必要注意避免出现量刑上的不均衡。[32]

支持全体评价的观点,除了上述犯罪论体系上的理由外,[33] 还提出:在

---

[29] 永井·前注 [3] 135 頁。

[30] 永井论文举例说明此观点时,提出了寺尾正二「判解」『最判解刑事篇昭和 34 年度』8 頁 (1960 年)。

[31] 永井·前注 [3] 146 頁。

  * 如笔者在前文已经分析过的那样,在第二个暴行限于伤害,死亡结果只与第一个暴行有因果关系那样的案件中,全体评价时是防卫过当,伤害致死罪成立;分割评价时,第一个暴行是正当防卫,第二个暴行是伤害罪,后者的情节重,但构成的是较轻的犯罪。学者会以避免这种量刑上的不均衡为由来支持全体评价。——译者注

[32] 永井·前注 [3] 146-147 頁也认为,"把全体评价的观点贯彻到底才是容易理解的。"

[33] 松田俊哉「判解」法曹時報 62 巻 11 号 3117 頁 (2010 年);成瀬·前注 [28] 770 頁;小野晃正「防衛行為の個数について—『正当防衛に引き続いた過剰防衛行為』をめぐる考察」阪大法学 60 号 1119 頁以下 (2011 年) 等。

分割评价*中，如果不能证明重大结果是由复数行为中的哪一个造成的，就不能就重大结果进行归责，这是不合适的。[34] 对全体评价的批评是，在全体评价中，得向前追溯到作为正当防卫违法性被阻却的第一个暴行才会是违法的。对此批评的反驳是：全体评价时，不能抽取全体的一部分进行违法性判断，"第一个暴行归根结底不过是'正当防卫性的行为'。"[35]

但是，笔者认为，这些理由说明都不充分。

首先，关于体系上的理由，全体评价时是否作为"一个行为"，这一问题本来是在考虑了急迫不正侵害的存在、防卫意思的存在等违法性阻却事由的要件之后决定的，体系性顺序被无视了。[36] 如果在之后把作为"一个行为"的行为分割与理不符，那么考虑到重大结果是由"正当防卫性的行为"造成的，只要一开始分割评价就可以了。不能说，因为这样的考虑把违法性判断的结论作为前提，所以不被允许。[37] 也有观点认为，单纯一罪的情况不能分割评价。[38] 然而，虽说是单纯一罪，也并非不允许分割评价。[39]

笔者认为，体系论上的理由说明与最高法院平成6（1994）年12月6日判决（刑集48卷8号509頁）的内容也不一致。该判决认为："复数人共同以暴行针对对方的侵害进行正当防卫。对方的侵害结束后，仍有一部分人继续实施暴行。在这种情况下，探讨没有继续实施暴行者是否构成正当防卫时，区分侵害进行中和侵害结束后是相当的。能够承认侵害进行中的暴行是正当防卫的情况下，关于侵害结束后的暴行，应该探讨的不是就侵害进行中作为防卫行为来评价的暴行而言，是否从实施此暴行的共同犯意中脱离出来了，

---

* 日语版原文中的"分析的評価"是印刷错误，正确的日文是"分断的評価"，中文版翻译成"分割评价"。——译者注

[34] 参见松田·前注［33］3118頁。

[35] 参见松田·前注［33］3118頁。同样的意见参见成瀬·前注［28］771頁；小野·前注［33］1142頁；原口伸夫「量的過剰防衛について」『立石二六先生古稀祝賀論文集』291頁（2010年）等。

[36] 高橋則夫「犯罪論における分析的評価と全体的評価——複数行為における分断と統合の問題」刑事法ジャーナル19号39頁以下（2009年）。上述文献将这一点作为问题，认为在平成20年决定的案件中，应该评价为构成要件阶段的"一个行为"；在此基础之上，在违法性阶段分割来评价也是有可能的。

[37] 参见仲道·前注［20］13頁。

[38] 参见長井圓「過剰防衛の一体的評価と分断的評価」『立石二六先生古稀祝賀論文集』235頁以下（2010年）。

[39] 参见山口·前注［25］82頁。

而是新的共谋是否成立。能够承认共谋时，才可以把侵害进行中和侵害结束后的一连串行为作为全体考察，探讨其作为防卫行为的相当性。"永井法官认为："本判决只限于处理复数行为人的案件，只有一个行为人的情况下，不能认为本判决是在否定此前判决中所提出的全体评价方法。"[40] 但不清楚的是，为什么在复数行为人的情况下分割评价妥当，而在一个行为人的情况下全体评价妥当。

其次，关于证明问题，存在的疑问是，不能就重大结果归责，是否有不合适之处?[41] 也有学者认为，全体评价的功能在于证明上的便利。[42] 但是，只有在作为"一个行为"处理道理上说得通的情况下，才能够承认此功能；而不是因为此功能，所以作为"一个行为"道理上说得通。

主张贯彻全体评价的学者是否将这一立场贯彻到底了，本来就是有疑问的。

永井法官认为，应该注意避免出现量刑上的不均衡；松田法官在调查官解说中指出，即使罪名是伤害致死罪，在量刑时，实质上应该只就第二个暴行追究刑事责任。[43] "正当防卫性的行为"在量刑上与正当防卫行为同样处理。该解说还认为，"独立分析时，结果是由作为防卫行为其相当性得到承认的第一个暴行造成的，还是由相当性得不到承认的第二个暴行造成的，无法清楚证明时，应该根据'存疑时有利于被告'的原则，按照第一个暴行来处理"。[44] 因此，在这一点上也与分割评价相同。当然，结论是妥当的，但为什么承认伤害致死罪的成立呢?[45] 如果指示裁判员，虽然伤害致死罪成立，但量刑时请无视致死这一点，这难道是容易理解的判例理论吗？

支持全体评价的观点所考虑的也许是，如果采用分割评价，就会变成无限度地个别评价。但是，这种从一个极端到另一个极端（all or nothing）的想

---

[40] 参见永井·前注［25］148 页。
[41] 参见山口·前注［25］83 页；橘爪·前注［17］104 页；林幹人「量の過剰について」判例时报 2038 号 18 页（2009 年）等。
[42] 参见深町晋也「『一連の行為』論について——全体的考察の意義と限界」立教法務研究 3 号 93 页以下（2010 年）（只在证明困难的情况下，应该承认全体评价）。
[43] 松田·前注［33］3122 页。
[44] 松田·前注［33］3122－3123 页。
[45] 長井·前注［38］236 页以下支持判例的全体考察，但不向前追溯到第一个行为来承认违法。这个结论是妥当的，但是，关于不违法结果，承认犯罪成立是不妥当的。长井说在法定刑这一点上也作了修改。但因为伤害致死罪不适用罚金刑，所以修改受到限制。抑或说，长井说的要旨是以伤害致死罪处罚，选择科处罚金刑？

法不妥当。用右手和左手连续殴打对方的情况下，不应该分割成第一个暴行和第二个暴行来处理，哪一个行为造成结果发生也不重要。对急迫不正的侵害反复实施反击行为的过程中超过了必要限度的情况下也同样，复数反击行为有整体上作为一个针对急迫不正侵害的防卫行为来评价的意义，因此，应该把反击行为一体性来把握。[46] 但是，第一个暴行和第二个暴行在具体情形和样态上变化很大的情况下，应该分割评价，能够承认第一个暴行是正当防卫的情况下，应该只评价第二个暴行。[47]

以上这种考虑方法与侵害是否继续进行没有关系，因此，不仅可以妥当地适用于平成 20 年决定那样的量过当类型，也可以妥当地适用于平成 9 年判决那样的质过当类型。[48]

还有的学者虽然同意把第一个暴行分割出来评价，能够承认其是正当防卫的情况下，应该把第一个暴行从构成犯罪依据的事实中排除出去，却认为只有在第一个暴行造成重大结果的情况下，才可以肯定分割评价。[49] 但是，已经被正当化了的行为却根据事后的情况又被评价为违法，这是不恰当的，应该与发生的重大结果没有关系，上述这样的观点过于取巧。在平成 6 年决定和平成 9 年决定的案件中，第一个暴行造成的结果即使不重大，如果把第一个暴行分割出来评价，可以被评价为正当防卫，那就应该将第一个暴行从犯罪成立所依据的事实中排除出去。[50]

（二）量过当中的违法减少

复数行为即使在单纯一罪的情况下也可能分割评价。笔者认为，就像违法减少说或重叠并用说所主张的那样，量过当的情况下，为了承认违法性减少，不能进行全体评价。这是因为，如果"过去的事实在过去确定了，不再变了"，那么侵害进行中所发生的违法减少的效果不能通过全体评价而影响到侵害结束之后。

---

[46] 参见山口·前注 [25] 82 页。
[47] 参见山口·前注 [25] 83 页；橋爪·前注 [17] 103 页；松原·前注 [10] 98 页；仲道·前注 [20] 15 页等。
[48] 参见橋爪·前注 [17] 113 页。
[49] 参见橋爪·前注 [17] 103 页。如果根据永井法官的分类，就是限制全体考察的观点。
[50] 山口·279 页。

笔者仍然认为责任减少说妥当。[51] 再重复一遍：即使是采用责任减少说，为了适用《刑法》第36条第2款，"防卫情形"的继续是必要的，这个意义上的全体评价是必要的。

六、结语

关于行为时合法的行为，如果规范是命令行为人打消实施此行为的念头，那么这样的规范是不起作用的——也不能承认行为人有（责任意义上的）故意，不能因此非难实施了此行为的行为人。像最近判例这样，把这种行为加进犯罪成立所依据的事实中，这又有什么意义呢？并且，在量刑中，这样的行为是合法的，必须被置于考虑之外。"虽然合法却违法，虽然违法却合法"这种说法是过于难懂了。

---

[51] 慎重起见附加说明一点，即防卫过当的前提是实施防卫行为本身是被允许的，问题在于是否过当，因此，以保护第三方法益为目的的防卫行为也可以被认定为防卫过当，这不会成为责任减少说的缺点。

第十一章

紧急避险论

一、序言

正当防卫的判决数量非常多，与此相对，紧急避险*的判决数量却很少，能成为最高法院判例的更是屈指可数。[1] 在这个意义上，就司法实践中的重要性而言，紧急避险不及正当防卫。但在考虑个人与社会的关系、违法与责任的关系时，可以说紧急避险的问题是好素材。[2] "木犀草号案件"在美国法学院的课堂上被讲授就是因为这个原因。由于时间所限，刑法总论的授课中难以详细讲授紧急避险的问题，为了弥补课堂讲授的不足，拟在本章中详细探讨。以下是本章会用到的案件。[3] 希望大家试着重新思考一下，（当然是在没有其他手段的情况下）是否可以构成紧急避险。

【卡涅阿德斯船板案】

案件一：船罹难，甲和乙两人落海后，同时游到了一块木板边，但木板的浮力只能支撑一个人，甲把乙推开，独占木板，只有自己得救了。

---

* 关于紧急避险，日本《刑法》第37条规定："为了避免对自己或他人的生命、身体、自由或财产的现存危难，不得已采取的行为，只有在造成的危害不超过想避免的危害的程度时，不处罚；但超过了此程度的行为，刑罚可以酌情减轻或免除。"——译者注

[1] 判例发展史参见村井敏邦「緊急避難論の歴史と課題」現代刑事法69号32頁以下（2005年）。

[2] 参见内藤『（中）』407頁。

[3] 德国的相关讨论参见橋田久「避難行為の相当性」産大法学37卷4号28頁以下（2004年）。同样的议论在美国也很热烈，特别是案件三和案件四经常作为道德哲学和法哲学的题目来争论。例如，参见迈克尔·桑德尔（Michael J. Sandel）『ハーバード白熱教室講義録＋東大特別授業（上）』13頁以下（2010年）。为讨论提供了契机的论文是，Judith Jarvis Thomson, "The Trolley Problem", 94 *Yale L. J.* 1395 (1985) [reprinted in Rights, Restitution, and Risk, 94 (1986)]，本稿的诸多内容也参考了此文。关于这个问题和脑科学之间的关系，有兴趣的读者另参见拙文「社会通念と脳の働き」法学教室340号1頁（2009年）。

【木犀草号案】
案件二：四名船员所乘的船在大洋中失事漂流，食物也没有了，其中的两个人杀害了身体最虚弱的少年，与没有实施杀害行为的第三个人一起吃了少年的肉，活了下来。[4]

【电车案】
案件三：无人驾驶的电车失控，眼看要撞上在铁轨上施工的五个人了。甲偶然路过道岔处，扳动道岔切换了轨道，把电车引到了乙一个人在施工的轨道上，导致乙死亡。

【脏器移植案】
案件四：名医甲的脏器移植技术出神入化。五名患者如果不马上接受脏器移植，就得丧命。正好身体健康的乙来接受定期检查。甲抓住乙，取出了乙的心脏和其他脏器，分别移植给五名患者。五名患者恢复了健康。

【抽血案】
案件五：乙如果不马上接受输血，就有生命危险。丙恰好来接受定期检查。医生甲为了救乙，违反丙的意思，抽取了丙的血。

【雨伞案】
案件六：甲是有钱人，为了保护自己穿的高价华服不被雨淋湿，夺走了穿着粗布烂衫的穷人乙的伞。

【胁从紧急避险案】
案件七：甲拐骗了乙的孩子丙，威胁乙如果不从银行偷盗1亿日元就杀死丙，乙被逼无奈之下从银行偷了1亿日元。

二、紧急避险的本质

（一）学说概况

正当防卫是违法性阻却事由，对此基本没有异议。与此相对，关于紧急避险的本质，观点多有分歧。具体而言，关于紧急避险的本质，有一元论和二元论两个立场。站在一元论的立场上又有两种观点：①一种观点把紧急避

---

[4] Regina v. Dudley & Stephens, 14 Q. B. D 273（1884）. 两名被告人获救后，以杀人罪被起诉，被宣判死刑，但获得赦免，减刑至6个月禁锢。此案件的介绍参见中村治朗「二つの人肉食（カニバリズム）殺人裁判（上）」判例時報1210号3頁以下（1986年）。

险解释为违法性阻却；[5] ②另一种观点把其解释为责任阻却。[6] 站在二元论的立场上也有两种观点：③一种观点认为，紧急避险原则上是违法性阻却，但在法益等价值的情况（也包括法益难以比较的情况）下是责任阻却；[7] ④另一种观点认为，紧急避险基本上是违法性阻却，但在一命换一命以及与此相当的身体换身体的情况下是责任阻却。[8] ⑤有的学者一方面采用违法性阻却一元论，但另一方面不承认对生命、身体等要害部位的侵害构成紧急避险，认为在这种情况下是超法规责任阻却的问题；[9] ⑥相反的主张是：一方面采用责任阻却一元论，但另一方面在保全法益显著优越于侵害法益的情况下承认超法规违法性阻却。[10] ⑦还有学者把紧急避险解释为可罚的违法性阻却。[11] ⑧最后一种观点是，在民法上不负损害赔偿责任的情况下，把紧急避险的本质解释为违法性阻却；负损害赔偿责任的情况下，解释为可罚的违法性阻却。[12]

如上，之所以围绕违法性的本质存在争论，是因为在考虑以下诸问题时意见有分歧。这些问题包括：把危难转嫁给无关系的第三方在多大程度上能得到允许；法益等价值的情况下如何考虑；能够承认损害赔偿责任的情况下如何考虑等。特别是，最深刻的问题是，关于生命侵害以及与此相当的身体

---

[5] 伊東·205 頁［从行为无价值论出发得出的结论］；大塚·401 頁；高橋·289 頁；団藤·225 頁以下；西田·139 頁以下；平野『Ⅱ』228 頁以下；福田·165 頁；堀内·166 頁；前田·400 頁以下等。

[6] 瀧川幸辰『刑事責任の諸問題』155 頁以下（1948 年）；植松正『再訂刑法概論Ⅰ総論』208 頁以下（1974 年）等。

[7] 参见米田泰邦『緊急避難における相当性の研究』29 頁以下（1967 年）；佐伯·206；中山·269 頁以下；内藤『（中）』405 頁以下等。山中认为，保全利益优越的情况下，紧急避险阻却违法性或可罚的违法性；利益等价值的情况下，阻却可罚的责任（山中·518–519 頁）。另参见西田等『注釈』265 頁以下（1978 年）（深町晋也）。

[8] 阿部純二「緊急避難」日本刑法学会編『刑法講座（2）』158 頁（1963 年）；木村亀二（阿部純二増補）『刑法総論（増補版）』265 頁以下（1978 年）。

[9] 参见山口·138–139 頁。

[10] 参见森下忠『緊急避難の研究』228 頁以下（1960 年）；井田·302 頁。

[11] 生田勝義『行為原理と刑事違法論』283 頁以下（2002 年）；佐久間·231 頁；林·207 頁；鈴木俊典「緊急避難」曽根威彦＝松原芳博編『重点課題刑法総論』101 頁（2008 年）。井上认为，原则上是可罚的违法性阻却，但在保全法益显著优越于侵害法益的情况下，是违法性阻却。井上宜裕『緊急行為論』66 頁以下（2007 年）。松原认为，在保全法益显著优越于侵害法益的情况下，是刑事违法阻却。松原芳博「緊急避難論」法学教室 269 号 94 頁（2003 年）。

[12] 参见曽根·113 頁。浅田认为，能够承认优越利益的情况下是违法性阻却；民法上违法的情况下是可罚的违法性阻却；法益等价值的情况下是责任阻却（浅田·246 頁）。

伤害，是否应该承认紧急避险。一直以来，违法性阻却一元论是通说，但最近，以违法性阻却为原则的二元论变得有力起来，其背景是德国刑法的影响。德国刑法把阻却违法性的紧急避险和阻却责任的紧急避险分开规定，前者要求保全法益"显著"（wesentlich）优越于侵害法益。[13]

（二）责任阻却说

责任阻却说最大的问题[14]在于，此学说一般性承认以保护他人法益为目的的紧急避险，这与《刑法》第37条之间统一不起来。[15] 对此的反驳是，即使是为了他人，也存在没有期待可能性的情况。[16]＊ 但反驳不充分，因为问题不在于无期待可能性这种情况是否有可能存在，而在于是否在全部情况下都无期待可能性。如果将责任阻却说贯彻到底，就应该把为他人实施紧急避险限定于为"亲属以及与自己有亲密关系者"而实施的救助行为，[17] 但这是在通过解释添加条文中没有的限制，[18] 会有罪刑法定主义的问题。[19] 此外，关于一般性财产，只说法益是均衡的，难以承认阻却责任。＊＊ 因此，在这一点上，紧急避险的成立范围也受到限制。

进一步而言，在肯定对紧急避险行为进行正当防卫这一点上，责任阻却说也是有疑问的。例如，甲被狗追上了，为了避免身体受到侵害，破坏邻居

---

[13] 参见深町晋也「ドイツにおける緊急避難論の問題状況」現代刑事法69号35頁以下（2005年）。

[14] 二元论的责任阻却部分也有同样的问题。

[15] 与此相对，害的均衡成为要件时，可以说与违法性阻却说亲近，但不至于说，采用责任说完全不可能。参见内藤『（中）』414頁。

[16] 参见内藤『（中）』412-413頁。

＊ 责任阻却说认为，在紧急状态下，不能期待行为人实施合法行为，这种情况下进行紧急避险可以阻却责任。此学说认为，把危险转嫁给第三方的紧急避险是违法的。而《刑法》第37条认可了侵害第三方利益的紧急避险，基于刑法条文的解释推导不出责任阻却说。批评意见认为，期待可能性只适用于本人，因此，如果采用责任阻却说，会导致承认紧急避险的范围过窄。责任阻却说的主张者对此的反驳是，期待可能性的适用不限于本人，如为了亲属或朋友进行紧急避险的情况下，也可以说没有期待可能性。——译者注

[17] 参见井田·303頁。

[18] 德国刑法中阻却责任的紧急避险就是这样规定的。

[19] 井田·303頁注17；井田良「緊急避難の本質をめぐって」『宮澤浩一先生古稀祝賀論文集（2）』290頁（2000年）。上述文献认为，没有罪刑法定的问题，但不能否定在与法律主义之间的关系这一点上存在问题。参见橋田·前注[3] 43頁。

＊＊ 佐伯教授认为，在精神上受到逼迫，以至于为了保护自己的财产不受非法侵害而不得不侵害他人财产这种情况并不常见，换言之，可以期待一般人无可奈何之下放弃自己的财产。——译者注

家的矮墙逃跑。在这种情况下，根据责任阻却说，邻居家的主人能够对甲进行正当防卫。但笔者认为，这样的结论不妥当。

责任阻却说认为，把危难转嫁给第三方的行为是违法的。但从社会全体利益角度来看，破坏消防设施、强制性征收等制度会牺牲个人利益，但得到了承认（责任阻却说的主张者也不会承认对这些行为进行正当防卫），并不是一般都不承认避险行为的违法性阻却。还是应该站在社会全体利益的立场上解释为，在优越（均衡）利益存在的情况下也承认紧急避险阻却违法性。学说中，还有一种有力观点并不是站在社会全体利益的立场，而是站在社会连带义务这种个人的立场上进行说明。但是，若问社会连带为什么必要，对此的回答是，为了社会全体的利益。由此可见，这种观点与站在社会全体利益的立场上进行说明的观点之间基本没有差别。[20] 站在社会连带义务的立场上进行说明的缘由是，为了警惕（这本身是正当的）从功利主义立场出发为了多数人的幸福牺牲个人的利益，不过，不能说同样的危险在强调社会连带时就不存在了。

（三）可罚的违法性阻却说

根据可罚的违法性阻却说，就得承认对避险行为实施正当防卫，对此同样有疑问。即使违法侵害不可罚，但作为"不正的侵害"*，对其进行正当防卫仍是可能的。因为可罚的违法性说认为，对刑法上紧急避险造成的损害，可以根据《民法》第 720 条承认避险人的损害赔偿义务，[21] 所以不能否定一般违法性，只能否定可罚的违法性。对上述学说的评价应该是，在解释时试图调和民法和刑法，结果却是承认了对实现优越利益的行为（或无社会侵害性的行为）进行正当防卫，不妥当。此外，以损害赔偿责任有无来区分违法性阻却和可罚的违法性阻却时，会区别对待如下两种情况，即如果对人的不正侵害进行避险，就不承认对避险人的正当防卫；如果对自然灾难进行避险，

---

[20] 深町认为，在德国，主张依据社会连带性的观点依据的是，作为德国法前提的"互助"精神，在我国不必然采用同样的观点。深町·前注［13］39 页。

＊ 这里的"不正的侵害"和下文的"一般违法性"是指，以损害赔偿责任为前提具有民法上的违法性。作为防卫对象的违法行为不限于刑法上的违法行为，即不限于可罚的违法行为（参见第八章第四部分"不正侵害"）。——译者注

[21] 参见大判大正 3（1914）年 10 月 2 日刑录 20 辑 1764 页。

就承认正当防卫。* 但笔者认为，上述这种区分是没有意义的。

因此，应该解释为，民法上承认对紧急避险的损害赔偿责任是在承认对合法行为的损害赔偿责任。[22] 毋宁说，综合考虑民法和刑法时，可以把刑法上的紧急避险理解为以对被害人的损害赔偿为前提来承认违法性阻却的制度。[23] 一般而言，正当防卫和紧急避险是在国家不能救助的紧急状态下承认的紧急权，但这种理解有不充分之处。特别是，把自然灾难和合法行为造成的危难转嫁给第三方的紧急避险并不是私人代替国家行使武力，而是私人间发生利益冲突时如何进行利益协调的问题。私人间发生法益冲突时，原则上应该通过当事人之间的协商以图解决；这样难以解决的情况下，以损害赔偿为前提，在一定范围内承认避难行为的违法性阻却是合理的、可取的。

（四）法益等价值的情况

二元论认为法益等价值的情况下是责任阻却，不承认法益等价值的情况下是违法性阻却。但如先前所述，刑法的违法性判断是减法的评价，而等价值时不是减法，在这个意义上承认违法阻却是可能的。笔者认为，法益等价值的情况下是责任阻却这种观点背后所暗含的理解是：一般而言，对合法行为，对方有甘愿忍受法益受侵害的义务，当然不成立正当防卫，也不成立紧急避险。[24] 但是，承认紧急避险阻却违法性不过是意味着，法益侵害不会受

---

* 《民法》第709条规定："由于故意或过失侵害了他人的权利或法律上受保护的利益，对所发生的损害承担赔偿责任。"这是原则性的规定。可罚的违法性说的主张者认为，此原则性的规定也适用于紧急避险的情况。作为免除损害赔偿责任的例外性规定，《民法》第720条第1款规定："对他人的不法行为，为了保护自己或第三方的权利或法律上受保护的利益不受他人不法行为的侵害，不得已实行了加害行为的，不承担损害赔偿责任。但是，允许被害人要求实行了不法行为的人进行损害赔偿。"同条第2款规定："为了避免他人之物造成急迫的灾难，损毁此物的，准用同条第1款的规定。"当危险源是人的不正侵害时，适用《民法》第720条第1款，避险人不承担损害赔偿责任，不能对避险行为进行正当防卫。当危险源是物的侵害时，如果物的持有人对此有责任，处理方法同上；如果物的持有人没有责任或无主物（包括自然灾难）是危险源，根据《民法》第709条，避险人对第三方的侵害承担损害赔偿责任，可以对避险行为进行正当防卫。但佐伯教授认为，这样的区分没有意义。——译者注

[22] 参见佐伯·209頁；松宫·154-155頁；井田良「緊急権の法体系上の位置づけ」现代刑事法62号11頁以下（2004年）。深町认为，虽然是民法上的违法，但不允许以正当防卫进行对抗。西田等『注釈』477-478頁［深町］。

[23] 参见松宫·155頁；松原芳博「刑法総論の考え方（13）」法学セミナー664号120頁（2010年）。这本来就是制度层面的考虑，在个别案件中，紧急避险的成立实际上未必要求对方会获得损害赔偿。

[24] 例如，参见井田·前注［19］282-283頁。

到处罚,此外,不能以正当防卫对抗法益侵害,并没有在此之外再科处甘愿忍受法益受侵害的义务。例如,甲眼看要被车碾到了,猛地推开乙想逃走。在这种情况下,乙并不是必须得老老实实地被推开、受伤,躲开甲也可以,躲开的结果即使导致甲倒地受伤,乙也不会承担法律责任。案件七中,即使银行方面知道了前因后果,也并不是必须眼睁睁看着乙实施盗窃,不让乙进入银行也是可以的,这样做的结果即使导致乙的孩子被杀——道义上的责任姑且不论——银行也不会承担法律责任。如果从社会连带的观点出发认为银行有甘愿忍受法益受侵害的义务,那么银行就必须老老实实让乙拿走现金,但银行没有这样的义务。[25]

违法性阻却事由有三种类型:①法益侵害本身被正当化,对方对法益侵害本身有容忍义务(这种情况下,法益主体也不能逃跑);②在目的达成所必要的限度内,法益侵害被正当化,对方不能妨碍目的的达成(不能进行正当防卫,也不能进行紧急避险,但能逃跑);③只是不能以正当防卫进行对抗(能够逃跑,也能够以紧急避险来对抗)。刑罚执行和逮捕行为是第一种类型,正当防卫是第二种类型,紧急避险是第三种类型。学说中,为了明确表明这种紧急避险的特征,也有学者把紧急避险作为放任行为。[26] 学说对此的批评是,行为在刑法上的评价只能有两种情况,即违法或合法,不能承认"放任行为"这种第三领域。[27] 但此学说的要旨是,违法性阻却事由中有权利行为和放任行为,对前者,对方有容忍义务,对后者,对方没有容忍义务,如此看来,批评意见并不妥当。[28] 承认以紧急避险对抗紧急避险的违法性阻却说就是放任行为说。[29]

(五)一命换一命的情况

待解决的最重要问题是,一命换一命时能否承认违法性阻却。[30] 尽管把紧急避险解释为责任阻却时存在前文所述难点,但二元论的主张仍然很有力,这是因为人们强烈排斥在生命与生命之间进行比较,强烈排斥为了多数人的

---

[25] 笔者认为,松宫教授的理解是,承认乙构成紧急避险,承认银行方面有这样的义务。参见松宫·159頁。
[26] 参见牧野·240-241頁;藤木·179頁。
[27] 参见内藤『(中)』408頁等。
[28] "法律上的自由领域"论是指,国家对合法、违法判断自体进行控制,上述批评意见把"法律上的自由领域"论与放任行为说混同了。
[29] 参见藤阪龍司「緊急避難の本質について(1)」六甲台論集36卷3号6頁以下(1988年)。
[30] 以下是关于一命换一命的讨论,与生命相当的重大身体伤害也能同样考虑。

利益侵害个人的生命。结合损害赔偿义务的有无来解释紧急避险本质的观点也同样认为,一命换一命时,不可以要求"因为日后会为杀人买单,所以此地就可由我宰杀"。[31] 并且,否定生命侵害中紧急避险的违法性阻却时,作为论据一般会援引康德所说的,"无论何时何地,人格中的人性都同时用作目的,而绝不能只是用作手段。"最近,山口教授主张,人的生命其本身必须用作实现自我的目的,不得为与本人意思无关的他人而被献出,甚至被牺牲掉,因此,对人的生命的侵害不能作为紧急避险来阻却违法性。

不能否认,上述主张有很强的说服力。但是,为了救助生命而牺牲他人的生命一定总是违法的吗?让我们来考虑一下案件一至案件四,这都是一命换一命的案件。笔者的直觉是,案件四不应该承认违法性阻却,但案件一、二、三可以承认违法性阻却。笔者猜想,多数读者也会作出同样的判断,猜得对吗?问题是,能否为直觉提供理论上的根据。

井田教授主张区分两种类型:一是遭遇危难的 X 对尚未涉险的 Y 施加侵害,二是 X 和 Y 都遭遇了危险。在类型一中,迫近的危难是"命中注定",原则上要求甘愿忍受此危难,因此,如果保全法益的价值没有"显著"高于侵害法益的价值,就不能承认违法性阻却。在类型二中,比起全体都死,有一个人活下来也好,因此,能够承认违法性阻却。[32] 从这个立场出发,卡涅阿德斯船板案(案件一)与木犀草号案(案件二)中,能够承认违法性阻却。与此相对,电车案(案件三)中,能否承认违法性阻却取决于五个人的生命价值是否"显著"高于一个人的生命价值。如果认为不能比较生命价值,违法性就不被阻却。但是,把案件改一下,在线路前方放置重磅炸弹,电车行进下去,撞到炸弹就会爆炸,周边的数百人会丧命,这样的案件也应该同样考虑吗?假如认为甲扳动岔道的行为违法,就有可能以正当防卫把甲杀掉,结果让数百人丧命。但这种结论不妥当。为了避免得出这种不妥当的结论,就得承认对生命价值进行衡量,如此考虑最终要回答的问题是,救多少人的命才能承认违法性阻却,这不是质的问题,而是量的问题。姑且说是量的问

---

[31] 松宫·155 頁。松原的说明相同(松原·前注 [11] 97 頁)。语境不同,但长谷部恭男认为,能够支付"正当补偿"来"征用"身体这种考虑是以货币为尺度来比较人生的幸福,这与人如何活只能由人自己选择这一立宪主义的基本前提相冲突。長谷部恭男「憲法学から見た生命倫理」樋口陽一等編著『国家と自由』354 頁以下(2004 年)。

[32] 井田·前注 [19] 281 - 282 頁。另参见深町·前注 [13] 47 頁。此问题的详细探讨参见橋田久「生命危険共同体について」産大法学 30 巻 3 = 4 号 82 頁以下(1997 年)。

题，但没有理由来说明必须是几人以上。如后文所述，要求保全法益显著优越基本是没有理论根据的。

但是，在脏器移植案（案件四）中，不能承认违法性阻却，对此没有异议（责任阻却也不应该承认）。电车案和脏器移植案哪里不同呢？

一种考虑是，在电车案中，既存危难照此发展下去、改变方向、在被害人死亡的结果中得以实现；与此相对，在脏器移植案中，医生给健康的人带来了新的、另外的危险，在这一点上有不同。如果区别就在于此，那么把电车案稍作改动，改动后的案件是：炸掉了无人驾驶电车，造成附近一位步行者死亡，这种情况下就不能承认违法性阻却了。并且，笔者认为，这个结论是妥当的。如果案件是：抓住附近的步行者，将其摔到电车上，让电车停下来，那么，笔者认为，在这种情况下不应该承认违法性阻却。如此看来，即便判断时的重要要素是，既存危难是否照此发展会以被害人死亡的形式得以实现，但仅靠这个要素得不出判断结论。

另一种考虑是，在脏器移植案中，因为把人的生命作为手段来利用，所以不被允许；而在电车案中，为救五个人变更轨道，造成一人死亡只是其副次效果，并非作为手段在利用（这个人的存在是不必要的），所以被允许。但是，对这样的理解可以举出的反例是，电车在行驶到轨道交叉（环道）处前，碾死了轨道上的一个人，此人的重量让车停下来，五人因此得救（环道案件）。[33] 在这种情况下，人作为让电车停下来的手段被使用，于是结论就应该与一般的电车案件不同吗？笔者认为，结论没有不同。

首先，X 和 Y 同时遭遇危险的情况下，当事人在相互对等的立场上进行生存竞争，应该认为"只是作为手段使用"这种伤害人格尊严的情节不存在。电车案也同样。只是变更了电车轨道时，笔者认为，不能说把被害人"只是作为手段使用"了。的确，环道案件中，并非不能说以人的身体为手段让电车停下来，但是，并没有像为了让电车停下来而把近旁站着的人扔进去那样积极地加以利用，在这一点上是有可能进行区分的。至少，笔者直觉上认为应该区分两者的根据就在于这一点上的不同。

其次，一命换一命的情况下，即使否定违法性阻却，也能承认责任阻却。因此，在当事人之间无论采用哪种立场，实际上都没有差别。无论采用哪种立场都只会是强者胜。但是，设想有第三方参与时，从责任阻却说出发，为

---

[33] 托马森教授举出的例子。Thomson, supra note 3, p. 1402.

了保护对方不受避险行为侵害，第三方能够进行正当防卫。例如，卡涅阿德斯船板案中，持枪的丙在近旁抓住了别的木板，关注着事态的发展时，丙可以射杀甲和乙中先出手的一方，构成正当防卫。但是，这个结论不妥当。对违法性阻却说的批评是，先出手者胜；在第三方参与的情况下，根据责任阻却说得出的结论是，后出手者胜。电车案中，乙拿着手枪，在甲正要扳动道路时将其射杀。在这种情况下，无论如何评价甲的行为，都不能处罚乙。原因在于，即便甲的行为是合法的，也不能期待乙乖乖地丢掉性命。然而，如果警官丙持枪在乙附近，又当如何呢？应该认为丙射杀甲构成正当防卫吗？如果这样理解，那就是五具尸体再加一具尸体，这是法所期待的结果吗？保护人的尊严不仅要保护遭受被转嫁危难的被害人，而且也应该保护陷入危难中的避难行为人。[34] *

把以上问题作为宪法上的问题考虑一下。假如国家科处的义务是牺牲一个人的生命救助多数人的生命（例如，在电车案中，科处扳动岔道的义务），国家就是在强制性地征用乙的生命，笔者认为，这是得不到允许的。然而，如前所述，在承认紧急避险是违法性阻却时，只不过是说不承认对避难行为进行正当防卫，国家侵害个人基本人权这样的违宪问题不会由此产生。

对于像木犀草号案那样的情况，如果说在意的问题，就是牺牲者的选择方法。假如承认为了救多数人的生命牺牲少数人的生命，即便如此，牺牲者的选择方法也必须是公平的、恰当的。问题是，什么样的选择方法才公平、恰当？抽签可以保证全部人都有平等的生存机会，应该选用这种方法吗？还是应该牺牲活命机会最少的人？或者，还有其他更加公平、恰当的选择方法？进一步需要回答的问题是，即使对选择程序上的恰当性有要求，那么，违反了程序就不应该承认违法性阻却了吗？例如，木犀草号案中，如果没有通过抽签决定牺牲者，应该以此为理由否定违法性阻却、以杀人罪进行处罚吗？不会以杀人罪处罚"单纯"的程序违反吧？关于依照法令的正当行为，多数情况下法律上规定了保障正当化的程序性要件（例如依照令状主义进行逮

---

[34] 参见生田·前注［11］286 页。

*   在这里，佐伯教授对责任阻却说提出批判。佐伯教授认为，不承认违法性阻却说就意味着允许对紧急避险进行正当防卫，而允许对避险行为人进行正当防卫就意味着没有保护陷入危难之中的避险行为人的法益，也没有考虑陷入危难之中的避险行为人的尊严。论据主要是上文举出的两种第三方参与的情况。一是持枪的丙参与下的卡涅阿德斯船板案，二是有持枪警察丙参与下的列车案。佐伯教授认为，根据责任阻却说得出的结论是，承认丙针对避险行为人的正当防卫，这并不合理。——译者注

捕），如果违反了这些要件（轻微违反除外），就不能承认违法性阻却。因此，恣意选择牺牲者的情况下，不承认违法性阻却，如此判断未必不当，不过，这些问题尚有探讨的必要。

一命换一命时不承认违法性阻却，这一直是不错的观点。考虑到难以区分案件三和案件四，也许应该说，危难转嫁给第三方时（防御性紧急避险的情况除外）不承认违法性这种观点简明、清楚，也是不错的观点。但是，笔者难以排解的疑惑是，这些观点好是好、简明是简明，但充分梳理清楚了案件之间的区别了吗？此外，笔者认为，对案件一到案件三中的避险行为，不应该承认对避险行为进行正当防卫。本章主要根据是否能对避险行为进行正当防卫来区分违法性阻却说和责任阻却说，因此，如果有可能一方面否定避险行为的违法性阻却，另一方面不承认对此行为进行正当防卫（或者，即使承认正当防卫，也解释为与紧急避险要件相同），那么两学说实际上基本就没有不同了。[35] 这样来解释正当防卫的问题时，就应该说生命侵害是象征性的违法，这种考虑方法也许是可能的。*但是，能这样理解正当防卫吗？这是有疑问的。而且，否定违法性阻却时，多大程度上能承认责任阻却，也不清楚（如果责任阻却的范围是受到限定的，那么其与违法性阻却之间就迥然有别了**）。因此，笔者在此想采用的观点是，生命侵害的情况下也采用违法性阻却一元论。在此基础上，如后文所述，在不应该承认违法性阻却的情况下，根据《刑法》第37条中的"不得已采取"要件（相当性要件）来否定紧急避险的成立。

三、紧急避险的要件

（一）现存的危难

现存的危难应该与急迫性同样来解释。有的观点认为，要比急迫性更加宽松地解释，但此观点没有充分的根据，对此第八章五（二）中已有说明。

---

[35] 仍待解决的是共犯问题。即使采取违法性阻却说，在正犯和共犯之间，也有可能承认违法性判断的相对性；即使采取的是责任阻却说，也有可能承认共犯行为人自身构成紧急避险。

* 把一个行为认定为违法的实质意义就是允许对其再进行正当防卫。而如果采用的观点是：一方面，承认一命换一命的情况下侵害生命的行为是违法的；另一方面，也承认不应对上述行为再进行正当防卫，那么，前半段把侵害生命的行为认定为违法就不再有实质上的意义，换言之，这里的违法评价就只具有象征性的意义了。——译者注

** 责任阻却说主张，只有当法律上对不实施避险行为没有期待可能性的情况下，才承认紧急避险阻却责任。在这里，责任阻却的范围就限于没有期待可能性的情况。但是，因为期待可能性是国家的期待，所以其范围不明确，期待范围不同会导致结论不同。——译者注

预想到将来的不正侵害，为了防止此不正侵害而实施的行为作为自救行为[36]是否能被正当化？这个问题应该探讨一下。

像案件七那样受胁迫实施犯罪行为的情况下，能承认紧急避险吗？这个问题在日本基本没有讨论，以下级法院判决［東京地判平成8（1996）年6月26日判例時報1578号39頁］在鹦鹉案中承认胁从紧急避险是避险过当为契机，这个问题才开始受到关注。

最初真正探讨此问题的是桥田教授。桥田教授主张否定说，认为在胁迫者构成间接正犯的情况下，能够承认不法在胁迫者（背后者）和胁从者（避险行为人）之间有一体性和连带性，因此，法秩序的确证受到妨碍，由紧急避险阻却违法性得不到承认。[37] 松宫教授否定了桥田教授作为理由提出的与背后者之间的不法连带（某人受到威胁，不想死就逃进邻居家，于是就逃进了邻居家，这种情况下也承认紧急避险），但认为案件中法益冲突的媒介不过是胁迫者甲的意思，这种"二律背反"并非社会"相当性"可以得到承认的类型，由此否定紧急避险。[38] *

与此相对，通说认为，没有理由区分自然现象带来的危难和他人胁迫带来的危难。笔者认为，通说观点才是妥当的。[39] 假如考虑法确证的利益，即便如此，为了法确证，只要承认对背后者进行正当防卫或处罚就足够了。笔者认为，否定说的理解是，承认了紧急避险，对方就有了甘愿忍受侵害的义务。

---

[36] 笔者也感觉，把为了第三方实施的救助行为称为"自救行为"不合适，但这与为了第三方的"紧急避险"一样吗？
[37] 橋田久「強制による行為の法的性質（1）（2・完）」法学論叢131巻1号97頁以下，同巻4号94頁以下（1992年）。
[38] 参见松宫·158页以下。最近，这个问题的综合研究参见井上·前注［11］69页以下。
* 所谓二律背反是指，胁从者的法益和胁从者所侵害的法益两者中总要牺牲一个，在这样的情况下，通常要适用紧急避险阻却违法性。但松宫教授认为，不承认这种冲突具有社会"相当性"，因此，不能适用紧急避险。理由是，如果承认紧急避险，阻却胁从者实施的针对第三方行为的违法性，那么胁从者所侵害的第二方就不得不忍受侵害，这一结论不妥当。——译者注
[39] 参见浅田·251页；伊东·207页；大谷·299页；山口·141页；松原·前注［11］97页；井田·前注［19］292页；高桥·296页；西田等『注释』496页［深町］；林·210页；奥村正雄「強要による緊急避難」清和法学6巻2号165頁以下（1999年）等。但是，能够承认对受到强制的胁从者实施正当防卫和紧急避险吗？学者对紧急避难的法律上的性质有不同的理解，对上述问题的回答也不同。

但是，正如此前所述，并不是说对方必须得老老实实地甘愿忍受法益受侵害。*

（二）不得已采取的行为

为了认定不得已采取的行为，补充性是必要的。补充性是指，所实施的避难行为之外，不存在其他侵害性更小的避免危难的手段。如果能够以其他手段避免危难，那么保全法益和侵害法益之间就不存在真正的冲突，由紧急避险阻却违法性的理由也就不存在了。

学说中的有力观点认为，除了补充性，作为相当性要件还要求能够承认"情理之中"。** 例如，这个观点的代表学者佐伯千仞博士认为，"虽说自己会被雨淋湿，但也不能任意侵害他人的住居权；虽说自己穿着好衣服，但也不得去夺走穿着粗布烂衫的穷人的伞。"[40]

山口教授对上述观点的批评是，"这种要件不仅内容不明了，而且能够要求这种要件的根据也尚不清楚。"[41] 但正如松宫教授所言，"法益冲突"状态不可用纯粹自然科学的方法来判定，有必要采用社会层面的判断标准。可以说，法益冲突内在的制约是补充性，相当性以另外的语言表明了这个意思。[42] 正如山口教授在一命换一命时否定紧急避险适用时指出的那样，即使法益冲突状态事实上存在，但从规范角度应该否定法益冲突状态的情况也存在，在这种情况下，根据相当性要件进行判断。即使是作为文义解释，笔者认为，从"不得已"这一用语的意思中读取相当性要件也是自然的解释。

当然，否定相当性时有必要尽可能说明理由。例如，雨伞案（案件六）中可以否定相当性，对此多数学者予以肯定。[43] 否定的理由是什么呢？[44] 其一，如果雨伞是必要的，就应该买或借。在市场经济中，通过财物的自由交

---

* 例如，甲以乙的孩子的性命相威胁，让乙抢劫银行。否定说认为，乙抢劫银行的行为不构成紧急避险。理由是，如果承认乙对银行的抢劫是紧急避险，那就意味着银行的警卫不能对乙进行正当防卫，只能对钱被抢走予以容忍。但佐伯教授认为，即使承认乙的紧急避险，仍然可以允许银行采取措施以防止财产受到侵害，银行的反击就是针对乙的紧急避险行为的紧急避险。视情况，在受侵害的第三方能逃的情况下，第三方可以逃，不需要甘愿忍受侵害。——译者注

** "情理之中"对应的日语原文是"無理もない"。——译者注

[40] 佐伯·420頁。松宫·158頁认为，"未经允许在他人屋檐下避雨，最多如此"。
[41] 山口·144頁。相同观点参见林·212頁；伊东·209頁。
[42] 松宫·158頁。
[43] 橘田·前注［3］58頁承认紧急避险的成立。
[44] 也许有的学者认为，在把伞忘了这一点上是自招危险（笔者的同事即使晴天也在包里放把折叠伞），在此姑且不考虑这一点。

易可以最有效率地分配资源,因此,能够磋商的必须磋商。如果磋商失败,就说明穷人比有钱人更高评估伞的价值,因此,害的均衡要件不充足。例如,高价的衣服被淋湿造成的损害是×日元,以低于×日元的价格购买伞或租借伞,甲仍然没有损害。如果穷人不肯以×日元出卖这把伞,这就说明,这把伞对穷人而言的价值超过了有钱人所评估的价值。[45]＊ 其二,不能磋商时,事后的损害赔偿能够抵偿基于契约的财物移转。雨伞案中,伞立在门前,伞的主人却不在,未经允许可以拿走伞的情况也存在。饥肠辘辘的罹难者到山中小屋取食的案件也是紧急避险的典型例子之一。在这种情况下也同样,能够和山中小屋主人磋商购买食物却偷盗的,不成立紧急避险。山中小屋主人不卖食物,或者以不当高价出卖时,也可以说饥肠辘辘的人本来就没有可能基于自由意思进行磋商。在这种情况下,可以无视山中小屋主人的意思,夺走食物(赔偿食物所值价格就足够了)。

193　　关于强制抽血案(案件五),紧急避险肯定说和否定说并存,[46]而笔者认为,这里可以肯定相当性。现在不承认卖血,这是因为血液的安全性和对健康的弊害等原因,并不是说血液买卖本来就得不到允许。没有必要把容易再生的血液作为人格的本质性要素。

　　从相当性要件必要的观点出发,能否承认对自己招致的危难即自招危难进行紧急避险?这要从相当性的视角出发,个别地、具体地进行判断。首先,有意图地招致危难,想利用这个机会侵害他人法益,并按照计划侵害了他人法益的情况下,不应该承认紧急避险,对此结论想必没有异议。在这种情况下,笔者认为,判例会否定危难的现存性。其次,故意或过失自招危难的情况下,与正当防卫不同,在紧急避险中本来就要求法益均衡性和补充性,因此,再进一步限定要件没有太大必要。特别是,保护第三方的法益免受自招危难的侵害时,限制紧急避险不恰当。例如,驾驶着车辆,眼看要过失辗到人行横道上的五名行人,为了避开只好急打方向盘,导致一名行人负伤。在这种情况下,以驾驶员的过失为理由否定对五个人生命的保护,不合理。此

---

[45] 也许会提出的疑问是,倘若如此,相当性要件就能够消融在补充性要件和害的均衡要件中,如此一来,不是就不再需要相当性要件了吗(参见西田等『注释』492页〔深町〕)。但笔者认为,什么样的情况下、磋商到什么程度有必要,这是规范性判断,作为相当性要件来考虑才是可取的。

＊ 在判断害的均衡时,不仅要考虑所侵害法益的客观价值,还需要考虑所侵害法益的主观价值。——译者注

[46] 肯定说参见井田・前注[19]291页注41;否定说参见橘田・前注[3]39页等。

外，纵然认为驾驶员对于导致行人受伤（视情况，致其死亡）有认识，承认故意犯成立也不恰当。与此相对，想保护自己的法益免受自招危难侵害的情况下，可能采用的解释是，法益受保护的必要性相对减少，限于保全法益优越于侵害法益的情况，承认违法性阻却。无论哪一种情况都同样，即使能够承认紧急避险，避险行为中的违法性被阻却，招致紧急情况仍然可能另外涉及过失犯成立的问题。

（三）害的均衡

紧急避险要成立，必须是"已造成的危害在程度上没有超过想要避开的危害"。关于法益均衡要件的有力学说是"优越利益说"，该学说立足于阐明冲突法益在具体情况中受保护的必要性，要求必须具体衡量冲突"法益"在具体情况下受保护的必要性相关的全部情况，包括对保全法益的危险的程度、陷入危险中的保全法益的量和范围、法益侵害的必要程度、对侵害法益施加侵害的量和范围、法益主体在法益上的利益关系、避险行为对法益的侵害性的性质等。[47] 对法益进行抽象比较时，不能说人身的价值总比财产的价值大。但是，因为是把全部情况都考虑在内，再来比较保全法益和侵害法益受保护的必要性，所以，结果是，以紧急避险来阻却违法性的问题几乎全部变成了根据害的均衡要件来进行判断，并不妥当。

有学者主张，原则上必须是能够还原为法益受保护的必要性的利益。[48] * 这个观点基本妥当，但问题是，如何来划定可考虑的法益侵害的范围。[49] 关于这一点，也有学者认为，判断应该根据各个构成要件逐个进行，限于由这个构成要件所保护的法益。根据这个观点，为了保护自己的一辆车而破坏了两辆车的情况下（一辆车的价值全部相等），两辆车属于一人所有时，因为是一罪，所以要否定法益均衡；两辆车分别属于两个人时，因为是两罪，逐个犯罪来判断均衡性，就要肯定法益均衡性。然而，尽管从社会生活的视角来看是更大的法益遭受了侵害，却为什么一定要承认违法性阻却呢？其原因从优越利益说出发难以得到说明。既然问题着眼于社会全体利益，那就应该把

---

[47] 参见内藤『（中）』420 页以下；曾根·115 页；小名木明宏「緊急避難における利益衡量と相当性についての一考察」法学研究 67 卷 6 号 25 页以下（1994 年）。

[48] 参见松原·前注［11］9 页；山口·147 页。

* 松原教授认为："衡量对象始终是有具体量的侵害法益和保全法益，如法益主体的同意、危险的承担等其他情况只应该在能够还原为法益受保护必要性的限度内考虑。"在此，"能够还原为法益受保护必要性"的利益包括了法益本身以及法益受保护必要性相关的情况。——译者注

[49] 参见本书编码第 103 页。

避险行为造成的法益侵害合并计算，这里的法益不必要是刑法上受保护的。紧急避险发挥着对法益冲突状态中私人间利益进行调节的功能，如果采用的解释是，保全法益不是刑法上受保护的也可以，但侵害法益必须是刑法上受保护的（例如，考虑自己隐私受保护了，却不考虑侵害了对方的隐私），那么如此解释是不公平的。

关于法益均衡的标准，最近，有学者主张把紧急避险区分为防御性紧急避险和攻击性紧急避险，前者是针对造成现存危难的危险源本身进行避险行为，后者是把危难转嫁给与侵害无关的第三方。关于前者，以宽松的标准衡量利害就可以（即使侵害法益大于保全法益也可以）肯定违法性阻却。[50] 关于后者，危险转嫁的对象没有遭受现存危难时，根据避险人"命中注定就得甘愿忍受"这种命运甘受原则，保全法益若非显著优越，就不能承认紧急避险。[51]

防御性紧急避险会成为问题的情况有：①没有行为性时；②因为没有行为无价值，所以不能认定为"不合法"时；③侵害没有急迫性时等。笔者认为，①和②应该作为正当防卫，＊③作为自救行为来处理。[52] 由此可见，没有必要区分出防御性紧急避险。

关于攻击性紧急避险也同样，笔者认为，一般而言，没有理由要求保全法益显著优越。对攻击性紧急避险的情况下要求保全法益显著优越的说明是，受侵害的法益之外，此人的自律性也会受到侵害，因此，比起侵害法益，保全法益若非相当优越，害的均衡要件不充分。[53] 对上述说明可以提出的批评是，"自律性"是侵害法益本身，而非另外附加的 α。[54] 要求保全法益显著优越的目的是，像德国刑法中违法阻却性紧急避险的规定那样来解释《刑法》

---

[50] 参见吉田宣之『違法性の本質と行為無価値』102 頁以下（1992 年）；小田直樹「緊急避難と個人の自律」刑法雑誌 34 卷 3 号 1 頁以下（1995 年）等。

[51] 参见井田・前注 [19] 283 頁。

＊ 佐伯教授采用的是"对物防卫肯定说"，参见第八章第四部分"不正侵害"。——译者注

[52] 参见本书编码第 125 页以下。笔者认为，判断对生命有高度危险的防卫行为是否构成正当防卫时，应该要求补充性和大致法益均衡性，从结论上看，与防御性紧急避难相似（参见本书编码第 149 页以下）。

[53] 参见内藤『（中）』419 頁以下；小名木・前注 [47] 32 頁以下等。

[54] 山口・147 頁。山口教授补充的批评意见是，因为自律性侵害是在构成要件之外，所以不能在为处罚提供根据这个方向上考虑自律性侵害。

第 37 条，但至少现行法的解释论框架下，难以这样解释。[55]＊

实际适用中也同样。例如，洪水案件中，甲的旱田作物价值 100 万日元，甲破坏防水外泄的挡板，让水灌到相邻的乙的旱地中，损害赔偿额不超过 100 万日元的情况下，甲对挡板和乙的旱地作物进行损害后仍能够得利。笔者认为，这种情况就没有必要解释为，甲的旱地作物价值必须显著高于挡板和乙的旱地作物价值总和。

即使把什么法益作为衡量对象是已定的，进一步需要回答的问题是，如何决定法益的价值。关于生命，有的观点认为，因为生命的价值不能作比较，所以总是法益等价值。[56] 但是，笔者认为，生命应该作为一个一个有独立价值的生命受到保护，正因为如此，所以应该以数量来比较。在脏器移植案那样的情况下，不是根据害的均衡要件，而是应该根据相当性要件否定违法性阻却。＊＊

比较人身和财产时，一般而言，人身比财产更有价值，但不能说总是如此。笔者认为，为了避免轻微身体伤害而损毁了高价财物时，否定法益均衡的情况也存在。[57]

财产和财产比较时，如果相同的东西在市场上能够容易购买到，那么以市场价格比较即可。但是，主观价值大的财产也可以同样判断吗？这里有疑问。为了保护估价 600 日元的猎犬伤害了估价 150 日元的杂种土佐犬＊＊＊的案件中，判例［大判昭和 12（1937）年 11 月 6 日大审院判决全集 4 辑 1151 页］承认了紧急避险。也许判例考虑的是，应该以市场价格判断家犬的价值。[58]

---

[55] 参见深町·前注［13］39 页。

＊ 德国《刑法》第 34 条的规定是，只有在"保全法益明显大于侵害法益，该行为实属不得已采取"的情况下，才可以承认阻却违法性的紧急避险。与此相对，日本《刑法》第 37 条的规定是，紧急避险是"不得已采取的行为，只有在造成的危害在程度上不超过想避免的危害时，才不可罚"。简言之，日本刑法只要求侵害法益不超过保全法益，并没有像德国刑法那样要求保全法益明显大于侵害法益。——译者注

[56] 参见内藤『（中）』410 页。

＊＊ 根据佐伯教授的观点，生命的价值应该一个一个来计算，在这个意义上，可以说，五个人的生命价值大于一个人的生命价值，因此，本案的害的均衡要件是满足的。但作为结论，本案不能承认紧急避险，根据是避险行为无"相当性"。——译者注

[57] 参见佐久间·234 页。

＊＊＊ 土佐犬是原产于日本高知地区的一种斗犬，现在属于由人饲养的家犬。——译者注

[58] 堀内认为，为了保护价值 160 日元的土佐犬而伤害价值 600 日元的猎犬是不被允许的。堀内·169 页。

但是，主人很喜爱捡到的杂种土佐犬，为这只狗不惜重金的情况下，不可以认为，因为没有人会出钱买这只狗，所以其价值就是零。[59] 主观价值具体如何比较本来就是难题，也许是因为这个原因，所以多数情况下不得不说法益等价值。

关于害的均衡要件，"提出一般性标准是困难的，应该对照具体案件、遵循社会通念来决定法益的优劣"，这已是惯用表述，但这等于什么都没有说。对学说的要求是，提出更加具体的判断标准，但说起来容易做起来难。本章也只是把问题提出来了。

（四）避险过当

害的均衡丧失时，承认避险过当，这一点是清楚的。但是，否定了补充性的情况下也能承认避险过当吗？对此，法院判决的意见有分歧。对列车乘务员为了避开有毒气体而逃离工作岗位的案件，最高法院判例［最判昭和28（1953）年12月25日刑集7卷13号2671页］认为，车辆运行次数减少三成是紧急避险，但放弃职责是避险过当。对炸掉腐朽吊桥的案件，最高法院判例［最判昭和35（1960）年2月4日刑集14卷1号61页］认为，有可能采取加强通行限制等其他恰当手段和方法来防止危险，因此，不仅否定了紧急避险，也否定了避险过当。在最近的下级法院判决中，对监禁于暴力团事务所中的被害人为了逃跑在事务所放火的案件，判决［大阪高判平成10（1998）年6月24日高刑集51卷2号116页］认为，实属"不得已采取的行为"是适用避险过当的前提，由此撤销了承认避险过当的原审判决。与此相对，学说中一般认为，不能承认补充性时也可以承认避险过当。

不能承认补充性的情况有：①不需要侵害其他法益就能避险；②有必要把危险转嫁给某人，但选错了转嫁对象，导致侵害更大；③为了避开危难有必要侵害此法益，但选择的侵害法益手段超过了必要程度。与防卫过当是以正当防卫情形的存在为前提一样，避险过当也必须存在于紧急避险情形中，即必须存在法益冲突的情形。如此而言，②和③的情况下可能承认避险过当，

---

［59］如果说为家犬治病花了100万日元，那么这只狗的价值就超过了100万日元；狗失踪的情况下，如果悬赏100万日元，那么狗的价值就超过了100万日元。当然，虽说对狗的主人来说，狗的价值超过了100万日元，但并非伤害这只狗的人就要承担100万日元以上的损害赔偿责任（即使算上抚慰金，也到不了100万日元）。但笔者认为，这并不意味着，刑法上也以民法上的损害赔偿额为标准，毋宁说，这表明了民法上损害赔偿的不充分和刑法上提供保护的必要性。

但①的情况下不能承认避险过当。[60] 同样，在不能承认相当性的情况下，因为不能承认法益冲突的情形，所以不能承认避险过当。在这个意义上能够统一理解上述判例。*[61]

四、结语

对这一章，说实话没太有自信。这样说好像会被反问："那就是之前总有自信啦？"要这样被反问，那笔者就得说："总没自信"，这次特别没有自信。即便如此，本稿如果能为今后的讨论提供素材，就心满意足了。

199

---

[60] 参见橋爪隆「判評」『判例セレクト'99』28頁（2000年）；橋田久「避難行為の補充性の不存在と過剰避難」産大法学34巻3号197頁以下（2000年）。

* 用佐伯教授的观点解释前文所举判决会得出的对应关系如下：最高法院昭和35年判例否定了紧急避险，所以属于①。大阪高等法院平成10年判决认为"不得已采取的行为"要件不充足，否定了紧急避险，属于①。最高法院昭和28年判例肯定了避险过当，属于③。需要加以说明的是，就放弃职责这一点也可能解释为属于①，但是，考虑到判例承认在车辆减少三成的限度内放弃岗位任务是紧急避险，那么，职责放弃就等同于让车辆减少十成，也可以理解为属于③避险过当，在这里，佐伯教授考虑尽量与判决立场一致来适用。——译者注

[61] 德国议会以9·11恐怖袭击事件为契机修改了《航空安全法》。根据改正后的法律，当民用航空器威胁到他人生命时，允许将其击落。但是，联邦宪法法院2006年2月15日判决认为，《航空安全法》第14条第3款允许军队以武力等直接手段击落航空器，这是违宪的。理由是，《基本法》第2条第2款第1段文规定的生命权利与同法第1条第1款规定的保障人类尊严是联系在一起的，为了实施保护其他人的救命行为，把与恐怖犯人无关的航空器乘务员、乘客作为单纯的客体来对待，这与基本法中关于生命的规定不相符（BVerfGE 108, 118）。从不承认对生命进行衡量的立场出发，会得出这样的结论。但是，如果所设想的事态实际发生了（虽然不希望发生），德国政府会沉默观望吗？如果你是日本首相，同样事态发生时会怎么做呢？德国刑法学界对这部法律的讨论情况参见森永真綱「テロ目的でハイジャックされた航空機を撃墜することの刑法上の正当化（1）～（3・完）」姫路法学41=42号（2004年），43号（2005年），45号（2006年）。无论如何也要进行这样的立法，法院也会作出这样的判决，倘若如此，那么德国当真是个法治国家。

第十二章
被害人同意及关联问题之一

一、序言

拟以本章和下一章分两回来探讨被害人同意及关联的问题。具体而言，拟探讨的问题有，被害人同意相关的总论问题、伤害罪和被害人同意、推定同意、危险承担、治疗行为、基于合同的正当化等。

二、被害人同意的诸类型

（一）国家法益、社会法益和被害人同意

教科书中一般都写着，只有同意内容是被害人可能处分的个人法益时，被害人同意才会成为问题；关于国家法益和社会法益，被害人同意不会成为问题。读者中就没有人对教科书中所写的内容抱有疑问吗？教科书中的表述不过是一开始就把"被害人"的含义限定为个人，个人不是国家法益和社会法益的法益主体，不能处分这些法益是当然的。这就是所谓的在条件中预先设定好结论。

因为被害人同意涉及的问题是，法益主体在多大程度上能够处分法益，所以"被害人"是法益主体就足够了，应该没有将其限于个人的必然性。完全有可能称国家和社会是"被害人"，其同意也是可能的。特别是，国家的同意比较容易。例如，非法入境罪（《出入国管理及难民认定法》第70条第1款）和非法侵入住宅罪（《刑法》第130条）在未经法益主体同意侵入一定领域这一点上构造相同。如果对非法侵入住宅罪的说明是，被害人同意阻却构成要件的犯罪，那么对非法入境罪的说明也可以是，被害人同意阻却构成要件的犯罪，这毫无问题。当然，国家表示同意要通过国家机关，法人是个人性*的法益主体，表示同意也同样要通过法人机关。

---

* 相对社会法益或国家法益而言是个人性的。——译者注

如果是社会法益，社会全体人员表示同意实际上几乎是不可能的。但在放火罪中，火灾危险可能波及的人员全体同意。例如，岛上居民同意了在岛上的建筑物放火的情况下，可以说有被害人同意。[1] 有致命的危险时，即使有被害人同意，也不必然能阻却违法性，但这又是另外的问题。

读者读到这里也许会认为，只是如何说明的问题，哪一种说明都可以。的确如此，但无论如何，希望大家在最初接触到这个问题时，即使是对教科书中的内容也不要盲从，而是养成自己动脑思考的习惯。

在考虑关乎国家法益和社会法益的被害人同意不会成为问题的情况下也同样，如果国家法益、社会法益和个人法益是重叠在一起受到保护的，那么被害人同意就有可能成为问题。例如，诬告罪所保护的法益是刑事司法、制裁的恰当适用和被诬告者的个人法益，因此，在被诬告人对此表示同意，个人法益侵害这一方面不充分时，此罪是否成立会成为问题。例如，判例〔大判大正元（1912）年12月20日刑录18辑1566页〕重视对国家法益的侵害（的危险），认为诬告罪成立。但学说中存在着观点的对立，一种观点支持判例；[2] 另一种观点重视个人法益，否定诬告罪成立。[3] 再例如，放火罪有双面性格，一面是针对公众生命、身体和财产的公共安全罪；另一面是针对具体个人生命、身体和财产的犯罪。在现住建筑物放火的情况下，如果得到了建筑物居住者或在场人员的同意，就构成非现住建筑物放火罪（第109条第1款）；如果获得了目的物所有者同意，就构成对自己所有物放火罪（第109条第2款，第110条第2款）。[4]

（二）被害人同意的体系性位置

一般在以下四类情况下，被害人同意会成为问题。其一，违反被害人意思是构成要件要素。这种类型的被害人同意阻却构成要件该当性。例如，非法侵入住宅罪（第130条）、强奸罪（第177条前段）、盗窃罪（第235条）

---

[1] 参见斋野彦弥「社会的法益と同意」现代刑事法59号47页（2004年）。
[2] 参见大谷实『刑法讲义各论（新版第3版）』594页（2009年）；西田典之『刑法各论（第5版）』460页（2010年）等。
[3] 团藤重光编『注释刑法（4）』266页（1965年）（田宫裕）；内藤『（中）』590页；中森喜彦『刑法各论（第3版）』267页（2011年）；平野『概说』290页以下（1977年）；山口厚『刑法各论（第2版）』660页（2010年）等。另参见堀内捷三『刑法各论』312-313页（2003年）。与自己有关的虚假申告，虽然有侵害国家法益的危险，但该罪的成立一致被否定，因此，笔者认为，同样处理被申告人表示同意的情况才具有统一性。
[4] 参见大谷·前注［2］372页以下；内藤『（中）』590页；中森·前注［3］166页以下等。

等。其二，被害人同意的有无不影响犯罪成立。例如，猥亵未满 13 周岁幼童罪（第 176 条后段）、奸淫未满 13 周岁幼女罪（第 177 条后段）等。其三，有同意和无同意分开规定。有同意的，成立轻犯罪，例如，杀人罪（第 199 条）和同意杀人（第 202 条后段）、同意堕胎罪（第 213 条）、业务上堕胎罪（第 214 条）和不同意堕胎罪（第 215 条第 1 款）等。其四，同意阻却行为的违法性。一般举出的例子是伤害罪。关于被害人同意和违法性之间的关系，第一和第四种类型中，违法性不存在；第三种类型中，违法性减少；第二种类型中，对违法性没有影响。

通常会说，被害人同意原则上是违法性阻却，但实际上，只有在判断伤害罪时，违法性阻却才会成为问题，毋宁说，原则上是构成要件阻却才正确。最近有力的学说认为，判断伤害罪时也是构成要件阻却。如果是这样，那么被害人同意就完全是构成要件阻却事由了。[5]

被害人同意的体系性位置有什么意义？在德国，所提出的观点是，区分阻却构成要件的同意（特别称其为"合意"）和阻却违法性的同意，对两者的要件进行明确区分。[6] 但在日本，学者不会有意识地这样主张，最多是在采取严格责任说*时指出，"合意"的错误作为构成要件的错误，阻却故意；同意的错误作为违法性错误，不阻却故意。仅此而已。[7] 虽然没有有意识地

---

[5] 浅田和茂「被害者の同意の体系的地位について」産大法学 34 巻 3 号 287 頁以下（2000 年）；大谷·252 頁；西田等『注釈』348 頁（深町晋也）；林·160 頁；山口·151 頁；山中·200 頁等。

[6] 参见须之内克彦『刑法における被害者の同意』27 頁以下（2004 年）。佐藤区分属于构成要件的合意与属于违法阻却事由的同意，前者又区分为行为样态相关的合意和法益侵害性相关的合意（"三分说"）。关于行为样态相关的合意，适用被害人同意的一般理论不妥当。佐藤陽子『被害者の承諾——各論の考察による再構成』24 頁以下（2011 年）。上述观点的意义在于，指出了关于个别犯罪类型，分论层面上的解释论是重要的。但存在的疑问是，基于什么理由可以一般性地进行上述区分。参见西田等『注釈』348 頁（深町）。

* 关于违法性意识的必要性以及体系性位置有以下学说。"违法性意识不要说"认为，违法性意识不是犯罪成立的要件。虽然判例仍然采用这种观点，但是下级法院判决已经开始否定这种立场，判例变更可以期待；在学说中，基本得不到支持。"故意说"认为，违法性意识是故意的一个要素。故意说又区分为"严格故意说"和"限制故意说"，两者的区别在于，前者要求有违法性认识，后者要求有违法性认识的可能性即可。与此相对的学说是"责任说"，该学说认为，违法性认识不是故意的要素，而是有别于故意的责任要素，把违法性有关的错误作为违法性错误，违法性错误不阻却故意，阻却责任。责任说又区分为"严格责任说"和"限制责任说"，两者的区别在于，后者认为，正当化事由的错误是构成要件事实的错误，而不是违法性的错误。——译者注

[7] 参见川端·310 頁。

探讨过，但当学者对作为违法性阻却事由的被害人同意进行限制性解释时，或许已经是默认了两者之间的差别。

判例［最决昭和55（1980）年11月13日刑集34卷6号396页］认为，以诈骗保险金为目的，取得了被害人同意的情况下，被害人同意不能阻却伤害罪的违法性。但问题是，在为了诈骗保险金受被害人所托将其杀害的案件中，法院是否会解释为，因为有诈骗保险金的目的，所以不能承认违法减少，不是同意杀人罪，而是普通杀人罪？这样来解释是有疑问的。这种解释违反罪刑法定主义的嫌疑颇大。同样，以诈骗保险金为目的得到了被害人同意损毁其汽车的案件中，因为有诈骗保险金的目的，就可以承认财物损毁罪了吗？这也是有疑问的。即使有学者认为，判断被害人同意是否阻却违法性时要考虑取得同意的目的和动机，但问题涉及的同意作为构成要件要素时，也不会考虑目的和动机。此外，关于后文所述同意的认识问题也同样，在被害人同意作为违法性阻却事由时，即使学者把行为人对同意的认识作为主观正当化要素，但在同意杀人罪中，行为人没有认识到同意存在的情况下，仍然承认同意杀人罪的成立。[8] 在此也出现了不同。这些区别正是德国学说所主张的内容。

之所以出现了这些判断上的不同，是因为对被害人同意进行限定性解释，将其作为违法性阻却事由的例外。但是，构成要件该当性被否定的行为和构成要件该当性被肯定但违法性被阻却的行为之间，在不是违法行为这一点上没有本质性差别，因此，不应该区别对待这两种情况。如后文所论，被害人同意作为违法性阻却事由时，同样不应该重视取得同意的目的和动机的违法性，并且应该解释为，在行为人没有认识到被害人同意的情况下，违法性也被阻却。故意也同样，对违法性阻却事由依据的事实有认识错误时，与对构成要件事实有认识错误时一样对待，阻却故意。[9]

如上，被害人同意的体系性位置不会带来解释论上的不同，讨论被害人同意的体系性位置基本上没有现实意义。下文讨论完被害人同意阻却违法性的根据后，会再次考虑这个问题。

三、被害人同意的根据

被害人同意的情况下，行为的违法性就不存在了，对此的说明大致有三

---

[8] 参见如大塚・420页和大塚『刑法概説（各論）（第3版補正版）』22-23页（2005年）。
[9] 从笔者的立场出发，可以否定责任故意。参见本书编码第40页。

种观点。①被害人同意的情况下,可以承认是有社会相当性的行为,违法性被阻却。[10] ②被害人放弃了对法益的保护时,法益的法益性或受保护的必要性欠缺。[11] ③自由处分法益这一自己决定的利益优越于法益保护的利益。[12] 观点①多由行为无价值论的主张者提出;观点②和③多由结果无价值论的主张者提出,但行为无价值论并非必然采用观点①。[13]

保护法益是为了法益主体,因此,原则上,法益主体能够对法益进行自由处分。原则上,刑法没有必要为了保护法益而去违反法益主体的意思,因此,观点②妥当。

观点①把被害人同意作为违法性阻却的一个判断要素,在这一点上有问题;这样解释的结果是,容易与保护社会伦理本身联系起来,在这一点上也有问题。被害人同意是违法性阻却事由,被害人同意是其他违法性阻却事由(例如,治疗行为*)的一个要件,前者与后者的决定性差别是,被害人同意本身有违法性阻却的效果,是否实现了其他所望利益不会成为问题。把被害人同意作为判断社会相当性的一个要素时,这样的差别就不存在了。[14]

主张观点③时采用的立场是,违法性阻却事由的根据是一元的,只在于优越利益的实现。这种观点的问题在于,自己决定的利益被视为有别于法益的另外的利益。能够自由处分法益的利益就是法益内容本身,不是有别于法益的另外的利益。认为有必要把个人的一般法益区别于个人意思加以保护这种考虑方法与个人主义的考虑方法之间无法统一。过去,如果梵高画作的所有者说,自己死时,把画也一起烧掉,这会遭到世人蔑视。但这种情况下,不妥当的解释是,因为法益价值高于自己决定的利益,所以即使有被害人同

---

[10] 大塚・417 頁以下;佐久間・197 頁以下;福田・181 頁等。
[11] 参见町野朔「被害者の承諾」西原春夫等編『判例刑法研究2』168 頁(1981 年);内藤『(中)』587 頁;山中・202 頁以下;大谷・253 頁;堀内・180 頁;高山佳奈子「自己決定とその限界(上)」法学教室284 号 56 頁(2004 年);山口・150-151 頁等。
[12] 参见曽根威彦『刑法における正当化の理論』149 頁(1980 年)。另参见塩谷毅『被害者の承諾と自己答責性』6 頁(2004 年)。
[13] 参见井田良「被害者の同意」現代刑事法14 号 87 頁(2000 年)。
 * 日本法中,一般认为,治疗行为本身就是一个违法性阻却事由,这样的治疗行为必须包括三个要件:其一,以治疗为目的;其二,采取医学界一般能够承认的手段治疗;其三,基于患者同意进行治疗。在此,患者同意只是治疗行为这一违法性阻却事由的要件之一。——译者注
[14] 参见町野・前注 [11] 168-169 頁;山口・152 頁。

意,器物损毁罪也成立。[15] 除了生命和身体的要害部位,如果自己决定的利益总是高于法益保护的价值,就没有必要特意以优越利益说来说明了。

从观点②出发,有学者主张,因为可以否定法益的法益性或受保护必要性,所以把被害人同意全部定位为构成要件该当性阻却事由。这个问题最终要归结于如何来解释伤害罪中的被害人同意。如果采用的观点是,有被害人同意的情况下,总能否定伤害罪,那么自然就是否定构成要件该当性。但如果采用的解释是,涉及重大伤害的,即使有被害人同意,也不能承认违法性阻却,那么伤害罪的构成要件就要区分为两种:一种以同意不存在为要件,另一种不把同意的有无作为问题。笔者认为,只要没有条文上的根据,宜于尽量避免这样来解释构成要件。此外,笔者认为,身体(特别是要害部位)有近似于生命的性质,在犯罪论体系上表明这一点本身是有意义的。在此,笔者想支持通说观点,即把伤害罪中的被害人同意定位为违法性阻却事由。

即使有被害人同意,也不否定犯罪成立的情况下,与上述第二类和第三类相关,有必要个别探讨不允许法益主体处分的理由。详细探讨是刑法分则的任务,在此一言概之:涉及生命的情况下,生命是自己决定的基盘,是全部价值的基础,因此,即使违反法益主体的意思,也可以考虑以刑法加以保护(这是国家父权主义)。可以承认同意减少违法,所以刑法规定的同意杀人罪相比杀人罪是减轻类型。同意堕胎的情况下,第一次保护的法益是胎儿的生命,孕妇的法益不过是第二次保护的法益。因此,即使有孕妇同意,胎儿生命的法益侵害性仍然存在(自己堕胎也被处罚);因为孕妇的法益侵害性不存在,所以相比不同意堕胎,同意堕胎的违法性减少。猥亵、奸淫未满13周岁幼童的行为即使获得了被害人本人的同意,也要受处罚,这是因为年幼者本来就没有同意能力。年龄相对大的幼童即便有同意能力,但为了幼童的健康成长,纵然违反本人的意思,刑法也保护其免受性行为侵害。在特别法和条例中规定了,即使违反本人意思,也要保护未满18周岁幼童。[16]

四、同意的要件

关于被害人同意的要件,分两个问题进行讨论。问题一是有效同意是否

---

[15] 区别于财产法益,作为文物来保护其价值当然是可能的。《文物保护法》第107条第2款规定,所有者本人实施损坏、丢弃、隐藏重要文物的行为的,也要受到处罚。

[16] 参见《儿童福祉法》第34条和第60条,《儿童买春和儿童色情禁止法》第4条以下,各都道府的《青少年保护育成条例》等。

存在；问题二是在有被害人同意的情况下，是否否定犯罪成立。同意杀人罪的设立明确表明了，这是两个不同的问题。伤害罪的情况下也同样。假如不承认被害人同意阻却违法性，即便如此，因为有效同意的存在可以减少违法性，所以把两者分开讨论是有意义的。

被害人同意有效存在的要求是，法益主体必须有能力理解法益处分的意义和内容，充分理解了此法益处分的意义和内容，在此基础上，自由地、基于真实意思表示同意。杀人罪和强奸罪的案件中，法庭上经常争论的是，自由地、基于真实意思表示的同意是否存在。[17] 在讨论这些问题之前，以下拟首先探讨同意的时期、表示同意的必要性、同意的认识等问题。

(一) 同意的时期

关于同意的时期，一般而言，同意必须在行为时点存在，行为后的同意无效。但是，从结果无价值论的立场出发（从要求结果无价值和行为无价值两者的二元论立场出发也同样），同意必须在法益侵害的时点作出，并且，仅此就足够了。[18] 法益主体是否放弃了法益保护是决定性的，因此，判断时点终归是法益侵害发生的时点。例如，甲想杀乙，把下了毒的饮品递给乙，乙发觉了甲的意图，但一心求死，接过来就喝下去了。在这种情况下，赴死时点有同意，因此杀人罪不成立。教学中更常用到的案例是，甲想杀乙，从远处向乙射箭，乙看到了，心想正是死的好机会，没有躲避，中箭而亡。在上述两种情况下，在递给有毒饮品的时点和把箭射出的时点，能够承认杀人实

---

[17] 例如，被告人独自看护88岁卧床不起的母亲，对前途悲观，决意和母亲一起死，于是对卧床的母亲说："一起死吧。"母亲回答："好。"被告人用母亲的腰带缠在母亲的脖子上，又问了一次："可以吗？"母亲点头。被告人于是就用腰带勒住母亲的脖子，使其窒息死亡。检察官认为，母亲没有认识到被告人的杀意，误认为是在开玩笑，或者，当时正睡得迷迷糊糊的。无论是哪一种情况，承诺都不是真实的意思。对此，法院[横滨地判平成11（1999）年10月6日判例时报1691号158页]认为，"即使被害人没有'想死'这种确定的意思，但完全可能看出有'死也无所谓'这种程度的消极情绪，本案犯行时，被害人感到了被告人认真的样子，回答时认为死也无所谓，由此不能否定基于真实意思作为同意的可能性"，承认同意杀人罪成立。与此相对，不承认同意存在的法院判决如东京高等法院昭和58（1983）年8月10日判决（判例时报1104号147页）。

[18] 参见町野·前注[11]177页；林·161–162页；山口·156页等。

行着手了，但在这个时点同意不存在，因此成立杀人罪未遂。*[19]

同意无论何时总能撤回，因此，即使在行为时点有同意，如果在结果发生时点同意被撤回，也不能承认同意的存在。但是，行为人认为有同意的，可以否定故意。同意不能撤回的情况也存在。例如，电车里的乘客在停车站之间不能下车，因此，客观上处于被拘禁状态，之所以非法拘禁罪不成立是因为有乘客的同意（非法拘禁罪的构成要件该当性被否定）。如果承认总能撤回同意，那么快速列车里的乘客要求在快速列车不停的站台下车时，没有乘客同意、不让其下车就得成立非法拘禁罪了。这是同意不能撤回的情况。但未必清楚的是，为什么限于这种情况同意不能撤回。如果理由是，与铁路公司之间签订了合同，那么恰当的考虑方法是，直接根据合同（约定条款）的效力承认正当化，这是有别于被害人同意的违法性阻却事由。[20]

（二）同意的表示

关于同意是否有必要表示于外部的问题，有两种对立观点，一是有必要表示出来；二是存在于内心就足够了。前者是意思表示说，后者是意思方向说。但意思方向说这种措辞很难理解，因此，笔者认为，把前者称为意思表示必要说，后者称为意思表示不要说才恰当。

内心意思无法完全从外部获知，因此，意思表示不要说也认为，有必要以某种形式示意于外部；意思表示必要说也认为，默示表示即可。由此看来，也许两学说间的差别实际上基本不存在。不过，理论上，违法性会因被害人

---

* 从杀人行为实施到人死结果发生之间介入了被害人的同意，因此，杀人罪构成要件该当行为在中途变为同意杀人罪构成要件该当行为。在这种情况下，人死亡的结果只能被评价为同意杀人罪的结果，而不再是故意杀人罪的结果，因此，一开始的故意杀人罪只能按照未遂认定。此外，罪数认定问题参见注［19］。——译者注

[19] 关于这种情况下的罪数认定，如果考虑重罪吸收轻罪，那么，成立杀人罪未遂。如果认为上述考虑无视人死亡的结果，不恰当，那么也可以考虑杀人罪未遂和同意杀人罪既遂的（狭义）包括一罪。无论如何认定，以下认定都是不恰当的，即重的杀人罪未遂被同意杀人罪既遂吸收，成立同意杀人罪既遂一罪。

[20] 参见拙文「被害者の同意と契約」『西原春夫先生古稀祝賀論文集（1）』385 頁以下（1998年）。深町承认紧急避险的成立［西田等『注釈』352 頁（深町）］。但是，以紧急避险来说明列车运行这样的日常行为是有疑问的。当然，笔者也认为，可能存在例外承认紧急避险的情况［例如，西田等·同前注中举出的情况是，用安眠药让人睡着，将其放入列车中（被迫乘车的人中途醒来要求下车被拒绝时，因为与铁道公司之间没有签订合同，不能基于合同效力阻却违法性。但可以考虑，为了快车中其他乘客的利益和列车运行秩序，不得已禁止其下车，侵害了其人身自由，可以根据紧急避险阻却违法性。——译者注）］。

放弃法益而不复存在,因此,不需要意思表示于外部。[21] 被害人同意不是民法上的法律行为。也有学者从法的安定性角度出发,认为同意表示于外部是必要的,[22] 但这种观点混淆了证明问题和实体问题。表示同意是在开玩笑的情况下,不是基于真实意思,因此,不承认被害人同意,这是通常能够认可的判断。然而,如果重视法的安定性,作出的判断就会是,作出了希望同意被接受那样的表示时,纵然是玩笑,也可以承认被害人同意。在民法中,心里保留原则上有效(第93条),但是,刑法上的被害人同意若非基于真实意思,就不应该得到承认。* 对听玩笑一方的保护通过以错误为由否定故意来实现。**

(三) 同意的认识

为了阻却违法性,有必要认识到同意吗?这个问题和意思表示的必要性问题事实上是相关联的,因为不表现于外部的同意,根本也无法被认识到。但理论上却是不同的问题。实际上也如此,也有学者主张意思表示必要说的同时,采用认识不要说。[23]

这个问题在理论上是主观正当化要素要否的问题,可以与偶然防卫同样来考虑。[24] 即如果从行为无价值论出发认为主观正当化要素必要,那么与防卫意思必要一样,有必要认识到同意。与此相对,如果从结果无价值论出发认为,客观上同意如果存在,法益侵害结果就不会发生,那么没有必要认识到同意。未遂犯成立的可能性也可以与偶然防卫的情况同样来考虑。因为同意存在,所以法益侵害结果没有发生的情况下,也能够以同意不存在、法益

---

[21] 町野·前注[11] 179頁以下;内藤『(中)』594頁;林·161頁;山口·157頁;浅田·205頁;大谷·256頁;西田等『注釈』352頁等。
[22] 参见山中·207頁;高橋·304頁。
* 日本《民法》第93条规定,即使表意者知道不是真实意思,也不会因此而妨碍意思表示的效力。但是,对方知道或者能够知道表意者真实意思的情况下,意思表示无效。这是"心里保留"条款。在日本,没有学者主张,将此条直接适用于刑法,考虑到被害人同意的根据是法益受保护必要性欠缺,很自然就会要求同意必须基于被害人的真实意思,也许是基于这个原因,所以在刑法中不直接适用《民法》第93条。——译者注
** 例如,甲开玩笑说想死,作出了足以让乙相信的意思表示,乙信以为真,杀死了甲。根据原著作者的观点,因为甲表示同意死亡是开玩笑,并非基于真实意思,所以被害人同意不存在;但乙误认为有效同意存在,可以否定其杀人的故意,承认同意杀人的故意,由此处罚减轻。——译者注
[23] 参见山中·208頁。
[24] 参见井田·前注[13] 94頁。但是,在学说中也有观点认为,偶然防卫的情况下,要求防卫意思;被害人同意的情况下,不要求认识到同意(参见曾根·126頁;大谷·257頁以下等)。深町认为,被害人同意可以"绝对地"阻却处罚,未遂犯也不成立。深町晋也「主観的正当化要素としての同意の認識の要否」岡山法学51巻4号761頁以下(2002年)。

侵害结果发生的可能性存在为理由承认未遂犯,当这种可能性能够具体得到承认时,就能肯定未遂犯的成立。

(四)同意能力

被害人同意与民法上的法律行为不同,因此,即使没有民法上的行为能力,也有可能承认同意能力。要求什么程度的精神能力不能一概而论,有必要根据法益侵害的种类和程度等区别解释。[25]

被告人杀死了长子甲等四个孩子后试图自杀。辩护律师主张,5岁11个月大的甲同意与被告人一起赴死。判例[大判昭和9(1934)年8月27日刑集13卷1086页]认为:"没有能力理解自杀是什么,所以应该承认其没有嘱托他人杀害自己或者对杀害作出承诺的资格。"在向精神病患者传授绞首方法、让其自杀的案件中,"一审判决认为,本案被害人连通常的意思能力都没有,不理解自杀意味着什么",由此承认杀人罪的成立。判例[最决昭和27(1952)年2月21日刑集6卷2号275页]认为一审判决正当。后一案例表明,如果连绞首会死都不理解,那么本来就不存在同意。

5岁11月大的被害人没有判断自杀的能力,对此谁都不会有异议。而且即使是未成年人,到了18周岁*,只要没有特殊情况,对生命也(对其他法益也同样)具有判断能力。[26] 问题是,中间这条线在什么地方划。《刑法》规定的刑事责任年龄是14周岁(第41条)。但是,刑法如此规定是因为有刑事政策上的考虑,即对未满14周岁的少年,宜于采用刑罚之外的措施(《少年法》中规定的保护处分)。由此可见,并不是未满14周岁就全部都没有是非辨别能力。[27] 解释被害人同意时也同样,并不是未满14周岁就一概没有同

---

[25] 参见山口·154页。

* 日本《民法》第4条规定,20周岁未满者是未成年人。与此相对,在中国,18周岁未满者是未成年人。——译者注

[26] 被害人,女,18周岁,读高校三年级。男方和被害人相约自杀,被害人死亡,男方独自活了下来。新泻地方法院院长冈支部平成4(1992)年3月24日判决以自杀帮助判处男方2年有期徒刑。被害人的父亲对男方提起损害赔偿诉讼,胜诉。刑事判决内容参见本案民事判决[新潟地判平成5(1993)年1月26日判例タイムズ813号252页]。

[27] 例如,参见山口·254页。判例[最决平成13(2001)年10月25日刑集55卷6号519页]也认为,母亲命令12岁儿子抢劫的情况下,承认儿子有是非辨别能力,母亲是抢劫的共同正犯。(判例的内容如下:首先,少年有是非辨别能力,母亲的指示命令不足以压制少年的意思。少年以自己的意思决定实施抢劫,并且随机应变完成了抢劫,因此,不能承认母亲构成抢劫罪的间接正犯。其次,母亲为本案抢劫制定了计划,教授儿子犯罪方法,提供犯罪用工具,下达了实施的指令,并且事后取得了全部赃物。因此,母亲不成立抢劫的教唆,而是共同正犯。——译者注)

意能力。例如，小学生拿收集的宠物小精灵动漫卡片和朋友交换时，笔者认为，没有必要说，因为没有同意能力，所以对方的行为就构成盗窃；也没有必要认定监护人的包括性同意。当然，即使同样是处分财产的行为，处分财产的价值越高，要求的判断能力也相应越高。[28]

实际上有可能成为问题的是，相约自杀时孩子的同意能力。除了上述5岁11个月大的孩童案件判决，还没有看到其他就此问题争议很大的判决。笔者认为，到了十二三岁就有理解死亡的能力了，但实务上会如何来判断呢？

没有同意能力的情况下，法定代理人能够代理同意吗？代理人同意肯定说和否定说并存。肯定说也并非总肯定，代理人代为同意的范围应该取决于代理权的范围、法益的种类、侵害的程度、是否有利于本人，还有法益主体实质上拥有的能力程度。[29]

一方面，代理人同意否定说的主旨并非不承认父母处分孩子的财产，不承认父母对孩子接受的治疗作出同意。另一方面，代理人同意肯定说也指出，代理人同意与通常的本人同意不同。本人同意时，不需要考虑是否有利于本人，但在代理人同意时，就需要考虑这个问题。无论采用哪种学说，都不会考虑相约自杀中父母能代孩子作出同意。被害人同意的存在意义在于，被害人同意因其存在本身而得以正当化。考虑代理人同意是必要的，但正当化的理由另外存在。代理的问题不是被害人同意的问题，而是基于监护权、法定代理权的正当化，笔者认为，如此考虑是恰当的。如果是财产，对代理人同意可能作出的说明是，这是基于民法中法定代理权的法令正当行为。

(五) 同意的对象和程度

同意的意义在于放弃了法益保护，必须是对侵害结果的同意。因此，即使对实施法益侵害危险高的行为表示了同意，但如果没有认识到结果会发生，也不能承认被害人同意。例如，虽说同意了乘坐酒醉朋友驾驶的车，通常也不能认为，以至于连醉驾事故中受到伤害也同意了。例外的情况是，被害人考虑到了，也许会发生事故、受伤，但觉得无所谓。这种情况下，即使是过失犯，被害人同意阻却违法性也会成为问题。虽然对实施危险行为表示同意了，但对结果发生不同意的情况下，不应该作为被害人同意，而应该作为危险承担的问题来处理，这个问题拟在下一章中探讨。

---

[28] 佐藤认为，盗窃罪中的"被害人承诺"是"关于行为样态的合意"，必须有能力认识到自己丧失了对物的支配，如此才充分（佐藤·前注 [6] 122 页）。但是，这样一概而论是有疑问的。

[29] 参见山口·154 页。

要肯定同意存在，认识到法益侵害结果就足够了吗，还是至少需要容忍？这个问题的答案需要和故意理论一致吗？具体而言，认定故意的内容时采用了容忍说，那么肯定同意存在时也得要求容忍吗；前者采用了认识说，那么后者也只要求有认识就足够了吗？故意中涉及的问题是，能否对行为人进行责任非难；与此相对，被害人同意中涉及的问题是，在什么情况下刑法可以不保护此法益。前者是什么样的情况下可以处罚，后者是什么样的情况下可以不保护，两者指向相反，应该说理论上没有同样解释的必然性。例如，以下考虑也是有可能的，自己决定权的利益只有在积极地想要的情况下才能够承认。但是，如果考虑到为了摆脱疾病、返还借款的苦痛而决议去死那样的情况，把被害人同意限于积极地想要结果发生的情况就范围过窄了。以下案件涉及这一点。

被害人在性虐待游戏中拜托被告人用水果刀刺自己的下腹部。对此案件，判例［大阪高判平成10（1998）年7月16日判例时报1647号156页］首先认定被害人的心理状态是，不希望行为造成死亡结果，在此基础上指出，"是否希望死亡结果未必决定嘱托是否基于真实意思。完全没有意识到自己所拜托的行为会带来死亡时，当然不会是嘱托'杀人'，但是，认识到会带来死亡时，即使不希望死亡结果，也不会妨碍将其解释为基于真实意思的杀人嘱托"，承认了同意杀人罪成立。达到积极地想要、希望的程度是不必要的，在这一点上可以说是妥当的判例。

但是，被害人只认识到了死亡结果，也不能承认同意。被绞杀的被害人虽说想过就这么死了，但并非同意了死，这是自不待言的。为了能够承认同意，不可欠缺超过了单纯认识的意思要素，不想避免结果发生这个意义上的消极容忍和甘愿忍受至少是必要的，这是最低限度的要求。[30]

（六）强制下的同意

同意必须基于自由意思决定。施加暴行、胁迫以至于让被害人失去了意思决定的自由，由此获得的同意无效。关于强制下的同意，一直以来参照的判决是广岛高等法院昭和29（1954）年6月30日判决（高刑集7卷6号944页）。本案中，丈夫甲猜忌妻子乙有外遇，三个多月天天都指责乙，监视乙以防其逃走，一边说"教你怎么去死"，一边死死掐住乙的脖子，用脚踢、用

---

[30] 包括参考文献参见拙文「違法論における自律と自己決定」刑法雑誌41卷2号191页以下（2002年）。

锥、矛的尖头戳其胳膊和腿等部位，进行虐待、施加暴力已经超出常规，还强迫乙立下字据承认通奸事实，并写下"乙，自杀"，一直对乙进行肉体上、精神上的摧残。乙身心俱疲，到了这步田地也不能回娘家，虽然求助警察局提供保护，但没被受理，心想政府方面的救援也无望，与其受到甲变本加厉的摧残，还不如死了。此意已决，在山上树林中上吊自杀了。判决结果是，杀人罪不成立，自杀参与罪成立。判决认为，"所谓自杀是基于自己的自由意思决定杀死自己，自杀教唆是针对自杀者让其产生自杀决意的一切行为，不问教唆的方法。因此，犯人通过胁迫以致让他人自杀的情况下，自杀决意基于自杀者的自由意思时，构成自杀教唆罪；施加的胁迫进一步达到了妨碍自杀者自由作出意思决定的程度时，就不是自杀参与罪了，而应该以杀人罪论处。但本案中，虽然能够承认，前文所述的被告人暴行和胁迫会导致乙决意自杀，并且，被告人预见到乙会因自己的行为而自杀却仍然实施暴行和胁迫，但是，没有确切证据可以据此来承认，被告人的上述暴行和胁迫让乙在丧失意思自由的状态下作出上述决意。因此结论是，应该把本案中被告人的行为解释为自杀教唆。"[31]

但关于强制下的同意，最高法院最近的判例应受关注。本案中，为了伪装机动车颠覆事故，被告人让被害人自杀以获取保险金，对极度恐惧、言听计从的被害人一边施加暴行，一边进行胁迫，反复要求其驾车从崖壁上人车一起滚落海中，实施自杀，使其陷入除了按照命令人车一起滚落海中别无选择的精神状态，结果是被害人连人带车一起从崖壁上滚落海中。对此案件，判例［最决平成16（2004）年1月20日刑集58卷1号1页］认为，成立杀人罪未遂。此案中，被告人错误相信被害人有自杀意思，但判例认为，不应该以此事实否定杀人罪未遂的故意。如果被告人认识到被害人有有效的自杀意思，那么被告人的错误作为事实认识错误，应该否定故意。可以把判例的意思理解为，即使像被告人认识到的那样，被害人有自杀意思，也不能说这里的意思基于自由意思，因此，有效同意不存在。

---

[31] 作为强制下同意的判例常被引用的是最高法院昭和59（1984）年3月27日决定（刑集38卷5号2064页）。本案中，在严冬夜晚，被害人喝醉了酒，又遭受暴行，没有什么气力了。被告人将其带到堤坝上，以间接故意对其说："臭小子，不带开玩笑的，有胆子跳进去吗？"一边威胁，一边把被害人追堵到护堤边，摆出要用木棒打人的姿势。被害人最后无路可逃，无奈之下从3米高的护堤上跌入水中。被告人又用长约三四米的木棒在水面上叩打，让被害人溺水死亡。对此案件，法院认为杀人罪成立。但是，本案被害人对死亡没有认识，所以作为强制下同意的判例引用不贴切。

比较此案件和广岛高院判决的案件时，因为有事实认定的问题，所以比较结论并不确定，但就被害人自由意思丧失的程度而言，两者基本一致（广岛高院判决的案件中更加明显）。那么，广岛高院判例会因为最高法院判例的作出而实质上失去先例的价值（如果说有不同点，广岛高院判决的案件中，被告人并没有直接强迫被害人自杀，这一点有不同＊）。[32]

（七）基于错误的同意

被害人基于错误表示同意时，同意有效吗？在有名的伪装自杀案中，被害人误认为被告人会追随自己去死，被告人借此千载难逢的机会把毒药递给被害人，使其自杀。对此案件，判例［最判昭和 33（1958）年 11 月 21 日刑集 12 卷 15 号 3519 页］认为："被害人受被告人欺骗，预料被告人会追随自己去死，于是决意去死，这个决意明显不带有真实意思、有重大瑕疵。并且，被告人虽然没有追随去死的意思，却欺骗被害人，让被害人误认为被告人会追随自己去死，使其自杀，应该说被告人的行为该当一般的杀人罪。"学说中有力观点也认为："在强化被害人自杀决意时，行为人追随去死这是最为本质的一点，如果没有这点就不可能考虑自杀。正是通过欺骗被害人会追随去死，剥夺了其决意自杀的自由，因此超出了自杀教唆的范畴，应该承认杀人罪。"[33] 在此，"本质"是在如果没有错误认识就不会决意自杀这个意义上来

＊ 在这一点上，两案件有不同，但这一点不同对法官判断是否有影响无从知晓。佐伯教授认为，如果心理上的强制十分强，那么行为人是否在自杀现场并不重要，在这一点上，可以说判例实质上是被变更了。——译者注

[32] 前注［26］举出的新潟地方法院平成 5（1993）年 1 月 26 日判决认定的事实如下。同居中的 18 岁少女乙老实交代，过去与数名男性发生过关系。被告甲心理上受到打击，殴打乙的脸、身体，对其拳打脚踢施加暴行，说"以死谢罪吗？"又从厨房拿出菜刀，立在榻榻米上，说："就在这里切腹去死吧。"乙"嗯"了一声，却没有拿菜刀。被告见状又对乙说："杀我啊"，"为了赎罪怎么都行是吧，让我杀了也行是吧？"让乙答应受死。被告让乙承诺，口授内容："我发誓，今后我的命任凭甲处置。今后，就算甲要了我的命，也绝无怨言。"并让其把上述内容写下来，歃血发誓。被告决意和乙一起自杀，用车载着乙出发，打算利用汽车尾气排放自杀，为此买了塑料管道和塑料胶带，前往自己选定的自杀场所，用塑料管道和塑料胶带封住大部分通风口，递给乙安定剂，用胶带把自己的左手和乙的右手缠在一起，缠了两道，打开阀门向车内灌入汽车尾气，企图和乙一起自杀。笔者认为，想必刑事判决也会作出同样的认定，可以说，这是心理上强制性相当强的案件，却以自杀帮助被处罚。民事判决一方面认为，"（被告的行为）不只是单纯的自杀帮助，应该承担让乙女决意去死的责任"，"刑事判决不过是按照检察官公诉的内容，在此限度内肯定了被告的刑事责任"；另一方面也指出，被害人"虽然有从被告处逃走的机会，却没有逃走，结果，同意与被告一起自杀"，因此，被害人承担 70% 的责任，被告承担 30% 的责任。

[33] 大塚·前注［8］『各論』19 页注 1。

使用的。如果被害人有无错误认识都会自杀，那就不能说错误是重要错误。[34] 以此为限，上述观点妥当。但笔者认为，如果没有错误认识就不会自杀的情况下，全部自杀意思都无效，这个判断不妥当。

这个问题不限于杀人，在被害人同意一般性地成为问题时，也能够同样考虑。例如，虽然不打算付钱却骗说会付钱，让被害人同意被抽血。这种情况下，如果被害人拿不到钱，就不会同意，那么根据判例和通说得出的判断就是，同意无效，伤害罪成立。骗女方说送钻石戒指，诱使女方同意约会、开车兜风、接吻。这种情况下，如果知道得不到礼物就绝对不会同意，那么根据判例和通说得出的结论就是，女方同意无效，在乘车行使这一点上可能成立非法拘禁罪，在接吻这一点上可能成立准强制猥亵罪。但是，上述结论哪一个都不恰当。完全不能想象检察官会在这些情况下以非法拘禁罪和准强制性猥亵罪起诉行为人；即使有检察官起诉，笔者也不认为法院会判处有罪（抑或是，笔者高估了日本检察官和法官的"良心"?）。只说如果没有错误就不会同意，因此同意无效，这样的判断会导致处罚范围过大，有必要进行某种限制。

为了限制处罚范围，学者提出法益相关错误说。该学说只把与当该构成要件所保护的法益相关联的错误解释为重要错误，只有存在这种错误时，才应该认为同意无效。[35] 其理论根据在于，以其他法益错误的存在为理由认为同意无效、进行处罚，实质上是把当该构成要件所保护的法益换成了其他的

---

[34] 最近下级法院审理了如下案件。为了返还自营公司的借款，被告人让情妇伪造了甲所在公司的有价证券共13张，得到了3300万日元。甲给公司和父母带来了麻烦，即决意自杀，用保险金来填补损失。被告人应甲的嘱托，让甲窒息死亡。对此案件，检察官主张，被告人以追随去死欺骗甲，甲在精神上被逼得走投无路，听信了被告人追随去死的谎言，这样的意思决定过程中有重大瑕疵，成立普通的故意杀人罪。对此主张，法院判决［大分地判平成14（2002）年11月22日 LEX/DB28085218］认为："被告人是否追随去死并无太大关系，甲嘱托被告人杀了自己，只能评价为甲的嘱托基于真实意思"，承认嘱托杀人罪成立。

[35] 有关法益相关错误说，早期的论文参见山中敬一「被害者の同意における意志の欠缺」関西大学法学論集33巻3＝4＝5号919頁以下（1983年）；拙文「被害者の錯誤について」神戸法学年報1号51頁以下（1985年）。此后，赞成此说的文献参见浅田・前注［5］300頁；西田・193頁；堀内・184頁；山口・144頁以下；高山・前注［11］56頁以下；島田聡一郎『正犯・共犯論の基礎理論』399頁以下（2002年）等。最近关于这个问题的综合研究参见森永真綱「被害者の承諾における欺罔・錯誤（1）（2・完）」関西大学法学論集52巻3号199頁以下（2002年），53巻1号204頁以下（2003年）；上嶌一高「被害者の同意（上）（下）」法学教室270号50頁以下，272号76頁以下（2003年）；塩谷・前注［12］21頁以下；佐藤・前注［6］；小林憲太郎『刑法の帰責』227頁以下（2007年）。

法益；或者说，为不受骗这个一般性意思自由提供保护，这是不当的。在伪装相约自杀案中，被害人的错误与自己的生命无关，只与对方的生命有关，因此是有效同意，杀人罪不成立，杀人参与罪成立。

关于伪装相约自杀案，以前学者曾提出的主张是，被害人对死本身表示同意的，不过是有动机错误，因此同意有效。但是，姑且不论在判断法律行为的有效性时，区分错误和动机错误是否重要，在考虑被害人同意的有效性时，区分错误和动机错误并不重要。例如，欺骗被害人是癌症晚期将不久于世，给悲观的被害人递送毒药，让其自杀。在这种情况下，被害人对死亡本身没有认识错误，但存在法益相关错误，[36] 因此应该认为同意无效。*

法益相关错误说得到了越来越多学者的支持，同时也受到各种批评。其中最重要的批评是，根据该学说，不能恰当处理紧急情状的错误。批评意见如下：例如，骗狮子的喂养人说狮子逃出围栏要伤人，获得了喂养人同意，将狮子杀死；骗父母说为了救孩子的命需要进行脏器移植，使父母同意捐献自己的脏器。在这两种情况下，对伤害动物这一事实本身和对伤害父母身体这一事实本身没有认识错误，因此不存在法益相关错误，根据法益相关错误说，就会认定为同意有效，这是不当的。[37]

关于紧急情形的错误，骗狮子的喂养人说喂养的狮子逃出围栏要伤人，获得喂养人的同意杀死狮子。在这种情况下，欺骗的内容是，以紧急避险杀伤了狮子也是无可奈何的，这是与法益在法律上的价值相关的错误，能够解释为法益相关错误。[38] 法益相关错误说的要旨在于，不应该为了保护与此法益无关的其他法益而判定同意无效，因此，没有必要对法益相关进行严格解释。

---

[36] 对此提出的疑问参见盐谷·前注 [12] 11 页。

  * 根据动机错误说，被害人对死亡本身没有错误，只是动机错误，因此同意有效。但是，根据法益相关错误说，本案中，被害人错误地认为余命不长，这是与杀人罪保护法益生命相关联的错误，因此是重要错误，同意无效，佐伯教授认同这种解释。——译者注

[37] 斎藤誠二『特別講義·刑法』104 頁以下（1991 年）；林美月子「錯誤に基づく同意」『内藤謙先生古稀祝賀·刑事法学の現代的状況』32 頁以下（1994 年）；林幹人「錯誤に基づく被害者の同意」『松尾浩也先生古稀祝賀論文集（上）』239 頁以下（1998 年）；上嶌·前注 [35] 272 号 78 頁以下；山中·前注 [35] 992 頁以下；山中·209 頁；森永·前注 [35] 52 巻 216 頁以下等。反対意見参見山口厚「欺罔に基づく『被害者』の同意」『田宮裕博士追悼論文集（上）』321 頁以下（2001 年）；山口厚「『法益関係的錯誤』説の解釈論的意義」司法研修所論集 111 号 109 頁以下（2004 年）。

[38] 参见浅田·前注 [5] 299 頁；山口·前注 [37]；田宮『追悼』331 頁。

与此相对,骗父母说为了救孩子的命需要移植脏器,让父母同意捐献自己脏器的情况下,难以把错误说成是法益相关错误。但正如山口教授所言,威胁父母说,如果不提供脏器就杀死孩子,让其同意提供,这种情况下,不能承认被害人捐献脏器的决定基于自由意思,因此被害人同意无效。同理,欺骗说如果不提供脏器孩子就会死,从而获得被害人同意的情况下,从法律视角对获得同意的过程进行客观评价时,可以解释为,与胁迫获得同意的情况一样,同程度让被害人"丧失了自由",因此能够否定同意的有效性。[39]

笔者认为,即使如上这样考虑,在谎称为明星募血、让被害人献血的情况下,也不应该认为同意无效、承认伤害罪。[40] 虽说是以若不献血明星就会死为由进行威胁,但胁迫罪或强要罪尚不成立,却因欺骗就以伤害罪进行处罚,这是不恰当的。

法益相关错误说并非解决同意有效性问题的普遍适用理论,因此,被害人的决定是否基于自由意思和法益相关错误是否存在是不同的问题,必须分别讨论。从案件来看,以欺骗为手段来给被害人施加心理强制这种情况也存在,但这种情况下,重要的不是欺骗造成的被害人错误是什么性质,而是被害人的自由意思是否被剥夺了。[41]

以下级法院判决为例。本案中,被害人是女性,一个人生活(案发时66岁)。被告人以欺骗手段从被害人处获取高额借款,为了不被发现,就虚构事实威胁被害人说:贷款违反了投资法,警察来调查时要进监狱。以逃避警察追捕为借口带着恐惧不安的被害人出逃,17天间辗转多处,让体弱气虚的被害人陷入认识错误,误认为逃到哪里都无处藏身。进而又一直怂恿被害人说,除了自杀无路可走,对被害人进行心理上的逼迫,致使被害人自己吞下农药死亡。对此案件,判决〔福冈高宫崎支判平成元(1989)年3月24日高刑集42卷2号103页〕认为:"此女如果能够正确认识自己所处的客观情况,大概

---

[39] 参见山口·前注〔37〕;田宫『追悼』331页以下;田宫·前注〔37〕司法研修所论集111页。有学者认为,能够肯定法益相关的错误(小林·前注〔35〕227页以下;西田·94页)。另参见西田等『注释』358-359页(深町)。

[40] 参见林美月子·前注〔37〕31页以下。与此相对,肯定伤害罪成立的观点参见森永·前注〔35〕52卷218页。林干人教授强调,意思决定是不是自由应该根据被害人的意思进行主观判断("主观自由意思丧失错误"说)。林幹人·前注〔37〕249页以下。但是,以行为人的价值判断为标准会导致不得不回到判例的立场。

[41] 行为人威胁说"不交钱就要了你的命"时,对行为人而言并非真要杀人,这就是在欺骗对方,但是,这里的欺骗对胁迫罪成立而言不重要。被害人同意的有效性也是同样的道理。

就不会认为形势所逼而决意自杀了，因此，其自杀决意不是真实意思、有重大瑕疵，完全不能说是基于此女的自由意思。因此，本案中的行为让被害人误信上述情况，使其自杀，这种行为不能认定为单纯的自杀教唆行为，而是利用被害人行为的杀人行为。"

本案中重要的一点是，被告人对被害人进行心理上的逼迫，被告人的欺骗不过是为此所采用的手段。如果认为本案被害人在自杀时处于不能基于自由意思作出决定的状态，那么判决承认杀人罪成立就是正当的。为了更好地理解，将本案稍作改编，请考虑以下两种情况。第一种改编是，被告人所说的是真的，即被害人的行为是犯罪，实际上面临警察的追捕，一旦被捕判定有罪，也有可能进监狱。第二种改编是，被害人让被害人陷入错误认识，教唆其自杀，但是没有把被害人与周围人隔离，也没有对其进行心理上的逼迫。多数读者想必会考虑，在第一种情况下，如果被告人利用这种情况，把被害人与周围人隔离，对其进行心理上的逼迫，导致其处于不能基于自由意思作出决定的状态，导致其自杀的，有可能构成杀人罪；相反，在第二种情况下，不能承认杀人罪。如果这样考虑，那么本案中的问题便不是错误的性质，而是被告人对被害人意思的压制程度。

如上，明确了法益相关错误说的可适用范围，法益相关错误说仍然能得到适用。法益相关错误说本来只是表明了考虑方法框架，判断结论取决于把什么解释为保护的法益，把什么解释为法益相关错误，因解释不同而不同。[42] 因此，对这一点的讨论最为重要，而探讨各个犯罪中什么是法益相关错误则是刑法分论的任务。[43]

---

[42] 应该受到关注的动向是，在法益相关错误说的主张者中，有学者开始主张，把法益处分的自由作为法益的构成要素，把法益处分的理由和动机相关的错误也在法益相关的方向上进行解释，扩大学说可适用范围。山口·前注［37］司法研修所論集 103 頁以下。山口厚「法益侵害と法益主体の意思」同編著『クローズアップ刑法各論』16 頁以下（2008 年）。但是，如果对法益处分自由的保护不受当该构成要件约束，结局就会是，将所有动机错误都在法益相关方向上解释，这将是法益相关错误说的自杀行为。批评意见参见小林·前注［35］230 頁以下；松原芳博「刑法総論の考え方（10）」法学セミナー661 号 107 頁（2010 年）；西田等『注釈』361 頁（深町）。

[43] 拙文·前注［35］51 頁以下有一些探讨。讨论近况参见山口·前注［37］司法研修所論集 109 頁以下。参见橋爪隆「詐欺罪（下）」法学教室 294 号 94 頁以下（2005 年）；山口·前注［42］『刑法各論』16 頁以下；拙文「刑法各論の考え方・楽しみ方」法学教室 360 号 101 頁以下（2010 年），362 号 101 頁以下（2010 年），372 号 106 頁以下（2011 年）；西田等『注釈』362 頁以下（深町）等。

请读者注意，法益相关错误说和最近对该学说的有力批评意见有共同的立足点，那就是一直以来根据通说判断时处罚范围过广。评价学说时也同样，在关注各家各派观点的细微不同之前，首先对差异的宏观性把握很重要。关于基于错误的同意，一直以来，学说中支持判例的观点是通说；但现在，毋宁说，反对判例的观点才是多数意见。这样说也许掺杂了些私人感情，* 但现在两学说至少处于势均力敌的状态。

---

* 佐伯教授是把德国"法益相关错误说"介绍到日本的主要学者，并且结合日本法院判决，特别是从刑法分论层面对该学术的适用规则进行了详尽说明，为日本刑法学界对错误问题的讨论做出了重大贡献。相关论文参见佐伯仁志「被害者の錯誤について」神戸法学年報1号（1985年）。——译者注

第十三章

被害人同意及关联问题之二

一、伤害罪和被害人同意

（一）学说的情况

关于伤害罪中的被害人同意，学说中的观点分为四种。①有社会相当性时，违法性被阻却。②原则上违法性被阻却，[1] 但伤害有致命的危险时，违法性不被阻却。[2] ③原则上违法性被阻却，但重大的伤害，具体而言，对身体要害部位造成不可恢复的、永久性损伤时，违法性不被阻却。[3] ④违法性总是被阻却。[4]

首先应该考虑，被害人同意阻却违法性的根据是，同意法益的法益性或受保护的必要性丧失。如果观点①所考虑的是，把伤害罪保护的身体法益之外的利益作为社会相当性的内容，此观点就不妥当。与此相对，如果观点①只把伤害行为的危险性和伤害程度作为社会相当性的内容，此观点最终就会落脚到观点②和③。观点④简明清楚，但会得出的不当结论是：无论造成什么样的伤害，极端地说，即使把被害人伤成植物人，伤害罪也不成立（承认杀人未遂的情况除外），不可罚。笔者认为，观点②同样会得出不当结论，

---

[1] 认为被害人同意的体系性位置是构成要件阻却事由的学者会否定构成要件该当性。但以下讨论时不会特别对两者进行区分。
[2] 参见平野『Ⅱ』254 頁等。
[3] 参见内藤『（中）』588 頁；山中・205 頁等。
[4] 浅田・206 頁；前田雅英『刑法総論講義（第 3 版）』115 頁以下（不过，前田・348 頁不明确）；西田等『注釈』364 頁（深町）等。也有学者认为，即使把同意伤害解释为违法，但如果被害人作出有效同意，也可以否定行为人的正犯性，不能以伤害罪处罚。（被害人是伤害的正犯，行为人是伤害的共犯，根据共犯从属性原理，因为刑法对自伤行为不处罚，所以正犯不处罚，违法性从属于正犯的共犯也没有可罚性。——译者注）参见島田聡一郎『正犯・共犯論の基礎理論』257 頁（2002 年）。另参见山口・163 頁。

只要没有致命的危险，即使切断了手脚，如果被害人同意，违法性也被阻却。笔者认为，如果对同意杀人罪的解释是，生命是自己决定所不可欠缺的基石，杀人的违法性不因被害人同意而被阻却，那么就有充分理由认为，行动自由构成自己决定的自由，遭受重大侵害以至于达到不可能恢复的程度时，重大伤害的违法性不因被害人同意而被阻却。[5] 由此可见，应该支持观点③，切断手足等行为显著损害了将来的行动自由，其违法性不因被害人同意而被阻却。破坏局部大脑的精神外科手术*也同样来解释。为了阻却这些伤害行为的违法性，必须存在治疗行为等其他违法性阻却事由。

在同意不能阻却违法性的情况下，有效同意仍然可以减少违法性，考虑到与同意杀人罪之间的均衡，应该解释为，同意伤害罪的刑罚不能超过7年，这是同意杀人的法定刑上限。

（二）判例的情况

判例〔最决昭和55（1980）年11月13日刑集34卷6号396页〕认为，"被害人对身体伤害作出承诺时，伤害罪是否成立不仅仅取决于存在承诺这一事实，而是应该参照获得上述承诺的动机、目的、伤害身体的手段、方法、损伤部位、程度等诸多情况来决定。像本案那样，以骗取保险金为目的，得到了被害人的承诺，伪装成过失机动车相撞事故，故意让自己驾驶的汽车与被害人相撞，致使其受伤。在这种情况下，上述承诺是为了用于骗取保险金这一违法目的而获得的，是违法的，因此，不阻却此伤害行为的违法性，如此解释是相当的。"判例采用的基本是观点①的立场。在此，判断违法性时，与伤害罪保护的法益无关的利益侵害（这里是欺诈）也考虑在内了，这一点是不妥当的。[6]

从至今为止下级法院作出的判决可以看出，[7] 在两种情况下可以否定伤害罪的违法性阻却：①行为有高度的致命危险；②对同意是否出于自愿有强烈疑问。前者的代表例是，应被害人要求，掐住其脖子进行性交，使其窒息

---

[5] 参见内藤『（中）』588页。

* 20世纪70年代之前，精神脑外科手术作为治疗精神疾病的新技术受到关注，在日本有很多医生积极采用这种手术方法进行治疗。但是，手术的风险是会导致患者失去理智，并且手术的有效性也受到质疑，到70年代中期，在精神疾病治疗领域被否定。——译者注

[6] 参见本书编码第102页以下。判例的结论是，不可罚的欺诈预备也以伤害罪进行处罚，这一点上也有疑问。参见林阳一「判評」『刑法判例百選I（第5版）』44页（2003年）。

[7] 法院判决的详细介绍参见中山研一「被害者の同意と暴行・傷害の故意（1）（2・完）」北陆法学7卷4号1页以下，8卷1号1页以下（2000年）。

死亡。对此案件，例如，东京地方法院昭和52（1977）年6月8日判决（判例时报874号103页）否定被害人同意阻却违法性，承认伤害致死罪成立。判决认为："关于性交中双方合意基础上实施的所谓施虐行为中的暴行、伤害或由此带来的致死结果，只基于被虐者的同意不能阻却违法性，必须评价此行为的社会相当性。问题是，什么样的情况下施虐行为有或没有社会相当性。考虑到性交中基于合意的施虐行为有各种样态，不能一概而论。不过，就本案而言，即便同样的扼颈行为，想以这种至少有危及对方生命的高度危险的扼颈行为来提高性满足程度的，不包括在上述有社会相当性的行为范畴内，如此解释是相当的。"在此，虽然使用了社会相当性要件，但实质上成为判断标准的是，行为是否有危及生命的高度危险性。[8]

后者的代表例是，对基于被害人同意切断其手指的行为，仙台地方法院石卷支部昭和62（1987）年2月18日判决（判例タイムズ632号254页）否定违法性被阻却，承认伤害罪成立。本案中，甲和乙都是暴力团成员，乙指责甲要为其不仁不义做个了断，甲决定切指以谢罪，拜托被告人为其切断。被告人绑住甲的左手小指指根，阻断血流，把指头放在进浴池的台阶上，把开刃菜刀压在手指上，用小锤一敲，切断了小指末节。判决认为："被告人的行为只能说是违反了公序良俗的断指行为。就切指方法而言，也没有根据医学知识采取消毒等恰当措施，完全是野蛮、残忍的方法，不能将这种样态的行为解释为有社会相当性而否定其违法性。"但是，如果只是违反公序良俗就承认伤害罪的违法性，那一定会被批评为混同了刑法和道德。此外本案中，如果被告人有医学知识，采取了消毒等措施，难道就能承认违法性阻却了吗？这也是有疑问的。之所以感觉此案中应该承认伤害罪，是因为对被告人的意思是否自由这一点有怀疑（被指责要对不仁义负责时，被告人如果拒绝了，恐怕就不是切断小指就能了结的）。倘若如此，那么法院应该认定被害人的同意并不自由，如果不能认定，那就应该否定伤害罪成立。如果像最近判例[最决平成16（2004）年1月20日刑集58卷1号1页]那样，不要求只有在

---

[8] 类似判决有大阪高判昭和40（1965）年6月7日下刑集7卷6号1166页；东京高判昭和52（1977）年11月29日东高刑时报28卷11号143页；大阪地判昭和52（1977）年12月26日判例时报893号104页等。与此相对，判处过失致死罪的判决有大阪高判昭和29（1954）年7月14日裁特1卷4号133页。尚有探讨余地的问题是，两者的不同是否因手段的危险性有差别[町野朔「被害者の承諾」西原春夫等編『判例刑法研究2』198页以下（1981年）]。如果手段的危险性没有差别，那么判处过失致死罪的判决就没有作为先例的价值。

完全失去意思自由的情况下才认定被害人的意思"不自由",[9] 那么将本案解释为被害人意思不自由也并非不合适。

如果像以上这样来考虑,那么从观点③的立场出发也大体上能够认可下级法院判决的结论。一方面,关于最高法院的判例,应该重新构建如下。其一,判断伤害的程度、部位、危险性,不能认定为"重大伤害"时,仅以此就应该承认基于被害人同意阻却违法。例如,以诈骗保险金为目的弄伤手指的情况下,以及医生为了帮助犯人逃跑为其进行整形手术的情况下,应该承认伤害罪的违法性阻却(当然,诈骗罪和窝藏罪的成立与否另行判断)。其二,判断伤害的程度、部位、危险性,可以认定为"重大伤害"时,应该考虑以什么样的目的实施了此行为。以保护优越利益为目的实施的治疗行为本来就可以阻却"重大伤害"的违法性。[10] 这种情况下,不是被害人同意阻却违法性,而是作为其他违法性阻却事由的问题来对待,不同的违法性阻却事由都与各自目的相对应,这在理论上简明清楚。

二、推定同意

法益主体现实中没有同意,但如果认识到了事态就会同意,这种情况下就是推定同意。通说认为,有的情况下,纵然没有现实的同意,也可以根据推定同意阻却违法性。[11]

能够承认推定同意的情况有：为了法益主体的利益和为了行为人或第三人的利益。前者一般可以举出的例子是邻居家没人,为了止住邻居家的水龙头流水,进入邻居家（水管塞案件）；有寄给朋友的信,但朋友不在,为了采取必要措施而拆开信件（私拆信件案件）；给丧失意识的患者实施紧急手术（抢救无意识患者案件）。后者可以举出的例子是：朋友不在时,抽了朋友的一根香烟（香烟案件）。但是,抢救无意识患者案件是涉及治疗行为的案件,与一般的推定同意区别对待才恰当。

推定同意的根据在于,法益主体如果认识到现实情况就会同意,因此,

---

[9] 参见山口厚『新判例から見た刑法（第2版）』29頁（2008年）。

[10] 不过,从结果无价值的立场出发,应该将这里所说的目的理解为行为的客观目的,不应该重视行为人的主观。

[11] 学说的情况参见内藤『（中）』612頁以下。与此相对,有学者把一向作为推定同意问题来认定的判例群区分为三类：①现实同意；②根据被害人的价值观,法益价值减少；③紧急避难。参见小林憲太郎『刑法の帰責』249頁以下（2007年）。

第十三章 被害人同意及关联问题之二

判断标准最终应该是法益主体这个人,而不是这个人的意思以外的"理性人"的合理意思。例如,水管塞案件中,即使一般人会同意,但如果此法益主体是极其讨厌他人进入自己家的那种人,就必须基于这种意思进行判断。

问题是,事前作出了关于这种推定同意的盖然性判断,但与事后判明的法益主体意思不一致,这种情况该如何处理?通说认为,这种情况下也同样解释为违法性被阻却,最近,有力观点把这作为"法所允许危险"的一个类型来说明。事前判断与被害人真实意思之间如果客观上存在高度的盖然性,那么,事后看违反被害人真实意思的冒险行为就可以得到允许。

与此相对,山口教授主张,法益主体意思有关的判断错误风险应该由行为人一方承担,事后判明与被害人意思不一致时,不可以承认违法性阻却(应该作为错误的问题处理*)。山口教授对通说的批评是,通说由"与法益主体意思一致"这一违法性阻却事由提出"事前看存在与法益主体意思一致的盖然性"这一有别于前者的违法性阻却事由,这样的考虑方法有可能用于所有的违法性阻却事由,如此一来,所有违法性判断就会变成行为时的事前可能性判断。[12]

但笔者认为,上述批评不妥当。理由是,应该把推定同意和被害人同意理解为基于不同根据的不同违法性阻却事由。时常说,"推定同意在被害人同意的延长线上",但这并不意味着两者的根据一样,也不意味着推定同意单纯是被害人同意的扩张。倘若两者根据一样,那么,事前看被害人同意的盖然性存在时,就必须总得承认推定同意阻却违法性,但不会有人这样主张。被害人同意的根据是,法益主体放弃了对法益进行保护,由此,法益丧失法益性或受保护的必要性;而在推定同意中,因为结果发生时法益主体没有对法益进行处分,所以上述根据对推定同意不可能妥当。推定同意的根据是,所实施的侵害法益行为在事前看具有与法益主体意思一致的高度盖然性,承认这样的侵害法益行为才是(至少中长期意义上)法益主体的乃至社会全体的利益,这是优越利益的考虑方法。

山口教授也并非一概不承认基于事前盖然性判断的违法性阻却。以逮捕行为为例,事前看是犯人的盖然性存在,虽说事后知道了不是犯人,也不可以向前追溯认为逮捕违法。接下来谈的治疗行为也是如此,事前看有治疗效

---

* 这里的错误是指,误认为被害人作出了有效同意,根据限制责任说,作为违法性阻却事实有关的错误来对待,阻却犯罪的故意。——译者注

[12] 参见山口·169页。

果的盖然性存在，基于这种事前的盖然性能够承认违法性阻却，虽说事后看没有治疗效果（甚至患者情况比治疗前更加恶化），也不会事后变成违法。像这样，虽说在法律和解释中承认以事前的盖然性为要件的违法性阻却事由，但这不意味着，其他的违法阻却事由全部都变成事前判断。同样，虽说根据事前的盖然性判断承认了推定同意阻却违法性，但不意味着，其他的违法性阻却事由也会变成事前判断。

当然，虽说承认有可能存在着基于事前盖然性的违法性阻却事由，但这并不意味着推定同意就是这样的违法性阻却事由。笔者认为，最后问题归结为，让哪一方承担"判断错误"的风险妥当，这是价值判断。通说的考虑是，视情况可以让被害人承担"判断错误"的风险。笔者认为，结论是能够支持这种考虑。理由是，行为人是为了法益主体的利益，让这样的行为人承担错误的风险会导致社会上利他行动萎缩，不妥当。[13]

通说本来就没有说，只要有获得被害人同意的盖然性，让被害人承担"判断错误"的风险就总可以正当化。通说一向只举几个能承认推定同意的案例，并没有充分讨论在什么样的条件下让被害人承担"判断错误"的风险可以正当化。本书不能进行彻底的讨论，但作为思考的方向，笔者认为，应该如下这样来考虑问题。

第一，有必要尽可能减小"判断错误"的风险。为此，①以法益主体为标准，尽可能减小"判断错误"的可能性（因此，事前的盖然性判断和事后的意思有差池的情况实际上是罕见的，反过来说，判断时一定要避免差池）。②应该把推定同意阻却违法性限定于比较轻微的法益侵害。由此，应该作出的解释是，基于推定同意伤害身体、造成重大财产损失的，不允许。抢救无意识患者的情况下，基于患者的推定意思采取紧急手术，也是可以允许的，但如前文所言，这不是一般的推定同意的问题，而应该作为治疗行为中患者推定同意的问题来对待。*

第二，笔者认为，让被害人承担"判断错误"的风险应该限于行为对被

---

[13] 无论作为错误问题来解决，还是作为违法性阻却来解决，都是不可罚。但前一情况下，行为被评价为违法，背负污名，（视情况）有可能成为正当防卫的对象，因此，与后一种情况相比有更多的不利之处。但西田认为，也有可能是多管闲事，"小善心，大麻烦"，对本书提出的价值判断抱有疑问（西田·195页）。的确，如此说来，也不无道理。

* 治疗行为的特殊性在于，为了患者的福祉实施，并且有治疗效果，其本身是有一定社会价值的行为，这与单纯伤害身体的行为不同。——译者注

害人而言有利的情况。在这个意义上，能够理解，有学者主张把推定同意限定于为了法益主体利益的行为。[14] 但是，为了行为人或第三人的利益时也同样，维系亲密友人关系是法益主体的利益。[15] 如果这样考虑，那么在广泛意义上，可以认为也考虑到了法益主体的利益。因此，虽说为人和善，但也不会因此就说，一个毫不相干的人可以擅自夺我的烟。此外，应该考虑，让被害人承担风险的程度会因被害人的预期得利程度不同而不同，因此，相比为了被害人利益的情况，为了行为人或第三方利益的情况下，根据推定同意所容许的法益侵害程度应该受到限制。即使允许未经同意从朋友处借款100日元，也未必允许未经同意借款10万日元。

第三，对现实中一般能得到同意的情况进行类型化整理，在类型化程度高的情况下，推定同意阻却违法性的必要性应该得到承认。现实中不能得到同意的情况下，不可以承认推定同意，这是"补充性原则"，曾作为推定同意的要件被要求。但即使行为时满足了"补充性"，在事前得到同意不困难的情况下，承认推定同意的必要性会减少。有必要以推定同意来阻却违法性的是水管栓案件那样的突发事态、事前得到同意困难的情况。

也许有人会认为，以上这种考虑过分限制了推定同意。但是，能举出的推定同意的例子一向就不是那么多，与过去的解决情况相比，以上这种考虑并不会明显限定推定同意的范围。关于私拆信件案件，在隐私利益开始受到重视的今天，应该承认推定同意阻却违法性吗？笔者认为，有质疑的余地。

考虑在什么范围内承认推定同意时，也有必要考虑以下四点。

第一，事前存在包括性同意时，能够承认违法性阻却，不需要考虑推定同意的问题。作为推定同意处理的案件中，能承认事前包括性同意的情况也很多。例如，如果总是和朋友借烟，这种情况下能够承认事前包括性同意。

第二，有的情况下，即使不能承认推定同意阻却违法性，也有可能承认其他的违法性阻却，因紧急避险和治疗行为而阻却违法性的情况特别重要。例如，邻居家着火了，邻居不在，为了灭火破窗而入的情况下，即使不能承认推定同意（即使邻居是那种绝对不允许他人进到自己家的人），多数也可以作为紧急避险承认入户。

第三，法益侵害极其轻微时，即使不能承认推定同意阻却违法性，也存

---

[14] 参见川原広美「推定的同意に関する一試論」刑法雑誌25卷1号99頁（1982年）；吉田宣之『違法性の本質と行為無価値』285頁（1992年）。

[15] 参见松宫·129頁。

在着不能承认可罚违法性的情况。例如，借一下朋友的自行车会作为推定同意的案件被举出，这种情况下不需要考虑推定同意，因为不能承认（从可罚违法性视角所要求的）不法领得的意思，所以盗窃罪不成立。

第四，即使违法性、责任、犯罪成立都能得到承认，但如果侵害的是轻微法益，被害人事后对此表示允许的，事实上也不会成为刑事案件（现实生活中这种情况也多数存在）。

如果考虑上述几点，推定同意的范围就可以得到限定了，这是笔者目前的考虑。

三、治疗行为

综上，可以清楚地看到，当治疗行为（医疗行为）是治疗效果能够期待的恰当医疗行为时，违法性被阻却；而被害人同意存在本身就阻却违法性，两者的正当化根据不同。[16] "医生切断因冻伤而染上炭疽病毒手指的行为和暴力团首领切断为女人有不义之举的暴力团成员手指的行为"意思完全不同。在被害人同意中，同意是违法性阻却的"基础"，而治疗行为中的患者同意是防止医疗擅断、给违法性阻却圈定界限的"栅栏"。[17]

由于上述的理论差异，被害人同意和治疗行为主要有如下不同。

第一，关于重大伤害，即使有被害人同意，也不会阻却违法性；但治疗行为是否阻却违法性需要讨论，如果是正当的治疗行为，即使是有致命危险的手术，也可以得到允许。

第二，相比被害人同意，承认治疗行为中患者意思所采用的标准宽松。[18] 例如，相比一般的被害人同意能力，治疗行为中患者的同意能力要件更宽松。而且，相比一般推定同意，患者的推定同意也在更广的范围内能得到承认。

---

[16] 治疗行为相关的重要问题有安乐死和尊严死，本书无暇介绍，对此问题以及相关文献有兴趣者请参见上田健二『生命の刑法学』（2002 年）；甲斐克则『安楽死と刑法』（2003 年）；同『尊厳死と刑法』（2004 年）。笔者的简要探讨参见拙文「判評」『刑法判例百選 I 総論（第 5 版）』42 頁（2003 年）；「末期医療のあり方」ジュリト1251 号 104 頁以下（2003 年）［樋口範雄編著『ケース・スタデイ生命倫理と法（第 2 版）』（2012 年）収録］。

[17] 参见町野朔『患者の自己決定権と法』172 頁（1986 年）。最近研究参见小林公夫『治療行為の正当化原理』（2007 年）。

[18] 町野・前注 [17] 177 頁以下有详细的讨论。

四、危险接受

对危险行为的实施表示同意，却不同意法益侵害结果，在这种情况下，不能承认被害人同意。相关讨论涉及"危险接受"的问题。问题的讨论以越野赛车案件判决［千葉地判平成7（1995）年12月13日判例時報1565号133頁］为契机。被告人是新手，在练习越野赛车时，驾驶操作错误，导致车辆失控，撞上了防护栏，坐在车里指导被告人驾驶的被害人死亡。对本案，判决认为，被害人把被告人的驾驶方法和死亡结果作为自己要面临的危险予以接受，结果发生，此危险得以实现；并且，也不能说欠缺社会相当性，因此，否定业务上过失致死罪的成立。

关于危险接受的问题有如下观点：①作为违法性阻却问题处理；②作为正犯性问题处理；③作为因果关系或客观归责问题处理；④作为包括过失在内的责任问题处理。[19]* 这些观点的论证根据并非相互排斥，有必要分别探讨。不过，解决越野赛车案件那样的案件时，笔者认为，基本上应该作为违法性阻却处理。理由之一是，以违法性阻却之外的方法来解决时，即使能否定刑事责任，行为的违法性仍然存在。对违法行为，正当防卫是可能的，但在拳击比赛中，选手要击中对手时，承认对选手进行正当防卫是不合理的。理由之二是，只说被害人认识到了危险，接受了此危险，并不能否定行为人的刑事责任。例如，虽说接受了危险，但不能否定打架当事人的刑事责任。喝醉了不能正常驾驶的人亲自驾车载着朋友的情况也一样。虽说朋友接受了危险，但不能否定醉驾者的刑事责任。为了恰当地判断被害人接受危险时行为人的可罚性，有必要把行为的社会有用性也考虑在内，与这样的判断框架

---

[19] 学说详情参见島田聡一郎「被害者による危険引受」山口厚編著『クローズアップ刑法総論』124頁以下（2003年）；塩谷毅『被害者の承諾と自己答責性』332頁以下（2004年）；東雪見「法益主体の危険引受（1）（2·完）」上智法学論集47巻2号69頁以下（2003年），3号77頁以下（2004年）；西田等『注釈』373頁以下［深町］等。

* 根据观点②，接受危险的被害人是正犯，其本身不可罚，行为人是共犯，根据共犯从属性，共犯行为也不可罚。根据观点③，作为因果关系或客观归属问题处理时的考虑方法是，被害人的危险接受介入，把结果归属于行为人和被害人哪一方恰当。根据观点④，作为过失责任问题处理时的考虑方法是，注意义务违反分违法和有责两个阶段判断，违法解释以一般理性人为标准，行为人因为没有能力履行注意义务，所以其实施的行为客观上具有违法性，为了避免以行为人能力欠缺为由否定主观上的责任，危险接受理论被提出。根据该理论，行为人知道或可能知道没有履行义务的能力以及由此带来的风险，却仍然实施行为的，能够承认主观上的责任。——译者注

相符合的是违法性阻却的判断。

最近，岛田教授提出的观点是，被害人在行为时的确认识到了可能造成结果的危险，但不希望结果发生时，一般情况下会回避危险，试图保护自己。因此，如果被害人不使用此能力，并因此导致结果发生，即使行为时只存在轻微危险，结果发生是异常情况，也应该否定因果关系和结果归责。越野赛车案件就是这种情况。并且，岛田教授认为，这种情况下，因为不能承认危险创设，所以也不能是正当防卫和紧急避险。[20] 对上述主张可以提出的质疑是，行为与结果之间有第三方过失介入的情况下，只要第三方过失不是重大过失，就不能否定法律上的因果关系；同理，被害人即使没有使用回避危险的能力，但只要不是重大失误，就没有必要否定法律上的因果关系。[21] 倘若如此，那么，笔者认为，包括越野赛车案件在内，多数危险接受的案件中都难以否定法律上的因果关系（危险创设）。

体育竞技中的规则是为了让危险减少而制定的，行为遵守这些规则时，将其有益性也考虑在内，应该承认违法性被阻却。[22]

山口教授认为，能够承认危险接受时，危险行为的完成本身就是被允许的；既然被允许，那么为了完成危险行为，对行为人而言完全不能回避的结果纵然发生了，也可以否定结果回避可能性或过失。[23] 但前提性的问题是，完成有致命危险的行为在什么情况下可以得到允许。如果行为被允许了，那么是否还有必要像山口教授那样，来说明不能就结果追究刑事责任。这是有疑问的。例如，手术有致命危险，但如果手术作为治疗行为被允许了，那么，结果即使患者死了，治疗行为也没有违法性，对此进行说明时，通常不会说没有避免结果发生的可能性、没有过失。* 如果结果发生在由行为通常可以预

---

[20] 岛田·前注[19] 149 页以下，152 页注 103。
[21] 参见小林·前注[11] 181 页。
[22] 参阅拙文「違法論における自律と自己決定」刑法雑誌 41 卷 2 号 186 页以下（2002 年）。另参见小林憲太郎「判評」『刑法判例百選 I 総論（第 5 版）』113 页（2003 年）。
[23] 山口·170 – 171 页。

* 治疗行为的特殊性在于，其一，不仅伴随着风险，而且可期待的治疗效果；其二，在获得了患者同意的前提下实施。根据治疗行为的特殊性，医疗上的过失判断分为如下三种情况。一是客观上恰当的治疗行为本身就是违法性阻却事由，因此，手术作为恰当的治疗行为被允许时，可以否定手术的违法性；纵然预见到危险，结果发生了，也不构成过失犯罪。二是手术在客观上得不到正当化时，如果不能预见到结果的发生，过失犯罪也不成立。三是手术在客观上得不到正当化，行为人没有认识到违法事实，且对违法事实的不认识中无过错，过失犯罪也不成立。——译者注

想到的范围内，就应该解释为，容许了行为的当然效果就是容许此结果。[24]

五、结语

分两回讨论了被害人同意及关联问题，但是，与被害人同意相关联的诸问题的讨论只是走马观花。学习刑法的本科生和硕士生有必要掌握的基本知识点是，被害人同意和与其相关联的其他违法性阻却事由之间的不同，掌握了这个问题就足够了。

---

[24] 参见島田·前注［19］161頁；小林·前注［11］276–277頁。

第十四章

故意论之一

一、序言

本章是故意论的第一回，拟解决间接故意的问题。* 正式讨论前，请阅读以下事例。

X是个耍戏法的年轻人，在表演中用刀切断了妻子的颈部动脉，致其死亡，以杀人罪被起诉。X此前一直因妻子婚前和朋友之间的关系而心生嫉妒，

---

* 本章中出现了若干意思相近用语，为了帮助读者更好地理解本章节，译者对相关用语进行如下说明（日语词汇意项参见岩波书店出版的《广辞苑（第6版）》；德语翻译参见成文堂出版的《和独法律用语辞典（第2版）》）。其一，在本章一开始，故意被区分为意图（意欲）、直接故意和间接故意（dolus eventualis, bedingter Vorsatz）三类。由此可见，故意和意图的含义不同，前者的范围比后者更为广泛。"意图"有两个意项，一是考虑、想法；二是以实施为目标。"意欲"有两个意项，一是积极地想做某事的心情；二是从各种动机当中选择一个并以此为目标的自觉意愿活动。根据佐伯教授的说明，这两个词的含义基本相同（不过，佐伯教授也承认，意欲有让人感到更加积极的意味），由此可以理解原著中"意图（意欲）"这种书写形式。根据本章注释[2]中的说明，在日本，很多时候也会将意图（意欲）和确定性故意统称为确定性故意。其二，日语的"意思"对应的德语是"Wille"。"决意"是指下决心。"认识"对应的德语是"Erkenntnis"。"表象"对应的德语是"Vorstellung"，这是哲学或心理学的用语，是指基于感知外部对象在意识中所表现出来的像。根据内藤博士的观点（本书编码第239页），决意是"意思性要素"；表象是"认识性要素"。因此，虽然存在"让犯罪产生的意思（决意）"（本书编码第239页）这种表述，但译者认为不宜将"意思"和"决意"直接等同。在行为意思的相关论述中，如佐伯教授所指出的那样，虽然认识说的观点是，意思性要素不过就是"行为意思"，但意思说的观点却是，只有"行为意思"不足以肯定"意思（决意）"。经与佐伯教授确认，其也认为"决意"这个词的含义与"意图"、"意欲"、"意思"三个词的含义不同。其三，日语的"意识"（出现场所分别为本书编码第247、253、254页）对应的德语是"Bewusstsein"，是指认识、思考的心理性活动；相对于感知，意识是纯粹的内心层面的精神活动。由此可见，不宜将"意识"和作为表象性因素的"认识"直接等同。其四，"希望"和"愿望"的含义相似，不过，在文章中，佐伯教授在实现的可能性小的情况下会选择使用"愿望"（参见本书编码第242、249、252页）。——译者注

并因此讨厌甚至无法忍受与妻子一起生活，想过妻子要是死了就好了。事件发生前夜，X 与妻子发生口角，情绪激动时动了念头：与其窝窝囊囊生活、痛苦下去，为什么不杀了妻子一了百了，杀了之后怎么样都行，无所谓。到第二天早上，X 已经没有这样的念头了，但是，在舞台上手持刀子面对妻子的一瞬间，X 感到危险。关于那时的心情，X 对法官作了如下自白。

"我想过，如果不尽量绷起神经来做，就危险了。今天变得兴奋，神经变得敏感，我想我必须尽量镇定。但是，打心底觉得累，无论如何都想平静下来却身不由己。从那时起，我似乎感觉不能再相信自己的技术了。""刀离开指尖时，好像什么东西粘在上面一样，稍稍有一点妨碍。我感觉自己也不知道刀会刺向哪里。每一把顺利掷出去时，我都觉得（太好了）庆幸。我想平静下来，平静下来。但这反而让我感到手腕越来越不灵活。向着脖子的左侧掷出一把。下一把想朝向右侧掷，妻子突然露出不可思议的表情，好像突然感到了强烈的恐怖。妻子预感到了那把刀会飞来刺中自己的脖子吗？这我不知道。我只是感觉妻子那强烈恐惧的表情也同样强烈地映射到了我心里。我觉得有点晕眩。但就那么全凭力气掷出了手里的刀，眼前几乎什么都看不见，没有目标……"

案发后，X 马上感到故意杀了人，装作过失，但那时自己也不知道是故意还是过失，心里变得不愉快。对妻子的死完全没有悲恸。X 说完走出房间，法官马上提笔当场写下"〇罪"。

如果你是法官，会在〇处写什么罪名呢？大家都知道，这个事例摘自志贺直哉的小说《范某的犯罪》，X（范某）的自白从小说中一字不差地引用了下来（岩波文库《小僧的神灵等十篇》）。作者并不是想在这部小说中描写现实中的审判，[1] 把这个事例作为现实发生的案件考虑一下只是觉得有意思。想增添些趣味，请大家在读下文之前，读一下这个事例，然后思考一下是否能够承认 X 的间接故意。

---

[1] 小说的作者把 X（范某）和法官当作抽象的存在来描写，并不是想叙述现实生活中的审判。小说中的法官宣告"无罪"，而这只不过是对艺术家心情的一种艺术上的评价。志贺直哉在小说《在城崎》中写道："写了（范某）杀妻子。"也许作者考虑过，范某的行为即使艺术上无罪，现实生活中也是有罪的。当然，作者是不是有意识地在故意杀人的意义上使用"杀"这个词语，尚不确定。但在《范某的犯罪》中，范某的供述是："想过赶快杀了。"法官问他这是不是意味着有故意，他回答"是"，因此，有意识地使用"杀"这个词语的可能性是存在的。

二、间接故意的相关学说

故意可以分为意图（意欲）、直接故意和间接故意。[2] 日本刑法只规定了一种故意犯，[3] 有力观点认为，背信罪中的加害目的、诬告罪中使他人受到刑事或惩戒处分的目的是故意的特殊样态，要求对结果的意欲或确定性认识。[4]

围绕故意的本质，众所周知，存在认识说（表象说）和意思说（希望说）的对立。关于间接故意和有认识过失的区别，在认识说的立场上又提出了盖然性说；在意思说的立场上又提出了容忍说。还提出了动机说，欲把两者综合在一起。也有学者认为，认识说和意思说之间本来就不存在本质的对立。例如，内藤博士就认识说和意思说的对立有如下说明："故意作为犯罪事实的认识，是犯罪事实的主观反应，但不只是与犯罪事实的认识相对应，也是让犯罪事实发生的意思（决意）。这是因为，如果不认识犯罪事实，那么让犯罪事实发生的决意就不可能存在，但是，只是认识到犯罪事实，去实施犯罪行为也是不可能的。在此，为了有故意，表象这一'认识性要素'和决意这一'意思性要素'都是必要的。不过，因为认识了犯罪事实（表象），实施了犯罪行为，所以让犯罪事实发生的意思（决意）当然存在。在这个意义上，可以说，在故意概念中意思性要素有无这个问题上，认识说（表象说）和意思说之间并不存在着本质的对立。"[5]

正如内藤博士所言，认识说也并非无视意思性要素。但正如内藤博士自己所承认的那样，认识说要求的意思性要素不过是指行为意思，这种行为意思在认识到犯罪事实却实施行为的情况下总能得到承认。意思说着眼的问题

---

[2] 在日本，也有很多情况下，将意图（意欲）和确定性故意统称为确定性故意。为了认定被告人的犯行情节，确定性故意和间接故意的不同是重要要素。东京高等法院昭和42（1967）年4月11日判决（判例タイムズ210号218页）认为，虽然能够承认确定性杀意，但是，原判决错误认定为有间接杀人故意，这一错误认定明显影响了判决结果［与此不同的法院判决参见札幌高判昭和38（1963）年12月17日高等法院刑事判例集16卷9号809页］。

[3] 旧刑法规定："一开始就预谋杀人者构成谋杀罪，处以死刑"（第292条），"故意杀人构成故杀罪，处以无期徒刑"（第294条），区分了谋杀和故杀。现在也同样，在刑事裁判中，判断被告人的情节时会重视犯行是不是有计划，特别在判断是否适用死刑时有重要的意义。

[4] 例如，参见团藤重光『刑法綱要各論（第3版）』111頁、656頁（1990年）；大谷実『刑法講義各論（新版第3版）』321頁、609頁（2009年）（不过，诬告罪的目的有间接认识就足够了。大谷実・597頁）等。

[5] 内藤『(下Ⅰ)』894頁。

是，只以这样的行为意思是否可以肯定"存在让犯罪事实发生的意思（决意）"，在此之外是否有必要加上α。因此，不能断言两学说间"不存在本质的对立"。两学说之间，或者分别以两学说为基础所主张的盖然性说和容忍说之间，虽然表面上不同，但结论也许本来就没有不同，在这个意义上，也许仍然要说"本质的对立不存在"。下文进行探讨。[6]

（一）盖然性说

盖然性说以认识说作为基础，区分间接故意和有认识过失的根据是，行为人在考虑犯罪事实实现的可能性时是否认识到了有盖然性。这里所谓的盖然性意味着多高程度的可能性未必清楚，但既然盖然性说区别于认识说被提出，那么可以说，盖然性超过单纯的可能性，要求某种程度的高度可能性。

盖然性说的基础是认识说，对认识说的批评是，无视意思性要素，或不能对认识这件事本身进行非难。但无论哪一种批评都是基于对学说的误解。认识说的代表学者牧野博士明确指出："我们立足于认识主义探讨时，在认识到一定事实却仍然决意实施行为的情况下，承认犯意成立，像这样把认识和决意结合在一起考虑，如此对理解犯意的规范性意义而言完全足够了。"[7]

对盖然性说常有的批评还有，单纯的可能性和盖然性之间的区别不清楚。但是，通说在判断未遂的成立时期时，也根据是否存在结果发生的现实性危险来判断实行的着手时期，这样的判断与盖然性判断之间没有本质的不同。[8] 也有批评意见认为，"故意和过失不是程度的差别，而应该是质的差别。"[9] 但是，程度有差别的是认识的对象，故意和过失是根据对盖然性认

---

[6] 对各种学说的批评意见参见内藤『（下Ⅰ）』1083 页以下。最近的综合性研究参见玄守道「故意に関する一考察（1）～（6・完）」立命館法学 299 号 181 页以下、302 号 96 页以下、306 号 95 页以下、313 号 54 页以下（2005 年－2007 年）。考虑到裁判员裁判，再度研究杀意概念的成果参见司法研修所編『難解な法律概念と裁判員裁判』14 页以下（2009 年）；拙文「裁判員裁判と刑法の難解概念」法曹時報 61 巻 8 号 1 页以下（2009 年）；玄守道「裁判員裁判のもとにおける未必の故意」龍谷法学 42 巻 3 号 568 页以下（2010 年）；遠藤邦彦「殺意の概念と証拠構造に関する覚書」『植村立郎判事退官記念論文集―現代刑事法の諸問題（第 2 巻）』199 页以下（2011 年）；下津健司「殺意の認定における『要件事実的思考』」『植村立郎判事退官記念論文集（第 2 巻）』229 页以下等。

[7] 牧野・303 页。

[8] 齐藤教授认为，以普通的法益尊重的感觉来看，"盖然性"是指可能性必须足够高，达到了与不想实施行为无差别的程度，如果以是否达到了这个认识来进行区别，那么基准算是明确的。齊藤・98 页。

[9] 参见平野『Ⅰ』187 页。

识的有无来区分的，因此，两者之间有质的差别。本来，提出这样批评的人也必须承认，只认识到显著低的可能性（即使结果像认识到的那样发生了，法律因果关系被否定）时，否定故意，因此，这里是根据所认识到的可能性的程度来判断故意的有无。

对认识说也有批评。批评意见是，即使认识到结果发生的盖然性，但因为信任自己的技术，认为结果不会发生而实施了行为时，应该不能承认故意。但这个批评也是基于对认识说的误解。即使盖然性的认识在行为人的心头掠过，但在去实施行为的时点，认为结果不会发生的，对结果也是没有盖然性认识的。在讨论认识说和盖然性说时，反复都是这种基于误解的批评。讨论中应该明确认识到的是，在既遂犯和未遂犯中所讨论的故意始终是实行行为时点的认识。

对盖然性说的批评还有，医生成功的可能性很渺茫，但期待成功，所以为濒死患者实施了手术，这种情况下，根据盖然性说会肯定故意，根据容忍说会否定故意，肯定故意的结论"无论如何都不恰当，这无可置疑"[10]。但是，在此案件中，否定犯罪成立的第一顺位根据是治疗行为阻却违法性，而故意有无是第二顺位的问题。* 此外，难道根据容忍说就能否定故意吗，本来这也是有疑问的。虽然手术成功的可能性甚微，但医生是希望手术成功的，医生通常会想，即使手术失败患者死亡，这也是无可奈何的（虽然手术成功的可能性甚微，医生却认为自己绝对不会失败，倘若真有这样的医生，那是相当"吓人"的医生）。倘若如此，那么根据容忍说也理应是不能否定（构成要件的）故意。[11]

对盖然性说最重要的批评是，即使结果发生的可能性低，但只要意图结果发生，就应该承认故意。例如，意图杀掉远处的人，努力瞄准开枪的情况下，即便射中的可能性低，也应该承认故意。支持盖然性说的前田教授对上述批评意见提出的反驳是："如果向人开枪时认为有某种程度的命中率，那就

---

[10] 福田·113 頁注 2。

   * 客观上恰当的治疗行为本身就是违法性阻却事由。因此，当客观上是恰当的治疗行为时，即使医生认识或预见到结果会发生，并且，结果也实际发生了，但因为行为的违法性被阻却，所以不存在过失。——译者注

[11] 例如，以诈取保险金为目的在家放火时，如果认识到了，家里的人没有及时逃跑被烧死的可能性非常高，那么，即使希望家里的人无论如何要逃生，自己也努力实施了救助，也仍然能够承认间接故意。

是有杀意"，盖然性这一用语不恰当。[12] 但是，学说的名字姑且不论，行为人认识到的结果发生的可能性即便是低，但只要不是显著低，就承认故意，倘若是这样，那么盖然性说与认识说的差别就不复存在了，盖然性说也就丧失了主旨。前田教授认为："盖然性说"之所以正确是因为，"根据此学说可以避免作出如下判断，即即使认为结果发生的可能性非常低，理应不会发生，但只要希望发生、有此意欲，就有故意。"[13] 但是，行为人如果认为"应该不会发生"，那么这种"意欲"不过是单纯的愿望，从意思说出发也明显不能承认故意。意思说并不是认为如果有意思就承认故意，而是认为有必要在犯罪事实的认识之外再加上意思。

行为人意图结果发生的情况下，即使只认识到了结果发生的可能性低（当然要达到能承认实行行为性的程度），也应该承认故意。对此，包括前田教授在内，学说上的理解是一致的。前田教授想只用行为人认识的程度来说明结论，因此丢掉了盖然性说本来的内容。要避免发生这个问题，所采用的说明应该是，盖然性说是区分间接故意和有认识过失的标准，有意欲的情况在盖然性说的解释范围外（可以认为，盖然性说本来就是这样的学说）。[14] 如果这样来解释，承认故意的标准就会区分为两个，一个是有意图的情况，另一个是没有意图的情况，如后文所见，并非只有盖然性说存在分情况讨论的问题。

（二）容忍说

容忍说以意思说为基础，[15] 认识到了犯罪事实存在的可能性时，根据是否容忍犯罪事实来区分间接故意和有认识过失。从意思说出发，也有可能把故意限于意图结果发生的情况和认识到结果确实会发生的情况，但在日本没有学者主张这样的观点。

如果容忍说认为，结果即使发生了也"可"，把故意限于积极肯定、承认

---

[12] 大谷实＝前田雅英『エキサイティング刑法総論』136 頁［前田］（1999 年）。
[13] 大谷・前田・前注［12］132 頁（前田）。
[14] 参见斋藤・98 頁。前田教授也没有否定要考虑意图和容忍等意思性要素。参见前田・223-224 頁。
[15] 有的情况下，符合构成要件要素的事实当中，是否预见到了这些事实会成为问题，而对此的意欲不会成为问题。不能意欲的事实例如，对象是赃物这一事实、性行为的对象是不满 13 周岁的幼女这一事实等。参见井田良「故意をめぐる諸問題」現代刑事法 5 号 104-105 頁（1999 年）。但是，因为能够意欲取得赃物、与未满 13 周岁的幼女性交，所以，这不能说是对意思说的本质批评。

结果发生的态度（"积极容忍"）能够得到承认的情况，那么可以说该学说的内容是比较明确的。但是，容忍说的主张者一般认为，如果这样来解释，那么故意的范围过于狭小；结果即使发生也"没有办法"、"不介意"这样的消极态度存在时，也会肯定故意。

　　对容忍说的第一个批评是，因为容忍是情绪性要素、感情性要素，与意思不同，所以不会成为故意的内容。容忍说的主张者也承认容忍是情绪性要素，因此，问题在于，根据这样的情绪性要素来区分故意和过失是否恰当？容忍说认为，所谓责任，是对行为人人格的非难，根据情绪性要素的有无，非难程度会不同。笔者认为，如果采用的立场是把故意作为责任要素来把握，那么这样理解并非不可能。但是，如果采用的立场是把故意作为违法要素来把握，就难以这样来理解了。[16]

　　对容忍说的第二个批评是，容忍这种微妙心理状态难以得到证明。特别是采用消极容忍说时，心理上的实质性内容基本不存在，因此，如果强求心理上的内容，那就可能变成是，无论结果发生的可能性如何，也无论认识的程度如何，以行为人的心情和人格态度不好为由就会承认故意。[17] 但是，容忍说要求结果发生的可能性以及对此的认识，将其作为故意的不可欠缺的要素，在此基础上，进一步要求容忍这一意思性（情绪性）要素。因此，笔者认为，把容忍说谴责为一种连正确结论都得不出的学说是没有道理的。应该探讨的是学说内容本身的问题，这个问题是，消极容忍这一心理状态中是否真的残留着实际样态。

244　　例如，容忍说的代表学者福田教授认为，"间接故意的情况是容忍了结果发生的可能性；与此不同，有认识过失的情况是，对自己的技术和运气等过于自信，否定了结果发生。"[18] 但是，否定了结果发生时，从认识说出发应该也不会承认故意。[19] 认识到了结果发生的可能性，在此基础上，不否定结果的发生而是去实施行为，在这种情况下，总能够承认消极容忍，倘若如此，那么这里所谓的消极容忍中就变得没有心理性的实际样态了。

---

[16] 井田教授认为，容忍说"必然把故意理解为'恶意'（严格故意说对故意的理解），把故意和坏心情、应该非难的心理状态等同来看待。因此，可以对容忍说提出的批评是，该学说与把故意定位为违法要素的观点之间相互矛盾。"井田·前注［15］105页。

[17] 参见平野『I』182页以下；山口·199页以下。

[18] 福田·113页。

[19] 如果福田教授作出的解释是，行为人只要有一次认识到了结果发生的可能性，认识说（盖然性说）就承认故意，那么，难以认为这是恰当的理解。

这种不明确也体现在容忍说对判例的理解中。间接故意的经典判例［最判昭和23（1948）年3月16日刑集2卷3号227页］认为："要成立故意购买赃物罪，需要知道是赃物却购买。要肯定故意，未必要求确切知道购入的是赃物；认为也许是赃物并且有意购买，有这种意思（所谓间接故意）就足够了。"容忍说的主张者在"有意"这个用词中读出了容忍的意思，认为判例采用了容忍说。[20] 但是，正如平野博士所言，认识到了犯罪事实却"不有意"去行为，这是不可能的。[21] 应该说，所谓"有意"并不是行为人内心中存在的心理状态，只不过是在表明法官对认识到犯罪却去实施行为这件事情的评价。[22] 实际上也如此，上述判例认为，"根据购买物品的性质、数量、出卖人的属性、态度等情况怀疑'或许是赃物'，却仍然购买了，这一事实如果得到承认，故意购买赃物罪即成立"，没有必要对"有意"进行证明。

笔者认为，结果是，容忍说的主张者在考虑应该承认故意时总想承认容忍，不得不说容忍说已经丧失了其实质。容忍说的主张者如果是认真地考虑把容忍这一情绪性人格态度作为承认故意的不可欠缺的要素，那就应该要求积极容忍；但要求积极容忍会让承认故意的范围过度狭窄。

可以说，消极容忍这一心理状态如果存在，行为者就不会否定结果发生的可能性。在这个意义上，消极容忍表明了故意的特征。但如果要问，消极容忍这一心理状态的存在是不是承认故意不可欠缺的要素。答案是否定的。

（三）动机说

动机说认为，故意的本质在于，认识到犯罪事实，却没有产生放弃行为的动机，去实施了行为。动机说中也有观点认为，结果发生的认识成了行为动机时，能够承认故意。[23] 但是，如果按字面意思来理解结果发生的认识成为了行为动机，那么为了承认故意就有必要认定，因为想到了结果会发生，所以才实施了行为，但这是意欲说的要求。动机说并没有提出这样过高的要求，因此，"有了行为动机"只不过意味着，认识到结果发生却去实施行为。倘若如此，那么，"有了行为动机"这种表达方式容易招致误解，而"没有产

---

[20] 例如，参见团藤·296页注11；日高義博「未必の故意」『刑法判例百選 I（第5版）』79页（2003年）等。

[21] 参见平野『I』186页。

[22] 参见松宫·180页；玄·前注［6］立命館法学313号761页。

[23] 参见大谷·158页。西田提出"修正动机说"，该学说要求，一方面认识到结果发生的盖然性，另一方面不把认识作为反对动机（西田·219页）。

生放弃行为的动机,去实施了行为"这种表达更可取。

动机说所谓的"动机"并没有存在于行为人的心理中,不过是对认识到结果发生的可能性却去实施了行为这一事实加以评价,评价为能够作为故意进行非难,所以与认识说相比基本没有变化。这在牧野博士对认识说的说明中也很清楚。牧野博士认为,认识说是在尽管认识到了一定事实但仍然决意去实施此行为的情况下承认犯意的学说。可以说,动机说是从责任非难的角度对认识说进行重新说明的学说。

平野博士认为,有意图时,结果的发生会成为行为的"主要动机",因此,根据动机说,从一开始就能够把意图和间接故意纳入一个故意概念中。[24] 但是,这样的纳入不过是外表看上去如此。这是因为,意图情况下的"动机"存在于行为人的心理当中,与此相对,间接故意情况下的"动机"并没有存在于行为人的心理当中。从动机说出发,认识到结果发生的可能性却去实施行为这一点独自作为故意的标准,意图也不过以此为限被纳入故意之中。

平野博士认为,即使行为人认识到了结果发生的可能性,最后也应该是在结果会发生和结果不会发生两个判断中作出一个判断,根据作出了哪一个判断能够区分故意和过失。町野教授也大致从同一前提出发考虑,如果没有作出结果会发生这一判断,就不能承认故意。[25] 但是,行为人即使认识到了结果发生的可能性,也不能说在行为时点总能够判断出结果会发生还是不会发生。笔者认为,不能否定的是,在有的情况下,行为人的心理状态中存在着一种中间状态,即不知道结果是否会发生,但认为发不发生都可以,或者本来就没有认真考虑过这种可能性,对结果发不发生不关心。[26] 的确可以说,判断出结果不会发生时,不能承认故意;但不可以说,没有判断出结果会发生时,不能承认故意。

(四) 实现意思说

实现意思说与动机说的立场基本一样,把故意解释为实现意思,故意的统一判断标准是,构成要件该当性事实是否全体被纳入意思实现的对象之中。

---

[24] 参见平野『I』188 頁。
[25] 参见町野·201 頁。
[26] 像平野博士和町野教授那样,判断力和决断力强的人也许没有体会过左右都把握不准的心理状态,但笔者对这种心理状态是深有体会的。

此观点主要立足于故意是违法要素这一立场,[27] 但是, 立足于故意是责任要素这一立场也同样可以主张此观点。例如, 内藤博士认为, 间接故意和有认识过失之间的边界在于, 认识到结果发生的可能性和去实施让结果发生的行为的决意两者之间是否相互联系在一起。[28] 山口教授也认为, "构成要件的实现被纳入行为人的意识或意思过程之中, 但无论如何, 把行为意思是否实现了作为标准是妥当的。"[29] 中山教授也认为, 形成了面向法益侵害行为的实现意思时, 有故意, 将这种观点称为"实现意思形成说"。[30]

这些观点着眼于实现意思, 其意义在于, 明确了故意涉及的问题是, 行为人在实施实行行为阶段的意思。动机说关注的问题并不是通常意义上的行为人动机, 因此, 动机说这个名称的确不妥当。问题是, 是否"被纳入实现意思之中"这一标准实际上是否有效。即便说"被纳入实现意思之中", 结果发生可能性的认识和行为意思之间在心理上有什么样的联系呢? 这个问题除了有意图的情况外, 答案不清楚。倘若如此, 那么如后文所见, 笔者认为, 结果不过就是, 该学说的主张者考虑应该承认故意时就评价说"被纳入实现意思之中"。

三、若干讨论

（一）至此阐明的问题

间接故意相关讨论给人留下的印象是, 有理无理的批评混在一起, 类似讨论不断重复。为了不重复无谓的争论, 首先, 应该明确认识以下几点。

①认识说和盖然性说也都要求行为意思,[31] 相反, 意思说和容忍说也都要求犯罪事实的认识。

②既遂犯和未遂犯中成为问题的故意始终是实行行为时点的认识, 此前阶段的结果发生的认识不重要。[32]

---

[27] 参见井田・165 页; 高桥・169 页。井田教授认为, 在违法阶段, 意思性行为带来的规范违反是否存在会成为问题, 动机不会成为问题, 因此, 动机说这个称呼本身有问题。井田・前注 [15] 106 页。
[28] 内藤『下Ⅰ』1091 页。
[29] 山口・199 页。
[30] 山中・317 页。
[31] 不过, 认识说和盖然性说要求的行为意思不应被定位为故意要素, 而应该被定位为行为要素。参见高山佳奈子『故意と違法性の意識』151 页以下（1999 年）。
[32] 当然, 预备犯的故意可能成为问题, 还可能成为证明行为时点认识的间接证据。

③行为人只认识到极低的结果发生可能性时，无论哪一个学说都否定故意。[33] 这种情况下，如果客观上也只存在着极低的可能性，那么可以否定实行行为性（或者与结果之间的法律上的因果关系），不需要再讨论故意。

④行为人如果对结果发生有意图（意欲），那么无论哪一种学说都能够承认故意。

（二）待解决的问题

以上述四点为前提，待解决的问题就没有那么多了。下面的图以纵轴为认识性要素，以横轴为意思性要素，把两个要素关联在一起考虑。能承认故意时用○，不能承认故意时用×来表示。"否定"意思性要素表示不希望结果发生。根据上述③，只能认识到极低可能性的情况下，与意思性要素无关全部都是×。这种情况下的意图被称为"愿望"。除此之外，有意图时，根据上述④，全部是○。此外，认识到结果确实会发生时（确定性故意），与意思性要素无关，全部变成○。问题是容忍说，但容忍说的主张者也认为，认识到结果确实会发生却去实施行为时，可以承认"消极容忍"。即使行为人不希望结果发生，这种意思也只被视为单纯的"愿望"。无论哪一个学说都无疑会承认故意的空格填上之后，剩下的空格用阿拉伯数字填注。

认识性程度

确定性	○	○	○	○
盖然性	a	○	○	○
可能性	b	c	d	○
极低的可能性	×	×	×	×
	否定	消极容忍	积极容忍	意图

意思性要素

首先，如何判断 a。会成为问题的是，根据容忍说能否承认故意。笔者认为，能够承认故意。与认识的程度达到确定性时的情况一样，既然是认识到

---

[33] 从承认实行行为概念的通说立场出发，因为实行行为性的认识欠缺，所以可以否定故意。从不承认实行行为概念的立场出发，因为相当性因果经过的认识欠缺，所以可以否定故意。从法所允许危险的观点出发，如果承认实行行为性被否定，那么认识到这种行为的情况下也同样不能承认故意。

结果发生的盖然性却去实施行为，那么可以解释为存在"消极容忍"。

剩下的情况（b，c，d）下，认识的程度只达到了可能性，比盖然性低，并且没有意图。根据盖然性说，无论哪一种情况，都否定故意。根据容忍说，b 的情况下否定故意，c 和 d 的情况下肯定故意。容忍说中，容忍是否有心理上的实质性内容这一问题实际只存在于这两种情况。一方面，从动机说和实现意思说出发，无论 c 和 d 哪一种情况似乎都能肯定故意，但并非这样简单。在这两种情况下否定故意的观点也是有力的。例如，井田教授认为，认识到的是低程度的可能性时，事实的实现不是有意图追求的，不能承认故意。[34] 内藤博士也认为，没有意图时，没有考虑过结果发生的可能性当真存在，不能说可能性的认识和行为决意结合在一起，因此，不应该承认间接故意。[35] 根据这些观点，b、c、d 中无论哪一种情况都要否定故意。在相对略微广一点的范围内承认故意的是平野博士。平野博士认为，"积极容忍的情况比照有'意图'的情况判断，能够承认故意；而消极容忍的情况下，不能仅以结果发生的可能性和消极容忍来承认故意"[36]，由此判断，b 和 c 的情况下要否定故意，d 的情况下可以肯定故意。[37]

把认识性要素和意思性要素关联起来判断故意的观点很有魅力，笔者认为，这也符合常识。但是，这种观点有理论上的根据吗？

基于实现意思的说明是，如果没有意图，就不能说可能性的认识"被纳入了"实现意思中。但笔者认为，既然是认识到结果发生的可能性却决意去实施行为，那么难以认为，认识是否"被纳入了"实现意思中会因确定性、盖然性、单纯可能性等认识程度的不同而不同。内藤博士认为，没有意图时，没有考虑过结果发生的可能性当真存在。但既然认识到结果发生的可能性又没有否定，那就不能说"没有考虑过当真存在"。能够承认行为人有积极容忍时尤其如此。

对平野博士的观点可能作出的评价是，平野博士一方面在批评容忍说时指出，以容忍这一情绪性要素判断故意是不妥当的；另一方面又根据积极容

---

[34] 井田·前注 [15] 105–106 页。
[35] 内藤『下I』1091 页。
[36] 平野『I』188 页。
[37] 前田教授也想在判断故意有无时把认识性要素和意思性要素作为相互关联的要素来把握，但没有阐明在 c 和 d 的情况下如何判断。参见前田·224 页。

忍的有无来判断故意，观点本身自相矛盾。[38] 但是，对容忍说提出批评的人也会承认，对犯罪实现积极容忍的情况相比不积极容忍的情况，责任非难程度一般会更重。倘若如此，那么，笔者认为，不能直接否定，通过考虑积极容忍的有无来区分故意和过失。

不能处罚没有责任的行为（责任主义），但把责任非难可能的行为区分为什么类型则在某种程度上是立法裁量的问题。[39] 是像现行刑法这样区分为故意和过失两种类型？还是把故意限定为意图和确定性故意，把间接故意作为故意和过失之间的第三种类型？抑或是把间接故意和有认识过失一并作为中间类型？立法政策上是否妥当姑且不论，无论如何选择都是有可能的。这里的问题是，决定在多大范围上划定故意的界限。笔者认为，即使在现行法框架下解释，决定故意范围时把认识性要素和意思性要素关联在一起考虑也并非不可能。即只认识到结果发生可能性的情况下，如果就结果发生不能承认某程度上的积极意思和积极态度，就不能够承认故意责任所必须的积极性人格态度。笔者认为，这样来解释至少从故意是责任要素的立场上看是可能的。[40]

结论是，理论上有两种解释的可能性。一种解释的立场是，认识到结果发生的可能性却不打消去实施行为的念头，而是去实施了行为的，总是有故意。另一种解释的立场是，认识到结果发生的可能性低时，为了承认故意，对结果更加积极的意思和态度是必要的。站在后者的立场上，是否限于有意图的情况、是否至少包括积极容忍、是否至少包括消极容忍等，并不是理论上有定论的问题。比较一下两种解释的结论，前者的立场简明清楚，但让人感觉故意范围过于宽泛。笔者目前认为有魅力的结论是，从后者的立场出发，至少在积极容忍的情况下才可以承认故意。[41]＊

[38] 町野教授提出的严厉批评是，这不过是一齐采用了容忍说和盖然性说两种学说的不当结论的学说。町野·200 頁。
[39] 如果设立"致人死亡罪"，故意和过失都构成此罪，那么法定刑的幅度过大，从罪刑法定主义视角看会有问题。
[40] 参见遠藤·前注 [6] 205 頁以下。这种情况下，归根结底是在行为中所表现出的限度内，行为人的人格性态度会被作为问题，人格性态度本身并不是责任非难的对象。
[41] 笔者的意图是限定故意概念，如果采用笔者观点的结果是，要求意思要素，由此让至今得不到承认的故意也得到了承认 [中山研一＝浅田和茂＝松宫孝明『レビジオン刑法 3』（2009 年）319 頁指出，有上述这样的危险]，那么笔者随时撤回上述观点。但是，笔者认为，不会出现这种情况的。

＊ 根据佐伯教授的观点，最后的结论是，只在 d 的情况下肯定故意。——译者注

学说中，有疑问的是，判断故意时，把行为人采取避免结果发生的措施作为问题是否会导致故意客观化。例如，井田教授认为，"认识到了相当程度的可能性，即盖然性（换言之，结果不发生的可能性达到了不合理的程度）时，只要不采取避免结果发生的措施，就可以说结果的发生被纳入到了实现意思之中，能够承认故意。"[42] 山中教授也认为，"认识到了结果发生的高度盖然性，但行为人自信以自己的行为控制能力能避免结果发生时，以法益侵害为目标的实现意思形成的决意不存在。这里的'自信'不单纯是'愿望'，而是现实所投入的避免结果发生的意思。"[43] 如果这里所说的"现实所投入的"意味着，行为人避免结果发生的意思必须通过现实采取避免结果发生的措施来实现，那么山中教授的观点也面临着同样的质疑。的确，多数情况下的判断是，即使内心希望避免结果发生，但如果现实上没有采取避免结果发生的措施，这就是单纯的愿望，并不会否定结果发生的认识。但是，这归根结底是事实认定的问题，直接就把故意客观化是不妥当的。[44] 两位教授的观点想必也并非是想把故意概念本身客观化。

（三）几点补充

最后，谈一下法院判决，做几点补充说明。

如学者所指出的那样，实务上认定故意（特别是杀意）时，能明确承认意图的情况除外，判断相当的客观。[45] 例如，凶器有高度的致命危险，以此凶器猛刺身体要害部位时，无论被告人如何供述，特别情况除外，都会认定杀人故意。当然，这里的问题与其说是故意理论相关的问题，不如说是事实认定相关的问题。与此一致的观点是，认识到结果发生的盖然性（高度的可能性）却去实施行为时，能够承认故意（想必全部学说都是这样判断）。

当然，为了承认故意，在行为时点现实性心理必须存在。判决［高松高判昭和31（1956）年10月16日高等法院刑事判决特报3卷20号984页］中存在着这样的说明："杀人罪的犯意，即杀意未必需要明确地显现于犯人的意识表层。杀意在意识深层，犯行时，不顾一切地针对身体的要害部位给予重

---

[42] 井田·前注［15］106页。
[43] 山中·317页。
[44] 参见平野『I』186页。还存在的问题是，并非把客观上采取避免结果发生的措施，而是把避免结果发生的意思作为标准。参见高山·前注［31］146页以下。
[45] 法院判决中故意的认定参见小林充＝香城敏麿『刑事事实認定（上）』1页以下（1992年）；平川宗信「故意」西原春夫等编『判例刑法研究3』75页以下（1980年）；司法研修所编·前注［6］14页以下等。

大伤害的情况下，即使杀意没有显现于犯人的意识表层，有时也必须承认杀意。非常激愤，不顾一切地用日本刀向着人的颈部砍，或者用做生鱼片用的菜刀对准胸部突然刺去，给这些部位造成严重损伤，导致死亡的，犯人在犯行结束的瞬间恢复了平静，即使诚心反省说没有杀人理由，否定杀人意思，但只要这个犯人没有精神上的缺陷，问题只不过是杀意没有反映到意识表层，必须承认存在于其意识深层的杀意，承认杀人罪成立。"但是，承认深层心理的故意是不当的，对此，现在想必没有异议了。[46] 在判决的本案中，即使不提出深层心理的故意，也能够承认故意。*

判断故意时，即使承认要考虑积极容忍这样的人格性态度，但前提始终都是，认识到结果发生的可能性却去实施行为，问题限于这种行为中显现出来的人格性态度，因此，并不是由轻率的人格性态度直接就可以认定间接故意。归根结底，在行为的时点，必须有现实的认识。例如，行为人造成追尾事故后想逃，将前车盖上的被害人甩落在地。对此案件，判决［東京地判昭和40（1965）年12月24日判例時報440号57頁］认为："从发现被害人到采取紧急停车措施之间的时间极短，只有三四秒，这种瞬间发生的状况下，是突发行为，是否有余暇形成上述犯意，是有疑问的"，否定了杀人的间接故意。

此外，为了承认故意，必须认识到结果发生的可能性，所认识到的必须是结果发生的具体可能性。例如，被告人酩酊大醉驾车行驶中，与甲相撞造成事故，这时，虽然甲也提醒过被告人"醉酒危险，不要驾驶了"，但被告人继续驾驶，开了大约20分钟，与正在停车的车辆正面相撞，导致此车驾驶员负伤。对此案件，原审判决承认伤害罪成立，但高等法院的判决［仙台高判昭和38（1963）年6月7日高等法院判例集16卷5号395頁］认为："刑法

---

[46] 大阪刑事実務研究会「事実認定の実証的研究——殺意の認定」判例タイムズ227号9頁注6（河村澄夫）（1969年）。上述文献是法官共同研究成果的总结，根据此研究，与会法官中没有人积极支持深层心理杀意理论。另参见平川・前注［45］92頁以下。

* 本案被告人在酒馆中出言不逊，惹怒了松浦。松浦用拳头打了被告人的脸几下。被告人拿起椅子朝松浦走去，被酒馆的主人等人制止。被告人很生气，和妻子两人去派出所找来警察时，松浦已经不在酒馆了。被告人想，如果找到了松浦，一定把他送到警察那里。六日后，被告人得知松浦会来酒馆，喝了大概六杯清酒后，为了对松浦进行报复，用毛巾包住菜刀，揣在怀中，来到酒馆。被告人冲着松浦诉说曾遭到殴打的愤慨，情绪激动的被告人拿出前述的菜刀，以杀意将刀直刺入松浦的腹部，导致其失血死亡。一审法院判决故意杀人罪成立。辩护人以无故意为由提出上诉。高松高等法院驳回上诉。——译者注

中所谓的故意是指，对具体犯罪实施的认识（预见），因此，被告人只是自己感觉在某处引起交通事故的危险却继续驾驶，并没有认识到相撞的对方，不过是抽象事故发生的危险意识，不以具体事实为对象。此外，也不能肯定伤害罪成立所必要的暴行的故意。此后，实际发现被害人乘坐的汽车时，认识到有与此车相撞的危险却对此容忍、有意驾车行进的情况下，才可以说存在暴行的间接故意"，在上述判断基础上，认定了为避免冲撞作出努力这一事实，否定了暴行的故意。

与此相对，还有如下判决。本案中，被告人大量饮酒、酩酊大醉，没有驾照而夜间驾驶，前车灯故障没有打开，由于正值盂兰盆节回乡探亲之际，道路拥挤，被告人驾车连续撞人，导致三人死亡，六人负伤。对此案件，判决［広島高判昭和36（1961）年8月25日高刑集14卷5号333頁］认定了暴行的间接故意，承认了伤害罪和伤害致死罪成立。此案中，行为人认识到了具体结果发生的盖然性。对判决也存在着如下批评意见："从由酒劲所驱、毫不介意这种态度是否就可以轻易肯定故意，这是有疑问的。"[47] 不过，考虑到本案中的具体事实关系，这样的批评没有说到点子上。

四、结语

高山教授认为，故意是犯罪事实在主观层面上的反映的问题，是行为人心理上的"像"或"画"那样的东西，对故意和过失的区分作了如下非常容易理解的说明。[48] 第一种情况是，犯罪事实在头脑中经过时，画没有被画出，就没有故意（无认识过失）。第二种情况是，犯罪事实虽然一时性地从头脑中经过，但即刻被否定，这种情况下，行为人重新画了一幅不会成为犯罪事实的画来代替犯罪事实的画，最终也没有故意（有认识过失）。与此相对，第三种情况是，犯罪事实在头脑经过，不知道会变成什么样子却实施了行为的情况下，两幅画被画出，一幅是犯罪事实的画，另一幅是非犯罪事实的画，存在故意（间接故意）。第四种情况是，犯罪事实在头脑中经过，只有这幅"画"在心中被画出的情况下，也有故意（确定性故意）。

高山教授的说明所依据的观点是，认识到结果发生的可能性却去实施了行为的，能够承认故意。把认识性要素和意思性要素关联在一起考虑时，借

---

[47] 平野『I』185頁。
[48] 参见高山·前注［31］148-149頁。

用高山教授的比喻可以进行如下说明，即只认识到犯罪事实的可能性低时，犯罪事实的"画"即使被画出来，也只是墨色很淡的"画"，以此不足以承认故意。所认识到的可能性越高，或者加上了意思性要素，那么"画"的颜色就会变浓，当一定浓色的"画"被画出来时，这就是故意。

回到本章一开始所举的事例，读者会如何来判断呢？

第十五章

故意论之二

一、序言

本章是故意论之二，拟探讨具体事实的错误。* 具体事实的错误，特别是方法错误的相关讨论之多，可以说已经是力穷道尽了。笔者之前也讨论过这个问题，[1] 现阶段，理论上基本没有可增加的新内容。本章中论及理论问题之后，拟探讨抽象法定符合说符合常识、得以在实务中被采用的前提条件。希望读者会饶有兴味地阅读。

二、方法错误的判断

（一）具体符合说的含义

首先，必须理解的是，具体符合说所主张的并不是，行为人的认识与实际发生的结果必须具体相符合。行为人的认识与实际发生的结果之间经常有出入，因此，如果具体符合说主张的是，行为人的认识与实际发生的结果必须具体相符合，那么在极广的范围内都要否定故意。实际上从未有人主张过上述这样的具体符合说。实际上所主张的具体符合说是指，X 把眼前的甲错

---

* 为了读者更好地理解本章，对本章中的相关概念之间的关系作简单的梳理。具体事实的错误是指，行为人所认识到的事实与客观上实现的事实之间的不一致发生在同一构成要件之内。具体事实的错误区分为对象错误、方法错误（又称为"打击错误"）和因果关系错误。理论中存在着具体符合说与法定符合说的对立。这主要是为了解决对象错误和方法错误而提出的学说。因为具体符合说同样是以构成要件为标准来判断故意有无的"法定符合说"，在这一点上，与法定符合说一致，因此，为了便于清晰地区分概念与概念之间的不同，原著作者将前者称为"具体法定符合说"，将后者称为"抽象法定符合说"。两学说的思考方式虽然不同，但在对象错误的情况下，得出的结论是相同的；只有在方法错误的情况下，根据两学说得出的结论不同，在这个意义上可以说，两学说的对立主要体现在方法错误的判断上。——译者注

[1] 参见拙文「故意・錯誤論」山口厚＝井田良＝佐伯仁志『理論刑法学の最前線』97 頁以下（2001 年）。

误当成了乙而将其杀害，在这种对象错误的情况下，承认对甲的杀人故意。

具体符合说在对象错误的情况下承认故意，这就说明，具体符合说把构成要件作为标准，区分重要错误和此外的错误，如果有杀害"那个人"的认识，那么"那个人"是谁对杀人罪的构成要件而言不重要。具体符合说和法定符合说无论哪一方，都是以构成要件为标准来判断故意有无的"法定符合说"，两个学说的不同仅在于，后者以"凡是杀人"这种形式抽象地把握杀人罪的构成要件，与此相对，前者以"杀那个人"这种形式具体地把握。

具体符合说是"法定符合说"，如果这样来理解具体符合说，就能够很容易理解为什么如下批评意见毫无根据了。这些批评意见包括：具体符合说在对象错误的情况下也不承认否定故意，这是同一学说适用的前后不一致；具体符合说的主张者在抽象事实的错误中采用法定符合说，这是同一学说适用的前后不一致。

平野龙一博士简明清楚地指出，具体符合说是"法定符合说"，应该把具体符合说称为具体法定符合说，把法定符合说称为抽象法定符合说。[2] 也可以说，这不过是名字的问题，但考虑到基于误解的批评意见反复被提出，笔者认为，应该遵从平野博士的用语，这样便于讨论。

（二）抽象法定符合说的问题点

抽象法定符合说的根据有两个。其一，因为构成要件是抽象性、类型性的，所以认识到的事实和产生的结果在同一构成要件之内如果抽象地符合，就能够承认故意。其二，更加实质性的根据是，因为认识到的事实是以同一构成要件来评价的事实，所以为了追究故意责任而必要的规范*问题会被提出来。但是，无论哪个根据都没有说服力。

首先，构成要件具有抽象性、类型性，这是用文字把犯罪写入法律所带来的局限性，而适用于具体案件时，构成要件本身并不是抽象的。例如，杀人罪的规定是"杀了人"，但实际上适用的杀人罪构成要件并不是"凡是杀了人"这种抽象的形式。以下例子可以体现这一点。实施了一个行为，杀害了甲和乙两个人的情况下，并不是"凡是杀了人"就成立一个杀人罪，而是成立两个杀人罪——杀了甲的犯罪和杀了乙的犯罪。像这样，甲的死和乙的死对于杀人罪的构成要件而言是重要事实，需要分别对待；在故意这一点上也

---

[2] 平野『I』175 页。

* 这里是指"行为规范"。——译者注

同样，分别对待甲的死和乙的死，各自都有故意认定的问题。必须说，这是对以构成要件为标准的法定符合说理论的忠实践行。正如山口教授所言："抽象法定符合说如果没有让构成要件的评价和事实认识这一对故意而言重要的评价关联在一起，那么必须说，这样的抽象法定符合说'作为法定符合说是错误的'。"[3]

其次，笔者认为，从规范论角度说明抽象法定符合说的根据不充分。如果着眼于规范问题是否得以提出，那么为了保持逻辑上的前后一致，所采用的抽象符合说会超过构成要件的框架限制去承认故意。这是因为只要有实施犯罪的意思，"规范问题"就会被提出来，就应该能够追究故意责任。但是，抽象法定符合说不采纳这样的结论。这是因为即使"规范问题"被提出，也仍是以构成要件为标准划定故意，而如上文所述，如果以构成要件为标准，就不能采用抽象法定符合说。[4]

（三）对象错误和方法错误的区别

对具体法定符合说的批评是，不能明确区分对象错误和方法错误。因为区分困难，所以就应该全部承认故意这样的说法是不成立的。不过，批评意见提出的一个重要问题是，具体符合说在说"那个人"时，用什么标准将"那个人"特定化。[5]

首先考虑一下对象错误。X想杀甲，准备了手枪，前往甲就职的公司，认为眼前的人就是甲，便开枪射击，实际射击的是乙。这种情况下，在预备阶段，只有杀甲的意思，因此成立对甲的杀人预备。对有可能被误认为甲的人，不成立杀人预备。与此相对，认识到了眼前的人并把眼前的人作为犯罪对象的时点，可以评价为想杀"那个人"，虽然认为此人是甲，但此认识对杀人罪的故意而言不再是重要事实，对乙的杀人预备成立，对甲的杀人预备结束。发展到实行着手时，对乙的杀人未遂成立，在乙的死亡结果发生时点，对乙的杀人既遂成立。山口厚教授认为，在对象错误的情况下，不仅对乙的杀人既遂成立，对甲的杀人未遂也能够成立。[6] 但是，既然用"那个人"把

---

[3] 参见山口厚『問題探究刑法総論』119頁（1998年）。同样指摘参见専田泰孝「具体的事実の錯誤」早稲田法学会誌48巻70頁以下（1998年）；松宫·197頁；井田良『刑法総論の理論構造』88頁（2005年）等。另参见長井長信『故意概念と錯誤論』239頁以下（1998年）。行为无价值立场上对具体法定符合说根据的说明参见伊东·121頁。

[4] 参见山口·前注[3] 117頁以下。

[5] 详细说明参见拙文·前注[1] 113頁以下。

[6] 参见山口·210頁注17。

故意特定下来了，就应该解释为不能承认对甲的故意。[7] 因此，即使发生方法错误，向乙开枪却射偏，射中了站在旁边的甲，导致甲死亡，也不会成立对甲的杀人既遂。

关于对象错误和方法错误之间的区别，常常有问题的是如下这样的引爆汽车案。想杀甲，在甲的汽车上安装了炸药，发动引擎即引爆。甲的妻子开这辆车，被炸死。具体法定符合说中，有力观点将杀害对象特定为"发动引擎的人"，认为这是对象错误。[8] 这种观点难免会受到的批评是，如果用这种方法来特定"那个人"，那么在方法错误的案件中也会把杀害对象特定为"子弹会射中的人"，这样一来，典型的方法错误的案件就可能变成对象错误的案件。[9] 山中教授认为，"对自己不能控制的杀害目标以及其他人将来的行动进行预测，实施了实行行为，现实中的实行行为本身按照预测发生了的情况下，是对象错误"，[10] 据此，把引爆汽车案作为对象错误。但是，为什么能够这样解释，原因尚不清楚。[11] 笔者认为，仍把此案解释为方法错误，只在能够承认间接故意的范围内认定故意。*

本来，对具体法定符合说而言，重要的只是，是否与构成要件中的重要事实有关，并不是对象错误和方法错误的区分本身重要。例如，X 以伤害的故意瞄准甲的左脚开枪，射偏了，射中了甲的右脚，造成了伤害。这种情况下，也可以说是方法错误，但伤害的部位对伤害罪的构成要件评价而言不是重要事实（即使射伤了左脚和右脚，也只成立一个伤害罪），因此，从具体法定符合说的立场来判断也能够承认伤害的故意。其他犯罪也可以同样来解释，即对于当该构成要件而言，对象的个性不重要时，纵然是侵害了不同的对象，

---

[7] 参见浅田・310 页注 22。
[8] 参见伊东・127 页；今井等・132 页［今井猛嘉］；山口・210 页。
[9] 井田良「故意における客体の特定および『個数』の特定について」刑法雑誌 27 巻 3 号 585 頁（1986 年）。
[10] 山中・332 页。
[11] 浅田・314 页注 35。

* 佐伯教授的观点是，这种情况作为方法错误处理，采用具体法定符合说分析。从具体法定符合说的立场出发，所杀的"那个人"是甲，只有对甲的杀人故意，但对甲的故意杀人没有完成。对甲的妻子承担什么责任需要分情况讨论。如果事前能够认识到甲的妻子可能驾驶甲的汽车，那么在间接故意的范围内，承认对甲的妻子成立杀人罪既遂。视情况，如果不能肯定对妻子死亡的间接故意，但对妻子的死亡有过失，则成立对妻子的过失致人死亡罪。在前一种情况下，具体法定符合说在承认对妻子的杀人罪既遂这一点上与抽象法定符合说的结论相同，但在后一种情况下，结论仍有别于抽象法定符合说。——译者注

客观上也不过是满足了一个构成要件。[12] 例如，想损毁甲右手所持花瓶，射偏了，击中了甲左手所持盆栽，损毁了盆栽。这种情况下，即使把花瓶和盆栽都损毁了，也只成立一个器物损毁罪（前提是，无论花瓶还是盆栽都是甲的所有物），能够承认对损毁盆栽也有故意。此外，对现住建筑物放火罪的构成要件而言，放火对象是甲的居所还是乙的居所不重要，即使想在甲的居所放火却烧了乙的居所，理解具体法定符合说时也不否定故意。[13]

还有观点认为，不同对象的情况下是方法错误，器物损毁罪和放火罪都不成立。[14] 但是，为什么必须以"对象"的范围来划定故意，并不清楚。学说中，也有观点着眼于故意的方向性来说明理由。[15] 但根据这种观点，瞄准左脚却射中右脚的情况下也得否定故意。还提出的说明有，伤害罪规定的是"伤害了人的身体"，因此，身体的部位不重要。[16] 不过，既然判断规定中的"人"时区分了甲或乙，那么从文义中理应无法得出结论认为，判断"身体"时不区分部位。实际适用时也同样。例如，笔者不认为有理由区分为如下两种情况，即电车的各节车厢在停车时分开是不同的对象，因此，故意存否也个别地判断；而各节车厢连在一起时是一个对象，因此，作为一个整体来判断。

（四）中间说（修正的具体符合说）

井田良教授认为，抽象法定符合说的理论不妥当，同时主张，故意有无在实行行为的时点进行判断，能否承认故意的既遂犯这是主观归责的问题，

---

[12] 参见曾根·186 頁。在法益同一性范围内承认符合的观点参见西田·225 頁；西田典之「共犯の錯誤について」『団藤重光博士古稀祝賀論文集［第 3 巻］』99 頁以下（1984 年）；内藤『（下 I）』942 頁以下；堀内·108 頁；専田泰孝「具体的事実の錯誤における方法の錯誤（1）（2·完）」早稲田法学 76 巻 1 号 143 頁以下；2 号 349 頁以下（2000 年）等。这个观点就结论而言与本书基本相同，但是，未必要求构成要件着眼的属性和法益主体的一致性。与此相对，松原芳博认为，只有把财产犯罪保护的法益解释为"个别财产"时，才对每一个财产逐个进行保护，由此否定符合。松原芳博「刑法総論の考え方（16）」法学セミナー 667 号 109 頁（2010 年）。
[13] 柏木千秋『刑法総論』234 頁注 17（1982 年）。上述文献认为，打算烧甲的住宅，点燃媒介物，把在附近的乙的住宅烧了，在这种情况下，无论谁都会认为当然成立对乙放火的故意犯，"不会特别把这个称为法定符合说"。当然，想在非现住建筑物放火却烧毁了现住建筑物的情况下，是抽象的事实错误，故意的有无成为问题。
[14] 参见浅田·313 頁；町野·243 頁。
[15] 参见町野朔「故意論と錯誤論」刑法雑誌 26 巻 2 号 178 頁（1984 年）。葛原力三认为，伤害部位错误时也否定故意。葛原力三「打撃の錯誤と客体の錯誤の区別（2·完）」関西法学論集 36 巻 2 号 140 頁（1986 年）。
[16] 浅田·313 頁。

即能否把结果归咎于故意的问题（井田教授将自己的观点称为"修正的具体符合说"）。井田良教授的立场是基于目的行为论的行为无价值论，从这一立场上提出上述学说也许具有理论上的一致性。[17] 但是，故意归根结底是对所发生了的犯罪事实的认识，笔者认为，构想出一个与结果分离的故意概念，不妥当。[18] 如果切断故意和结果之间的关系，那就有可能任意设定主观归责标准，像井田教授那样，既能够以行为人认识到的事实为前提来判断故意有无，[19] 也能够以行为人的预见可能性为标准来判断主观归责。如果以行为人的认识为标准，也可能采用具体法定符合说。*

三、故意的个数

故意的个数问题是平野博士在批评抽象法定符合说时提出来的。平野博士认为，以杀害甲的意图开枪，导致乙死亡，在这种方法错误的情况下，杀人的故意不是"凡是"杀人的意思，而是杀"一个"人的意思，因此只有一个故意，却承认杀人既遂和杀人未遂两个犯罪，此结论不当。[20]

抽象法定符合说的主张者接受了上述批评，在学说内部又提出了各种各

---

[17] 山口教授提出批评意见，认为井田说中被作为前提的是"（与相当彻底的纯粹的行为无价值一元论接近的）行为无价值论的框架"，这样的理论前提本身就是有问题的。山口·前注 [3] 128 页。

[18] 对井田说的批评参见專田泰孝「具体的事実の錯誤における『新たな解決』について」早稻田法学 78 卷 3 号 68 頁以下（2003 年）。

[19] 结论是，得出的结论与井田说相似的观点参见铃木左斗志「方法の錯誤について」金沢法学 37 卷 1 号 135 頁（1995 年）；伊東研裕「故意の内実と結果の帰属範囲についての一考察」『平野龍一博士古稀祝賀論文集（上）』281 頁以下（1990 年）；同「故意の内実について—再論」『松尾浩也先生古稀祝賀論文集（上）』58 頁以下（1998 年）。笔者对这些观点的评价参见拙文·前注 [1] 111 页以下。

* 井田说认为，在行为时点判断故意的有无，在此基础上，个别判断能否把结果归咎于故意，在主观归责判断中依据行为人认识到的事实进行判断。例如，X 想杀害甲，开枪射击，射中了甲身旁的乙，导致乙死亡。在这种情况下，可以承认在行为时有（对甲的）杀人故意，需要判断的是，是否能够把乙死亡的结果归咎于 X 的杀人故意。根据 X 是否认识到了乙的存在进行判断，如果认识到了，那么肯定主观归责，成立故意杀人罪既遂；如果没有认识到，那么否定主观归责（但并不意味着否定故意），不成立杀人罪既遂（成立杀人未遂）。因为是与故意分离开来而论主观归责，所以标准的提出根据不明确。如果采用的立场是，只要认识到乙的存在就足够了，那么与通说（抽象法定符合说和折衷相当因果关系说）得出的结论相同；如果认为必须对乙的死亡结果有认识，那么与具体法定符合说得出的结论相同。——译者注

[20] 参见平野『I』176 页。

样的一个故意犯说。[21] 但抽象法定符合说的观点是，只要构成要件上是同价值的，那么无论是对哪个对象都能肯定故意。由此可见，本来就不存在一个标准把故意限定于其中的一个对象，倘若硬要进行限定，那就不可避免地会恣意设定标准。[22]

即使采用具体法定符合说，也会存在故意个数的问题。[23] 并且，能够承认对复数对象都有故意，且给复数对象都造成了结果时，即便是具体法定符合说，也同样不存在一个标准来判断要特别对待哪一个对象。考虑如下例子（择一性故意的例子）：甲和乙前后重叠站在一起，X 向着两人开枪射击，心想子弹会射死其中的一个人，但不会同时射中两个人。这种情况下，根据数个故意犯说，向着甲和乙准备开枪的时点，对甲的杀人未遂和对乙的杀人未遂成立。子弹射中甲，甲死亡的情况下，对甲的杀人既遂和对乙的杀人未遂成立。进一步而言，子弹穿透甲的身体也射中了乙，两个人都死亡的情况下，通常是能够承认因果关系的，因此，对甲的杀人既遂和对乙的杀人既遂成立。

关于故意的个数，除了严格一个故意犯说不承认杀人既遂和杀人未遂并罚，缓和一个故意犯说也被提出来，该学说承认杀人未遂的并罚（杀人未遂和杀人未遂，杀人既遂和杀人未遂），不承认杀人既遂的并罚。[24] 据此观点，在择一性故意的例子中，二个人死亡时又当如何处理？也有学者认为，即使二个人死亡了，也成立一个杀人既遂和一个杀人未遂。[25] 但是，这样的结论无论如何都不符合常识，并且，承认哪一个既遂也是问题。不可以如下来处理：即检察官凭喜好选一个按照既遂起诉即可；或者检察官把两方都列为诉因，法官凭喜好选一个承认既遂即可。[26] 于是就变成是两选一的问题，或者把两者作为包括的一罪，[27] 或者从对甲的杀人罪和对乙的杀人罪中选择一个

---

[21] 详细的内容参见井田良「構成要件該当事実の錯誤」阿部純二等編『刑法基本講座（2）』237 頁（1994 年）。

[22] 参见井田・前注 [21] 236 頁。

[23] 参见井田良「故意における客体の特定および『個数』の特定に関する一考察（2）」法学研究 58 卷 10 号 72 頁以下（1984 年）；铃木・前注 [19] 104 頁以下。

[24] 参见増田豊「択一的故意と重畳的故意をめぐる刑法解釈学的諸論点」『刑事法学の現実と展開［斉藤誠二先生古稀記念］』164 頁以下（2003 年）；山口・211 頁。

[25] 参见増田・前注 [24] 165 頁。

[26] 参见専田泰孝「具体的事実の錯誤における『故意の個数』（2・完）」早稲田法研論集 84 号 106 頁以下（1997 年）。

[27] 参见林・257 頁。

作为诉因。[28] 但是，甲和乙死亡了，行为人对两个结果分别都有认识，却只承认一个杀人罪既遂，这样的观点难道妥当吗？

平野博士批评抽象法定符合说的一个故意犯说时指出，什么罪必须根据每个构成要件该当事实逐个地、独立地进行判断，与其他犯罪事实没有关系。[29] 如果这样来考虑（至少应该这样来考虑包含故意在内的构成要件该当性判断），那么考虑对甲的杀人既遂是否成立时，不应该考虑对乙的杀人既遂是否成立，判断乙时也一样。因此，应该分别成立对甲的杀人罪既遂和对乙的杀人罪既遂。只有把对甲的杀人和对乙的杀人一起考虑时，才会说只有杀一个人的意思却承认两个杀人罪不恰当。由此可见，数个犯罪故意说妥当，此学说承认数罪成立，在此基础上，按照想象竞合来处理。[30]

四、抽象法定符合说的前提条件

笔者认为，抽象法定符合说并没有充分的理论基础。尽管如此，判例和多数学说都支持抽象法定符合说的原因是，感觉其判断结论"符合常识"。下面考虑一下形成这种感觉背后的前提条件。实务中也在讨论，采用抽象法定符合说在什么样的情况下能够承认故意，如何来对待这样的故意。[31] 判例研究中，不只是探讨判例理论，在认识实践中的法（law in action）这个意义上，阐明判例理论的实际适用范围也是重要的。

（一）与间接故意的关系

过去看到的评价是，判例根据抽象法定符合说承认故意的案件几乎全是间接故意能得到肯定的案件。[32] 倘若如此，那么错误论就是在间接故意能得

---

[28] 这样认定的可能性参见三井誠「特定認定か不特定認定か（1）（2）」研修531号3页以下，534号3页以下（1992年）。西田认为，可以允许择一性诉因和择一性认定（西田·226页）。

[29] 参见平野龍一『犯罪論の諸問題（上）』74页（1981年）。

[30] 参见松原·前注［12］108页。慎重起见补充说以下内容：具体法定符合说的数个故意犯说承认的故意犯个数只与所认识到的犯罪事实的个数相对应。抽象法定符合说的数个故意犯说是把一个犯罪事实的认识"移用"于复数的故意犯。由此可见，两个数个故意犯说的理论基础完全不同。因此，当被问及：根据具体法定符合说的数个故意犯说，能否承认在只有杀一个人的意思时承认数个故意时，也可以回答：不能承认。这是因为，既有杀甲的意思也有杀乙的意思时，有杀两个人的意思。具体法定符合说的数个故意犯说的考虑是，这种情况下，行为人想到的是，无论谁死都只有一个人死，与"那个人"是乙却认为是甲的情况一样，不是重要错误。

[31] 判例研究的详细情况参见佐佐木和夫「方法の錯誤における判例理論」專修大学法学研究所紀要23［刑事法の諸問題Ⅴ］135页以下（1998年）。

[32] 参见莊子邦雄「法定的符合説」刑法講座（3）115页注5（1963年）。

到肯定的案件中代替间接故意理论来肯定故意。但是，战后的经典判例（最判昭和53［1978］年7月28日刑集32卷5号1068页）在间接故意被否定的案件中，适用抽象法定符合说，肯定了故意。本案中，"决意从正在巡逻的巡查甲手中强行夺取手枪，尾随其后，到达东京都新宿区新宿一巷四弄七号附近的人行道时，周围恰好不见人影，认识到了也许会杀害这个巡查，却仍然对此容忍，端着一支用施工钻枪改造的手动上膛枪，从巡查身后一米处开始接近他，瞄准了他的右肩部位，用锤子敲击上述手动上膛枪的撞针后部，射出一支针，射穿巡查的右侧胸部，只是让巡查受到枪伤，没能强行获取巡查的手枪；射出的针穿透巡查的身体，偶然命中了距离巡查右前方30米对面人行道上走路的乙的背部，穿透了其腹部，造成伤害。"最高法院承认了对甲的（抢劫）杀人未遂，此外还承认了对乙的（抢劫）杀人未遂。原审判决［東京高判昭和52（1977）年3月8日高等裁判所刑事判例集30卷1号150页］认为，对乙当然不承认间接故意的杀意，也不承认暴行的间接故意。最高法院判决是以上述认定为前提的。[33] 这就清楚表明了，判例在间接故意被否定的案件中适用抽象法定符合说。[34]

（二）以预见可能性进行限定

学说中，抽象法定符合说的主张者几乎都同时主张折衷相当因果关系说（与此相对，几乎所有客观相当因果关系说的主张者都采用具体的法定符合说）。* 折衷相当因果关系说中，行为人或一般人不可能预见到存在着引发结果的事实时，否定相当因果关系。例如，在室内打手枪，射偏了，误中天花板，天花板里偶然藏着一个小偷被击中，死亡。在这种情况下，从通说的立场出发，讨论错误的问题之前就可以否定行为与死亡结果之间的相当因果关系，不成立杀人罪既遂。抽象法定符合说能得到支持是因为有这样的前提

---

［33］ 增田·前注［24］154页以下。上述文献认为，在这个案例中也能够承认间接故意。但是，如果这样认定，承认间接故意的范围就过宽了。

［34］ 法院最近作出的判决中，东京高等法院平成6（1994）年6月6日判决（高等裁判所刑事判例集47卷2号252页）否定了间接故意，根据方法错误肯定了故意。检察官方面指出，要警惕在间接故意的证明中偷工减料，以错误理论认定间接故意。参见幕田英雄『実例中心 刑法総論解説ノート』185页（1998年）。

　* 鉴于折衷说是限制客观说的学说，抽象法定符合说的主张者采用折衷说的原因是，为了让处罚范围不至于过宽，以便得出妥当的结论。与此相对，具体法定符合说理论上既可以与客观说一起被采用（例如，多数结果无价值论的主张者采用的观点），也可以与折衷说一起被采用（例如，佐伯仁志教授和西田典之教授的观点）。——译者注

存在。

判例本来就并非采用了折衷相当因果关系说。此外，从折衷相当因果关系说出发，只要一般人有可能预见到存在着引发结果的事实，即使行为人不能预见到，也可以肯定相当因果关系，因此，有时会感觉故意犯成立的范围过广。[35] 再进一步可以考虑到的立场是，行为人在可能预见到结果发生的范围内肯定故意的符合。笔者认为，实务上实际也采用了这种标准。例如，最高法院昭和53（1978）年判决的原审判决［前文介绍的东京高等法院昭和52（1977）年3月8日判决］认为："正如辩护人主张的那样，对乙的伤害是被告人完全不能预料到的结果，但即便如此，如前面认定的那样，也能够承认被告人对结果的发生有过失；这是客观上有充分预见可能性的、通常能够预想到的事故，由此也不妨碍讨论错误的问题。"上告理由中提出的批评是，"对伤害乙的结果，只认定有过失，却没有说明根据什么理由承认了故意犯抢劫杀人罪未遂。"最高法院也提出同样的批评，"没有给予充分的理由说明。"但是，原审判决的要旨是，在预见可能的范围内承认"故意"就不会违反责任主义。[36] 笔者认为，按照方法错误来判断能够承认故意的案件中，没有案件是不能承认行为人对结果发生有预见可能性的。

（三）"敌我"的区别

最近，关于故意的符合出了一个颇有意思的判决。本案中，对方团伙的人员对被告人的哥哥进行伤害，被告人为了帮助哥哥，以暴行的故意急速向着对方团伙的人员倒车，却误撞了哥哥，致其死亡。对此案件，大阪高等法院平成14（2002）年9月4日判决（判例タイムズ1114号293頁）认为：对团伙人员实施的暴行是正当防卫，违法性被阻却；对哥哥的伤害致死是误想防卫的一种，不能承认故意责任，判定无罪。在此，也论及了错误论。判决认为，根据构成要件评价时，不能说我方的哥哥和对方团伙人员作为人在法律上同价值，因此，肯定故意符合的根据欠缺。判决中关于错误的说明理论上是否妥当，是有疑问的。令人感兴趣的是，判决不知不觉地表明了抽象法定符合说符合常识这一感觉背后的前提条件。山口教授对此判决的说明是，如果认为正当防卫的根据在于法益受保护的必要性欠缺，那么从抽象法定符合说出发也能够说明法律上价值不同。[37] 即使理论上的确如此，但如果采用

---

[35] 例如井田·前注［3］88頁；同前注［21］241頁。
[36] 倘若如此，那么至少对过失犯罪不应该采用抽象法定符合说。参见本书编码第301页。
[37] 参见山口厚『新判例から見た刑法（第2版）』55頁（2008年）。

这样的说明方法，那么，当针对对方实施的暴行是防卫过当时，就不能否定对哥哥的故意。大阪高等法院判决想表明的是，承认行为人对"我方"犯下故意犯罪不恰当，这是由常识而来的感觉。例如，在最高法院判决的案件中，被告人射出的子弹击中在场的共犯行为人，使其受伤的情况下，就不能认为，承认对共犯行为人犯下抢劫杀人罪未遂符合常识。[38]

（四）量刑中的考虑

抽象法定符合说符合常识，作出这种判断的另一个前提是，由错误所承认的故意与通常的故意不同，这一点必须在量刑时考虑。[39] 根据抽象法定符合说的理论，似乎在量刑时也应该同样处理，但该学说并没有这样来考虑。坦率地说，由错误所承认的故意处于故意和过失之间，毋宁说，离过失更近，这是法官的实际感受。[40]

很好地表明这一点的是以下上诉审判决［東京高判平成14（2002）年12月25日判例タイムズ1168号306頁］。本案中，两名被告人是暴力团成员，属于G会H派系，共谋杀害I会暴力团会长甲。在祭祀场，近距离向甲开了4枪，其中一枪击中了甲的头部，致其死亡；还有一发子弹命中了I会暴力团总负责人乙，致其死亡；另外一发命中I会暴力团代理会长丙，致其受伤。一审判决认为，这是方法错误，除了对甲的杀人既遂外，承认对乙的杀人既遂和对丙的杀人未遂，被告人中一人被判处无期徒刑，另一人被判处有期徒刑20年。量刑时，法院的说明是："（乙等的死伤结果）本来就是被告人所容忍的，但与认识到甲是甲、乙是乙并企图分别将其杀害的案件相比，进行不同评价

---

[38] 关于抢劫致死罪，学说中变得有力的解释是，造成死伤结果的原因行为与抢劫行为之间必须有紧密联系，抢劫的共同犯罪人在犯罪的机会中关系破裂，致使同伙死伤的情况不包括在内。参见拙文「刑法各論の考え方・楽しみ方（13）」法学教室370号90頁（2011年）。这样的限定着眼于行为的性质。能否解释为，着眼于结果，方法错误造成共同犯罪人因抢劫行为而死伤的情况下，否定抢劫致死伤罪。笔者认为，如果抢劫致死伤罪的立法要旨是，为了防止抢劫的被害人和想抓捕抢劫犯人的人死伤，那么对共同犯罪人的死伤不适用抢劫致死伤罪也并非没有可能（受伤的共犯行为人不会成立抢劫致死伤罪的共同正犯）。

[39] 因此，审判中，尽管检察官以错误论的适用为前提，以杀人罪既遂起诉，但是为了认定间接故意，在审理过程中，有必要采取的措施是，让检察官解释、证明，把事实认识、容忍有无等争点提出来。未采取上述措施就认定间接故意的，即违反诉讼程序法［前注（43）東京高等法院平成6（1994）年6月6日判决］。

[40] 中野博士的考虑是，对无意图侵害的对象，所承担的责任是过失责任（"对故意犯的过失责任"）。参见中野次雄「方法の錯誤といわゆる故意の個数」『団藤重光博士古稀祝賀論文集第2卷』216頁以下（1984年）。

的余地是存在的。"与此相对，检察官认为："评价应该与认识到甲是甲、乙是乙并企图分别将他们杀害的案件相同"，以量刑不当为由上诉。但是，上诉审判决认为，"本来，本案是打击错误（即方法错误），根据所谓的数个故意犯说，能够承认二个杀人罪和一个杀人罪未遂。但是，不是通过肯定对乙和对丙各自的杀意来肯定杀人罪和杀人罪未遂的成立，而是根据打击错误（方法错误）的构成，肯定杀人罪和杀人罪未遂的成立，因此，关于这些犯罪，不允许按照罪名追究各自的故意责任。如上所述，周围的在场者被子弹射中的可能性相当程度上存在，被告人却对此毫不在意，实施了对甲的杀害行为，对这一点量刑时考虑的情况姑且不论，必须说如下上诉意见不恰当，即量刑上应该考虑的是基于对乙和对丙各自杀意的杀人和杀人未遂"，因此，驳回了检察官的上诉。

（五）小结

如上，对抽象法定符合说符合常识这种感觉所依赖的前提条件进行了说明。上述条件是笔者所能想到的，但并不是说这就是全部条件了。虽说判例采用了抽象法定符合说，但这里存在（隐藏）着各种各样的前提条件，因此，希望司法者莫要不假思索地适用抽象法定符合说，而是考虑一下自己得出的结论是否妥当。

抽象法定符合说之所以被采用，与其说是因为有充分的理论根据，不如说是因为符合常识。倘若如此，那么，笔者认为，即使理论根据未必清楚，也有必要为了结论符合常识而对学说进行修改。[41] 当然，如果学说的说明能够与判例相一致，那自然最好。在这一点上，井田说以判例为前提，同时限定了其适用范围，是值得关注的观点。

---

[41] 当然，站在笔者的立场而言，虽说是修改了，但并不是说抽象法定符合说在理论上就成为妥当的学说了。

第十六章

故意论之三

一、序言

本章作为故意论的第三回,探讨因果关系的错误和抽象事实的错误。

二、因果关系的错误

（一）因果经过的认识

法定符合说从构成要件视角出发判断错误的重要性,从这样的法定符合说的立场出发,为了承认结果犯的故意,有必要认识（预见）到实施的行为有作为实行行为所必要的危险性、通过相当因果经过致使结果发生,没有必要认识到现实发生的因果经过。[1] 这是因为,对结果犯的构成要件而言,只要求是相当因果经过,实际上什么样的因果经过不重要。[2] 与之判断相同的是,只要求认识到了杀"那个人",而"那个人"是甲还是乙并不重要。

与此相对,多数法定符合说的主张者一直以来都把现实的因果经过解释为故意的对象,在此基础上,认为行为人认识到的因果经过与现实的因果经过有差别时,如果这个差别在相当因果关系的范畴内,就能够承认符合,故意不被阻却。[3] 但批评意见认为,理论上,从法定符合说出发没有理由要求对具体因果经过的认识,实际上也同样,以法定符合说的观点来探讨因果关

---

[1] 这一点与争论是具体法定符合说还是抽象法定符合说没有关系。
[2] 伊東·128頁；大谷·173頁；林·257頁；堀内·113頁；前田·248頁；町野·245頁；山口·212頁；山中·352頁以下；安田拓人「錯誤論（上）」法学教室273号73-74頁（2003年）等。
[3] 大塚·193頁；川端·175頁；佐久間·137頁；団藤·298頁；福田·117-118頁等。

系的错误没有实际意义。批评意见是妥当的。[4]

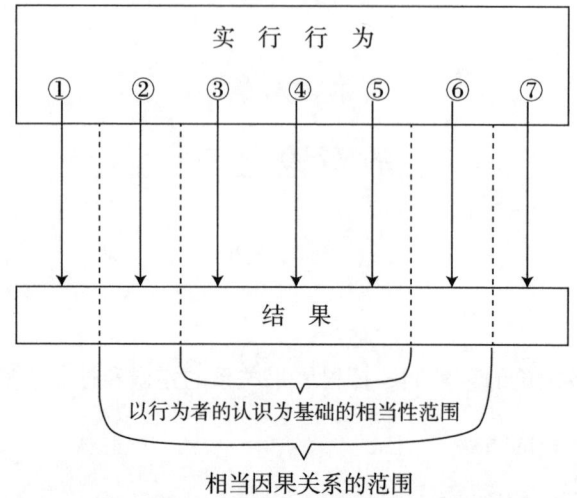

相当因果关系的范围

第一，现实发生的因果经过不相当时（图中①和⑦的情况），否定因果关系，客观面上成为未遂。因此，由于因果关系的错误。而对既遂结果的故意成为问题这种情况不存在（即使作为问题也没有意义）。

第二，行为人没有认识到相当因果关系的情况下（只认识到了图中的①和⑦），本来就不能承认故意，因此，因果关系错误不会成为问题。在这种情况下，不仅不能承认故意犯既遂，也不能承认故意犯未遂。

第三，从上述分析可以看出，因果关系的错误会成为问题的情况是，现实发生的因果经过有相当性，并且，行为人认识到的因果经过也有相当性。这种情况下，两者的偏差不可能不在相当因果关系的范畴内。依图而言，现实的因果经过和行为人认识到的因果经过的组合无论是从②到⑥的组合中的哪一个，都全部在相当因果关系的范畴内。②和⑥组合偏离得大，但没有超过相当因果关系的范畴（这是当然的，因为两者都在相当因果关系的框架内）。

以上表明了，即使以相同标准判断现实的因果经过和行为人认识到的因

---

[4] 参见町野朔「因果関係論」『現代刑法講座第 1 巻』341 頁（1977 年）；山中敬一「過失犯における因果経過の予見可能性について（1）——因果関係の錯誤の問題を含めて」関西大学法学論集 29 巻 1 号 57 頁以下（1979 年）。

果经过的偏差，也没有意义。[5] 最近所提出的观点是，以不同于因果关系的判断标准来判断因果关系的错误。其中最有力的观点是，以行为人的认识为前提，判断结果发生是否具有相当性。[6] 从这个观点出发，图中②和⑥的情况下也要否定故意犯既遂。例如，甲想杀死乙，用刀砍乙的肩；乙躲开了，只有手腕被砍伤，但乙是血友病患者，因出血过多死亡。或者，乙从甲处逃跑时，从身后的悬崖上滚落摔死。在上述情况下，即使可以肯定因果关系，[7] 但倘若甲不知道乙是血友病患者或不知道悬崖的存在，就不能承认对死亡结果有故意（不能把结果归责于故意），构成杀人罪未遂。

但是，为什么只有在以行为人认识到的事实为前提一般能够预测到结果会发生的情况下，才能进行结果归责呢？这并不清楚。如果考虑的是，为了承认对既遂结果有故意，行为人认识到的危险必须在结果中得以实现，那就不仅应该要求行为人知道被害人有血友病和悬崖的存在，甚至应该要求行为人实际认识到因血友病失血过多死亡的可能性和坠崖死亡的可能性。从实际得出的结论来看，笔者认为，与采用主观相当因果关系说时一样，采用此观点时，归责范围也过于狭窄。[8]

（二）过迟实现的构成要件

在一则案件中，被告人认为已经勒死（第一个行为）了被害人，为了防止犯行被发现，把被害人搬到附近的海边抛"尸"（第二个行为）。被害人还活着，吸入沙子导致窒息死亡。对此案件，大审院判例［大判大正12（1923）年4月30日刑集2卷378页］认为："没有以杀人目的实施行为，当

---

[5] 与此相对，在德国，因果关系论中条件说曾是通说，因此，把因果关系的错误作为问题，以故意来限定归责的范围（此理论的妥当性另当别论）是有意义的。对这种观点众所周知的批评是："在正门拒绝了相当因果关系，却在后门带进来。"町野评价日本一向采用的通说时指出："已经从正门把人带进来了，又绕到后门，想把同一人从后门再带进来。"町野·前注［4］346页注11。

[6] 参见井田良「故意における客体の特定および『個数』の特定に関する一考察（3）」法学研究58卷11号78页以下（1985年）；同『刑法総論の理論構造』93页（2005年）；内藤『下II』956页；曽根·183页；松宫·198－199页；浅田·316页等。铃木左斗志从自说立场出发，把因果关系的错误作为问题。铃木左斗志「因果関係の錯誤について」本郷法政纪要1号189页以下（1993年）；同「方法の錯誤について」金泽法学37卷1号35页以下（1993年）。

[7] 从客观的相当因果关系说出发，会肯定因果关系；从折衷的相当因果关系说出发也同样。如果一般人有可能认识到被害人是血友病患者或悬崖存在，那么无论行为人是否认识到了，都肯定因果关系。

[8] 参见中森喜彦「錯誤論I」法学教室106号27－28页（1989年）。

然也不会发生为了防止犯行被发现而弃置尸体于沙中的行为。参照社会生活中的普遍观点，这是被告人以杀害目的实施的行为，承认其与死亡之间的因果关系可以说是正当的。被告人误认为是以丢弃尸体为目的实施的行为没有切断上述因果关系，应该说被告人的行为构成《刑法》第199条的杀人罪。这种情况下，不应该承认杀人罪未遂和过失致死罪并罚。"学说中的观点一般与判例一样，承认杀人罪既遂，但也有观点把第一个行为和第二个行为分离开来，主张杀人罪未遂和过失致死罪两者的并合罪。[9]

一般称这种案件中的故意为"韦伯的概括故意"，但在第二个行为的时点，行为人明显没有杀人的故意，因此，称之为"韦伯的概括故意"不恰当。与下文所述"实现过早的构成要件"合在一起考虑，应该称之为"实现过迟的构成要件"。

考虑此案时，首先成为问题的是，能否肯定第一个行为和结果之间的因果关系。把第一个行为和第二个行为分离开的观点可以说是否定因果关系的观点。但考虑到以下四点，应该解释为，第一个行为和结果之间的因果关系不会因第二个行为的介入而被否定。[10] ①杀人的犯人想把被害人弃置到其他地方，这种事情并不罕见；②行为和结果之间即使有过失行为介入，一般也不会否定因果关系；③第一个行为和第二个行为在时间上和空间上接近；④被害人失去意识与吸入沙子导致窒息死亡这一结果之间是有关联的。

如果可以肯定第一个行为和结果之间的因果关系，那么此后就成为因果关系错误的问题。从本文的立场出发，不否定故意，因此和判例一样，能够

---

[9] 参见中山·364页；野村·199页；斋藤·134页（不是想象竞合，但作为并合罪科处重于既遂的刑罚在原则上是得不到允许的）；浅田·318－319页（视情况应该作为牵连犯）等。

[10] 在第一个行为的时点就预备实施第二个行为不是不可欠缺的要件（参见山口·356－357页）。当然，纵然在判例的案件中肯定了因果关系，也并非总能够肯定因果关系（参见山中·356－357页）。

承认杀人罪既遂。[11]*

(三) 过早实现的构成要件

构成要件的实现比行为人预期的要早,例如,打算早饭时把下毒的牛奶给丈夫喝,此前先把牛奶放在冰箱里,丈夫前一天晚上喝下后死亡。再如,想把他人的壶拿到户外打破,但壶在中途掉在地上摔破了。在上述这些情况下,能否承认犯罪既遂?学说中有两种对立的观点。多数说认为,过早实现了构成要件的情况下,行为人着手实行了行为之后,结果发生了的情况下,承认犯罪既遂。[12] 少数说认为,如果行为人考虑到的、导致既遂结果发生所必要的行为没有全部得到实施,就不能承认对既遂结果有故意。[13] 从多数说的立场出发,把牛奶放入冰箱的时点和想把壶拿到户外的时点,如果能承认实行着手了,就能够承认犯罪既遂;如果不能承认实行着手了,作为预备处理,毒牛奶案中是杀人预备和过失致死,损毁壶案中是不可罚。

在过去下级法院判决的一则案件中,以放火的故意泼洒汽油,自己把汽油点着之前,点着了其他火源,烧毁了建筑物。判决认为,在泼洒汽油的时

---

[11] 把因果关系的错误作为问题时,从这个观点出发,行为人一开始就预备实施第二个行为的情况下,把行为人认识到的情况也包含在内来考虑第一个行为的危险,可以说此危险在结果中得以实现了,因此,杀人罪既遂。但如果不是这种情况,对既遂结果的故意就被阻却,成立杀人罪未遂和过失致死罪的并合罪。参见井田·前注 [6] 79 页;内藤『下 I』936 页。

* 根据前注 [11] 中内藤教授的观点,本案中,以行为人认识到的第一个行为的危险作为标准时,不能认定为,这行为的危险通过具体的结果(吸入沙子导致死亡)得以实现了。行为人认识到的第一个行为的危险消失之后,结果因为行为人没有认识到的其他原因(吸入沙子)发生了。在本案这种情况下,关于既遂结果,故意被阻却了,成立杀人罪未遂和(限于行为人有可能预见到被害人未被勒死的可能性时)过失致人死亡罪的并合罪。但如果行为人一开始就计划,为处理尸体而实施第二个行为,那么考虑第一个行为的危险时,要考虑到行为人所认识到的特别情况。在这种情况下,可以说,第一个行为的危险通过具体的结果得以实现了,关于既遂结果,故意没有被阻却,成立杀人罪既遂。——译者注

[12] 参见大谷·188 页;前田·277 页;山口·216 – 217 页;佐藤拓磨「早すぎた構成要件実現について」法学政治学論究 63 号 225 頁以下(2004 年);山中敬一「いわゆる早すぎた構成要件実現と結果の帰属」『板倉広博士古稀祝賀 現代社会型犯罪の諸問題』97 頁以下(2004 年);安田拓人「判評」『平成 16 年度重判解』157 頁(2005 年)等。另参见井田·186 页。

[13] 浅田·376 – 377 页;曽根·216 页;町野朔「因果関係と錯誤理論」北海学園大学法学研究 29 巻 1 号 229 頁以下(1993 年);増田豊「志向的故意帰属と因果経過の齟齬(2·完)」法律論叢 70 巻 5 = 6 号 98 頁以下(1998 年);宮川基「条件付故意について(2·完)」法学 63 巻 4 号 39 頁以下(1999 年);林·225 页;西村秀二「『早まった結果惹起』について」富山大経済論集 46 巻 3 号 115 頁以下(2001 年);石井徹哉「いわゆる早すぎた構成要件の実現について」奈良法学会雑誌 15 巻 1 = 2 号 34 頁以下(2002 年)等。

点实行着手了，放火罪既遂。[14] 最近，最高法院作出一个关于此问题的判例［最决平成16（2004）年3月22日刑集58卷3号187页］。数名被告人把被害人引诱到车里，用乙醚让其失去意识（第一个行为），把被害人运送到2000米之外的港口，让其从车上滚落海中（第二个行为），从而将其杀害。第一个行为导致被害人死亡的可能性存在，数名被告人对此没有认识。最高法院认为："第一个行为可以说是确保第二个行为容易实施所必要的、不可欠缺的；第一个行为成功后，在完成接下来的杀人计划时，没有妨碍计划完成的特别情况；第一个行为和第二个行为之间在时间上和空间上接近，第一个行为和第二个行为是密切相连的行为，在三名实行犯开始实施第一个行为的时点上，杀人的客观危险性明显可以得到承认了，因此，在这个时点上，杀人罪的实行已经着手了。此外，三名实行犯着手实施了一连串的杀人行为，让被害人吸入乙醚失去意识，之后让其从车上滚落海中，达成了目的。因此，即使与三名实行犯认识到的情况不同，在实施第二个行为之前的时点，被害人因第一个行为已经死亡了，也不欠缺杀人的故意，能够承认三名实行犯构成杀人罪既遂的共同正犯。"由此可以清楚地看到，判例和学说中多数说的立场相同。

考虑这个问题时，首先有必要注意的是，虽说构成要件过早实现了，但只是说结果比行为人预定时刻更早地发生了，并不意味着犯罪既遂会成为问题。例如，打算让被害人喝下毒药，让其痛苦一晚再死去，但实际上被害人立刻就死了。这种情况下，没有人会否定犯罪既遂。实行行为的作用效果比预想的早的情况下也可以同样判断。以杀人的意图设置了定时炸弹，但因为把时间弄错了，所以炸弹比预定的时间提早爆炸了，被害人死亡。这种情况下，也不会有人会否定杀人既遂。

因此，会成为问题的情况是，行为人在实施完其认为是实现构成要件所必要的全部行为之前，构成要件实现了。早实现了这不是问题，预定的全部行为没有完成才是问题。这种情况下，否定犯罪既遂的学者提出的理由是，规范上获得动机的可能性必须与行为发生阶段相对应、动态地来把握，行为

---

[14] 有以下案例：一个案例中，屋内的木炭或炉子把汽油引燃了［静冈地判昭和39（1964）年9月1日最高裁判所刑事判例集6卷9＝10号1005页；广岛地判昭和49（1974）年4月3日判例タイムズ316号289页］；一个案例中，点烟时引燃了［横滨地判昭和58（1983）年7月20日判例时报1108号138页］。

人有必要认识到既遂结果发生为止的危险。[15]＊也有学者从溯及禁止论的立场出发，认为行为人在内心中保留了结果发生之后的故意行为时，因为没有认识到相当因果经过，所以不能承认故意犯既遂。[16]

但是，人不能完全控制自己的行为，因此，笔者认为，作为既遂要件，要求行为人到最后的最后都要控制着因果经过，这是过度的要求。[17] 恐怖分子以杀害多数人的目的手持安装好炸弹的引爆装置，实际上只按下A开关就爆炸了，被害人死亡，但误以为如果不顺次按下A和B两个开关就不会爆炸。这种情况下，不应该否定杀人罪既遂。与此相对，以杀害家人的目的制造了炸弹，错误地引爆，家人死了的情况下，不应该承认杀人既遂罪。这是因为，为了能够承认故意，在实行行为的时点，对正在实施实行行为必须有认识。[18]

安田拓人教授认为，多数说的根据在于，预备不过是例外地规定在分则中，而犯罪未遂是被作为普遍处罚的对象规定在总则中，这样的预备和未遂在刑罚上存在着重要的差距，着手是区分两者的决定性阶段，实现构成要件的意思从预备突破到着手阶段。[19]

但是，即使承认多数说的结论，也并非因为安田教授所说的理由。这是因为，构成要件过早实现成为问题的不限于单独正犯的既遂，预备犯和共犯也可能有同样的问题。例如：①制造用于杀人的毒药，原本以为还需要再加入一味药剂，而实际上已经制成了；②教唆者原以为要反复多次教唆才能成功，第一次劝说后想第二天再劝说，而被教唆者因第一次劝说就决意实施犯罪，当日便实施了被教唆的犯罪；③受正犯行为人所托出借手枪用于杀人，

---

[15] 参见石井·前注 [13] 34 页以下。

＊ 所谓"规范上获得动机"是指，让行为人意识到违反刑法是恶的，产生停止去实施犯罪的动机。所谓"行为发生阶段相对应"是指，并不是像通说那样，只以实行的着手时期作为判断标准，认为在这个阶段对结果的发生有认识就足够了；而是应该区分预备阶段、实行的着手阶段、让结果发生具有决定性意义的行为阶段，与上述各个阶段相对应地来考虑规范上动机的获得。——译者注

[16] 参见山口厚『刑法総論（補訂版）』194 頁（2005 年）。另参见林幹人「早過ぎた結果の発生」判例時報 1869 号 3 頁以下（2004 年）。此外，否定犯罪既遂的观点参见浅田·377 页；曾根·216 页；高桥·173－174 页等。

[17] 参见佐藤·前注 [12] 247 页以下。肯定说参见井田·186 页；大谷·174 页；西田·229 页；前田·277 页；山口·216－217 页等。

[18] 从区分实行行为和实行着手的观点出发，在实行行为的时点作出判断，但是，通说在实行行为的时点会承认实行着手，因此，结论相同。

[19] 安田·前注 [12] 158 頁。

出借了手枪却没有一起给子弹，决定第二天把子弹送过去，但正犯行为人从别处得到子弹，当日实施了杀人。这些情况下，与实行着手相同的理由是不适用的，话虽如此，但也不能认为应该全部否定行为人对构成要件的实现承担故意责任。[20] 笔者认为，至少，教唆犯和帮助犯的情况下，宜承认既遂。[21]

最后的结论是，如果最终的行为和前阶段的行为是连接在一起、紧密相连的，那么在实施前阶段的行为时，能够承认"对一连串的行为有认识"，故意犯能够成立。[22] 单独犯既遂的情况下，实行着手了（实施了实行行为）就能承认既遂。

三、抽象事实的错误

（一）法定符合说和抽象符合说

跨不同犯罪类型的错误*被称为抽象事实的错误。关于如何处理抽象事实的错误，大致有法定符合说和抽象符合说的对立。[23] 抽象符合说认为，以实施犯罪的意思实现了犯罪，在轻的限度内总能让犯罪成立。但是，此学说不承认犯罪之间有质的不同，在这一点上有疑问。[24] 因此，现在基本得不到支持了。此学说的最重要论据是，以器物损毁罪的故意导致人死亡的情况下会出现刑罚不均衡的问题，但这个问题随着重大过失致死罪的立法不复存在了。[25]

法定符合说从法的视角出发，把犯罪的相互重合作为问题。此学说中有构成要件符合说和其他诸学说（罪质符合说，不法、责任符合说等）的对立。

---

[20] 这种情况下，正犯行为人着手实行的时点比共犯行为人所设想的时点更早，这本身不会成为否定共犯行为人既遂的理由。例如，甲教唆乙一周后把丙杀死，乙在两日后就把丙杀死了，这种情况下，不能否定杀人罪的教唆。
[21] 预备的情况下，行为人如果没有注意到投毒完成了，就没有危险（没有被利用之虞）；如果注意到了，那么在注意到的时点，能够成立犯罪预备。因此，在投毒完成的时点承认犯罪预备的必要性几乎不存在。
[22] 参见山口·217 頁。
 * 行为人所认识的事实与现实所发生的事实分别属于不同的犯罪构成要件。——译者注
[23] 抽象符合说的详细情况参见日高義博『刑法における錯誤論の新展開』31 頁以下（1991 年）。
[24] 西田典之「共犯の錯誤について」『団藤重光博士古稀祝賀論文集第 2 巻』95 頁（1984 年）；井田·前注 [6] 103 頁；町野·228 頁以下；中森喜彥「錯誤論 2」法学教室 107 号 53 頁（1989 年）等。
[25] 参见内藤『下 I』970 頁。

前者是指，以构成要件为标准，行为人认识到的构成要件和实现了的构成要件在重合的限度内承认故意。[26] 后者是脱离构成要件，把实质性的重合作为问题。[27] 此外，构成要件符合说中又有两个对立的观点：一种观点认为，限于有形式上的加重和减轻关系以及补充性关系时，才承认符合；另一种观点认为，只要实质上重合，就承认符合。

（二）判例的立场

关于这个问题的经典判例是最高法院昭和 54（1979）年 3 月 27 日决定（刑集 33 卷 2 号 140 頁）。被告人以营利为目的，未获海关许可，把毒品误认为是兴奋剂偷运入境。判例内容如下：

"毒品和兴奋剂的滥用会带来保健卫生上的危害，有必要防止此危害，是《毒品取缔法》和《兴奋剂取缔法》的取缔对象，实体法上对两者的取缔依照上述两部法律分别进行。两部法律在取缔目的上是一致的，并且，取缔方式极其相近，都是把进口、出口、制造、转让、接受、持有等样态的行为作为犯罪，作为取缔对象的毒品和兴奋剂都会使服用者在滥用后陷入精神上或身体上的依赖（所谓的慢性中毒）状态，可能给个人和社会带来重大恶害，两者外观上也有诸多类似的地方。鉴于以上情况，应该说毒品和兴奋剂之间存在的类似性能够让它们看起来实质上由同一法律规制。

本案中，被告人以营利为目的，把毒品粉末误认为是兴奋剂走私入境，以《兴奋剂取缔法》第 64 条第 2 款、第 1 款第 1 项、第 13 条规定的走私进口兴奋剂罪的犯罪意思，实现了该当《毒品取缔法》第 64 条第 2 款、第 1 款、第 12 条第 1 款规定的走私进口毒品罪的事实，而两罪的差异仅在于对象物是兴奋剂还是毒品，其他的犯罪构成要件完全相同，法定刑也完全一样。鉴于前述毒品和兴奋剂之间的类似性，将两罪的构成要件视为实质上完全重合是相当的，因此，应该解释为，走私进口毒品罪的结果实际发生了，而把毒品误认为是兴奋剂的错误没有阻却走私进口毒品罪的故意。

《关税法》科处的义务是，进口货物时遵循一般的通关手续，不履行此义务走私货物入境的行为中，货物是《关税定率法》第 21 条第 1 款所规定的禁止进口制品的，根据《关税法》第 109 条第 1 款处罚；其他一般货物的，根

282

---

[26] 具体事实错误的具体法定符合说和抽象法定符合说也是以构成要件为标准，在这一点上是构成要件符合说。

[27] 町野朔「法定的符合について（上·下）」警察研究 54 卷 4 号 3 頁以下，5 号 3 頁以下（1983 年）。

据同法第111条第1款处罚。前一种情况下，此货物是关税法上的禁止进口物品，因此，相比后一种情况，科刑会特别加重。根据走私的货物是兴奋剂还是毒品，所适用的关税法上的罚则不同，这只是因为兴奋剂是限制进口物品（《关税法》第118条第3款），而毒品是禁止进口物品。鉴于上述情况，未经许可进口兴奋剂的犯罪和进口毒品这种禁止进口物品的犯罪都是没有履行通关手续而实施的，两者是类似的货物走私行为，在此类行为作为处罚对象的限度内，犯罪构成要件重合。本案中，被告人的意思是，实施未经许可进口兴奋剂的犯罪。因此，对输入物品是禁止进口的毒品这一该当重罪的事实没有认识，欠缺进口毒品这种禁止进口物品的犯罪故意，此罪不成立。但在两罪构成要件重合的限度内，未经许可进口兴奋剂这一轻犯罪的故意成立，此罪成立。"

通过上述决定可以清楚看出，判例采用了构成要件符合说，根据构成要件的实质重合来判断符合。当能够承认认识到的犯罪与现实所发生的犯罪之间的重合时，有如下3种情况。①两罪的法定刑一样时，现实发生的犯罪的故意得到承认，此罪成立。②与认识到的犯罪相比，现实发生的犯罪的法定刑重时，认识到的轻罪成立（《刑法》第38条第2款）。下级法院判决多采用的观点是：现实发生的重罪成立，在轻罪的限度内量刑，而②对上述观点予以否定；②说明，把犯罪和量刑分开不恰当，这也得到了学说的支持。③认识到的犯罪比现实发生的犯罪更重时，判例中没有特别谈及如何处理，可以考虑肯定现实发生的犯罪的故意，此罪成立；然后，认识到的重罪的犯罪未遂也有可能成立。实施了抢劫的实行行为，但被害人只因害怕而交出了财物，对此案件，有下级法院判决［大阪地判平成4（1992）年9月22日判例タイムズ828号281页］认为，成立抢劫罪未遂和敲诈勒索罪既遂的想象竞合。还有判决［大阪高判平成10（1998）年7月16日判例时报1647号156页］在旁论中指出，以杀人的故意实施了同意杀人时，同意杀人罪成立。

最高法院昭和54年决定之前还有如下判例。共谋教唆的是虚假公文书制造罪，实际实施的是公文书伪造罪。对此案件，最高法院认为［最判昭和23（1948）年10月23日刑集2卷11号1386页］："两罪的构成要件不同，但罪质相同，法定刑也相同"，教唆公文书伪造的故意不被阻却。此判例以"罪质的同一性"为标准，在这一点上将此判决理解为立场与昭和54年判例不同也并非不可能。但是，此后下级法院判决［東京地判平成13（2001）年7月12日判例タイムズ1083号288页］在同种案件中作出的判断是："虚假公文书制造罪和有印公文书伪造罪都是在刑法典'文书伪造罪'的章节中规定的犯罪，都是以公文书为对象、以公文书的公信力为保护法益的犯罪，所规定的法定刑完全相同；并且，两罪的实行行为在不正当制作公文书这个意义上能够统一按照伪造来把握。由此可见，虽说两罪规定在不同的条文中，但构成要件在重要部分上是实质重合的。因此，应该解释为，有印公文书伪造罪的结果现实发生了，此罪的故意不因上述错误而被阻却［参见最一小判昭和54（1979）年3月27日刑集33卷2号140页，最二小判昭和23（1948）年10月23日刑集2卷11号1386页］。"上述下级法院判决是基于如下理解，即昭和23年判例所说的"罪质的同一性"是指以构成要件为标准的同一性，昭和23年判例和昭和54年判例之间没有不同。

此外，以下也是承认符合的判例。单独犯的包括同意杀人和普通杀人［大判明治43（1910）年4月28日刑录16辑760页］，脱离占有物侵占和盗窃［大判大正9（1920）年3月29日刑录26辑211页，東京高判昭和35（1960）年7月15日下刑集2卷7＝8号989页］，毒品持有和兴奋剂持有［最决昭和61（1986）年6月9日刑集40卷4号269页］；共犯错误的例子包括盗窃和抢劫［最判昭和23（1948）年5月1日刑集2卷5号435页］，恐吓和抢劫［最判昭和25（1950）年4月11日裁判集刑17号87页］等。

（三）构成要件符合说中符合的范围

因为把故意解释为对构成要件该当事实的认识，所以现实发生的构成要件与认识到的构成要件相对应是有必要的。认识到的构成要件与现实发生的构成要件不相同时，原则上犯罪不成立。但是，构成要件并不是条文本身，因此，通过解释而承认重合是有可能的，在这个意义上，构成要件符合说妥当。问题在于，多大程度上承认符合。

现实发生的构成要件和认识到的构成要件之间的关系有基本类型和加重减轻类型的关系，如普通杀人和（旧刑法规定的）杀害长辈亲属；普通杀人和同意杀人；侵占和业务上侵占。在这种情况下，能够承认符合，没有异议。例如，以杀害长辈亲属的故意实施了普通杀人时，杀害长辈亲属的故意中也包含着杀人这种普通杀人的故意，因此，普通杀人罪的构成要件无论客观上还是主观上都充足，普通杀人罪成立。相反，以普通杀人罪的故意实施了杀害长辈亲属的行为时，杀了人这一点是不变的，因此，普通杀人罪的构成要件无论客观上还是主观上都充足，普通杀人罪成立。限于在这种情况下，即使最严格地解释构成要件符合说，也能够承认符合。但是，严格的构成要件

285 符合说（以下称"严格说"）的主张者也更宽泛地解释符合，在盗窃和脱离占有物侵占、恐吓和抢劫的情况下也承认符合。在是否侵害了占有这一点上，盗窃和脱离占有物侵占是排他性关系；在是否有转移财物、利益的意思这一点上，恐吓和抢劫也是排他性关系，因此，严格说来，也可以认为没有重合，但在这个限度内承认实质性解释。[28] 然而，严格说的主张者认为，关于公文书的无形伪造和有形伪造、毒品走私进口和兴奋剂走私进口、持有毒品和持有兴奋剂等，构成要件的重合是不可能的，否定符合。[29]

严格说不承认无形伪造和有形伪造、毒品犯罪和兴奋剂犯罪之间的符合。这是因为，在前者，主体不同；在后者，对象不同。但是，主体、手段和对象等构成要件要素的同一性是承认故意所不可欠缺的吗？

像恐吓罪和抢劫罪那样，同一条文中规定了复数手段，选择其中一个手段即可以构成犯罪的情况下，认为以暴行实施的恐吓罪（抢劫罪）和以胁迫实施的恐吓罪（抢劫罪）是不同的构成要件也是可能的。一般将同一条文中规定的逮捕罪和监禁罪解释为不同的构成要件，也可以将强拐罪和诱拐罪解释为不同的构成要件。* 即便如此，在这些手段之间出现错误的情况下（例如，教唆以暴行实施恐吓，但被教唆人以胁迫实施了恐吓的情况；教唆强拐，被教唆人实施了诱拐的情况），认为故意被阻却，这明显不当，严格说的主张者也不会这样来考虑。关于对象也是相同的。放火罪的对象是建筑物、汽车、电车、船舶、矿坑，即使在这些对象之间出现错误（例如，认为放火的对象是电车，而实际上是汽车），故意也不会被阻却。但汽车和电车是不同的，这与毒品和兴奋剂是不同的一样。[30]

286 也许会考虑，这种情况下，因为规定于同一条文中，所以可以承认符合。但是，像使用诡计妨害业务罪和使用暴力妨害业务罪那样，不同手段的犯罪

---

[28] 松宫·192－193页。

[29] 参见浅田·323页；大越·144－145页；松宫·192页等。在否定符合说的情况下，关于现实完成的犯罪，如果不能承认间接故意，需要回答的问题就是，认识到的犯罪的未遂是否成立。把毒品误认为是兴奋剂走私进口的情况下，除非对象在中途被替换，否则难以承认未遂的危险。

* 强拐、诱拐罪，是使他人脱离现在的生活状态，移置于自己或者第三者的实力支配下，剥夺其行动自由的犯罪。强拐是以暴行或者胁迫作为手段的情形，诱拐是采用欺骗或者诱惑手段的情形。——译者注

[30] 如果认为汽车和电车是同一物体，那么也可以说船舶是建筑物。也许读者会有疑问，会把船舶错当成建筑物吗？例如，认为是海港里停泊的船就放了一把火，实际上是船形的建筑物，这种情况是可能的。

分别规定在不同条文中的情况也存在。这种情况下，仅以未规定于同一条文中为理由就否定符合，是不合理的。立法者之所以把两个犯罪规定在不同的条文中，只是因为优先考虑手段而把手段相同的使用诡计妨害业务罪和损毁信用罪放在一起规定，此外没有更加复杂的理由了（使用诡计妨害业务和使用暴力妨害业务规定在同一条文中，损毁信用罪规定在另外的条文中也可以）。

公文书有形伪造和无形伪造也可以同样来理解。即使在承认构成要件实质性重合的观点中，否定公文书无形伪造和有形伪造符合也是有力的观点。[31] 公文书伪造罪中限定主体的趣旨并不是让公务员承担特别的义务（立法者并不是想保护公文书的公信力之外的其他法益），因此，能够支持判例。[32]

如果条文即使不同也能够承认符合，那么，法律即使是另外的法律也同样能够承认符合。《刑法》规定的放火罪中，没有把汽车和飞机作为对象列举出来。这是因为，在刑法制定的时代，这些载人工具尚没有作为大规模使用的交通工具来考虑（《刑法》在1907年制定，在此之前4年，莱特兄弟才刚成功地制造了人类历史上第一架以发动机驱动的飞机）。伴随着汽车和飞机的普及，立法者感到有必要把这些载人工具也包含在放火罪的对象之内，这种情况下，可以通过修改刑法把这些加入到放火罪的对象当中，也可以制定特别法。虽说立法者没有选择前一种方法，而是选择了后一种方法，但错误的处理方法应该与选择前一种方法时没有不同。

《毒品和精神药物取缔法》在附录中把多数药物都定义为毒品，但是，在不同的物质这个意义上，附录中所列的药物全都是不同的物质。例如，海洛因和可卡因是不同的药物，在误认为海洛因是可卡因而持有的情况下，持有毒品的故意不会被阻却。这是因为，无论哪一种都是毒品。假如因某种理由而单独把可卡因区分出来规定在另外的法律中，把海洛因误认为是可卡因就变成重要错误，这是不合理的。

与超过了条文和法律的框架来承认构成要件的重合相对，也会有人提出："把立法者以另外的构成要件来规定或者以另外的法律来规定作为单纯的立法技术上的问题，并轻视这个问题，这是不符合罪刑法定主义的。"[33] 但是，

---

[31] 参见团藤·427页注4；林·265页（认为不是相同的法益）；浅田·323页等。
[32] 参见内藤『下I』982页。
[33] 浅田·323页。

条文和构成要件是不相同的。[34] 如果严格解释构成要件的重合，不承认符合，那么作为应对之策，立法者就会设计笼统的法规（例如，包括麻药、兴奋剂、大麻在内的刑罚法规）。这难道就是从罪刑法定主义视角看所期望的做法吗？笔者对此抱有疑问。

构成要件在什么范围内重合，这是各个构成要件解释的问题。[35] 但只要构成要件是为了保护法益而规定的，规定在构成要件中的受保护法益就必须是同一个。因此，以遗弃尸体的意思实际实施了遗弃人的行为时，以损坏尸体的意思实际实施了对人的伤害时，不能承认符合。这是因为，侵害人的生命、身体的犯罪和侵害对死者的虔诚感情的犯罪之间的法益重合是得不到承认的。[36]

与此相对，罪质符合说认为，在罪质相同的范围内可以承认故意。从这一立场出发，如果从日常生活的实态来看，遗弃生死状态不明的人的意思得到承认了，那么尸体遗弃罪的故意就能够得到承认。[37] 最近，从"规范符合说"的立场出发也有同样的主张。该学说设定了两种行为规范：一种行为规范面向行为状况，将特别的处罚规定具体化；另一种行为规范以行为人理解的情况为前提，将这种情况进行一般化，如果行为规范是一致的，就可以承认故意。[38] 但是，对于保护法益完全不同的犯罪而言，是否能够肯定罪质相同，这是有疑问的，脱离了保护法益来考虑行为规范也有疑问。把人偶误认为是人，以伤害人的故意向其扔石头而损坏了人偶的情况下，如果脱离了保护法益来考虑罪质和规范，因为设想出"不要伤害看起来像人那样的对象"这种规范是可能的，所以得出的结论就得是，肯定伤害罪和损毁器物罪之间的符合。笔者认为，这些观点从结论来看都是只以行为样态的类似性就承认了符合。

法定符合说中，不采用构成要件符合说的学者对着眼于实质重合问题的构成要件符合说的批评是，构成要件是形式性的，着眼于实质重合的问题违

---

[34] 伊藤等·118 頁（小林憲太郎）。
[35] 平野博士认为可以承认符合的情况有：①构成要件的内涵包摄性得到承认的情况；②外延包摄性得到承认的情况。后者的例子是：（a）同一构成要件当中所规定的不同手段择一构成犯罪（例如，使用印章伪造公文书和使用署名伪造公文书，同意杀人和自杀帮助，第一项诈骗和第二项诈骗）；（b）立法技术上，不过是写在另外的条文中（例如，公文书有形伪造和无形伪造，毒品持有和兴奋剂持有）。
[36] 参见平野『I』178 頁以下。
[37] 参见西原『上』227 頁。
[38] 参见井田·前注［6］108 頁以下。

反了构成要件的本质。但是，通过设定一个脱离了构成要件的基准，会在相比构成要件符合说更广的范围内承认符合，这是不恰当的。

同样，在批评构成要件符合说的观点当中，不法责任符合说并不想比构成要件符合说在更广的范围内承认符合。[39] 毋宁说，要求类型性责任符合的结果是，在盗窃罪和器物损毁罪之间不承认符合，相比构成要件符合说，符合的范围变得狭窄。否定符合的理由是，器物损毁罪所有的固有责任内容是，通过损坏他人的所有物让被害人为难，与盗窃罪不符合。[40] 但笔者并不认为，器物损毁罪的固有责任内容超过了与所有权侵害相对应的责任非难。笔者认为，从不法责任符合说的立场出发也同样，承认器物损毁罪这一轻罪成立是没有什么困难的。

构成要件符合说多会提出法益的同一性和行为样态的同一性。但是，行为样态的同一性在多大程度上有意义，这也是有疑问的。暴行和胁迫在行为样态上是不同的，但不会解释为，因两种手段之间的错误，故意被阻却。向高利贷自动缔约机器中输入虚假情报，欺骗操作员，从自动缔约机器直接获取现金卡的情况下，行为人不知道在机器的背后（通过微型机器和通信电路连在一起）有操作员，没有认识到欺骗人，使之交付财物，这种情况是以盗窃的故意完成了欺诈。但笔者认为，即使是这种情况，也可以肯定欺诈罪。手段是选择性的情况下承认符合，这也意味着可以考虑，次要顺位法益侵害的不同不重要。以暴行进行恐吓和以威胁进行恐吓中，即使是同样的财产，侵害的法益也不同：一个是对身体的法益侵害，而另一个是对自由的法益侵害。但是，在财产犯的框架下，可以解释为，这样的次要顺位法益不重要。[41]

四、结语

故意论中还有许多重要的问题，但本书的目的并不是对所有的论点都网罗殆尽，因此，故意论的探讨至此结束，下一章节开始探讨过失论。

---

[39] 对不法责任符合说的批评意见参见高山佳奈子『故意と違法性の意識』212 頁以下（1999 年）；山口厚『問題探究刑法総論』146 頁以下（1998 年）。

[40] 町野・230 頁。

[41] 井田认为，恐吓罪中包含着通过胁迫让被害人畏惧这样的独立法益侵害，因此，诈骗罪和恐吓罪之间不能承认构成要件重合（井田・前注［6］108 頁）。但笔者认为，没有必要这样解释。

第十七章

过失犯论

一、序言

过失犯只有在法律规定的情况下才处罚（《刑法》第38条但书）。刑法典中处罚过失犯的规定有：失火罪（第116条），过失引爆爆炸物罪（第117条第2款），业务上失火罪、业务上过失引爆爆炸物罪（第117条2前段），重大过失失火罪、重大过失引爆爆炸物罪（第117条2后段），过失浸害建筑物罪（第122条），过失交通危险罪（第129条），过失伤害罪（第209条），过失致死罪（第210条），业务上过失致死伤罪（第211条第1款前段），重大过失致死伤罪（第211条第1款后段），过失驾驶机动车致死伤罪（第211条第2款）。过失驾驶机动车致死伤罪是2001年立法创设的罪名，还有人不知道这个罪名，请予以注意（至今仍不知道的是重大注意义务违反）。

在法律规定中，处罚过失犯是例外。但实际上，过失驾驶机动车致死伤罪的案件数量极多。此外，机动车、火车、飞机事故，大规模火灾事故，医药品事故，医疗事故等受社会关注的过失犯罪也经常发生，在刑事政策上是极其重要的犯罪（2010年警察受理刑事案件数*共2 271 039件，其中30.2%是过失驾驶机动车致死伤罪，居第二位；最多的是盗窃，占53.4%）。并且，对过失犯而言，存在很多重要的理论问题，学界的讨论也很热烈。

过失犯无论在理论上还是在政策上都是极其重要的问题，但在面向本科和法学硕士的授课中，详细讨论无论在深度上还是时间上都有困难。作为学生，理解基本问题很重要（不限于过失犯）。以下，就理解过失犯时必须要了

---

* 警察受理案件数在日语中被称为"認知件数"，此外，警察送交检察机构或作为轻微犯罪处理的案件数被称为"檢舉件数"。警察并非把受理的全部案件都送交检察机构，因此，"檢舉件数"是一定比率的"認知件数"。这个比率受警察活动的影响，会有很大变化。因此，为了正确了解犯罪的情况，应该参考的数据是"認知件数"，即警察受理案件数。——译者注

解的基本事项，尽可能以通俗易懂的方式进行说明。

二、过失犯的构造

（一）学说的展开

首先，过失犯构造相关学说的发展虽在教科书中都有介绍，但这里仍想简单复习一下。[1]

传统的过失论（旧过失论）认为，故意犯和过失犯在构成要件和违法性阶段相同，在责任阶段区别考虑。故意是对构成要件该当事实的认识、预见（容忍说认为还应该再加上容忍），过失是此认识、预见的可能性。[2] 过失是内心的不注意，如果注意就能预见到结果，实际却没有预见而实施了行为，让结果发生，因此受到非难。

与传统的过失论相对的观点是，故意犯和过失犯在违法性阶段就有区别，因此，在作为违法类型的构成要件阶段就不同，这被称为新过失论。新过失论将过失作为注意义务违反来把握，其内容以结果回避义务为中心构成。根据新过失论，违反结果回避义务的行为，即有失误的行为（偏离了社会生活上所要求的行为标准）是过失的本质，这是违法要素（构成要件要素）。新过失论中也要求结果预见可能性，结果预见可能性作为注意义务违反的内容成为过失的要件，但这只不过是推导出结果回避义务的第二顺位要件。* 这种新过失论的理论基础是从行为标准的偏离中获得违法本质的行为无价值。

当初，新过失论和旧过失论的不同只停留于理论上说明方式的不同，关于预见可能性的内容也同样是只停留于理论上说明方式的不同，两学说都要求结果的预见可能性必须是具体的预见可能性，在这一点上没有不同。但是，从新过失论的立场出发，结果预见可能性只是为了导出结果回避义务，因此，

---

〔1〕 详细说明参见内藤『下 I』1102 頁以下（1991 年）；大塚仁等編『大コメンタール刑法第 3 卷〔第 2 版〕』296 頁以下〔神山敏雄〕（1999 年）；西田等『注釈』541 頁以下（上嶌）等。

〔2〕 在过失犯中，会成为问题的主要是过失致死伤等结果犯，因此，一般把过失作为结果的预见可能性。以下也同样是遵循这一点，但需要注意的是，有的情况下，是否可能认识到行为时存在的事实会成为问题，如《儿童福祉法》第 60 条规定的犯罪中关于儿童年龄的过失。

* 新过失论中，注意义务即结果回避义务，结果回避义务的内容是采取必要的措施避免或预防结果发生，科处结果回避义务的前提是，行为人预见到了结果发生的危险。因此，从逻辑顺序上看，先有结果发生的预见可能性，然后从中推导出结果回避义务；但从过失要件的顺位看，结果回避义务是第一顺位，预见可能性是第二顺位。——译者注

并不必然要求具体的预见可能性。* 在这里,藤木英雄教授认为,过失犯罪要成立,未必要求具体的预见可能性,只要达到了一般人抱有危惧感的程度就足够了。[3] 这被称为危惧感说或新新过失论。新新过失理论并不是想主张,只要承认有危惧感,就直接肯定过失,而是把结果预见可能性的程度和结果回避义务关联在一起,为高水平的结果回避义务提供基础的预见可能性必须是高度的预见可能性,而作为低水平的结果回避义务的基础,即使是危惧感程度的低度预见可能性,也足够了。新新过失论是在彻底理解了以结果回避义务作为过失本质的新过失论的精髓之后发展出来的理论。

新过失论获得支持的背景有两个:一是日本刑法学说中行为无价值论变得一般化;二是从昭和30[1955]年代开始,随着机动车在社会生活中的普遍使用,业务上过失致死伤案件迅速增加,在实务中想用交通规则这个客观标准来限定过失犯的成立范围。与此相对,提出新新过失论的背景是,为了应对昭和40[1965]年代开始出现的公害事件和药品事故等企业犯罪,想扩大过失犯的成立犯罪。新过失论被普遍接受,与此相对,新新过失论基本上没有获得支持,其理由就在于此。**

如上来理解过失构造论相关学说时,需要注意以下四点。

第一,新过失论的主张者多数不只要求作为违法要素的过失,也要求作为责任要素的过失。前者以一般人为标准,是客观注意义务违反;后者以行为人为标准,是主观注意义务违反。[4] 因此,在要求作为责任要素的过失这一点上,各学说的观点一致。

---

* 虽然根据新过失论的理论构成,不必然要求具体的预见可能性,但新过失论为了限制处罚犯罪,要求具体的预见可能性。因为根据新过失论的理论构成,不必然要求具体的预见可能性,因此,在新过失论的理论方向上发展出来的新新过失论,不要求具体的预见可能性。——译者注

[3] 藤木·240页。支持意见参见土本武司『過失犯の研究』21页以下(1986年);板倉宏『刑法総論』252页(2004年);井田·208-209页;高橋·205页,208页等。

** 一般认为,根据新过失论,虽然客观存在结果发生的危险,并且也能够预见到危险的存在,但只要行为符合客观注意标准,那么行为的违法性被排除,不构成过失犯罪,在这个意义上是对过失处罚范围的限定。新新过失论以宽松的标准来定义预见可能性,只要产生一般的危惧感,就科处排除此危惧感相应的结果回避义务,在这个意义上是扩大了过失的处罚范围。——译者注

[4] 大塚·203页,472页以下;佐久間·142-143页;団藤·333页;野村·178页以下;福田·125-126页,201页,301页以下等。与此相对,不承认过失是责任要素的观点参见井田·218页;川端·195页以下;西原『下』464页以下等。大谷认为,客观注意义务违反和主观注意义务违反都是作为违法要素的过失(大谷·211页)。

第二，实行行为、相当因果关系、实质的违法性等故意犯中所要求的客观要件在旧过失论中也作为过失的要件被要求，并不是只要承认了预见可能性，过失犯即成立。说明时也会说这是旧过失论的修正，但毋宁说这是当然的。在过失犯中经常会成为问题的结果回避可能性也可以认为是过失和故意共通的要件。[5]

第三，传统的过失论有两个基础：一是考虑违法是客观的、责任是主观的，二是考虑构成要件是违法类型。现在的旧过失论主张者中，不采用这种考虑方法的人也多数存在。即从旧过失论的立场出发也同样，如果把构成要件作为违法和责任的类型来把握，那么在构成要件阶段就可以区分故意和过失。此外，实行行为和因果关系属于作为违法类型的客观构成要件，在判断中如果考虑行为人的主观，那么根据是否对结果发生有认识，违法性的判断有可能不同。但是，这样的判断与故意犯和过失犯的区分并没有直接联系在一起（例如，如果采用容忍说，即使对结果发生有认识，也会根据容忍的有无，区分故意和过失，但实行行为的危险性和因果关系的判断不会因容忍的有无而变化），因此，在违法阶段故意犯和过失犯不会变得不同。

第四，过失犯相关学说对各种问题点有各种不同的主张，因此，比起新过失论和旧过失论这种标签式区分，理解时有必要考虑与个别结论之间的关系。例如，新过失论批评旧过失论时指出，预见可能性的判断不清楚，不能确切地限定过失犯的成立范围，而新过失论关注的问题是偏离了行为标准，是更加符合罪刑法定主义的理论。[6] 反之，旧过失论批评新过失论时指出，新过失论想从行为无价值的角度来决定结果回避义务的内容，因此，自由决定的余地大，有恣意判断的可能性。[7] 正反两种观点中哪一种观点妥当，必须要结合与具体结论之间的关系来判断。如后文所见，实际上处罚范围最明确的是，旧过失论中要求高度预见可能性的观点。新过失论是把《道路交通法》等行政取缔法规作为行为标准，这一点看上去是明确的。但在不少情况下，即使有法律规定，注意义务的内容也并非单凭此就决定了；不存在法律规定时，注意义务的内容并非那么明确。[8]

---

[5] 参见本书编码第 54 页。
[6] 参见井田良「過失犯理論の現状とその評価」研修 686 号 4 页以下（2005 年）。
[7] 山口厚『問題探究刑法総論』158 页（1998 年）。
[8] 通常所说的过失犯是"开放式构成要件"正表明了这一点。井田教授认为，新过失论才符合罪刑法定主义的要求。但笔者认为，井田教授的主张即使在新过失论中也不常见。

(二) 判例的立场

判例是将过失作为注意义务违反把握，将其内容解释为结果的预见可能性和预见义务以及结果回避可能性和结果回避义务［参见最决昭和42 (1967) 年5月25日刑集584页］。过失的认定方法是，认定为了避免结果发生所需要采取的措施，应该采取这样的措施却怠于注意。例如，在时速50千米的驾车辗人案中，进行认定的内容是，"被告人应该减速至时速30千米，却怠于注意。"这样的判例态度与把结果回避义务置于中心的新过失论亲和，这没有疑问，但并不是从旧过失论出发就无法进行说明。[9]

关于具体预见可能性说和危惧感说的对立，*在森永砒素案件的判决曾采用过危惧感说，但此后的下级法院判决均否定危惧感说，而采用具体预见可能性说。经常被作为代表列举出的是北海道大学电手术刀案件的上诉审判决［札幌高判昭和51 (1976) 年3月18日高刑集29卷1号78页］，即"所谓结果发生的预见，内容不特定、一般性、抽象性的危惧感或不安感觉这种程度是不够的，而是对特定的构成要件结果以及到此结果发生为止的因果关系的基本部分的预见。"还有水俣病案件的上诉审判决［福冈高判昭和57 (1982) 年9月6日高刑集35卷2号85页］，即"在所谓的构造型过失犯中也同样，……关于预见对象，内容上不特定、一般性、抽象性的危惧感或不安感觉这种程度是不够的，……行为人必须实质性预见到特定的构成要件结果以及到此结果发生为止的因果关系的基本部分。"本来，两判决的结论都是肯定预见可能性，但如后所述，特别是前一判决也受到强烈的批评。批评意见认为，本判决与危惧感说没有区别。**从标准与结论之间的关系来看，能够评价为明显采用了具体预见可能性说的判决如，大阪高等法院昭和51 (1976) 年5月25日判决（刑月8卷4·5号253页）认为，在大雨浇湿的路面上高速行驶的汽车

---

［9］ 认定为应该减速到30公里表明了，①如果减速，就能够避免结果发生；②不减速（以50千米的时速）行驶行为具有导致结果发生的相当危险性；③尽管这种情况存在，但不减速会证明内心的不注意。参见平野『Ⅰ』200页以下；内藤『下Ⅰ』1113页。

* 前者要求，行为人必须对结果的发生有具体的预见可能性，新过失论和旧过失论都采用这一立场。旧过失论中，有的学者主张要求程度更高的高度的预见可能性。危惧感说是指，只要一般人会有危惧感就足够了，是新新过失论的主张。——译者注

** 虽然在判决文中声明采用具体预见可能性说，否定危惧感说，但考虑到本案的具体事实关系尚不足以说明预见可能性达到了具体的程度，却仍然承认预见可能性要件充足。因此，批评意见认为，若非采用了危惧感说，不可能肯定预见可能性要件充足，在此，法院实际上采用的是危惧感说。——译者注

因出现车轮打滑现象而造成了异常的打滑事故，这种情况下否定结果的预见可能性。

三、预见可能性相关的诸问题

预见可能性在方方面面都会成为问题，具体预见可能性说与危惧感说的对立不过是其中的一个方面。

（一）过失的标准

围绕过失的判断标准，一直以来有三个学说。客观说以一般人的能力为标准；主观说以行为人的能力为标准；折衷说以行为人的能力为标准，但其上限是一般人的能力。* 这样的论争因新过失论的登场而被赋予新意义。新过失论的主张者中多数采用折衷说，即违法阶段的过失涉及的问题是，以置于行为人立场上的一般人为标准来判断客观注意义务违反；责任阶段的过失涉及的问题是，以行为人为标准来判断主观注意义务违反。

但正如松宫孝明教授所言，这些学说哪一个都不能支持。[10] 首先，虽说客观说和折衷说是以一般人为标准，但脱离了行为人的具体能力是不能判断结果预见可能性和结果回避可能性的。即使给眼睛看不见的人科处以平均视力的驾驶者为标准设定的前方注意义务，也是没有意义的；如果给眼睛看不见的人科处的义务是，不去做驾驶车辆这件事情，那么这只会是根据行为人的身体能力来判断注意义务。其次，客观说或折衷说主张，以行为人特别认识到的情况为基础来判断预见可能性，但认识到的情况中不仅包括对个别情况的认识，也包括法则性知识（应该包含在内）。** 倘若如此，那么结果涉及的问题只会是以行为人自身的认识能力为标准的预见可能性。

如果全部能力都是以行为人本人的能力为标准，那么作出的判断便是，不能预见或不能避免结果发生是因为没有能力，总得否定其过失责任，因此，主观说也不能维持。不能解释为，"他天天稀里糊涂的，做出这样的事情来也

---

* 即行为人能力比一般人能力高时，以一般人能力为标准。——译者注

[10] 参见松宫孝明『刑事過失論の研究』121 頁以下（1989 年）；同『過失犯論の現代的課題』151 頁以下（2004 年）。

** 个别情况的认识例如，被告医生作为患者的家庭医生，关于患者的体质、生活习惯和病情等，了解一般医生所不了解的情况。客观说或折衷说同以被告医生具体认识到的情况为资料，而非以一般医生认识到的情况为资料判断预见可能性。法则性知识的认识例如，被告医生是白血病专家学者，知道一般医生所不知道的最前沿专业知识。——译者注

不稀奇"，因此，认为其没有过失。[11]

结果就是，行为人的规范心理能力（对"慎重"这一法益的顾虑和关心）以法所期待的"诚实市民"的规范心理能力为标准，其他的认识能力、身体能力、知识等以行为人为标准。[12]

理论上也同样，并不是把过失作为违法要素就必然在逻辑上要以一般人为标准。如果考虑一下故意的判断方法，这一点就清楚了。把故意和过失作为违法要素的学者也不主张：判断作为违法要素的故意时以一般人是否会认识到结果为标准，判断作为责任要素的故意时以行为人是否认识到了为标准。*

折衷说从旧过失论立场上得到支持的情况也存在。法是以一般人为对象制定的，即使行为人能预见，但一般人不能预见的情况下，也不应该承认过失，这种情况下，即使能够承认规范性责任，也要否定可罚性责任。[13] 的确，规范心理能力应该以一般人为标准，杞人忧天般慎重地收集信息才能够认识到结果的情况下，承认过失不妥当。[14] 但如果这个观点所说的是，注意能力和身体能力也以一般人为标准，那就不是妥当的观点。[15] 例如，手术只有名医一个人能够实施，却在手术之际出现错误，导致患者死亡的情况下，不能提出下列主张来否定过失：如果是一般医生，本来也不能实施这种手术，所以患者还是要死亡的；如果是一般医生，也会出现同样的错误。患者正因为其是名医，所以才接受手术。此外，与一般医生相比，有更多知识和更高

---

[11] 平野『I』206 頁。
[12] 参见井田·217 頁；西田·270 頁；林·292 頁；松宫·217 頁以下。
* 关于"把故意和过失作为违法要素的学者也不主张，判断作为违法要素的故意时以一般人是否会认识到结果为标准"的理解，行为人特别认识到的情况在违法性判断中也要考虑。例如，行为人认识到被害人有血友病，故意将其打伤的情况下，不能以一般人不可能认识到被害人的特殊体质为由而否定行为人的故意，因为这里的故意关系到行为的危险性，所以可以解释为主观违法性要素。关于"把故意和过失作为违法要素的学者也不主张，判断作为责任要素的故意时以行为人是否认识到了为标准"的理解，例如，射手把人误认为是熊，开枪射击。如果一般人任谁都能够注意到这是一个人，射杀行为就构成过失犯罪。在这种情况下，没有学者会作出如下判断，即从一般人的立场上考虑构成要件的故意，能够承认行为人有构成要件的故意，但是，行为人本人认为射杀的对象是熊，因此，行为人的责任故意被否定。——译者注
[13] 参见浅田·342 頁。
[14] 参见松宫·前注［10］『過失犯の現代的課題』208 頁。
[15] 关于能力比一般人高的人，以较高的能力为标准。参见井田·217 頁；伊東·149 頁；林·298 頁；松原芳博「刑法總論の考え方（19）」法学セミナー 670 号 126 頁（2010 年）；松宫·221 頁等。

能力的医生能够认识到一般医生不能认识到的让结果得以被预见的事实时，以一般人为标准的学者也不会无视这种特别的认识，不会从一般医生的立场上来否定预见可能性的，[16]而这在理论上就前后不一致了。

很多时候会说，判例的立场是客观说。但是，判例中所谓的一般人是指，与行为人的年龄、地位和职业等方面都相同的立场上的一般人，因此，在多大程度上是站在客观说立场上来判断，未必清楚。关于这一点颇有意思的判决是帝京大学医院艾滋病病毒血液感染案件的判决［東京地判平成13（2001）年3月28日判例時報1763号17頁］。本案被告人是血友病治疗领域最权威的医生，让血友病患者使用被艾滋病病毒污染了的非加热浓缩血液凝固因子制剂，导致患者感染了艾滋病病毒，艾滋病病发，死亡。判决否定了被告人的过失责任。[17]关于预见可能性，判决首先认定，被告人有可能预见到血友病患者死于艾滋病这一结果，但是，预见程度很低。在此认定的基础上，关于结果回避可能性，判决认为："问题是，在投入非加热制剂所带来的'治疗上的效用和效果'与'可能预见到的艾滋病发病的危险'之间进行比较衡量，在'投入非加热制剂'这一治疗手段与'使用Clio制剂进行治疗'等其他可选用的治疗手段之间进行比较衡量。如果血友病专业的通常医生被置于本案当时被告人的立场上，应该不会作出这样的判断，而被告人却在利益比较后选择了危险大的治疗手段，这种情况下要追究其刑事责任。"而本案当时，日本大多数血友病专业医生都在使用非加热制剂，即使这种治疗手段的致癌危险相关情报被普遍知晓后，在加热制剂的供应得到认可之前，使用非加热剂这种情况也基本不会有变化，因此，判决否定了结果回避可能性，宣告被告人无罪。

多数学者认为判决采用的是客观说，因此对判决加以批评。但是，关于预见可能性，判决以被告人为标准，认定预见可能性的程度低；在承认从规

---

[16] 高橋·221-222頁。上述文献认为，艾滋病病毒血液感染案件的判决并不是以血友病治疗领域有最高权威的专家为标准，而是以通常的血友病专业医生为基准，这是妥当的；但是，判断过失时应该把此行为人认识到了的或能够认识到的情况考虑在内，结论是，可以肯定医生违反了结果回避义务。

[17] 关于本判决，有很多评论和解释，基本上支持判决的意见参见井田良「判評」ジュリスト1204号26頁以下（2001年）；批评意见参见甲斐克則「薬害と医師の刑事責任」広島法学25卷2号69頁以下（2001年）；松宮·前注［10］『過失犯の現代的課題』168頁以下等。另参见注［45］中的文献。

范视角对判断标准进行修正*这一点上,也并不是单纯的客观说。假如能够认定,被告人基于专业知识对结果发生有高度的预见可能性,那么即使日本大多数血友病专业医生都仍在使用非加热制剂,想必判决也会毫不犹豫地承认过失。此外,后文也会谈到,本案所涉及的问题是,被告人的治疗行为是否确切,这本来是治疗行为阻却违法性的问题。**

(二)预见可能性的对象

1. 构成要件关联性

关于是否存在过失,应该围绕当该构成要件进行判断,因此,过失致死罪中对死亡结果有预见可能性是必要的,只对伤害结果有预见可能性不够。判例的解释是,不要求对结果加重犯的加重结果有过失,因此,如果把过失致死罪理解为过失伤害罪的结果加重犯,那么,只要对伤害结果有过失就足够了这一立场也许会成立。但是,从判例立场出发也同样应该考虑,对结果加重犯追究重责的根据在于对基本犯有故意(认识到了此行为具有导致结果发生的高度危险性),然而,同样来考虑过失致死罪是得不到承认的。从要求对加重结果有过失的通说立场出发,当然不可能得出这样的结论。

在板东三津五郎案中受争议的问题是,为客人提供河豚的肝料理、致其死亡的厨师是否构成业务上过失致死罪。判例〔最决昭和55(1980)年4月18日刑集34卷3号149页〕认为:"参照最近得以查明的河豚毒性、京都府制定的处理河豚相关规则、在政府行政指导下河豚料理组织进行的培训课程等已查清事实,原判决判断认为,持有京都府河豚料理职业资格的被告人有可能预见到提供本案中的红鳍东方豚肝脏料理会引起客人的河豚中毒症状,上述原判决的判断是相当的",对承认业务上过失致死罪的原判决予以维持。因为原判决关于过失致死罪预见可能性的判断是:"这里的伤害是指,被告人给被害人提供河豚肝脏料理而导致被害人出现河豚中毒症状。就伤害这一点而言,只要有预见可能性就足够了。这里的致死是指,被害人出现中毒症状以至于死亡。就致死这一点而言,没有必要有预见可能性",所以不得不视

---

  * 从规范视角对判断标准的修正是指,没有以一般医生为标准,而是以与被告人相同专业背景的血友病专业的一般医生为标准。——译者注

 ** 作为治疗行为阻却违法性的问题来考虑时,首先判断的是受争议的治疗行为在客观上是否恰当,客观上恰当的治疗行为,即使能够预见到结果发生的危险,结果现实发生了,因为行为本身的违法性被阻却,所以不成立过失犯。在此,结果预见可能性的高或低都不会成为问题。——译者注

为，最高法院对上述判断也予以承认了。[18] 但判例指出的"最近得以查明的河豚毒性"是有可能造成人死亡的毒性，因此，笔者认为，关于致死这一点也能够承认被告人有预见可能性，这是当然的前提。应该解释为，本判例并没有连上述原判决的内容都予以肯定。[19]

2. 对象的认识可能性

结果发生在具体对象身上，是否有必要对这一对象有预见可能性，这取决于对故意犯中错误论的理解和过失的理解。[20] 如果认为错误论是故意论的反面（换言之，故意论本身），并且把过失作为责任要素，以此为前提，认为过失是故意的可能性，那么故意的错误论直接适用于过失也是妥当的。因此，在故意的错误论中采用的如果是抽象法定符合说，在过失中也同样不要求对具体对象有预见可能性；采用的如果是具体法定符合说，就有必要对具体对象有预见可能性。

例如，被告人在驾驶轻量四轮货车行驶过程中，过失造成所驾驶货车的后车兜猛烈撞上了红绿灯的柱子，导致坐在后车兜中的甲和乙死亡，坐在助手席的丙受伤，但被告人没有认识到后车兜里坐着甲和乙。对此案件，判例[最决平成元（1989）年3月14日刑集43卷3号262页]认为："应该说，被告人当然能够认识到，如上述那样轻率驾驶机动车也许会引发人员死伤事故，因此，即使被告人没有认识到所驾驶车辆的后车兜中有上述两个人在乘车，也不妨碍成立对上述两个人的业务上过失致死罪。"从上述理解来看，判例不要求对具体对象有预见可能性，判例在理论上是采用抽象法定符合说所得出的结论。[21]

这样来整理学说和判例在理论上是简明清楚的，笔者本身支持具体法定符合说，认为在过失犯论中对具体对象的结果发生预见可能性是必要的。但是，并非抽象法定符合说的主张者全都认为错误论是故意论的反面并基于这种理解来解释问题。如故意犯论中所述，[22] 笔者认为，日本的抽象法定符合说一般把存在结果发生的预见可能性作为承认故意的前提。倘若如此，即使

---

〔18〕 对这一旨趣的批评意见参见林·290页。
〔19〕 假如判例肯定了原审判决，即便如此，"关于这一点也没有作出法律判断，因此，应该视为关于这一点没有判例的效力。"佐藤文哉「判解」『最判解刑事篇昭和55年度』79页（1985年）。
〔20〕 橘爪隆「過失犯（上）」法学教室275号78页以下（2003年）。
〔21〕 参见山口·前注〔7〕167页；林·290页；安廣文夫「判解」『最判解刑事篇平成元年度』85页以下（1991年）。
〔22〕 参见本书编码第267-268页。

在故意的错误论中采用了抽象法定符合说，在过失判断中所采用的立场仍有可能是，要求对具体对象有预见可能性。笔者认为，应该要求对具体对象有预见可能性。判例以什么样的逻辑在适用抽象法定符合说未必清楚，因此，应该从一个立场出发来解释判例，谨防扩大解释判例的适用范围。[23]

考虑对象的特定性时，也有必要注意以下两点。首先，无论从什么立场出发，为了肯定过失责任，都没有必要认识到具体对象的存在。因不注意前方而与前方车辆追尾，导致坐在前车后排座的孩子死亡时，即使因为孩子个子矮，没有看到孩子，误认为只有前排座上有人，这也不会成为否定过失的理由。"即使没有认识到上述两人乘车的事实……也不会妨碍业务上过失致死罪的成立"，这是当然的。[24] 其次，即使采用的立场是要求对具体对象有预见可能性，与可以承认概括故意的情况相同，也可以承认概括过失，因此，与不要求对具体对象有预见可能性的立场相比，过失犯的成立范围不会受到太大限定。例如，对轻率驾驶的行为人而言，对轻率驾驶可能发生的死伤结果有概括性的预见可能性就足够了。因此，轻率驾驶引起了事故，导致死伤结果发生的情况下，结果预见可能性被否定的情况是罕见的。

3. 因果经过的预见可能性

要求具体预见可能性的通说和下级法院判决都认为，有必要预见到"特定的构成要件结果以及直到结果发生的因果关系的基本部分"。与这一观点共通的观点是，故意论的因果关系错误中，对现实因果经过的认识是故意的内容，以此为前提，如果行为人认识到的因果经过和现实的因果经过在相当因果关系的范围内符合（即基本部分一致），就承认故意。但是，如因果关系错误中所述，[25] 对故意非难而言重要的是对结果的认识，对具体因果经过的认识是不需要的。同样，承认过失责任所必要的是结果的认识可能性，对具体

---

[23] 参见松宫·前注［10］『過失犯の現代的課題』105頁以下，219頁；大塚裕史「『結果』の予見可能性」岡山大学法学会雑誌49巻3＝4号187頁以下（2000年）。伊東认为，把预见可能性的对象认定为"凡是人"，这与责任主义不相容，判例是否采取了这样的立场也是有疑问的（伊東·147頁）。

[24] 原判决［東京高判昭和60（1985）年12月27日判例タイムズ607号109頁］的认定是："人乘坐在普通载货机动车（包括轻量四轮机车）后车兜里这种事情时有发生，未必是异常的事态。因此，一般有可能认识到，人可能有时会乘坐在后车兜里。此外，本案中，没有特殊情况否定上述认识的可能性，毋宁说，……因为本案轻量四轮货运机动车的后车兜中载着人，所以车身摇晃得厉害，坐在驾驶席的人能够感觉到。无论是哪一种情况，被告人认识到后车兜里有两名乘车人的可能性明显高于一般情况。"

[25] 参见本书编码第273页。

因果经过的认识可能性是不需要的。[26] 当然，因为结果是通过一番因果经过才发生的，所以为了承认结果的预见可能性是具体的、超过了漠然的不安，因果经过的预见可能性通常是必要的。但是，这里的因果经过与现实发生的因果经过没有必要一致，例外情况下，因果经过虽未被查明，但该当行为明显会导致结果发生的情况下（例如，公害案件中，通过疫学上的证明可以承认因果关系那样的情况）也同样能够肯定结果的预见可能性。通说在这种情况下作出的说明是，对"因果关系的基本部分"有预见可能性，但设定"基本部分"时会抽象化到什么程度，其标准并不清楚。

即使采用的立场是，现实的因果经过是甲，乙是不同于甲的另外的因果经过，如果能够预见到因果经过乙，就能够承认结果的预见可能性，也不会导致过失犯的处罚范围变得过大。这是因为，在采取了措施以避免因果经过乙造成结果发生的情况下，因为对因果经过乙不再有预见可能性了，所以最终也不能承认结果预见可能性。

笔者认为，如果有可能预见到结果，最高法院就不会把对现实的具体因果经过的预见可能性作为问题。隧道内电缆接续施工中，电缆中有高压电流流过时会产生感应电流。为了把感应电流导入大地，有两种接地的铜板。被告人怠于把两种铜板中的一种装配到分叉器上，感应电流从分叉器本体中本来不应该流过的部位流过，形成了炭化导电通路。感应电流长时间流经炭化导电通路以致酿成火灾，电车通过隧道时导致乘客死伤。这就是生驹隧道案件。对此案件，一审判决［大阪地判平成7（1995）年10月6日判例タイムウ893号87页］认为：在本案中，火灾发生这一因果经过的基本部分是炭化导电通路形成现象，对此没有预见可能性，预见到火灾发生结果本身是不可能的，因此否定了被告人的过失责任。与此相对，控诉审判决［大阪高判平成10（1998）年3月25日判例タイムウ991号86页］认为：感应电流持续地流过本来不应该流过的部位，导致该部位发热，以致最终发生了火灾，既然大致上能够预见到上述情况，就能够承认结果的预见可能性，肯定了过失

---

[26] 参见山中敬一「過失犯における因果経過の予見可能性について（1）（2・完）」関西大学法学論集29卷1号28頁，2号177頁以下（1979年）；前田雅英『現代社会と実質的犯罪論』229頁以下（1992年）；町野・280頁以下；山口・235頁以下等。与此相对，认为必须要认识到具体因果经过的观点参见大塚裕史「監督過失における予見可能性（5）」海上保安大学校研究報告37卷2号1部11頁以下（1991年）；北川佳世子「ホテル・デパート火災事件における実務の動向と管理・監督者の刑事過失論（3・完）」早稲田法経論集66号115頁以下（1993年）。

责任。最高法院[最决平成12（2000）年12月30日刑集54卷9号1095页]以被告人没有合法的上告理由为由撤销了其上告，判决理由如下："被告人即使不能具体预见到上述那样的炭化导电通路形成经过，但是，对于感应电流没有流向大地而是长时间地从本不应该流过的部分流过以致引发火灾这个情况发生的可能性是能够预见到的。因此，原判决承认本案火灾发生的预见可能性是相当的。"原判决也许与通说一样，要求对现实因果经过有预见可能性，以此为前提，将现实因果经过抽象化为"因果关系的基本部分"，在认定了对"因果关系的基本部分"有预见可能性之后，承认过失责任。然而，对判例的理解应该是，即使没有具体因果经过的预见可能性，只要能够认识到其他因果经过的预见可能性，就能够肯定过失责任。[27]

对前文介绍的北大电手术刀案件判决的有力批评是，判决明确表示采用具体的预见可能性说，并因此而成为著名判决，但实际在解决案件时却与危惧感说无异。[28] 本案中，在北海道大学医学部附属医院实施手术之际，护士负责电手术刀的电线接续，却把电线头错误地接到了电线座上电极相反的极柱上，心电图扫描器也没有安全装置，两者并用的情况下导致新的电流回路形成，患者的身体被重度烧伤，以致于万般无奈下被切掉了右侧小腿。本案中存在的特殊情况是，如果只是电线误接，结果不会发生，一起使用没有安全装置的心电图扫描器才导致结果发生，但医疗方在行为时对此情况并不知晓。尽管如此，判决仍然认为："误接电线的状态下使用电手术刀时，电手术刀的运转会发生异常，从手术刀中流出、经过电线、流入患者身体的电流状态出现异常，最终电流作用使患者身体有遭受伤害之虞。可以解释为，构成要件结果和直到结果发生的因果关系的基本部分中无论哪一个，其内容都是特定的"，由此，承认了护士对结果发生有预见可能性。

如前所述，没有必要预见到具体因果经过，因此，虽然不能预见到，一

---

[27] 参见岛田聪一郎「判評」ジュリスト1219号165頁（2002年）；山口厚「判評」『刑法判例百選I（第5版）』105頁（2003年）。在最近判决的案件中，人工砂坝中的砂层出现空洞，大坝崩塌，导致儿童死亡。一审判决认为，被告人对空洞出现没有预见可能性，判处无罪。与此相对，原审判决认为，没有必要对实际发生的因果经过的具体情况有预见可能性，本案事故现场附近的砂坝的某处出现了防砂板破损、砂砾漏出、塌陷这一系列因果经过作为预见对象来把握是相当的，由此肯定了被告人有预见可能性。最高法院[最决平成21（2009）年12月7日刑集63卷11号2641頁]也维持了原审判决。

[28] 参见内藤『下II』1121頁以下；井田良「判評」『刑法判例百選I（第5版）』101頁（2003年）；山口・前注[7] 166頁等。

起使用没有安全装置的心电图扫描器时会形成新的电流回路，导致烧伤发生，但是，不能预见到上述情况并不能直接否定结果的预见可能性。而且没有必要连伤害产生的部位和程度都要有预见可能性，因此，只要有可能预见到会发生某种伤害就足够了，也没有必要预见到腿部重度烧伤。只要能够承认有可能预见到，在错误接续而产生的异常电流的作用下会发生某种伤害，根据具体预见可能性说，也能够承认过失伤害罪的成立。实际发生的伤害比能够预见到的伤害更加严重，这不过是量刑上的情节。本案中，如果能够预见到与伤害相当程度的健康的不良变化，就有可能承认过失致伤罪的成立，但问题是，这种预见可能性在本案中能得到承认吗？对此有质疑的余地。＊

（三）预见可能性的程度

旧过失论的具体预见可能性说中，有力观点是要求对结果的发生有高度的预见可能性。[29] 根据此观点，也可以根据结果发生的预见可能性的程度来区分具体的预见可能性说和危惧感说。但是，判例并没有要求如此高程度的预见可能性。明确表明了这一点的是，大规模火灾案件中管理和监督过失的认定。这些案件中，消防避难训练、防火消防设备管理等人和物两方面的防火管理体制确立是行为人的义务，怠于履行此义务即过失行为。关于预见可能性这一点，"在配备了宿泊设施、不分昼夜给不特定多数人提供宿泊等便利的旅馆和酒店中，总是酝酿着火灾发生的危险。被告人认识到了，此宾馆的防火防灾应对措施在人和物两方面都不完备。因此，能够容易地预见到，一旦发生火灾，未及时发现、最初的灭火失败等情况下会发展成真正的火灾，以至于给不熟悉建筑物构造、避难路线的住客带来死伤的危险。"[30] 如果火灾不发生，死伤结果就不会发生，因此，为了肯定对结果的预见可能性，也应该要求对火灾发生有预见可能性。判例认为："在旅馆和酒店中，总是酝酿着火灾发生的危险"，由此肯定了预见可能性。但是，上述这样的危险不能说是多么高度的危险。具体预见可能性说的主张者对判例的预见可能性认定

＊ 如上文所述，本案中存在着特殊情况，一起使用没有安全装置的心电图扫描器才导致结果发生，而对此不仅行为人完全不知道，在行为当时一般医务人员也都不知道。考虑到这一点，预见可能性是否能够达到具体的程度，佐伯教授对此是抱有疑问的。——译者注

[29] 参见平野『I』194 页；山口·前注［7］165 页等。

[30] 最决平成 2（1990）年 11 月 16 日刑集 44 卷 8 号 744 页（川治王子宾馆案）。此后，最决平成 2（1990）年 11 月 29 日刑集 44 卷 8 号 871 页（千日公寓案），最判平成 3（1991）年 11 月 14 日刑集 45 卷 8 号 221 页（大洋公寓案），最决平成 5（1993）年 11 月 25 日刑集 47 卷 9 号 242 页（新日本宾馆案）也作出了相同的判断。

提出批评。[31]

　　判例说的是，否定危惧感说，采用具体的预见可能性说，这只是单纯的空头承诺吗？危惧感说的观点是，即使并不知道危险是什么样的，只有隐约的不安感，也能够承认过失。即使是行为时尚未查知的未知危险，只要有征兆，根据这些征兆应该抱有隐约的不安感，就被科以采取措施消除不安感的结果回避义务。笔者认为，判例否定的是上述意义的危惧感说。此前所举的汽车雨地打滑现象相关判决正是表明了这一点。与此相对，宾馆中火灾发生的概率尽管低，但发生原因本身一般是可以预见的。＊ 判例所考虑的是，仅以发生概率低为由是不能否定预见可能性的，在这个意义上，高度的预见可能性是不必要的。[32]

　　当然，虽说不要求高度的预见，但某种程度的预见还是必要的。关于怠于确立防火管理体制这样的过失行为，如果能够极长地划定结果可能发生的时间范围，并且考虑到有诸多起火原因，能够概括地预见到火灾发生，笔者认为，有可能肯定危险达到了值得以过失犯来处罚的程度，也能够肯定对此危险的预见可能性。[33]

　　要求高度预见可能性的观点在明确划定处罚范围这一点上是值得肯定的。但根据这种观点，像大规模火灾案件那样，发生频率低但一旦发生就伤亡惨重的案件类型就不能作为过失犯来处罚了。此外，如果让此观点得以贯彻，过失犯的成立范围就有可能受到显著（恐怕会超过主张者的想象）的限制。误踩刹车和油门、左顾右盼没有注意到前方等单纯错误是一瞬间发生的，"只要是人就有可能犯这样的错误"。长年什么错误也没有犯的护士某日偶然犯了错误时，不能说对这样的错误有高度的预见可能性。这种单纯错误的案件中，至今无疑都能承认过失，而从高度预见可能性的观点出发则难以得到说明。[34]

---

[31] 松宫・前注 [10]『過失犯の現代的課題』212 頁；町野朔「『管理・監督過失論』の確立?」法学教室 139 号 130 頁（1992 年）；山口・前注 [7] 181 頁以下；北川・前注 [26] 116 頁；浅田・353 頁；曽根・179 頁；大塚等編・前注 [1]（神山）；松原・前注 [15] 125 頁等。

＊ 可以考虑到的火灾原因有：旅馆、酒店等场所长期日夜连续营业，多数人出入，火源数量多，放火也是可以考虑到的原因之一。因此，火灾事故不在少数，判例将物和人两方面的防火设备不完备认定为过失的实行行为也并非不当。参见前注 [32] 佐伯・118 頁。——译者注

[32] 判例分析参见拙文「予見可能性をめぐる諸問題」刑法雑誌 34 巻 1 号 113 頁以下（1995 年）。井田教授承认危惧感说一向存在问题，但同时认为判例采用的立场是危惧感说，并予以支持。参见井田・208 - 209 頁；同前注 [6] 9 頁以下。

[33] 参见拙文・前注 [32] 117 頁以下；西田・278 頁。

[34] 参见橋爪隆「過失犯（下）」法学教室 276 号 42 頁（2003 年）。

当然也不可以考虑,在单纯错误的案件中,要求高度预见可能性来否定过失。英美法中,有力的观点是,过失致死的处罚限于行为人认识到高度危险的情况。[35] 从这个立场出发,诸如单纯的前方不注意、接口对接的错误、药品标签的错看、误踩刹车和油门等单纯错误都被排除到过失的处罚范围之外,除非有特别的情况让人能够预想到这些错误会发生。[36] 这是一个有可能采取的立场,但与日本实务界长期采用、确立下来的立场不同;*并且也存在以下疑问,即不注意接错了容易接错的工具(例如,电线、接续端口的形状相同)和不注意接错了难以接错的工具(例如,为了避免发生接续错误,电线和接续端口用同样的颜色进行了标识)两种情况相比较,可以说前者的非难程度大,所以应该只处罚前者吗?这是有疑问的。

(四)"契机"的认识

最近提出的观点是,作为过失犯的成立要件,要求对结果发生的契机、预兆有认识。[37] 如果"契机"所指的情节是,通过认识这些情节也能够肯定对结果的预见可能性,那么,契机对预见可能性的认定就有重要的意义。[38]

---

[35] 详细说明参见拙著『制裁論』293頁以下(2009年)。
[36] 与此相对,西田·269頁;西田等『注釈』576頁[上嶌]以下认为,如果以一般人为标准,就当然能够肯定,单纯过失中有高度的预见可能性。
  * 一般认为,在日本的司法实务中,上述所列举的单纯过失是典型的可罚类型,因果关系的证明也不存在困难,因此,过失犯罪容易成立。特别是在医疗过失案件中,这种类型的过失居多。例如,医生在注射药物之前,由于看错了药物的名称、看错了药物的剂量等原因导致患者死亡的医疗事故发生时,一般以业务上过失致死罪追究医生刑事责任。此类过失的特点是,在实施注射时没有认识到危险事实,不知道所实施的行为违法。而在英美刑法中,此类过失一般不作为犯罪处罚。——译者注
[37] 参见石井撤哉「過失犯論」曽根威彦=松原芳博編著『重点課題刑法総論』173頁(2008年);山本紘之「予見可能性の『契機』」法学新報112巻5=6号234頁以下(2005年);同「予見可能性の『契機』の具体的内容について」法学新報116巻7=8号27頁以下(2009年)。
[38] 西田认为,能够将判例和学说所说的"因果关系的基本部分"理解为契机、预兆(西田·266頁)。另参见前田·315頁以下提出的中间项理论。因无法预见到因果经过的具体事实而不能预见到结果发生的情况也存在,这种情况下,为了认定具体的预见可能性,设定辅助性的中间项。因为中间项是与结果发生相关联的中间性事实,所以只要一般人通过认识到中间项就能够预见到结果发生的危险的,预见可能性要件满足。中间项理论常受到的批评是,中间项的设定标准模糊不清。——译者注

但并不是没有认识到这样的契机,就不能承认预见可能性。[39] * 不应该把对"契机"的认识解释为过失成立不可欠缺的要件。

还有学者结合危惧感说来理解"契机"的认识。如果把危惧感理解为"契机"或"警示危险的表象",其目的是让行为人把精力集中起来进行调查、探明究竟,从而达成对结果的预见,那么,危惧感说和具体预见可能性说就不再是对立的了。对有危惧感的人而言,危惧感让他有可能达成对结果的预见,只要不采取措施排除危惧感,而是去实施行为,就能够承认对结果的具体预见可能性。[40]

但是,尽管抱有危惧感,却不进行调查、探明究竟就去行为时,这样的行为人对结果并没有具体的预见可能性。由此可见,这种观点最终是,以危惧感为根据科处调查、探明究竟的义务,以此义务违反为根据,即使实际上没有具体的预见可能性,也承认过失犯的成立。笔者认为,危惧感说和具体预见可能性说还是对立的。

四、过失犯的限定

(一) 法所允许的危险

过失犯的成立不要求高度的预见可能性时,就有必要从客观上对过失的处罚范围进行限定。从新过失论立场出发的限定是,判断结果回避义务时,适用"法所允许的危险"这一法理。法所允许的危险多是从行为无价值论角度提出的,但并不是从结果无价值论角度便不能采用。[41]

法所允许的危险相关的问题点是,法官如果是漫无边际地对行为的危险

---

[39] 参见西田・266 頁。

* 如前文所述,单纯错误引发的案件中,没有所谓的契机(例如,护士注射药剂时看错了药名,护士在注射时对于注射行为的危险性没有认识,对结果的发生也没有预见可能性),但此类案件在日本是典型的医疗过失刑事案件。——译者注

[40] 松原・前注 [15] 127 頁注 9。把危惧感作为契机来理解的观点参见藤木英雄编著『過失犯』149 頁以下(三井誠)(1975 年);松宫・前注 [10]『刑事過失論の研究』294 頁以下;山本紘之「過失犯における情報収集義務について—危惧感説との関連を中心に」法学新報112 巻 9＝10 号 397 頁以下(2006 年)。

[41] 前田雅英「許された危険」中山研一等編『現代刑法講座第 3 巻』39 頁(1979 年);内藤『中』629 頁(1986 年);林・35 頁,288 頁以下等。批评意见参见山口前注 [7] 185 頁。

性和有用性进行笼统的比较衡量，就会变成完全不能计量的利益衡量。* 其结果恐怕会是，预先设定了想得出的结论，以此为前提进行比较衡量，自然会得出预先设定的结论。[42] 新过失论一般是以行政取缔法规作为法所允许的危险（换言之，注意义务）的判断标准。旧过失论的主张者站在结果无价值论立场上，把这种新过失论的主张作为行为无价值论的主张，对此进行激烈的批评。但是，就像存在法令正当行为的规定那样，根据特别法中的规定否定犯罪成立并非绝对不恰当。应该把结果无价值论理解为，这种观点考虑的是，只要没有发生法益侵害或法益侵害的危险，就不应该处罚；不应该将其理解为，这种观点全部从结果出发来讨论违法性判断。可以如下这样来理解《道路交通法》和《建筑标准法》等行政取缔法规，即"国家一开始设想出来可以作为样板的一定的事例类型，把这些事例类型中的危险性和有用性进行衡量之后得出的结论直接规定在法律中"，只要履行了这样的法律义务，剩下的危险便是法所允许的。

有时也会提出的疑问是，因为行为得到了允许，所以就连结果发生都能够得以正当化了吗？不过，"既然刑法已经容许了危险行为的遂行，那么，即便发展为侵害，在为了避免侵害发生只能放弃遂行的情况下，为了避免刑法态度自相矛盾，也有必要让容许的效果得以维持"，因此，结果的正当化也应当得到承认。

法所允许的危险不限于实体法，遵守医学上的准则、遵守危险体育运动中以确保安全为目的制定的规则时，法所允许的危险也可以得到承认。不得不承认，相比《道路交通法》等情况，这些情况下行为被允许的范围不明确。但不可以说这是致命性缺点，其中的道理就如同治疗行为无疑作为违法性阻

---

* "不能计量的利益衡量"包含两层意思：首先会成为问题的是，有用性本身和危险性本身都不可能计量；其次会成为问题的是，有用性和危险性之间无法进行比较衡量，换言之，比较衡量之后无法判断出哪一方优越于另一方。——译者注

[42] 橘爪·前注［34］44页。以下文献中的观点是："（使放弃实施行为）会对行动自由造成重大约束那样的行为本来就不被评价为过失的实行行为，即使此行为成为因果链条的起点、导致结果发生，考虑不处罚此行为也是可能的。……'在保证新产品研制开发活动继续下去的行为样态当中，驾车行为是危险性最低的行为'，完成这种行为的行动自由受到保护，即使驾车行为导致法益侵害结果的发生，也应该考虑不把行为人作为过失犯来处罚。"橘爪·前注［34］45页。

却事由可以得到承认。[43]*

本稿所理解的旧过失论在实际适用时与新过失论几乎没有不同。倘若如此，新过失论也许会更加清晰。但从体系性来看，新过失论存在的问题是，因为违法性阻却事由得到承认时，结果回避义务被否定，所以过失判断便与违法性阻却事由判断揉为一体了。[44] 如前文所论，艾滋病病毒血液感染案件的判决中，真正成为问题的是，（以预见可能性的存在为前提）使用非加热制剂有让患者患上艾滋病的危险时，是否可以作为治疗行为得以正当化。[45] 判决比较衡量了行为的利与弊，否定了注意义务违反。对此正确的指摘是，上述这样的衡量必须基于患者的意思进行。[46] 笔者认为，判决之所以没有考虑患者意思这一重要要素（至少看起来是这样），其原因之一是，没有把利益衡量作为治疗行为这一违法性阻却的问题来处理，而是作为过失的问题来处理了。

关于法所允许的危险，最近变得有力的观点是，把法所允许的危险作为故意犯和过失犯共通的客观归责问题来理解，即把创出了法所不允许的危险、此危险在结果发生中得以实现解释为故意犯和过失犯共通的客观归责要件。[47]

无论是故意犯还是过失犯，在行为的危险性不足让此行为该当实行行为的情况下，构成要件该当性被否定。结果回避义务被履行，结果，行为的危险性减少，实行行为性不复存在的情况也是同样的。不过，没有必要将这种

---

[43] 本稿中关于法所允许危险的主张依据小林憲太郎「許された危険」立教法学 69 号 54 頁以下（2005 年）［同『刑法的帰責』264 頁以下（2007 年）收録］。本文引用的内容全部引自上述论文。

* 客观上恰当的治疗行为是违法性阻却事由，但什么情况下可以认定为客观上恰当的治疗行为，标准并不是很清楚，是学说和判例争论的重要问题之一。但并不因此就否定治疗行为是违法性阻却事由这一判断本身。——译者注

[44] 藤木・240 頁。上述文献认为，关于过失犯，没有必要重新讨论注意义务违反行为相关的违法性阻却。

[45] 斎藤信治「治療行為と過失犯（薬害エイズ安部無罪判決の検討）」渥美東洋等編『斉藤誠二先生古稀記念 刑事法学の現実と展開』177 頁以下（2003 年）；松原・前注［15］121 頁。大塚裕史的质疑是，判断法所允许的危险时，如果行为带来的危险是致命的，那么有可能肯定存在着比生命更大的利益吗？虽然也要根据危险的程度判断，但即使有致命的危险，行为被允许的情况仍然是有可能存在的。大塚裕史「薬害エイズと具体的予見可能性」西原春夫等編『佐々木史朗先生喜寿祝賀 刑事法の理論と実践』149 頁（2002 年）。参见西田・264 頁。

[46] 参见山口厚「薬害エイズ事件三判決と刑事過失論」ジュリスト1216 号 15 頁（2002 年）。

[47] 参见山口・376 頁以下。另参见松宫・208 頁。

情况称为法所允许的危险。[48]

的确存在着一种情况是，如果是通常来看，行为所具有的危险性足以肯定其实行行为性，但是，在此，仍然应该与实施行为所带来的利益进行比较衡量，探讨犯罪是否成立。笔者认为，在此有必要探讨的是，应该作为构成要件该当性（客观归责）的问题来处理，还是作为实质违法性的问题来处理。无论是哪一个，如果应该考虑的要素相同，那么不过是体系上的问题。如上所述，如果作为构成要件该当性的问题处理时，本来应该考虑的要素都会因此而被剥离掉，那就是不妥当的。此外，基于令状的逮捕行为是"法所允许的危险"，如果认为构成要件该当性未被否定，那么仍然存在的问题是，客观归责问题和违法性阻却问题之间的界限在哪里划定。

(二) 信赖原则

信赖原则是指，行为人实施某行为时，有相当的理由去信赖被害人或第三方会采取恰当行动的情况下，即使被害人或第三方的不恰当行动导致了结果发生，行为人也不被追究过失责任。[49] 承认信赖原则的代表判例［最判昭和42（1967）年10月13日刑集21卷8号1097页］认为："电动自行车的驾驶员想要右拐弯，行驶到中心线的左侧处时开始打开右拐弯指示灯，信赖其后方驶来的其他车辆的驾驶员会以安全的速度和方法行进、遵守交通法规、减速等待自己的车右拐弯之后再行进，以这样的信赖驾驶就足够了，没有必要预想到本案被害人可能有意违反交通法规、高速驾驶欲超过自己的车以至于开到了中心线右侧，也没有必要确认右后方的安全，没有这种为了防止事故发生而需要尽到的防患于未然的业务上注意义务。"[50]

信赖原则不仅可以适用于交通案件，也可以适用于组织中的业务分工体制（因此，不仅在行为人与被害人的关系中，也在行为人相互的关系中适用）。代表判决是对北大电手术刀案件的札幌高等法院昭和51（1976）年3月18日判决（高刑集29卷1号78页）。判决认为："被告人甲是手术团队中负责手术的执刀医生，承担的任务是完成危险性高的重大手术、不出差错。

---

[48] 参见山口·231页。
[49] 参见西原春夫『交通事故と信頼の原則』14页（1969年）。判例和学说的详细说明参见西田等『注釈』580页以下（上嶌）。樋口亮介尝试从不同于过去的过失犯论的视角来理解判例。樋口亮介「刑事過失と信頼の原則の系譜的考察とその現代的意義」東京大学法科大学院ローレビュー4卷173页以下（2009年）。
[50] 最近应该受关注的判例是最判平成15（2003）年1月24日判例时报1806号157页。

被告人乙是有经验的护士，负责电手术刀的线路连接这种极其单纯、容易的辅助性工作。根据当时的具体情况，不能否定被告人甲在正要开始动刀的时点并非不能信赖被告人乙的工作。……作为执刀医生的被告人甲对可能存在前述那样的线路连接错误是欠缺具体认识的，因此，对于上述连接错误会造成伤害事故的发生未必有高度的预见可能性。在正要开始手术时，信赖有经验的护士被告人乙，没有检查接续是否正确，从当时的具体情况来看并非不可能。由此看来，不能得出结论认为：被告人甲预见到线路接续错误会造成伤害事故发生却没有采取检查线路接续等措施以回避危险，这违反了作为执刀医生通常应该尽到的注意义务。"

①在认识到表明不能信赖他人的具体征兆时（就北大电手术刀案件而言，对接续错误存在的可能性有具体认识的情况等），信赖原则当然不适用；②行为人有监督他人的义务时，或者③科处给行为人的是独立于他人的注意义务时，也不适用。考虑信赖原则的适用范围时，有如下两个医疗过失案件的判例可供参考。

一是对埼玉医科大学附属病院案件最高法院平成17（2005）年11月15日决定（刑集59卷9号1558页）。患者的主治医生乙是大学附属医院五官科医生，对患者使用过量抗癌药物，导致患者死亡。最高法院决定如下：患者所患的是罕见病症，同科科长甲已经感到乙经验尚浅、平日里需要对其进行指导监督。在这种情况下，甲的注意义务是：也要亲自对抗癌剂的投用计划内容进行具体的探讨，发现错误时应该进行更正；在实施治疗时，应该就副作用的应对方法事前对主治医生进行指导，同时，也要亲自听取主治医生的报告，确实把握副作用等情况，防患于未然以避免结果发生。而甲怠于履行上述注意义务，有过失。

二是对横滨市立医院案件最高法院平成19（2007）年3月26日决定（刑集61卷2号131页）。本案是弄错了手术患者而导致的医疗事故。最高法院认为："在医疗行为中，确认要接受手术的患者是同一人，这是此医疗行为正当化的大前提，是相关医疗人员应尽的初步的、基本的注意义务。最理想的情况是，医院全体构筑起一个组织体系，负责治疗的医生和护士之间的分工也是已经决定好了的，人尽知晓，会彻底确认患者是否为同一个人。而本案的事实关系中欠缺上述这些情况，以这样的事实关系为前提，则不允许参与手术的医生、护士等相关人员因为信赖其他相关人员进行了上述确认，从而判断自己没有必要进行上述确认。应尽的义务是对应各自的职责和部门，分别地、重叠性地对患者是否为同一个人进行确认，最迟也必须在实施对人体有侵入性的麻醉之前进行确认。此外，在实施了麻醉之后，当出现了让人对患者是否为同一个人起疑心的情况时，只要手术尚未进展到难以中止或中断的阶段，就应该停止继续手术，相关人员应该分别重新对患者是否为同一个人进行确认。"基于上述判断，最高法院承认了，参与手术的麻醉医生也构成业务上的过失伤害罪（把患者弄错了的护士和没有发现患者错误就实施了手术的医生也在一审中被判定有罪）。

关于信赖原则的体系性位置有两种观点对立。一种观点认为，信赖原则表明了预见可能性的判断标准，不是特别的原则。[51] 另一种观点认为，可以承认预见可能性的情况下，信赖原则是对注意义务进行限定的特别原则。[52] 前者是从旧过失论要求高度预见可能性的立场出发主张的观点。在信赖原则成为问题的案件中，也包含没有预见可能性的情况（例如，步行者跨越护栏突然跳出的情况）。从不要求达到高度预见可能性的立场出发，信赖原则主要适用的领域是，即使有预见可能性也要否定过失犯成立的情况。[53]

五、结语

最后，总结一下过失犯的成立要件。其一，有一定危险的实行行为和此行为造成的结果之间有相当因果关系是必要的。其二，有结果回避可能性是必要的。[54] 其三，实质违法性得到肯定是必要的。在实质违法性的判断中，也要妥当适用"法所允许的危险"法理。至此，故意犯和过失犯之间没有不同。但是，在实行行为性、相当因果关系、实质违法性的判断中，行为人的认识和认识可能性有时会对判断产生影响，因此，从结果上看，根据故意犯或过失犯的区别，犯罪的成立范围有可能不同。其四，作为责任要素（或主

---

[51] 参见平野『I』197 页；内藤『下II』1118 页；大塚等编·前注［1］727 页［神山］；松宫·222 页；西田·275 页等。

[52] 大塚·222 页；大谷·193 页；高桥·218 页；藤木·249 页；山中·380 页等。理解为两方面的观点参见林·297 页；山口·238 页。

[53] 最近提出、受关注的观点认为，信赖原则基于自己答责原理。该原理是指，对他人自律活动领域内的问题没有必要承担责任，把信赖原则解释为优先于法所允许的危险、结果回避可能性、预见可能性等常用归责原理的超原理。参见小林·前注［43］『刑法的归责』163 页以下；石井·前注［37］184 页。

[54] 结果回避可能性问题的详细论述参见古川伸彦『刑事過失論序説』（2007 年）。

观构成要件要素*）的过失得到承认是必要的。过失的本质是结果预见可能性，要求具体的预见可能性，但不要求对实际的因果经过有预见可能性，也没有必要是高度的预见可能性。

---

*   当把故意和过失的体系性位置认定为责任要素时，即为"作为责任要素的过失"；当把故意和过失的体系性位置认定为违法要素时，即为"作为主观构成要素的过失"。——译者注

第十八章

责任论

一、序言

"To be, or not to be, that is a question."*

丹麦王子哈姆雷特优柔寡断的结局是,杀死了父亲的仇人、王位篡夺者克劳迪斯,自己也死了。哈姆雷特不杀王也是可以的吧?抑或是,从哈姆雷特的性格及其所处环境来看,无论是哈姆雷特的优柔寡断,还是最后决意杀死王,都是早就注定了的吧?

直到最后,笔者都在犹豫是否要加写这一章。不加也是可以的吧?抑或是,考虑到笔者的性格和编辑 T 先生的热心劝说,无论是犹豫,还是最终决定加写都是早就注定了的吧?

现在,读者们也是可以不读这一章节的吧?抑或是……

本章的题目是责任论。

二、责任论

(一) 责任主义

犯罪是指,该当构成要件的违法且有责的行为。有责性是指,就实施了那个行为而言,能够非难行为人(非难可能性)。如第一章所述,如果认为刑罚的正当化根据在于报应,从这个立场出发,行为人的非难可能性就是不可欠缺的。把有责性作为处罚的要件,这就是所谓的责任主义。责任主义与罪刑法定主义等并列,是近代刑法的大原则之一。责任主义应该解释为宪法上

---

* 生存还是毁灭,这是一个值得考虑的问题。——译者注

的原则,可以在《宪法》第 31 条或第 13 条中找到根据。[1]* 涉及有责性问题的是各个构成要件该当行为,而不是人的生存方式和人格本身。这被称为行为责任原则。

故意和过失是非难所必须的责任要素。旧的行政法规中也存在着不以有责性为要件的刑罚规定,但不能承认这样的刑罚规定。法人犯罪的双罚规定中,主要责任人的处罚也同样,判例从无过失责任说变更为选任、监督上的过失必要说〔最判昭和 32(1957)年 11 月 27 日刑集 11 卷 12 号 3113 页,最判昭和 40(1965)年 3 月 26 日刑集 19 卷 2 号 83 页〕。关于结果加重犯,判例〔最判昭和 26(1951)年 9 月 20 日刑集 5 卷 10 号 1937 页〕的解释是,不需要对加重结果有过失。但是,从责任主义的观点出发,需要对加重结果有过失,学者基本都是这样来解释的。[2]

(二) 责任的概念

责任是指非难可能性。旧派的报应刑论基于有关人类行动的非决定论和自由意思肯定论,认为非难的根据在于行为时其他行为的可能性。行为人不去实施刑法所禁止的行为是可能的,却去实施了,就实施了行为而言,受到非难。

与此相对,新派的特别预防论基于决定论和自由意思否定论,主张行为人实施犯罪行为这件事是注定了的,因为对社会的危险性,所以有受刑罚惩处的责任。此观点被称为社会责任论,但这里所说的"责任"中不含非难的意思。此外,从这个观点出发,刑罚和保安处分之间的区别就不复存在了。随着新派失去支持,社会责任论也不再受支持。

一直以来,通说采用的是相对意思自由论(相对非决定论),认为人类受资质和环境的制约,但同时有作为主体进行决定的能力。但是,此观点的问题在于,由资质和环境所决定的部分越大,责任程度会变得越轻。例如,和反复犯罪、规范意识迟钝的惯犯相比,一时冲动、生平第一次偷东西者的意

---

〔1〕 责任主义是制裁的一般性要件,这里的制裁不仅是刑罚,行政制裁也包含在内。对此参见拙著『制裁論』19 頁(2009 年)。

* 通说以第 31 条(未经法律制定的程序,任何人其生命或自由不得被剥夺,不得被科处其他的刑罚)为根据。但也有学者提出以第 13 条(全体国民作为个体受到尊重。在立法以及其他国家政务上,只要不违反公共福祉,对于国民的生命、自由以及追求幸福的权利,有必要予以最大的尊重)为根据。因此,佐伯教授把第 31 条写在前面。——译者注

〔2〕 不要求过失的观点参见高橋·230-231 頁。

思决定更加自由，责任可能会变得更重。〔3〕为了避免作出这样的判断，人格形成责任论的主张者认为，行为人不仅要就现在的人格，而且要就过去形成了的那种人格来承担责任。〔4〕但是，人格形成到什么程度就是行为人的责任，并不清楚；人格形成责任论违反了行为责任主义，因此，现在基本得不到支持了。

最近变得有力的观点是，"作为决定责任有无和程度的标准，自由和可能性不是经验事实，而必须是规范上的要求或假设。刑法对行为人的期待是，达到作为一个基于社会存立之人的平均要求，违反这个要求就应该承担责任。"〔5〕如果以这种规范上要求的自由意思为基础的责任非难不是作为刑罚的积极基础，而是作为消极制约，或者，作为刑罚的微观层面上的正当化基础，那么，笔者认为，承认这样的责任非难是可能的。连载论文时，笔者认为可以这样考虑。但是现在，笔者开始抱有的疑问〔6〕是，把行为人实施其他行为的可能性作为责任的基础，同时，以社会一般人、平均人作为标准来非难行为人，（即使这种说明在理论上是可能的）这种说明是否有充分的说

---

〔3〕 参见井田・357頁。
〔4〕 参见团藤・258頁以下。
〔5〕 井田・358頁。类似的观点参见内藤『下Ⅰ』784頁以下；山中・588頁；安田拓人『刑事責任能力の本質とその判断』4頁以下（2006年）；林幹人「責任能力の現狀—最高裁平成20年4月25日判決を契機として」上智法学論集52巻4号38頁（2009年）等。与此相对，浅田和茂认为，意思自由不是虚构的，应该得到承认。又指出，本来，在诉讼的场合下，在认定具体的其他行为的可能性时，设想被置于行为人立场上的平均人实施其他行为的可能性，这里的其他行为必须是类型性的。浅田和茂『刑事責任能力の研究下卷』354頁（1999年）。由此可见，浅田教授的观点实际上与一般性地判断其他行为可能性的观点相比没有变化。浅田教授将此作为根据情节证据来认定的一般性问题。但是，笔者不认为，按照这样的认定方法，行为时实施具体的其他行为的可能性就能够超过一切合理怀疑地得到证明。
〔6〕 参见拙文「裁判員裁判と刑法の難解概念」法曹時報61巻8号2528頁以下（2009年）。以自由意思作为责任非难基础时面对的难题是，自由意思哪里来的、为什么能够非难自由意思。如果这样的意思决定像骰子的点数一样具有偶然性，那么即使是自由的，也不会成为非难的根据（即使非难骰子，也是没有意义的）。浅田教授（浅田・274-275頁）认为，意思自由并不意味着没有原因的意思决定，"而是通过附加一个由意思关联而非因果所产生的决定因子，推翻注定了的因果过程，重新决定一个因果过程。"但是，所谓决定因子"由意思关联所产生"意味着什么呢？浅田教授会采用心身二元论吗？此外，如果附加现实中不存在的决定因子，那讨论的问题就不是行为时那样的"同一条件下"实施其他行为的可能性，而是"类似条件下"实施其他行为的可能性。倘若如此，就不是与决定论相矛盾的立场了。参见增田豊『規範論による責任　刑法の再構築』403頁以下（2009年）。

服力。[7]

关于责任主义的基础，另一个有力的观点是并立可能论，即人类行动是自由的这件事情并不以其他行为的可能性为必须条件，注定的行为和责任非难两者是能够并立的。[8] 此观点与决定论相结合，被称为"缓和的决定论"。[9] 根据此观点，人类是否自由并非取决于行为是否是注定的，而是取决于根据什么注定是这个行为。行为由外部强制和精神病等生物学上的原因所决定时，不是自由的；由行为人内面的规范心理来决定时，便是自由的，能够就此行为追究行为人的责任。

法哲学家瀧川裕英副教授认为，作为就某行为追究责任的条件，能力是必须的——这不是实施此外行为的能力，而是理解这个行为相关的理由、实施行为的能力，即理解这个行为相关规范所提示的行为理由，基于这个理由推论自己所为行为的妥当性、决定行为，遵照这个决定来实施行为这样一种能力。[10] 缓和的决定论所说的"由行为人内面的规范心理来决定"应该在瀧川副教授所言的意义上来理解。[11]

我们有自由意识，对其他行为的可能性有意识，也多会以此作为自由意思的根据。但是，自由意识也许只是单纯的幻想。而且笔者认为，也有不少情况是，在深思熟虑之后作出了重大决定时，考虑到自己的性格和当时的状况，会感觉只能这样来决定，如果处于同一情况时还会作出同样的决定。即便如此，我们也不想去否定对自己的决定负有责任。因为这是充分考虑后自己所作出的决定。

责任非难的要素对刑法而言是不可欠缺的。但是，自由意思的存在（至少现状下）是不能证明的问题；也不可以承认，剩下的自由越小责任也越小，

---

[7] 浅田认为，不能以一般人、平均人为标准非难行为人（浅田·274 页）。
[8] 最近的综合研究参见瀧川裕英『責任の意味と制度　負担から応答へ』(2003 年)；同「他行為可能性は責任の必要条件ではない」大阪市立大学法学雑誌 55 卷 1 号 31 页以下 (2008 年)。
[9] 参见平野龍一『刑法の基礎』(1966 年) 19 页以下。同旨趣的观点参见松原芳博「刑法総論の考え方 (14)」法学セミナー 665 号 105 页 (2010 年)（规范意识构成的自我是区别于他人、外界而被认识到的"自我"，因此，可以肯定其因自己的规范意识而被追究责任）。有时会出现误解，但缓和的决定论并不是说决定行为的方法是缓和的，只是在说，决定论和意思的"自由"两者有可能并立。
[10] 瀧川·前注 [8]『責任の意味と制度』108 页。
[11] 增田教授认为，人类的认识能力是不完全的，因此不能完全预测到将来发生的事情，在这个意义上理解认识论上的非决定论，以这样的理论为依据构想认识论的自由意思论，基于此开展"批判性责任论"。参见增田·前注 [7] 576 页。

因此，结果就变成是，肯定以一般人、平均人为标准进行非难，还是像缓和决定论那样，肯定不以自由意思的存在为基础的非难，纵然是虚构也应该构想以自由意思为基础的刑罚制度，这样的观点才与现行宪法所预设的诸多价值（例如，重视个人的自由和权利、人道性、宽容性、公正性等）相一致。[12]但笔者认为，不可以说，宪法所保障的个人自由和自律以自由意思的存在为不可欠缺的要素；尊重以一般人、平均人为标准量定的自由和自律是否真的与尊重个人的自由和自律相关，答案并不清楚。笔者认为，与其以一般人、平均人为标准来判断行为人的责任，不如判断行为人责任时缜密考察"理解这个行为相关的理由、实施行为的能力"，这样作出的判断才有可能更加重视个人。

刑罚和自由意思关系的相关讨论自古希腊时代开始就一直持续了下来，[13]最近伴随着脑神经科学的发展，讨论再度活跃起来，[14]却是尚未解决的问题——也许是永远无法解决的问题。我们有必要以科学上的认识为参考，同时从法律学和刑法学的视角出发来考虑这个问题。现在，笔者的考虑是，不把自由意思置于基础的责任概念是可取的，假如存在自由意思，那就再好不过了。

三、责任能力

（一）责任能力的标准和判断方法

《刑法》第39条只规定了，"不处罚心神丧失者"，"对心神耗弱者的行为减轻刑罚"，但关于"心神丧失者"和"心神耗弱者"的含义没有任何的规定。判例［大判昭和6（1931）年12月3日刑集10卷682頁］对此的定义是，心神丧失是指，由于精神障碍，辨别是非善恶的能力缺乏或遵从这一辨别结果行动的能力缺乏的状态；心神耗弱是指，由于精神障碍，这些能力显著减退的状态。像这样，考虑精神障碍（生物学上的要素）和是非辨别、行动控制能力（心理学上的要素）两方面来判断责任能力的方法被称为混合方法。是非辨别和行动控制能力是指，如前所述，"理解这个行为相关规范所提示的行为理由，基于这个理由推论自己所为行为的妥当性，作出实施行为的决定，遵照这个决定来实施行为的能力。"

---

[12] 参见井田・359頁；安田拓人「責任の概念」西田典之等編『刑法の争点』54頁（2007年）。
[13] 参见森村進『ギリシア人の刑罰観』（木鐸社・1988年）。
[14] 详细参见増田・前注［7］397頁以下。

关于责任能力的判断方法，判例［最决昭和58（1983）年9月13日判例时报1100号156页］的解释是："被告人的精神状态是否该当《刑法》第39条所说的心神丧失或心神耗弱，这是法律判断，毋庸置疑是应该完全交由法院判断的问题。成为其前提的生物学、心理学要素与上述法律判断有关，终究也同样应该交由法院评价。"此判例作为一般论是妥当的，但是，法官不是精神医学的专家，在判断精神医学上的事实时，基本上有必要依据精神医学专家的鉴定；关于生物学上的要素，只有在有合理理由说明鉴定所依据的基础性事实有错误的情况下，才能够作出与专家鉴定不同的判断［最决平成21（2009）年12月8日刑集63卷11号2829页］。[15] 最近的判例认为："关于精神障碍这一生物学要素的有无和程度及其对心理学要素的影响的有无和程度，鉴于其诊断是临床精神医学的本职工作，当精神病学者的专家意见以鉴定的形式成为证据时，应该十分尊重此意见，除非能够承认有不能采用此意见的合理情况，如对鉴定人的公正和能力产生疑问、鉴定的前提条件有问题"［最判平成20（2008）年4月25日刑集62卷5号1559页］；并且，"法院采用了精神鉴定意见中的特定内容时也同样，不受此意见的其他内容拘束，综合诸情况（被告人犯行当时的病状、犯行前的生活状态、犯行的动机和样态等）进行判定"（同前最决平成21年12月8日）。

（二）责任能力的体系性位置

关于责任能力的体系性位置，有责任前提说和责任要素说的对立。前者把责任能力放在其他责任要素之前，解释为责任的前提要件；后者把责任解释为与其他责任要素并列的要件。能否承认责任能力因情况不同而不同（部分责任能力）。例如，是否能承认，有好诉妄想的妄想症患者不具备犯诬告罪的责任能力，但仍有犯盗窃等其他犯罪的责任能力。对此问题，责任前提说的答案是否定的，责任要素说则是肯定的。[16]

结论是，责任要素说妥当。其一，无责任能力者的故意和过失也能得到

---

[15] 司法实践上是这样操作的。参见高橋省吾「精神鑑定と刑事責任能力」小林充＝香城敏麿編『刑事事実認定（上）』（1992年）；池田修「精神鑑定について—裁判官の立場から」刑法雑誌36卷1号56頁以下（1996年）；司法研修所編『難解な法律概念と裁判員裁判』32頁以下（2009年）。另参见山口厚等「現代刑事法研究会（3）責任能力」ジュリスト1391号82頁以下（2009年）。

[16] 从责任前提说出发提出的否定说参见大谷·321－322页；平野『Ⅱ』288－289页；从责任要素说出发提出的肯定说参见井田·367页，370页；松原·前注［9］106页等。曾根认为，在承认部分责任能力时应该非常慎重（曾根·147页）。

承认，因此，把故意和过失解释为责任要素（或者，是违法要素，同时也是责任要素）时，责任能力会成为与故意和过失并列的责任要素。其二，既然采用了行为责任主义，那么涉及责任能力问题的便是特定的构成要件该当行为（如杀人），并不是与行为相分离的行为人的一般人格。[17] 在实际裁判中也同样。关于以某罪被起诉的被告人的责任能力，成为问题的只是与行为相关的责任能力，与没有被起诉的其他犯罪相关的责任能力不会成为问题。倘若如此，那么，少数情况下以两个以上罪名起诉时也同样，应该分别判断责任能力。在一则案件中，被告人因兴奋剂中毒而出现精神障碍，产生妄想，杀害了被害人，以杀人罪和持有枪支罪等罪名被起诉。对此案，京都地方法院舞鹤支部昭和51（1976）年12月8日判决（判例时报958号135页）认为：杀害行为时，被告人处于心神丧失状态，由此否定杀人罪的成立［根据原因自由行为法理，重大过失致死罪成立，关于这一点参见后文四（二）］；但兴奋剂中毒性精神障碍带来的妄想在对象以外的事实关系中不左右判断能力，这样考虑是相当的，因此，与持枪行为相关的判断能力与通常人并无不同，就持枪行为而言，不能承认心神丧失的主张。

人们认为，责任前提说的根据是人格具有统一性。如此把握人格本身就可能有疑问，假如人格具有统一性，即便如此，表现于行为的方式也可能是各种各样的，因此，不能以此为理由否定部分责任。的确，《刑法》第39条规定的是"心神丧失者"、"心神耗弱者"，这与责任前提说更加一致，但这并不意味着不可能采取责任要素说。第41条中的"不满14周岁"和被删除的第40条中的"聋哑者"是与具体行为没有关系的行为人的属性，这是很清楚的，但是，第41条是刑事政策性规定，考虑的是少年的可塑性，[18] 旧刑法第40条也是同样的规定。

（三）心神丧失者和心神耗弱者的对待

《精神保健福祉法》规定了强制入院制度，"如果不让精神障碍者入院接受治疗和保护，因精神障碍有伤害自己或侵害他人之虞"的情况下，各级地

---

[17] 参见曾根·146页。

[18] 即使是刑法上未满14周岁的未成年人（特别是，到了十二三周岁），也能够承认其有实质意义上的责任能力。但是，对刑法上的未成年人下达指令让其实施犯罪的人并不总能构成间接正犯。通过对未成年进行强制从而支配其意思的情况下，承认间接正犯，参见最决昭和58（1983）年9月21日刑集37卷7号1070页；除此之外，承认共同正犯，参见最决平成13（2001）年10月25日刑集55卷6号519页。

方政府的行政负责人应该强制让其入院接受治疗（第 24－29 条）。一直以来，对不被起诉或无罪的心神丧失者和不被起诉的心神耗弱者所实施的医疗是依照此制度进行的；现在，2003 年制定了《心神丧失者等的医疗观察法》，此法规定了特别的强制医疗制度，心神丧失者和心神耗弱者实施的行为该当杀人、放火、强盗、强奸、强制猥亵、伤害其中之一的，便适用强制医疗制度。在此不能详细介绍这部法律的运用和对其的评价，有兴趣者请通过其他文献学习。[19]

四、原因自由行为

（一）学说状况及探讨

1. 学说状况

责任能力在实行行为的时点必须存在。这是（实行）行为和责任的同时存在原则。但是，行为人让自己陷入了无责任能力或限制责任能力的状态，以此状态实施了犯罪时，为了承认行为人的完全责任能力，采用原因自由行为的理论构造。讨论中，把招致无责任能力、限定责任能力状态的行为称为原因行为，把以这种状态所实施的违法行为称为结果行为。

问题的回答大致分为完全责任能力否定说[20]和肯定说。肯定说维持同时存在原则，承认原因行为的实行行为性（构成要件模式）；否定说承认同时存在原则的例外（例外模式）。构成要件模式又分为两种观点：一是认为实行行为即为实行着手的时期，承认原因行为时成立犯罪未遂；二是区分实行行为和实行的着手时点，承认结果行为时成立犯罪未遂。[21] 例外模式也分为两种观点：一是重视原因行为时和结果行为时的意思的连续性；二是与违法性认

---

[19] 町野朔编『精神医療と心神喪失者等医療観察法』（2004 年）；「特集・医療観察法の現在」刑事法ジャーナル19 号 2 頁以下（2009 年）；刑事政策研究会「精神障碍者による犯罪」論究ジュリスト2 頁以下（2012 年秋号）等。与故意之间关系的说明参见拙文・前注［7］2536 頁以下。

[20] 否定说参见平川宗信「原因において自由な行為—否定説と立法的解決の提案」現代刑事法 20 号 36 頁以下（2000 年）；浅田和茂「原因において自由な行為—全面否定説の展開」現代刑事法20 号 42 頁（2000 年）等。

[21] 在构成要件模式中，同样看待实行行为和实行的着手时期，承认在原因行为时犯罪未遂成立，这种观点一向被称为间接正犯类似说。但是，实行着手时期的问题和正犯性的问题是不同的问题。此后，在构成要件模式中，对犯罪未遂的成立时期进行不同解释的观点被提出，所以这个名称就不再恰当了。本来，对于正犯性的判断，利用第三方还是利用自己有本质性不同，因此，间接正犯"类似说"这个名称不恰当。

识的可能性同样来解释。最近提出的学说还有构成要件模式和例外模式的并用说。

学说区分如此复杂的原因是，此问题不仅是责任能力的问题，也与犯罪未遂的实行着手问题以及（间接）正犯性的问题有关联。

2. 例外模式的探讨

例外模式的代表观点是，最终对行为作出意思决定时责任能力存在，如果这个意思发展下去就与实行行为时的意思连在一起了，那么能够承认责任能力。[22] 对这种观点的批评是，责任能力必须是在行为的同时进行控制。批判意见不过是又回到了构成要件模式所主张的必须维持同时存在原则，不是有力的批评。例外模式的问题点在于，"最终的意思决定"要追溯到过去的哪一时点并不清楚。如果在实行行为性得以承认的限度内追溯，那就是构成要件模式。[23]

如第 19 章所述，实行行为和实行的着手时期能够分离。对构成要件模式的批评意见认为，行为人只实施了原因行为就停下了，没有去实施结果行为时，成立犯罪未遂，而这个判断结论是不恰当的。但是，对构成要件模式中区分实行行为和实行着手时期的观点提出此批评意见是不妥当的。[24] 这是因为，只有饮酒行为、毒品的摄取行为不能承认实行的着手，不过是预备。采用例外模式的部分学者认为，实行行为和实行的着手时期是相同的。笔者认为，这与构成要件模式中把原因行为作为实行行为、把结果行为时作为实行着手时期的观点在本质上是相同的。*

最近，作为例外模式的基础提出的观点是，把责任能力和违法性认识的可能性一样来解释。[25] 即使行为时欠缺违法性认识，事前如果尽到相当的注意来调查法律就能够认识到违法性的情况下，可以承认责任非难。应该调查，

---

[22] 参见西原春夫『犯罪実行行為論』（1998 年）；平野『Ⅱ』304 頁；大谷・326 頁等。
[23] 古川伸彦认为，这个观点把原因行为和结果故意看作由一个意思贯通的一个行为，因此，同时存在原则得到了满足［西田等『注釈』628 - 629 頁（古川伸彦）］。如果这样来解释，那就是构成要件模式。
[24] 实行的着手时期是犯罪未遂的问题，有别于行为和责任的同时存在原则。
＊ 在此，核心问题是，在行为的哪一个阶段必须存在着责任。正文中所说的两种观点有一个共同点是，都承认在原因行为的时点存在责任就可以了。两种观点的不同点是，是否把原因行为作为实行行为，前者对此持否定意见，而后者持肯定意见。观点的不同会导致在犯罪未遂判断时的结论不同，而责任能力是另外的问题。就责任能力这一问题而言，两种观点实质上是相同的。——译者注
[25] 把故意的连续性作为问题的学说也援用了与违法性认识可能性的类似点。参见山口・257 頁。

这是实施实行行为前一般要做的，因此，以行为前的失误为理由会承认责任非难。倘若如此，关于责任能力也可以同样作出的说明是：如果让其陷入心神丧失的原因行为中有应该非难的地方，那么，结果行为时即便没有责任能力，责任非难也是可能的。

但是，不能同样理解违法性认识的问题和责任能力的问题。在违法性认识的问题中，行为前的时点（例如，怠于调查的时点）上的故意不会成为问题，因此，如果将其与责任能力的问题同样来解释，那么结果是，只要原因行为时行为人有失误，在这个时点上即使没有故意，也有可能承认故意犯的成立。[26] 例如，错误服用兴奋剂而陷入心神丧失状态，在此状态下萌生杀意，实施了杀人时，会以杀人罪处罚，但这个结论不恰当。[27]

还有学者承认把责任非难追溯到实行行为以前，同时也认为，在进行责任非难的时点，责任要素必须全部具备。[28] 此结论是妥当的，不过，责任要素必须全部具备的原因难道不正是，因为这是实行行为吗？

3. 构成要件模式的探讨

从构成要件模式出发，所谓原因自由行为法理这种特殊法理不存在。如果以构成要件模式不能处罚，就应该放弃处罚，这是责任主义的要求。

从构成要件模式出发是否有可能进行处罚？这与能否承认原因行为时的实行行为性有关。首先，作为因果关系起点的实行行为，只要能够承认结果发生的相当程度的危险性就足够了，没有必要连成立犯罪未遂所要求的迫切、现实的危险性也要求，因此，笔者认为，原因行为时承认实行行为性是可能的。饮酒后陷入心神丧失状态，向周围的人施加暴力、造成伤害，这种情况在行为人身上反复发生时，行为人认识到了（容忍了）近旁潜在被害人存在的情况下，如果喝酒就会给此人施加暴行，却开始喝酒的，承认伤害罪的实行行为是可能的。其次，成为问题的是正犯性，陷入心神丧失状态，把处于这种状态的自己作为工具加以利用的行为其正犯性能够得到承认。从以前开始，间接正犯类似说就作为构成要件模式被提出来，把无责任能力状态的自

---

[26] 安田拓人『刑事責任能力の本質とその判断』56-57頁（2006年）。安田拓人承认类推适用第39条第2款。安田拓人「回避しえた責任無能力状態における故意の犯行について（2·完）」法学論叢142卷2号47-48頁（1997年）。再有，中空寿雅认为，原因行为时的责任故意为故意犯的责任非难提供了根据。中空壽雅「『原因において自由な行為の法理』の検討（3·完）」早稲田法研論集54号221頁以下（1990年）。

[27] 传统的例外模式把意思的连续性作为问题，因此，原因行为时必须存在故意。

[28] 参见山口·258頁。

己像道具一样来利用,在这一点上就是间接正犯。

也有批评意见认为,比较两种利用行为,一种利用行为是对无责任能力者的意思决定进行推动,另一种利用行为是让自己陷入无责任能力、对此进行推动,后者的不确定性更高,因此,在规范上不能同样对待两者。[29] 但是,对他人进行推动和对自己进行推动两种类型中,比起前者,后者的不确定性是否更高,这是有疑问的。笔者认为,毋宁说,前者的不确定性更高。

构成要件模式的问题在于,在利用心神耗弱的状态时,能否承认原因行为的正犯性?山口教授的观点从构成要件模式转变为两模式并用,笔者认为,其转变的理由是,在心神耗弱的情况下不能适用构成要件模式。的确,如果以溯及禁止论为基础,就不能承认"正犯背后的正犯",但是,笔者认为,肯定正犯背后的正犯是可能的。[30] 例如,氯仿案件*中,让被害人吸入氯仿的行为是实行行为,让被害人乘坐的车滚落海中的行为也是实行行为。笔者认为,这表明了,对同一行为人的实行行为不适用禁止溯及理论。此外,在正犯性这一点上也同样应该考虑,没有必要达到完全支配的程度才承认作为"工具"加以利用。[31] 这样考虑时就能够承认,成为责任非难对象的实行行为是将原因行为和结果行为两者连为一体的行为,因此,责任是原因行为时的责任和结果行为时的责任的合并。这样得出的结论与根据学者一直主张的

---

[29] 中空壽雅「『責任能力と行為の同時存在の原則』の意義について」刑法雜誌45巻3号387頁(2006年)。

[30] 井田·458頁。上述文献认为,"利用限制责任能力的第三方时,通常构成间接正犯。与此相比较,利用处于限制责任能力状态的自己时,更加容易承认正犯性。"

* 本案中,被告人甲计划制造一起交通事故,杀死丈夫A,骗取生命保险金。甲拜托被告人乙实施计划,承诺事成后给乙报酬。乙答应了,找来另外三人(以下称为实行犯)实行。乙制定的犯罪计划是,先驾车与A驾驶的车相撞,再假装商谈解决方法,把A拉到自己的车上,用氯仿将A迷倒,把A拉到山崖上,让其连人带车滚落到山谷中。乙指示实行犯按照计划实施。当晚,甲给乙打电话,通知乙A已经出发,乙又告诉了实行犯。实行犯按照计划将A迷倒(第一个行为),因为案发地距离计划中的山崖相距太远,就临时改变了地点,将A拉到了某处的工业港,给乙打电话。乙到达后,与实行犯一把将A连人带车推入海中(第二个行为)。A的死因无法特定,可能是溺水窒息,也可能是吸入氯仿导致呼吸停止、心跳停止、窒息、肺功能不全。在第二个行为的时点,A有可能因第一个行为已经死亡。乙和实行犯没有认识到第一个行为就有可能导致A死亡。但从客观上看,第一个行为具有致人死亡的相当高程度的危险性。上述案例介绍参西田典之·山口厚·佐伯仁志著『判例刑法総論(第6版)』346-347頁(2013年)。——译者注

[31] 参见山口厚=井田良=佐伯仁志『理論刑法学の最前線』(2001年)164頁以下(佐伯)。批评意见参见深町晋也「原因において自由な行為」西田典之等编『刑法の争点』84頁(2007年)。

如下观点所得出的结论相同。学者一直主张的观点是，结果行为时减少了的责任和原因行为时的完全责任两者"合并一体"，就能够追究完全责任了。[32]

综上所述，在构成要件模式中，首先，必须能够承认原因行为的实行行为性和正犯性。为此，两点是必要的：一是能够承认原因行为有造成结果发生的相当程度的危险；二是能够被认定为间接正犯。其次，必须能够承认原因行为和结果行为是连为一体的。在例外模式中，故意的连续被视为问题，在构成要件模式中也一样，原因行为时的故意和结果行为时的故意之间如果没有连续性，就不能承认实行行为的连为一体性。

关于故意，在原因行为即实行行为的时点，对结果当然必须有故意。进一步而言，有必要认识（所谓的双重故意）到实施犯罪时自己陷入了心神丧失状态（或心神耗弱状态），这是间接正犯性所依据的事实。[33]

（二）判例的状况

原因自由行为法理相关的判例和判决数量有限，[34] 其中，代表类型之一是，根据原因自由行为法理，承认饮酒驾驶和饮酒驾驶交通肇事中的完全责任能力。

以醉酒驾驶的意思饮酒，在心神耗弱状态下驾驶的案件中，最高法院昭和43（1968）年2月27日决定（刑集22卷2号67页）认为："像本案这样，即使醉酒驾驶的行为当时因醉酒而陷入心神耗弱状态，在可以承认饮酒时有醉酒驾驶的意思的情况下，也不应该根据《刑法》第39条第2款减轻刑罚。* 这样解释是相当的。"

在这样的案件中，可以承认故意的连续性，原因行为和结果行为之间的连续性强，容易承认是完全责任。继续不断地使用和持有违法毒品的过程中，

---

[32] 参见平野『Ⅱ』305頁。
[33] 山口厚『問題探究刑法総論』187頁以下（1998年）；林美月子『情動行為と責任能力』184頁以下（1991年）；井田・456頁；西田等『注釈』632頁（古川）等。与此相对，西田认为，从构成要件模式出发也不要求双重故意（西田・291頁）。
[34] 被告人是毒品中毒者，为了得到钱买毒品，夺取了衣物。根据当时的《毒品取缔法》第4条第4款，上述行为以"因毒品中毒而扰乱公共安全，或者因毒品中毒而失去自控能力"的犯罪被起诉，犯罪成立。对此案件，最高法院昭和28（1953）年12月24日决定（刑集13号2646页）认为："失去自控能力状态下实施行为时，被告人即使没有责任能力，但连续服用毒品时被告人有责任能力，并且认识到了连续服用毒品会陷入毒品中毒的症状，在这种情况下，作为所谓的原因自由行为应该受到处罚。"此判例是特殊犯罪类型相关的判例，作为先例的价值不高。

* 日本《刑法》第39条第1款规定，心神丧失者的行为不可罚。同条第2款规定，心神丧失者的行为处罚减轻。——译者注

陷入心神丧失或心神耗弱状态那样的情况也是同样的。大阪高等法院昭和56（1981）年9月30日判决（高刑集34卷3号385页）认为：关于兴奋剂的使用和持有，即使犯行当时因兴奋剂中毒陷入心神耗弱状态，但如果能够承认有责任能力时反复使用、继续持有兴奋剂的意思得到了实现，就不应该适用《刑法》第39条。

关于这些案例，为了以构成要件模式来承认故意犯的完全责任能力，预见到心神耗弱、心神丧失状态下醉酒驾驶就变得有必要，但理解心神丧失、心神耗弱等法律概念是没有必要的，因此，只要认识到数日饮酒会异常醉倒就足够了。至此没有陷入过异常醉酒或病态醉酒等状态，对陷入这种状态没有预见的情况下，笔者认为，不承认完全责任能力并非不当。

因醉酒在心神丧失或心神耗弱状态下醉酒驾驶，过失致人死伤的情况下也同样，把原因行为时的过失责任作为问题，由此就能够承认完全责任能力了。醉酒驾驶中发生的业务上过失致死案件中，大阪地方法院平成元（1989）年5月29日判决（判例タイムウ756号265页）承认，在事故发生时点，因醉酒而陷入心神丧失或心神耗弱的状态，同时认为："被告人……出席在A方召开的工作单位新年会时，已经……喝了至少4杯啤酒、10毫升日本酒，很明显，再继续喝酒就会陷入酩酊状态、给正常驾驶带来障碍，因为还打算新年会结束后驾驶普通载货汽车开到兵库县尼崎市的家中，所以，被告人应该严格注意不再饮酒，却仍然饮酒。在这种情况下，被告人有义务将饮酒量控制在不会陷入醉酒的程度，却怠于履行此业务上的注意义务，……在A方又饮酒约40毫升，因过失饮酒陷入酩酊以至于达到了给正常驾驶带来障碍的程度，"驾车在行进中，导致车辆头部撞到了道路左侧的信号柱上，车向着左前方冲撞，撞上了两名步行者，导致一死一伤，构成业务上过失致死伤罪。本判决还指出："被告人如前所示在A方饮酒陷入酩酊状态，结果造成了交通事故。被告人从一开始就打算在A方饮酒后驾车回家；以前也有几次酒后驾车，对饮酒驾驶本身没有抗拒感；至今已经几次体验过，饮酒驾驶时失去控制力，酩酊中不记得自己的行动，对自己的这种酒癖也有认识。通过以上情况来判断，被告人在A方饮酒和接下来的驾车之间也明显存在因果关系。因此，可以承认，在A方进行饮酒行为的时点，有可能预见到本案交通肇事的发生。"

这样的理论构成同样适用于，因饮酒或使用毒品而陷入心神丧失或心神耗弱状态，以此状态实施了暴行等犯罪。在东京高等法院昭和41（1966）年3月30日判决（判例タイムズ191号200页）的案件中，被告人完全知道自己平日里酒品差，醉酒后脾气变得暴躁，经常是举止粗鲁，却仍然饮酒陷入心神丧失状态，对隔壁房间中睡觉的长子（当时2周岁）施加暴力，致其死亡，构成重大过失致死罪。前述京都地方法院舞鹤支部判决的案件中，因使用兴奋剂造成兴奋剂中毒性精神障碍，由此陷入心神丧失状态，以此状态杀害了被害人。判决认为："如果大量使用兴奋剂，会在幻想、妄想的支配下有暴力性行动，被告人知道自己有此恶癖。在这种情况下，被告人的注意义务是，自我警戒，不使用大量兴奋剂，事前防止兴奋剂使用造成的兴奋剂中毒性精神障碍引发暴行和伤害的危险。但是，被告人怠于履行上述义务"，构成重大过失致死罪。因饮酒陷入心神丧失状态后放火的案件中，大阪高等法院昭和41（1966）年9月24日判决（下刑集8卷9号1202页）认为："晚上在外出地喝酒，回家途中一个人在街道上逛荡，在意识蒙眬状态下冲动地玩弄随身携带的火柴，导致失火，被告人有这样的癖好……被告人因饮酒时的癖好有导致失火的高度危险性，并且被告人对此有认识。应该说，被告人承担着防患于未然的注意义务，包括夜晚漫无目的外出，在所到之地饮酒都要特别小心，纵然要喝酒，也要极度限制饮酒量，并且一开始身边要有确实能看护自己的人"，重大过失失火罪成立。

以上判例都承认了原因行为时的过失责任，在过失犯中，原因行为时点承认实行行为性比较容易。与此相对，在原因行为时的故意和结果行为时的故意之间没有连续性的情况下，肯定故意犯成立的法院判决极其有限。

名古屋高等法院昭和31（1956）年4月19日判决（高刑集9卷5号411页）的案件中，被告人是安非他命（由麻黄碱合成的一种兴奋剂）的中毒者，曾被治愈，因注射麻黄碱迅速诱发了安非他命中毒的后遗症，出现幻觉，开始妄想，在心神丧失状态下杀害了一起居住的姐姐。判决认为："因注射毒品引发了精神病症候群，由此出现了妄想，陷入心神丧失状态，对他人施加暴行伤害，致其死亡的情况下，在注射之前预想到了，注射毒品就会招致精神异常，引起幻觉妄想，或对他人施加暴行这种事情也许会发生，却对此容忍，在实施毒品注射时即存在暴行的间接故意。如此解释是相当的，"伤害致死罪成立。大阪地方法院昭和51（1976）年3月4日判决（判例时报822号109页）的案件中，被告人酒精中毒，有饮酒后实施暴力的恶癖，喝了大量的酒，陷入心神丧失状态，以这种状态携刀外出，在市内拦下一辆出租车搭乘，向驾驶员出示凶器，实施了抢劫，但未遂。判决认为："一饮酒就抵不住酒的诱惑、难以自制，喝下数杯，异常酩酊导致精神障碍，陷入了是非辨别能力或遵循是非辨别结果行动的能力（以下称为"行动制约能力"）显著降低的状态，也许会给他人施加暴行胁迫，认识、预见到上述情况，却容忍，……拿出凶器对他人施加暴行胁迫"，违反了《暴力行为处罚相关法律》，构成了（出示凶器进行暴行胁迫的）犯罪。本判决还认为：故意犯的犯意限定于，在有责任能力的状态下认识、预见并容忍的范围内，否定在"道具"的状态下感知的情况、形成的意思，因为在上述意思中不能发现其人格，因此，否定抢劫罪未遂。

肯定故意犯成立的判决极少，这是因为，一般难以承认原因行为时有实行行为的危险性和故意。特别是，在故意犯的认定中，笔者所主张的立场是，在没有认识到结果发生的高度盖然性的情况下，为了肯定间接故意，需要有积极容忍的意思要素。从这种立场出发，只限于在例外的情况下才能够承认原因行为时有故意。笔者认为（因为有事实认定的问题，所以不能说确定），对于上述判决中认定的内容也同样有质疑的余地。[35]

（三）实行着手后的心神丧失和心神耗弱

实行着手后陷入心神丧失和心神耗弱，在这种状态下实施的行为造成了结果发生，这种情况如何处理，也是需要讨论的。

①东京高等法院昭和54（1979）年5月15日判决（判例时报937号123页）的案件中，被告人在杀人实行行为的中途，情绪波动，意识变得朦胧，在心神耗弱状态下实施了杀人行为。对此案件，判决认为："被告人在责任能力没有特别减弱的状态下，已经以间接故意积极地实施了重大加害行为，此后的实行行为是上述杀意的自然的继续发展，并且主要只是在反复继续着上述相同样态的加害行为。不能说，本案犯行中一开始的部分是如此微不足道，以至于在判断能否以本案中的全体行为对被告人进行非难、在多大程度上进行非难时，不考虑这部分也无妨，或者以至于连考虑的意义也没有。此外，容易看到，被告人在行为过程中之所以会陷入情绪性意识蒙眬状态，相当程度上是因为被告人有意图地开始实施上述那样的重大加害行为，从而引起了激烈的精神亢奋。在此也可以承认，这种精神亢奋状态多是由被告人自己招致的。说明被告人受非难可能性减弱所需要的实质根据变得越来越弱"，本判决对原审判决承认完全责任能力的判断予以肯定。

②大阪地方法院昭和58（1983）年3月18日判决（判例时报1086号

---

[35] 参见西田·292页。

158页）的案件中，行为人在饮酒酩酊状态下数次向被害人施加暴力，致其死亡，在犯行中途开始因饮酒酩酊陷入错乱状态这种可能性是存在的。判决认为："在（无疑有责任能力）的阶段向被害人施加暴行，完全有可能导致死亡结果，此后被告人的错乱状态是由被告人自己的饮酒行为以及此前所实施的暴行等行动所招致的，并且，在上述状态下实施的暴行与前一阶段的暴行及其样态也无差别。因此，应该对本案中被告人的暴行全部一体性进行评价，即使在犯行的后半部分，被告人的精神状态影响了其责任能力，也应该解释为不适用《刑法》第39条第1款或第2款。"

③长崎地方法院平成4（1992）年1月14日判决（判例時報1415号142页）的案件中，行为人饮酒，对被害人施加暴行，在这期间陷入了心神耗弱状态，给被害人造成了致命伤，导致其死亡。判决认为："本案是在同一机会、同一意思作用下发生的，因此，实行行为是继续性或断续性地被实施，被告人并不是在心神耗弱的状态下开始犯行：在犯行开始时，责任能力是没有问题的，只不过是在犯行开始后自己又继续饮酒，在实行行为中途变为复杂酩酊，陷入心神耗弱状态。因此，量刑时应该考虑上述情况，但是难以认为，这些情况是承认对被告人的非难可能性减少、应该减轻刑罚的实质根据，不应该适用《刑法》第39条第2款。这样解释是相当的。"

④东京地方法院平成9（1997）年7月15日判决（判例時報1641号156页）的案件中，被告人有癫痫症，和被害人争吵，以菜刀将其刺伤，在刺的时点可能癫痫发作了。判决认为："即使在刺的时点癫痫发作了，……因为发作中的行为遵从此前被告人的意思，所以被告人有能力认识到自己的行为、进行善恶判断、基于此判断来行动，并且实际实施了，能够承认其完全责任能力。"

从上述判决来看，①和②指出了完全责任能力下犯行的重大性，与此相对，③和④并没有指出这样的情况（特别是④，只把刺这一行为之前的责任能力作为问题），因此，采用的立场不同也是有可能的，这一点不甚清楚。无论哪种情况，判决都是把机会的同一性和意思的连续性作为承认完全责任能力的前提来考虑，判决并没有认为实行着手后的责任完全不会成为问题。

学说中有两种观点的对立：一种观点认为，实行行为后的责任能力不会成为问题；[36] 另一种观点认为，可以适用原因自由行为法理。但是，前者也不是无论在什么情况下都能够承认完全责任能力，考虑到行为的样态和意思的连续性，也承认有的情况下要否定结果归责。后者也同样，在适用原因自由行为法理时，考虑到是实行着手后的案件，原则上会承认完全责任能力。[37] 如此看来，笔者认为，两个观点之间的差别基本上不存在。在构成要件模式中，实行行为后陷入心神丧失或心神耗弱状态这一点上，与原因自由行为法理成为问题的其他案件相比没有不同，因此，理论上同样来处理。已经能够承认实行着手，却要否定完全责任能力这种案例只存在于一种极其例外的情况，在这种情况下，完全责任能力状态下实施的行为和心神丧失或心神耗弱状态下实施的行为在客观面和主观面上的样态完全不同，只能视其为与当初的实行行为不同的另外的行为。

五、结语

第一章中，笔者谈到学习刑法的魅力之一是刑法学不仅仅是法解释的问题，而且涉及哲学、实证、政策等广泛的领域。责任以及责任能力正是这样的问题，希望读者对此有兴趣。当然，是否赞同笔者在本章中所述的观点则是仁者见仁、智者见智。

---

[36] 参见中森喜彦「実行開始後の責任能力の低下」『中山研一先生古稀祝賀論文集（3）』225 - 226 頁（1997 年）；中空壽雅「実行着手後の心神喪失・心神耗弱といわゆる『同時存在の原則』」『西原春夫先生古稀祝賀論文集（2）』260 - 261 頁（1998 年）；山中敬一：「実行行為の途中で責任能力の減弱・喪失状態に陥った事案に関する一考察」産大法学32 巻 2＝3 号352 頁以下（1998 年）；小野晃正「『承継的責任無能力』と実行行為の個数について（2・完）」阪大法学62 巻 2 号 439 頁（2012 年）；高橋・341 頁；西田・294 頁等。井田认为，心身耗弱状态下的行为造成致命伤害时，有必要适用原因自由行为法理（井田・459 頁）。

[37] 参见山口・263 頁；深町・前注［31］85 頁；林美月子「実行途中からの心神喪失・心神耗弱」現代刑事法 20 号 52 頁以下（2000 年）等。

第十九章

未遂犯论

一、序言

刑罚论和违法论相关的学说之争在未遂犯论中有清楚的体现，过去，未遂犯论是新派和旧派之争的主战场。即使在学派之争已然偃旗息鼓的今日，仍然存在着种种对立的学说。学说多且容易混乱，不过，一旦理解了思考方法，刑法学习会顿然变得有意思，请大家努力。

二、实行的着手时期

（一）预备和未遂的处罚

犯罪的遂行过程依次经过预备、未遂、既遂三个阶段。《刑法》第44条规定，"处罚未遂的情况由分则各个条文规定"，这决定了处罚未遂是例外。但是，因为多数重要犯罪的未遂也被处罚，所以实际上也许可以说，处罚未遂是原则。与此相对，因为处罚未遂前的预备阶段受到极其严格的限制，所以未遂的成立时期作为划定可罚性有无的界线具有重要意义。

预备、未遂、既遂之间的区别本来就取决于规定犯罪的方法，实质上是预备或未遂的行为作为既遂犯来处罚的情况也存在。例如，行贿、受贿罪没有处罚未遂的规定，但是，索取贿赂罪、提请贿赂罪和约定贿赂罪都发挥着处罚未遂的功能。在伪造罪中，对流通货币、文书的真实性的一般性信赖受到侵害的时点是，被伪造的流通货币、文书实际上被使用的时点，因此，货币伪造罪、文书伪造罪处罚的是预备行为。这样看来，对伪造货币和不法伪造支付卡电子记录的预备行为进行处罚时（《刑法》第153条、第164条4），处罚的是预备的预备；对于后者，预备行为的未遂也被处罚（《刑法》第163条第5款），那就是连预备的预备未遂都要处罚。不处罚盗窃罪的预备，但是，《轻犯罪法》规定，处罚"没有正当理由藏匿、携带备用钥匙、凿子、切割玻璃的刀子以及其他可用于侵入他人宅邸或建筑物的工具的人"（第1条第3号），该规定具有处罚入户盗窃预备的功能。最近，撬锁入户盗窃案件多发，成为重大社会问题，于是制定了《禁止持有特殊开锁用具的相关法律》。该法律规定，对没有正当理由持有撬锁用具、破坏锁眼专用工具的人，处以一年以下有期徒刑或50万日元*以下罚金。

（二）"实行着手"的意义

《刑法》第43条规定："着手实行犯罪，却未完成者，可以减轻刑罚。"根据学说中的解释，行为人"着手实行犯罪"的时点即未遂犯的成立时期。[1] 在此基础上，关于判断标准，存在着主观说和客观说的对立。[2]

主观说是新派的立场，把行为人的危险性作为未遂犯的处罚根据。实行的着手时期是，"犯意的飞跃性表动"这一行为人的犯意明显表露于外的时点。新派的主张本身已经失去了支持，并且，根据主观说判断的未遂犯成立时期过早，因此，现在几乎得不到支持了。

客观说是旧派的立场，把行为的危险作为未遂犯的处罚根据。客观说又区分为形式客观说和实质客观说。前者认为，实行的着手时期是着手于构成要件该当行为的时点。这个观点很清楚，但未遂犯的成立时期会过迟（例如，只要窃取行为没有开始，就不成立盗窃的未遂）。形式客观说的主张者也在扩大未遂犯的成立范围，承认连着构成要件该当行为在其之前的行为也是实行的着手。但为什么允许这样来扩大，理论上的说明未必清楚。因此，没有明确的标准来说明成立范围应扩大到什么程度，如果要设定一个标准，结果就会变得与实质客观说相同，这是形式客观说存在的问题。现在，通说是实质客观说。该学说认为，实行的着手时期是引起既遂结果的现实性（具体性）危险发生的时点。

根据学者的理解，判例的立场也是实质客观说。例如，关于入户盗窃，一方面，判例不承认只是以盗窃目的侵入住宅就是盗窃的实行着手；另一方面，即使没有着手实施窃取财物的行为，在物色财物的时点也承认盗窃实行

---

* 以2016年11月28日的汇率换算，约为30 831.653元人民币。——译者注

[1] 直接解读法律条文时，能够把"没有完成"，即没有既遂解读为未遂犯的成立要件，但是，不应该把既遂结果的不发生作为未遂犯的成立要件。例如，只要行为人着手实行了杀人这一点清楚了，那么，即使被害人行踪不明、生死未知（即使对是否既遂仍有合理性怀疑）也应该作为未遂犯来处罚。当然，即使未遂犯成立，因为既遂罪成立的情况下未遂被既遂吸收，所以不可能既遂犯和未遂犯同时成立。

[2] 代表学说在任何一本教科书中都有介绍，请参阅。

的着手［最判昭和23（1948）年4月17日刑集2卷4号399页］。代表判例是最高法院昭和40（1965）年3月9日决定（刑集19卷2号69页）。本案被告人在深夜侵入出售电器的商铺，用手电筒照亮店内，查明了电器用具类商品堆积着，因为想尽量多拿钱，就前往左侧的烟酒摊，对这时回到家的被害人施加了暴行。判例承认本案是盗窃罪实行的着手。在另外一则强奸案中，被告人与共犯行为人一起，以强奸目的把女性被害人强行塞入大头车驾驶座中，带到相距5公里的工地去强奸，将她塞入驾驶座时致其受伤。对此案件，判例［最决昭和45（1970）年7月28日刑集24卷7号585页］认为："在被告人想把此女塞入大头车驾驶座的阶段，导致强奸的客观危险性已经明显，因此，相当的解释是，在这个时点强奸行为着手了。"[3] 最近又出了一个判例［最判平成20（2008）年3月4日裁判集刑293号683页］。此案中，被告人打算把在国外装船的兴奋剂沉入本国临岸水域中，再用小型船舶回收，想用这种方法走私入境。但由于天气恶劣，无法发现、回收沉入海中的兴奋剂。对本案，判例认为："负责用小型船舶回收的人没有，也没有可能将兴奋剂置于其实际支配之下，不可以说兴奋剂被运送到陆地上的客观危险性已经发生了，因此，不能解释为本案走私入境罪的实行已经着手。"［另参见后文介绍的最判平成16（2004）年3月22日刑集58卷3号187页］

在实质客观说中，是否实行着手不是根据行为样态，而是根据结果发生的危险性进行实质性的判断，因此，即便同样都是塞入车里的行为，能否承认实行着手也是因案而异。例如，被告人和三个朋友一起企图把走在路上的女甲塞进车里，拉到郊外强奸，正当被告人想把女甲塞入副驾驶座时，有人来了，被告人推开此女，自己逃跑了，致使此女受伤。对此案件，判决［京都地判昭和43（1968）年11月26日判例时报543号91页[4]］认为："前述机动车内空间狭小这一情况也要考虑在内，被告人所实施的暴行都不足以把

---

[3] 学习这些判例时，需要理解的是，关于盗窃的实行着手成为问题的是，事后抢劫罪是否成立（盗窃着手之前被被害人发现了，为了免于被逮捕而向被害人施加暴行的，事后抢劫罪不成立）；关于强奸的实行着手，成为问题的是，强奸致伤罪是否成立（伤害结果由着手前的行为造成时，强奸致伤罪不成立）。

[4] 此外，肯定的例子参见東京高判昭和47（1972）年12月18日判例タイムズ298号441页，東京高判昭和57（1982）年9月21日判例タイムズ489号130页；否定的例子参见広島高判平成16（2004）年3月23日高刑集57卷1号13页（此判决否定了强奸的实行着手，承认以猥亵目的实施的诱拐罪未遂和伤害罪成立）等。笔者认为，比较和探讨上述法院判决的案件，有助于学习。

抵抗中的甲塞进车里,因此,不成承认此女遭强奸的具体危险在这个阶段已经发生了,不能说强奸的实行已经着手了。"

(三) 实质客观说尚未解决的问题

现在通说和判例都采用实质客观说,但该学说仍有四个重要问题尚未解决。

1. "行为的危险"还是"结果的危险"

客观说把未遂理解为处罚行为的危险;而一直以来,通说认为实行行为和实行的着手时期是一样的,[5] 在行为人实施实行行为的时点,未遂犯成立。这样解释的结果是,间接正犯的情况下也同样,在行为人(利用他人实施犯罪的人)的行为结束时点,未遂犯成立。但是,这样认定的未遂犯成立时期无论如何都过早,与通常认定的未遂成立时期统一不起来。例如,把毒药放入年末送礼用的砂糖中,用包裹寄出,这是隔离犯。在这种情况下,根据通说,在交给邮差的时点,杀人未遂就成立了,这个判断结论明显无法与以下通常情况下的判断结论统一起来。在通常自己送包裹的情况下,如果没有送到对方家并亲手转交给对方,未遂犯就不成立。实施盗窃的情况下,实行人进入被害人家中,如果没有开始物色财物,就不会是未遂;而把他人作为工具,致使其实施盗窃的情况下,仅仅是下达了盗窃命令,就是盗窃未遂,这也是不恰当的。

最近,变得一般的观点是,间接正犯未遂的成立时期是被利用者实施行为的时点,判例也采用了同样的观点。[6] 例如,邮寄毒砂糖案中,大审院的判例〔大判大正7(1918)年11月16日刑錄24辑1352頁〕认为:被害人收到混入毒药的砂糖时,本人或家人被置于可能食用的状态下,因此,可以说毒杀行为着手了。战后下级法院审理的一则案件中,行为人以杀害家人的意图,把投入毒药的果汁放在乡间小路上,被害人拿起果汁,喝下,死亡。对此案件,法院认为,放置果汁的时点是杀人预备;在被害人拿起果汁、正要喝下的时点,实行着手了〔宇都宫地判昭和40(1965)年12月9日下刑集7卷12号2189頁〕。

客观说认为,未遂犯处罚的是行为的危险,这里的"行为"是包含结果在内的广义行为,没有必要一定是实行行为。把实行行为和实行着手时期同

---

[5] 参见本书编码第61页。
[6] 判例和学说参见盐见淳「間接正犯・隔離犯における実行の着手時期」川端博等編『理論刑法学の探究4』1頁以下(2011年)。

样看待的观点背后的理解是，从行为无价值（违法二元论）的立场出发，未遂犯处罚的是实行行为这一规范违反行为，即行为无价值。与此相对，从结果无价值的立场出发，未遂犯也不单纯是行为犯，未遂犯也要求"结果"——这里的结果是指发生了既遂结果发生的危险（以下只称"未遂结果"）——在这个意义上，也可以把未遂犯解释为结果犯。[7]

实际上，从违法二元论的立场出发，未遂犯也并非必然被解释为处罚行为无价值。这是因为，既然未遂犯也是犯罪的一种，那么站在违法二元论的立场上也应该解释为，除了行为无价值，即行为的危险之外，也必须引起结果无价值，即必须引起结果发生的危险。[8] 日本刑法规定，未遂犯的刑罚比照既遂犯的刑罚只是"可以"减轻。在这样规定的情况下，就更应该解释为未遂必须引起未遂结果。*

把未遂犯解释为必须有未遂结果发生的结果犯时，可以把实行着手解释为用于定义未遂结果发生时期的概念。以隔离犯为例，邮送行为是实行行为，但未遂结果发生在到达时，在这个时点，才可以承认"实行着手"。

如果认为这样解释实行着手有些不自然，也可以考虑维持实行行为即实行着手这种一贯采用的解释方法，把未遂结果的发生作为"没有写出来的构成要件要素"来要求。[9] 像财产犯的不法领得意思和诈骗罪的处分行为那样，通过解释来承认没有写在条文中的构成要件是可能的，** 但也的确应该尽量不要通过解释来明确构成要件要素。把实行着手解释为时间概念，不至于说，在语意范围内一概不能承认这种解释。

---

[7] 在日本第一个明确提出这种立场、给刑法学带来翻天覆地变化的是山口厚『危険犯の研究』（1982 年）。

[8] 佐伯仁志「コメント」山口厚＝井田良＝佐伯仁志『理論刑法学の最前線』203 頁以下（2001 年）。

* "可以"减轻说明日本刑法把比照既遂处罚未遂（即科处相同的刑罚）作为原则，这一点在解释未遂时是重要的。——译者注

[9] 参见曾根・217-218 頁；松原芳博「刑法総論の考え方（21）」法学セミナー 672 号 103 頁（2010 年）。向前追溯到危险发生的时点承认"实行行为"的观点参见山中・713 頁以下；斉野彦弥「危険概念の認識論的構造」松尾浩也＝芝原邦爾編『内藤謙先生古稀祝賀 刑事法学の現代的状況』7 頁（1994 年）；西田・301 頁。

** 以盗窃罪为例，日本《刑法》第 235 条规定，窃取他人财物的，处 10 年以下有期徒刑或 50 万日元以下罚金。条文中没有写明盗窃罪的主观要件。判例要求，盗窃行为人主观上必须有"不法领得意思"。可以说，通过判例对法律的解释，明确了不法领得意思是盗窃罪成立不可欠缺的主观构成要素。——译者注

2. 结果发生的迫切性

关于隔离犯，有学者主张，如果着眼于未遂结果的危险，那么也同样能够承认，在投递时点实行着手了。因为在日本的邮政状况下，只要投递就会送达，几乎万无一失。[10] 的确，如果只考虑结果发生的盖然性，上述观点也是有充分理由的。与此相对，如果以邮包到达对方作为实行着手，那么这种观点不仅要求结果发生的盖然性，而且也要求结果发生的迫切性。[11] 也要考虑到与亲自送毒药这种情况之间的判断结论一致性。如果解释的目的是尽可能限定未遂犯的成立范围，那么，后一种观点才是妥当的。未遂结果的危险中包含着两个要素：一是量的要素，即结果发生的高度可能性；二是时间、场所要素，即结果发生的迫切性。

关于实行着手的问题，学者也指出，要求迫切性这一点与判断不能犯问题时假定行为的危险性（如后文所述，笔者支持这样的观点）两者之间不能统一认定，换言之，并非有迫切性就必然有危险性。一开始就没往巧克力里下毒的情况下，巧克力即便是被配送了，也不能说危险性提高了。[12] 这是尖锐的指摘，但是，在真下了毒的情况下，把危险的迫切性作为问题是可能的，如果认为直到有毒巧克力到达对方才应该承认未遂，那么，笔者认为，为了结论一致，假定有危险的情况下也要解释为，直到假定被下毒的巧克力到达对方才应该承认未遂。

根据迫切性标准，虽说要求"到达"，但到达什么程度才能说是"到达"，也存在不明确的地方。例如，在甲大学，寄给教员的邮包首先由大学事务部负责派送，事务部职员每天汇总到达的邮件，送到教员研究室的收发窗口，放入设置在收发窗口的教员邮箱中。在情人节，给甲大学的某教授邮寄下了毒的巧克力的情况下，未遂成立时点是在大学事务部派送阶段，还是放

---

[10] 参见平野『Ⅱ』320 頁。

[11] 参见松原・前注［9］103 頁。山中要求，被害法益的作用领域内危险发生了（山中・702 頁）；塩見要求，向着包含被害人在内的领域积极推动（塩見・前注［6］30 頁）。与此相对，有的学者从法的安定性视角出发，把迫切性解释为外在制约，在此基础上，间接正犯的情况下，"放手"的时点即着手。参见佐藤拓磨「間接正犯の実行の着手に関する一考察」法学研究 83 巻 1 号 165 頁以下（2010 年）。

[12] 参见和田俊憲「未遂犯」山口厚編『クローズアップ刑法総論』216 頁以下（2003 年）。和田副教授表示，有可能把假定因果经过中既遂结果可能发生的时点作为未遂成立的时点来认定，建议严格解释确实性的标准，得出与要求迫切性时同样的结论。和田副教授在论文中对未遂犯的相关问题进行了极为缜密的思考，读者如果想读一下思维缜密的刑法论文，推荐这篇。

入这位教授的邮箱中的时点？给某教授发送电子邮件，邮件中写着："如果考试成绩不给优秀，就揭发你收受贿赂的事。"这种情况下，胁迫罪的未遂成立时点是，邮件到达这位教授签约的接受方服务器的时点，还是这位教授登录邮箱客户端，该邮件被送达这位教授电脑的时点？笔者认为，只要没有特殊情况，可以承认在大学事务部派送的时点、在到达接受方服务器的时点，未遂即成立。读者意下如何？

3. 对行为人主观方面的考虑

根据实质客观说判断危险时，受争议的问题是，是否应该考虑行为人的主观方面。如果应该考虑，那么应该考虑到什么程度。分为两种学说：一种学说站在不承认主观违法要素的立场上，纯粹客观地判断；另一种学说站在承认主观违法要素的立场，把行为人的主观方面考虑在内。后者又可以区分为两种观点：一种观点认为，因为故意是主观违法要素，所以可以考虑在内，但不应该把超过故意的犯罪计划也考虑在内；另一种观点认为，连犯罪计划都应该考虑在内。

首先，不能不考虑行为人的主观方面，纯客观地判断危险性。子弹上膛，枪口朝向对方时，杀人的危险是否存在与行为人是否有扣动扳机的意图有关。但如前文所述，这与故意是否为主观违法要素没有关系。如果想向着人扣动扳机，即使把人误认为熊（即使没有杀人的故意），也能够承认对人的生命有高度危险。[13]

其次，如果在危险判断中考虑行为人的主观与故意是否为主观违法要素之间没有关系，那么，也没有理由把判断的基础限定为故意，因此，应该将行为人的计划也考虑在内。即使都以强奸目的把被害人塞入车中，但被害人遭受强奸的危险的程度因情况各异：①有的人想在车中马上强奸被害人；②想带到周围没有人的场所强奸；③想带到别的场所监禁，第二天再强奸。倘若想让危险的不同在未遂犯的成立与否中得以体现，那么考虑行为人的计划便是不可欠缺的。

也许存在的疑问是，考虑行为人的计划这一点与未遂结果是客观危险两者无法统一起来。但是，所谓在危险判断中考虑行为人的计划只是说，根据人在多数情况下都遵从计划行动这一经验法则来判断将来的客观危险，这基本就如同，为了知道电脑如何运行而去研究程序。当然，人与计算机不同，

---

[13] 参见本书编码第109页。

并非总按计划行事,这一点必须要考虑在内(例如,笔者的计划是今天完稿,却根本完不成),但如果由此就认为,经验法则不适用于人的行动,那么,围绕人的行为进行危险判断本身就变得不可能了。

最近,最高法院作出了一个判例〔最决平成16(2004)年3月22日刑集58卷3号187页〕。本案中,被告人用氯气迷倒了被害人,让被害人连人带车滚落海中,导致被害人死亡,但死因是溺水窒息还是氯气摄入导致呼吸停止不能确定。对此案件,判例认为:"三名实行犯的杀害计划是让被害人吸入氯气,失去意识,此后,将无意识的被害人运送到海边,让其与汽车一同滚落海中溺死。第一个行为是为了有把握且容易地实施第二个行为所必要的、不可欠缺的;第一个行为成功的情况下,完成接下来的杀害计划时就不存在妨碍计划完成的特殊情况了;考虑到第一个行为和第二个行为在时间上和空间上接近,可以承认,第一个行为是与第二个行为紧密相连的行为,在三名实行犯开始第一个行为的时点,会去实施杀人的客观危险性已经明显存在,因此,在这个时点,杀人罪的实行着手了。这样解释是相当的。"这个判例的重要意义在于,表明了判断既遂结果发生的客观危险性时,应该把行为人的犯行实施计划也考虑在内,此外,时间上和空间上与结果发生的时点接近这一点也是重要的。

4. 通过构成要件进行限定是否必要

刑法总论中关于未遂犯的讨论是一般性讨论,通用于全部犯罪,因此,各个犯罪的未遂成立时期取决于对各个构成要件规定的解释。并且,以抢劫罪、恐吓罪和诈骗罪为例,构成要件中对手段的规定限定了此类犯罪的成立,在这种情况下,一般认为,如果不着手实施暴行、胁迫和欺骗等手段行为,纵然有结果发生的危险,也不可以承认未遂成立。[14] 形式客观说的观点就是,对于全部犯罪都承认通过构成要件进行限定。[15]

---

[14] 相反,只要着手于暴行、胁迫等手段,就总能承认实行的着手吗?假如答案是肯定的,即便如此,仍然存在的问题是,所实施的暴行、胁迫必须是作为抢劫罪和强奸罪的手段所要求的暴行、胁迫吗?只是以强奸目的把被害人拉入车里,未必是强奸的实行着手。同样,在回答上述问题时,如果只是说,着手于手段就可以肯定实行着手,是解决不了问题的。诈骗罪也一样。并不是只要实施了欺骗行为就必然成立诈骗罪的未遂;如果欺骗行为没有导致结果发生的危险性,就不能说是这欺诈罪的欺骗行为。

[15] 塩見淳「実行の着手について(3・完)」法学論叢121卷6号15页以下(1987年)。上述文献提倡「修正的形式客观说」,该学说以自愿性和时间上的接近性为标准,判断手段与构成要件行为之间的一体性,此外还要求介入被害人的领域中。

但在判断放火罪时,能够承认打算点火而泼洒汽油的行为是实行着手[広島地判昭和49(1974)年4月3日判例タイムズ316号289頁等],在此,没有将点火行为作为未遂的必要条件。因此,这种限定解释在多大程度上妥当,并非没有疑问。

也许能够解释为,放火罪中"放火"表明的是发生了火灾这一中间结果,并不是在对手段进行限定。例如,妨碍交通罪的规定是"破坏或堵截陆路、水路或桥梁,以至于妨碍了交通"(第124条第1款),也能解读为这是在规定手段,但毋宁说,这是在规定中间结果(并不是在对破坏等手段进行限定)。因此,笔者认为,应该解释为,不仅在实施了破坏行为但不至于妨碍了交通的情况下,未遂成立;而且在破坏陆路等的具体危险发生了(有可能导致妨碍交通)的情况下(例如,在桥上设置了炸弹),未遂也成立。也可以同样来解释交通危险罪(第125条第1款)。

但是,反过来考虑,笔者认为,如果能够承认危险足以让构成要件该当性充足且具有迫切性,那么,纵然没有着手于手段,也可以承认未遂。之所以这样解释是基于如下考虑,即在若非全部要素都具备就不会既遂这个意义上,构成要件的各个要素是等价值的,因此,既然涉及主体不能和对象不能时,没有必要作为例外情况特别考虑[后文三(三)],那么在涉及手段和方法时,也没有必要要求着手于手段,否则就会把未着手于手段作为例外情况特别考虑。可能的解释是,构成要件所规定的手段得到实施即使是既遂的要件,也不是未遂的要件。例如,以抢劫杀人的目的手持凶器侵入被害人的住宅,进入卧室,想杀害熟睡中的被害人,如果事态发展到了这个阶段,(特别是在被害人睡着的情况下,难以解释为暴行、胁迫)可以承认抢劫实行的着手。话虽如此,但实务中难得在限定的方向上进行解释,也许也没有必要再有意主张扩张了。

假如解释为手段对未遂的限定不存在,即便如此,这也只意味着,手段的实行不是未遂犯成立的必须条件。诸多情况下,如果没有手段的实行,就不能承认结果发生的具体危险。例如,诈骗罪的情况下,必要的不是单纯取得财物,而是通过被害人基于错误的处分行为而取得财物,因此,应该解释为,如果没有欺骗行为,结果发生的具体危险性就不会发生。但这不是在通过构成要件进行限定,作为盗窃的手段不要求实施欺骗被害人的行为,但笔者认为,在通过被害人错误夺取财物的情况下,要成立未遂,仍有必要实施欺骗被害人的行为。

三、不能犯

(一) 与实行着手之间的关系

外观上看似实行着手了,但因为未遂的危险得不到承认,所以未遂犯不成立,这种情况称为不能犯(虽然称为"犯",但是不可罚)。一般把实行着手和不能犯区分来讨论,学说的名字也不同,但其实都是在探讨未遂犯是否成立这一个问题,只不过是探讨的角度不同(因此,承认了不能犯,就要否定实行着手)。

(二) 具体危险说的问题

关于不能犯,以什么标准判断是否存在结果发生的危险性,有四种观点。①以行为人的认识为基础,站在行为人的立场上判断,这是主观危险说;②以行为人的认识为基础,站在一般人的立场上判断,这是抽象危险说;③以行为时一般人能够认识到的事实和行为人特别认识到的事实为基础,站在一般人的立场上判断,这是具体危险说;④事后客观地判断,这是客观危险说。新派所主张的主观说现在实际上已经没有意义了,抽象危险说现在也基本没有支持者。现在所主张的主要是具体危险说和客观危险说。[16]

具体危险说在学说自身的根据和实际适用两个方面上都存在问题。首先讨论一下具体危险说的根据。需要考虑的问题是,为什么一般人认为危险就可以处罚。有两种考虑方法。其一,从行为无价值论中找根据,刑法的任务在于确保行为规范的妥当性。从这一立场出发,当规范违反行为在一般人看来是危险的,就能够作为未遂处罚。但是,如前所述,未遂犯与既遂犯一样也是犯罪,既然如此,那么从结果无价值论出发当然要求结果无价值;从违法二元论的立场出发也应该解释为,仅以行为无价值不能处罚,结果无价值

---

[16] 西田等『注釈』651頁以下(和田俊憲)。西田典之=山口厚編『刑法の争点(第3版)』90頁以下(2000年)。上述文献也对不能犯作了说明,本稿内容如果有难懂之处,请参见此说明。最近关于此问题的优秀研究成果参见佐藤拓磨「不能犯」川端博等編『理論刑法学の探究4』(2011年)33頁以下。

是必要的。[17] 其二，处罚未遂犯是因其给一般人带来结果发生的不安。但倘若这样考虑，那么未遂犯全都得变成完全不同于既遂犯的侵害社会安定的犯罪了，这是不妥当的。犯罪发生让人人感到不安、受到冲击，这是犯罪的副作用，但不是犯罪结果本身。

其次，具体危险说在适用中也存在问题。按照具体危险说的主张来适用该学说时，假如一般人相信迷信，那么迷信犯也会作为未遂犯来处罚；反之，没有科学知识的一般人如果没有认识到危险，就得否定未遂的危险。这样的结论明显不妥当，法院想必也不会承认这样的结论。具体危险说中，也有观点主张，法则性知识采用科学标准来判断。[18]* 结论当然恰当，但笔者认为，只对法则性知识采用科学、客观的标准，对存在的事实就不采用科学、客观的标准，仍然不妥当。

最后，根据具体危险说，如何判断一般人眼中的危险，答案也不清楚。例如，白色粉状物质是毒品还是砂糖，需要在事后用科学方法调查后才得以判定；在行为时点，一般人看到白色粉状物质时，一般人如何判断危险性，并不清楚。如果行为人认为白色粉状物质是毒品，以此认识为基础一般人也会判断有侵害生命的危险时，就与抽象危险说没有不同了。具体危险说中，也有学者主张，把考虑范围限于客观存在的事实当中一般人可能认识到的事实。但是，客观上是否存在，若非事后便无法判断；而判断未遂时，出发点是把未遂的危险判断作为事前判断；所以，上述限定与出发点是否统一是有疑问的。并且这样的主张也前后不一致。例如，夺下警察的佩枪，扣动了扳机，但因为警察忘记了装子弹，杀人未成。在这个空枪案中，如果一般人都认为警察佩枪中有子弹，就以此认识为基础来判断危险。

(三) 客观危险说的问题

具体危险说的主张者在批评客观危险说时总会指出，未遂中必然存在着

---

[17] 以实行行为把事前危险作为问题，如果一般预防的必要性低，那么，即使结果发生了，也不处罚行为，这是在限定处罚的方向上发挥作用。与此相对，即使客观性危险不存在，但如果能够承认一般人看来是危险的，就处罚，这是在扩大处罚的方向上发挥作用。井田教授主张，"如果只能承认行为无价值，那么作为未遂犯来处罚的最低要求就满足了，再加上结果无价值，一起作为（更重的）处罚的根据。"参见井田良『刑法總論の理論構造』249 頁注3，267 頁以下（2005 年）。不过，仍然应该把作为结果的危险作为未遂犯处罚的要件。

[18] 井田・前注 [17] 274 頁以下。

* 法则性知识是指，符合一般性公理规则、具有普适性的知识。例如，关于迷信犯，可以考虑，法则性知识是利用迷信不能杀人，这种情况下应该根据科学标准。一般人标准达不到科学标准的，不予适用。——译者注

导致未遂的原因,因此,事后、客观判断时,未遂都就变成不能犯了。尽管具体危险说存在着前述那样的难题,但仍然是通说,笔者认为,很重要的原因是客观危险说存在着上述的问题。

客观危险说的主张者为了解决这个问题,提出了各种各样的观点,其中最恰当[19]的观点(被称为"修正客观危险说")是:①首先,揭示结果没有发生的原因,从科学视角阐明,倘若事实是什么样的,结果就有可能发生了;②其次,判断引起这种结果所必要(假定性)的事实是否有可能存在(假定性事实的存在可能性)。[20] 此观点的主张者山口教授认为,判断②时采用的标准是,"客观上不可能,一般人事后会认为这是'可能的'吗(一般人事后的危险感)"。[21] 但笔者认为,在判断什么范围的假定性事实在多大程度上可能存在时,仍然应该进行科学判断。当然,基于客观的假定性判断,多大程度的可能性存在就值得作为未遂来处罚,这是规范性问题,不能客观地来判断。但笔者认为,刑法解释中一般都能这么说:没有必要只在探讨不能犯时提出一般人的感觉。[22]

问题是,假定性事实存在的可能性达到什么程度就作为未遂犯值得处罚。如果认为不能犯的问题和实行着手的问题是同一个问题,都需要回答是否存在值得以未遂犯进行处罚的危险,那么,在肯定实行着手时要求有现实的危险性,在否定不能犯时也应该要求有现实的危险性。如果这样解释,为了肯定不能犯所必须认定的并非危险绝对不可能存在,而是危险未达到某种高程度的现实可能性。

不能犯的各种类型中,主体不能时总是不能犯,这种解释是一种构成要

---

[19] 这样的判断过程中,以其他事实置换了客观上存在的事实,在这一点上,有时被称为事实的抽象化,但并不是指把事实进行类型化和抽象化(毋宁说,只会在具体危险说会看到这样的抽象化)。例如,在空枪案件中,并不是抽象化为警察的佩枪中通常都装有子弹,最终是想基于具体事实来判断此警察的佩枪中装有子弹的可能性。参见和田·前注[12] 199 页。铃木茂嗣「刑法における危険概念」『光藤景皎先生古稀祝賀論文集(下)』1014 頁以下(2001 年)批评修正客观危险说承认了事实的抽象化,主张应该采用"具体可能性说",根据具体情况考虑结果发生条件充足的具体可能性。但笔者认为,修正客观说正是铃木教授所主张的具体可能性说。

[20] 参见山口·276 页。

[21] 山口·276 頁。

[22] 佐藤·前注[16] 66 頁以下。上述文献主张从"同样的行为如果另行实施,结果会发生吗"这一预防的视角出发,进行假定性判断。

件欠缺理论。[23] 其实，没有理由只把构成要件要素中的主体作为例外特别考虑。[24] 在客观危险说中，把对象不能作为例外特别考虑的观点很有力。[25] 但笔者认为，这样考虑也没有理由。原因在于，即使从结果无价值论出发，认为对象的存在重要，但只要未遂犯的处罚根据不是结果发生，而是结果发生的可能性，那就不能说在行为时对象存在是绝对必要的。

山口教授认为，为了以未遂犯进行处罚，除了假定性危险的判断，还要求对具体受害法益有"现实性"危险，后者是限定未遂犯成立范围的标准。据此，在对象不能的情况下，"现实性"危险不存在，因此能够否定未遂犯的成立。[26] 但笔者认为，不清楚的是，为什么在对象不能的情况下，假定性危险不是现实存在的；而在方法不能的情况下，假定性危险就是现实存在的？[27]＊

---

[23] 大沼邦弘「構成要件の欠缺と可罰未遂の限界（3・完）」成城法学7号92頁以下（1980年）；塩見淳「主体の不能について（1）（2・完）」法学論叢130卷2号1頁以下（1991年），6号1頁以下（1992年）。

[24] 和田・前注［12］206頁。上述文献指出，涉及责任身份时，主体必须在行为时客观存在。此观点值得倾听。

[25] 参见山口・前注［7］168頁；内藤『下Ⅱ』275頁。浅田・385－386頁；曾根・222－223頁。

[26] 参见山口・276頁。此外，和田提出的观点是，区分对象当时存在的可能性和在这个世界上存在的可能性，后者是"法益的不能"，欠缺探讨未遂的前提［西田等『注釈』657－658頁（和田）］。另外，松原认为，涉及对象时，不允许假定性置换，但在"杀害尸体案件"中，也不会不考虑假定性置换行为的时点来判断危险（松原・前注［9］108頁）。

[27] 参见西田・311頁。无论如何考虑，只有杀害之前的片刻还活着的情况下，才能够承认针对尸体的杀人未遂，在假定被害人还活着时，假定不应该过大偏离事实。

＊ 山口教授所举的方法不能的例子是，在制造兴奋剂案件中，制造工序是正确的，但由于某种药品的用量不足，结果没有得到制成品。山口教授认为，在上述情况下，如果使用恰当的用量也是有可能的，那么，以此为限，可以肯定未遂犯成立。与此相对，如果原材料是假的，得到制成品是完全不可能的，那就有可能否定未遂犯成立。在后一种情况下，根据山口教授的观点，对具体受害法益的"现实性"危险不存在，所以否定未遂犯的成立。换言之，山口教授根据具体受害法益的"现实性"危险是否存在，在一部分方法不能的案件中，否定了未遂犯的成立。与此相对，山口教授认为，全部对象不能的案件中，具体法益受害的"现实性"危险都不存在，因此，全部的对象不能都是不能犯。在对象不能的讨论中，佐伯教授是不同意山口教授的观点的。佐伯教授认为，即使对象不能，也仍然有可能作为未遂犯处罚。例如在下文所举的广岛高等法院昭和36年判决的案件中，针对尸体的杀人通常被归类为典型的对象不能。但像本案这样，直到行为人实施杀害的几分钟之前被害人还是活着的情况下，仍然有可能作为未遂犯来处罚。佐伯教授在下文介绍判例时详细说明了此案。综上，佐伯教授的观点是，是否作为未遂犯来处罚与对象不能还是方法不能没有必然关系，在解释对象不能的可罚性这一点上，佐伯教授与山口教授的观点之间有分歧。——译者注

（四）判例的立场

判例传统上区别未遂犯和不能犯，区别绝对不能和相对不能，至今尚没有最高法院判例变更传统观点。有以下几个代表判例。大审院判例［大判大正6（1917）年9月10日刑録23辑999頁］认为，以毒杀意图让被害人服用硫黄粉末，毒杀失败的，因为硫磺杀人是"绝对不能"，所以是不能犯。最高法院判例［最判昭和37（1962）年3月23日刑集16卷3号305頁］认为，以杀人意图往静脉中注射空气，但量少没有达成目的的，"根据身体条件以及其他情况，不能说绝对不存在死亡结果发生的危险"，所以是未遂犯。在事后、客观地判断结果发生可能性这一点上，可以把判例的立场评价为客观危险说。

对判例立场的猛烈批评是，不能明确区分绝对不能和相对不能。战后下级法院判决中，作为一般论，采用具体危险说的判决增多。但是，不承认客观危险而只以一般人眼中的危险就肯定了未遂犯那样的判决尚不存在。例如，被害人遭枪击倒地，就在被告人想给其致命一击，拿日本刀刺下去之时，被害人死了。对此案件，判决［広島高判昭和36（1961）年7月10日高刑集14卷5号310頁］认为："关于被害人甲是死是活，从医学角度看也是专家意见多有分歧的生死界限难辨案件，由此可以极其自然地认为，不只是被告人乙相信加害当时被害人还活着，一般人在当时也不可能知道其死亡；被告人会感到上述那样的加害行为有导致甲死亡的危险，……因为不可以说，行为在性质上没有导致结果发生的危险，所以不应该把被告人的行为解释为杀人的不能犯，以未遂犯论处是相当的。"从医学角度看生死界限微妙，这是事后判断清楚的事实，上述判决并没有不考虑这一事实而只以一般人的危险感就承认了杀人未遂。在另外一则案件中，行为人想通过泄漏天然气来实施全家自杀，但因天然气中不含一氧化碳而没有发生中毒死亡危险。对此案件，判决［岐埠地判昭和62（1987）年10月15日判例タイムズ654号261頁］承认未遂犯成立。此判决也是作了两方面的认定：一是在一般人看来有中毒的危险；二是从科学视角看有窒息死、爆炸死的危险。

笔者认为，客观危险说在实务上也明显是好的观点，这是因为根据客观危险说，能够在必要的时候进行科学鉴定以便判断危险是否存在。判例的问题在于，事实的抽象化程度偏大，以至于在不能说结果绝对不会发生这种危险极低的情况下也承认未遂犯的成立。如前所述，未遂犯的成立应该要求某种程度的高度的危险，例如，在血管内注射空气案件中，笔者认为，应该以具体被告人的健康状况为前提来认定死亡结果发生是否具有某种程度的高度可能性。而如果采用的标准是，根据健康状况不能说死亡结果绝对不会发生，那么按照字面意思适用这个标准的结果就是，让人服用硫黄当然有可能成立杀人未遂，就连让健康人饮用砂糖水恐怕也有可能成立杀人未遂。

四、中止犯

（一）刑罚减免的含义

《刑法》第43条但书规定："着手实行犯罪"后，"以自己的意思中止实施犯罪时，减轻或免除刑罚。"中止犯以外的未遂犯（被称为"障碍未遂"）的法定刑是酌情减轻；与此相对，中止犯是应该减免。学说中，围绕刑罚减免的根据，自古以来有各种各样的讨论。[28]

讨论的前提是，在结果没有发生这一点上，未遂相比既遂违法性减少，这是很清楚的。否定这一前提的只有新派、一元的行为无价值论。《刑法》规定，未遂犯的法定刑比照既遂犯酌情减轻，这也不能成为否定上述前提的理由。[29] 这是因为，即使是未遂犯，在引起了重大危险的情况下，也可以考虑宣告刑有必要重于减轻法定刑后得到的处断刑；[30]* 而引起了轻微危险时，在既遂的法定刑范围内，通常能够恰当地量刑，有必要科处比法定刑下限还要轻的刑罚时，也能够减轻。因此，在说明中止犯刑罚减免的理由时，不是与既遂进行比较，而是必须与障碍未遂进行比较。也许这会被认为是理所当然，但因为是比照既遂的法定来减轻，所以，笔者认为，讨论中无意识地与既遂进行比较这种情况是存在的。

---

[28] 学说发展史的详细情况参见野澤充『中止犯の理論的構造』（成文堂・2012 年）。
[29] 旧刑法中对未遂的规定是应该减轻，现行刑法中的规定变为酌情减轻。关于立法修改，人们会提出两个影响因素，一是当时新派观点强大，二是在大津案件（俄国皇太子杀人未遂案件）中未能对被告人科处死刑。笔者认为，纵使上述因素真的影响了立法，但毕竟没有作为立法理由在法案审议中得到明确的说明，因此，最多只是背景资料而已。
[30] 参见和田・前注［12］190 页。和田副教授的评价是，"作为立法论真是绝妙"。
* 科处刑罚时，依次要考虑法定刑→处断刑→宣告刑。例如，《刑法》第 199 条规定，杀人者处以死刑或者无期徒刑或 5 年以上有期徒刑。本条中规定的刑罚就是法定刑。在法定刑基础上，再考虑是否有刑罚减轻或加重事由，这些事由包括再犯加重、法定的应该减轻、并合罪加重、酌量减轻。基于法定刑，根据上述事由决定的刑罚是处断刑。最后，在处断刑的范围内，最终由法官决定的刑罚是宣告刑。——译者注

(二) 刑罚减免的根据

1. 政策说的妥当性

围绕刑罚减免的根据，大致有政策说和法律说的对立。政策说的理解是，激励着手实行的行为人中止犯罪。法律说认为，其根据与作为犯罪成立要件的违法和责任有关，在通常的犯罪论框架内予以说明。[31] 法律说又可以分为违法减少说，责任减少说，违法、责任减少说，另外还有把政策说和法律说结合在一起的综合说。

制定刑罚规定的目的是防止犯罪，这是刑事政策的目的，在这个意义上，犯罪论全部是政策论。如果政策说只是在说，中止犯的规定是以防止结果发生为目的，那就等于什么都没说。没有如此糊涂的事情。政策说的趣旨其实是想说，中止犯的规定在通常的犯罪论框架下难以得到说明。笔者认为，在这个意义上，难以否定政策说有正确的一面。这是因为，实行行为着手了，未遂犯就成立了，对此行为的违法评价和责任评价在事后发生变更这是不可考虑的（"过去的事实在过去既已确定，无法改变"[32]）。

违法减少说以故意是主观违法要素为前提。根据该学说，放弃一度萌生的故意，亲自防止了结果发生，因此，行为的违法性减少。但是，结果的不发生和故意的消失在障碍未遂的情况下也可能存在，这种意义上的违法减少不过相比既遂减少了。此外，违法减少说不能很好地说明，为什么为了承认中止犯中止行为必须出于"自己的意思"，这是此学说的致命缺陷。

根据责任减少说，以自己的意思实施了中止行为时，对行为人非难可能性的程度变轻，因此，责任减少。但是，从行为责任的原则出发，未遂犯的责任非难对象应是实行行为，与违法减少一样，责任评价在事后发生变化是不可能的。当然，因事后行为（既遂后的行为也包含在内）对行为人的评价

---

[31] 不过，"法律说"的意义参见野澤·前注 [28] 176 页以下。

[32] 山口·279 页。反对观点参见金澤真理「未遂の理論構造と中止未遂」川端博等編『理論刑法学の探究4』96 页以下（2011 年）。

发生变化是可能的，但这终究不过是量刑上的责任问题。[33]

最近的法律说中，违法、责任减少说变得有力。根据该学说，不是评价在事后变更了，而是将未遂行为和中止行为一起考虑，进行综合判断。[34] 这样说明本身可以说是学说的进步，不过，这样的违法和责任判断与在通常的犯罪论框架下所采用的违法和责任判断是不同的。[35]＊ 这是因为，这种综合判断是只在有中止犯的规定时才会得到承认的特别效果。＊＊ 如果承认与事后行为一起综合判断，那么似乎可以承认把既遂后的行为（例如，既遂后的赃物返还、损害赔偿等）也考虑在内。但是，在此只是在未遂的情况下进行综合评价，这是因为中止犯相关的特别规定就是这么规定的。笔者认为，在这个意义上，难以否定政策说的正确性。

2. 对政策说的批评

对政策说有两个老生常谈的批评。一是对不知道中止犯规定的人而言没有效果；二是日本刑法并非像德国刑法那样规定了中止犯的效果是不可罚，

---

[33] 对责任减少说的批评是，不能说明为什么"中止了犯罪"会成为中止犯的要件（笔者在连载论文中也这样写过）。与此相对，责任减少说的主张者中，有学者认为，在既遂的情况下也准用中止犯的规定。但是，如果将此观点贯彻到底，那么在发生错误的情况下（例如，以杀人的故意射出了一颗子弹后，认为没有射中，中止射击而没有射出第二颗子弹，但实际上子弹已经命中，不立刻进行救助就有致命危险的情况下）也必须承认准用中止犯的规定，如此一来，免除刑罚的范围会过宽。毋宁说，对责任说的上述批判没有道理。不能处罚不违法、没有责任的行为，但该当构成要件的违法且有责的行为中，可以承认其违法减少、责任减少时，只在通常的法定刑框架内、根据酌情减轻的规定来考虑刑罚，还是制定特别的减轻（甚至免除）的规定，这是立法裁量的问题。倘若如此，那么虽说采用了责任减少说，在当然既遂的情况下也不会准用中止犯的规定。参照本书编码第165－166页中防卫过当的相关说明。

[34] 例如，参见金澤真理『中止未遂の本質』91頁以下（2006年）。

[35] 岡本勝「中止未遂における減免根拠に関する一考察」渥美東洋等編『刑事法学の現実と展開—斉藤誠二先生古稀記念』291頁（2003年）。上述文献明确指出了这一点。另参见和田俊憲「中止犯論」刑法雑誌42巻3号282頁以下（2003年）。

＊ 通常的犯罪论框架下的违法、责任判断是针对实行行为（及其结果）的判断，犯罪成立之后的情节不会对上述判断产生影响，在这一点与中止犯中的违法、责任判断性质上不同。——译者注

＊＊ 法律说是从一般违法论和责任论的立场上进行解释的学说。在此，会生出的问题就是，即便是没有中止犯那样的特别规定，如果本来违法、责任就减少了，那么是否仍然能够减轻处罚。答案是否定的。只有以中止犯的规定为前提，才能够承认这种特殊效果。——译者注

因此效果少。* 但是，无论哪一种批评都欠缺理由。[36]

第一，中途中止犯罪的实行，防止了结果发生，刑罚减轻，这属于常识，作为政策说的根据就足够了。也许只有少数人才知道中止犯的规定，但为了达到防止犯罪的效果，没有必要连刑法的规定都知道。没人会主张，对不知道刑罚规定的人而言没有犯罪预防的效果，由此而不能科处刑罚。[37] 也许会说，连免除的可能性都不知道，但刑罚的免除到底是裁量性的，不过是量刑的问题。[38]

以勒索赎金为目的的强拐罪中有释放了人质刑罚减轻的规定（第228条第2款），同罪的预备有自首刑罚减免的规定（第228条第3款）。关于上述刑罚减轻的根据，人们不会认为，因为对不知道规定的人而言规定的效果不存在，所以采用政策说是不妥当的。由此也可以清楚地表明，对政策说的批评意见是没有道理的。以勒索赎金为目的的诱拐和强拐罪只是未遂的，刑罚应该减轻这不是政策，既遂了就是政策，** 这样说不合理。

第二，中止犯的效果只是应该减免，但也不能据此对政策说进行批评。为了政策实现要设定怎样的效果，这与为了防止犯罪要规定怎样的法定刑一样，

---

* 《德国刑法典》第22条规定："行为人已直接实施犯罪，而未发生行为人所预期的结果的，是犯罪未遂"。同法第24条第1款规定："行为人自愿地使行为不再继续进行，或者主动阻止行为的完成的，不因犯罪未遂而处罚。如果该行为没有中止犯的努力也不能完成的，只要行为人主动努力阻止该行为的完成，就不应予以处罚。"因此，根据德国刑法，中止犯是不可罚的。与此相对，《日本刑法典》第43条第2款规定："以自己的意思中止犯罪的，减轻或免除刑罚。"因此，根据日本刑罚，中止犯是可罚的，只是从宽处罚。基于上述立法的不同，批评意见认为，政策说在日本的效果小。但佐伯教授在后文对这种批评意见进行了反驳。——译者注

[36] 城下裕二「中止未遂における必要的減免について」北大法学論集36巻4号207頁以下（1986年）。

[37] 严格故意说认为，处罚要求对违法性有认识。采用这个学说时，也许可以认为，中止犯要求对减轻有认识。但是，严格故意要求的也只是违法性认识，并不是连刑罚规定的认识都要求。现在的通说（限制故意说和责任说）是，有违法性认识的可能性就足够了。从通说出发，有可能解释为，中止犯也要求认识到刑罚减轻的可能性。这里的问题是，处罚要件和减轻要件之间是否必须达到平衡。例如，为了科处刑罚，必须要求犯罪人有责任能力；为了减轻刑罚，也必须要求其有责任能力吗？犯罪实行着手后即陷入无责任能力状态、自愿中止犯罪的情况下，有可能解释为不适用中止未遂。

[38] 参见冈本·前注[35] 287页。

** 前文介绍的"释放了人质"和"自首"都是发生在犯罪既遂之后，在这种情况下，没有人会反对从政策说视角来说明其刑罚减轻的根据。但是，批评意见否定以政策说来解释中止犯（犯罪只处于未遂状态）的刑罚减轻根据。佐伯教授认为，政策说的适用与否根据犯罪是否既遂来区分解释，不合理。——译者注

都是政策问题。没有人会认为,因为盗窃的法定刑中没有死刑,所以没有犯罪预防的效果。可以明确表明这一点的还有,关于释放人质处罚减轻等规定,所采用的就是政策说。在德国,中止犯本来是不可罚的,但未遂中所包含着其他犯罪既遂时,处罚是可能的(例如,杀人未遂罪的情况下,以伤害罪处罚)。因此,甚至可以说,在中止犯有可能免除刑罚的日本,效果比在德国更大。[39]

3. 中止犯的性质

本来,政策说如果主张的只是上述内容,就不得不说这是基本没有意义的学说。制定刑罚规定的目的全都是为了防止犯罪这一政策目的,但刑法学并非只谈政策就完成任务了,而是使用违法、责任等概念来分析犯罪成立要件,由此推导出诸多解释论上的结论。对中止犯的政策说也有同样的要求。

从政策说的立场出发,对中止犯规定的理解是,中止犯以防止结果发生为目的,奖励以自己的中止行为来消除实行着手所带来的结果发生的危险,对实施了中止行为的行为人给予褒奖,减免其刑罚。如第一章所述,笔者认为,刑罚制度的目的在于防止犯罪,各个处罚规定的是对犯罪行为的报应。对中止犯规定也能适用完全相同的考虑方法,中止犯制度的目的是防止犯罪(这种情况下是防止既遂结果),各个减免规定的根据是对实施了犯罪中止、结果没有发生这一善行进行报偿。中止犯的规定是与刑罚规定有相同目的的反方向上的规定,是"反转(逆向)的构成要件"。[40]

把中止犯解释成"反转(逆向)的构成要件",由此能够推导出,客观上,中止行为、中止结果和两者间的因果关系是必要的;主观上,中止行为的自愿性和中止故意是必要的。这样来理解中止的构成要件时,其客观方面

---

[39] 旧刑法的规定是,中止犯不是未遂犯,因此,讨论的问题是,对产生的结果是否能够另行处罚?而现行刑法把中止犯规定为未遂犯的一种,其法律效果也是应当减免,因此,对于上述问题采用消极解释的态度。本来,检察官只起诉有结果发生的犯罪,例如,杀人未遂的中止犯以伤害罪起诉时,会以存在杀人故意为由判定伤害罪无罪吗?这也有疑问的余地(当然,通常检察官不会这样来起诉。)参见关于侵占后侵占〔本案被告人受委托占有他人不动产,先是在此不动产设置抵押权,进行登记(第一个行为),此后又将其出售,进行了所有权转移登记(第二个行为)。第一个行为已经构成侵占,第二个行为是侵占后的侵占。检察官只就第二个所有权转移行为以侵占罪提起诉讼。——译者注〕的最高法院大法庭平成15(2003)年4月23日判决(刑集57卷4号467页)。

[40] 参见平野龍一『犯罪論の諸問題(上)』266页以下(1981年);山口厚『問題探究刑法総論』224页(1998年);塩见淳「中止行為の構造」『中山研一先生古稀祝賀論文集(3)』247页以下(1997年);井田・前注〔17〕280页等。

与法益侵害的危险性相关,在这个意义上,有可能称之为违法减少;其主观方面是与行为的主观评价相关的要素,在这个意义上,有可能称之为责任减少。不过,这里所说的违法、责任与作为犯罪基础的通常意义上的违法、责任之间性质迥异。[41]

(三) 犯罪的中止

1. 中止的要件

中止犯要成立,"中止了犯罪"是必要的。为了能够承认犯罪的中止,以下两点是必要的:一是实施了中止行为,由此消除了结果发生的危险;二是行为人认识或预见到了上述事实(中止故意)。行为人放火后,把水错当作汽油,结果把火浇灭了。在这种情况下,客观上有中止行为,也能承认行为的自愿性,但没有中止的故意,因此,不能说"中止了犯罪"。同样,行为人因误认为达成了目的,所以中止实行犯罪,例如,陷入错误认识,以为第一发子弹命中、被害人死亡了,于是就中止射出第二发子弹的情况下,因为没有中止的故意,所以不能说"中止了犯罪"。

2. 实行行为的终了和中止行为

以前的解释把未遂区分为实行行为没有终了的着手未遂和实行行为终了后的终了未遂(实行未遂)。如果是着手未遂,只要停止继续实施此后的行为,就可以承认中止行为;如果是终了未遂,就必须实施以阻止结果发生为目的的积极作为。并且,关于实行行为终了时期的判断方法,曾有主观说、客观说、折衷说的对立。但是,是否科处积极作为的义务应该取决于是否有必要,并不是实行行为终了了就必然有此义务,没有终了就必然无此义务。在此,最近变得一般化的观点是,不论着手未遂还是终了未遂,因果关系只是发展下去就会出现结果可能发生的状态时,只要不采取积极措施以阻止结果发生,就不能说实施了中止行为。[42]

在下级法院判决的案件中,以杀人的故意用剔骨刀刺中被害人,让其右手臂受伤后,出于同情停止继续攻击,把其带去医院。对此案件,判决〔東

---

[41] 这样的政策说"按照一向使用的用语,有可能被说成是违法、责任减少说。"山口·280頁。松原芳博认为,综合考虑实行行为和中止行为,整体上作为未遂犯的违法和责任会减少。松原芳博「刑法総論の考え方(22)」法学セミナー 673号 102頁(2011年)。此外,西田把中止犯解释为法定量刑事由(法定量刑事由说)。西田·316頁。

[42] 被称为因果关系的遮断说。参见浅田·356頁;井田·428-429頁;曾根·229頁;西田·317頁;西田等『注釈』672頁(和田);山口·281-282頁等。

京高判昭和 62（1987）年 7 月 16 日判例時報 1247 号 140 頁］认为，因为有第二次攻击、第三次攻击甚至继续攻击的意图，所以符合着手未遂，承认中止犯成立。另有，以杀人的故意刺了被害人一下后，把其带去医院。对此案件，判决［大阪高判昭和 44（1969）年 10 月 17 日判例タイムズ 244 号 290 頁］认为：刺上几回这样的预谋不存在，所以刺了一下行为就终了了；并且刺一次的行为本身就有可能让结果发生，基于以上两点，构成实行未遂。但即使行为人预谋要刺上几回，也不可以说，因为这是着手未遂，所以没有必要积极作为。如果把有必要科处积极作为义务的情况称为终了未遂，那么，只要讨论是不是明显应该科处积极作为义务的情况应该就足够了。

实行行为终了后，本来就不可能再说实行行为中止了，因此，中止行为是不作为形态时，区分着手未遂和终了未遂尚且有意义。例如，即使往枪里加了六发子弹，但如果从一开始就只打算射出一发子弹，那么在射出第一发的时点，实行行为就终了了，不可以说，没有继续射击是中止行为。因此，区分着手未遂和终了未遂时，以行为人的计划为标准的主观说是妥当的。

因为发现不能达成目的，所以才中止的情况——例如，杀人实行着手之后发现人弄错了，所以中止行为的情况下；想偷高价钻石戒指却发现是仿造的，所以中止了窃取的情况下——能否承认中止行为会成为问题。在判断实行着手时，要把行为人的犯罪计划考虑在内来判断结果发生的危险，与此相同，在上述情况下，也要把行为人的具体计划考虑在内进行判断，在发现目的不能达成的时点，危险已经消除了，所以应该说中止行为不存在。[43] 对这种观点的批评是，危险过于个别化、主观化，不妥当，行为人的主观应该作为自愿性的问题来处理。[44] 这实际上与先肯定中止行为再否定自愿性的判断方法没有不同，但如果认为否定自愿性困难，那就应该作为中止行为来判断。

3. 积极作为的要件

在审判中经常会问的问题是，积极作为有必要时，行为人必须实施到什么程度。行为人不是医生，不能进行治疗，因此，很明显不能要求行为人全部自己来实现积极作为，只要实施了排除结果发生的危险所必要的行为就足够了。

法院判决和学说中的有力观点要求"真挚的努力"。[45] 此观点主要是责

---

［43］ 井田・428-429 頁；西田等『注釈』674 頁（和田）。
［44］ 参见盐见・前注［40］255 頁。
［45］ 大判昭和 12（1937）年 6 月 25 日刑集 16 卷 998 頁；東京地判昭和 37（1962）年 3 月 17 日下刑集 4 卷 3＝4 号 224 頁；团藤・365 頁；大塚・261 頁；前田・176 頁等。参见井田・426 頁。

任减少说的主张,从政策说的立场出发,这是过度的要求。相比没有真挚努力的情况,有真挚努力的情况下责任会减少。但是,这里的责任减少不应该作为中止犯的要件来考虑,而应该在根据减轻规定确定了处断刑之后,在处断刑的范围内选择具体刑罚、决定是否免除刑罚的量刑判断阶段来考虑。[46]*

法院判决中,还有判决(同前引大阪高判昭和44年10月17日)以未说明犯人就是自己、未约定负担医药费为由,判定"难以认为已经采取了周全的行动,……以此尚不足以承认,行为人为了防止结果发生做出了真挚的努力。"这样的要求明显是过度了。对释放人质者刑罚减轻,在适用这条规定时,只要把人质释放到了安全场所就可以了,没有更多的要求(例如,不要求必须说出自己就是犯人,不要求必须支付给人质回家的车马费),即使比较来看,也应该认为只要送到医院去让其接受治疗就足够了。中止犯没有自首制度。

在正向的构成要件中可以承认共同正犯,同样,关于具有反转构成要件的中止行为,也应该可以承认共同中止行为。共犯行为人共同实行了中止行为时,也许只看一个人的行为还不能说是充分的行为,但如果全体作为中止行为可以说是充分的行为,就能够承认中止行为。进一步而言,与共谋共同正犯相对应,也应该承认共谋共同中止行为。例如,暴力团头目甲对属下乙下达了杀人指示,杀人实行着手之后,甲指示乙中止行为。在这种情况下,不只是实际实施了中止行为的乙,下达指示的甲也应该成立中止犯。所谓中止犯的效果一身专属[大判大正2(1913)年11月18日刑録19辑1212页]只是说,中止的效果影响不到没有参与中止行为的共犯行为人;部分实行全部"责任"这一原则可以适用于共同实施了中止行为的共犯行为人,中止犯的效果范围与正向的构成要件相同。

共犯论中对违法减少说的批评意见与中止犯的一身专属性有关联,既然已经提到了中止犯的一身专属性,就在共犯论之前先就这部分内容进行说明。对违法减少说的批评意见认为,正犯的违法性减少时连带共犯的违法性减少,这样的判断结论违反了中止犯一身专属性的效果。这样的批评意见在诸多教科书中都有写明,司空见惯,却毫无根据。违法连带性的根据在于因果共犯论,只有在各个共犯行为人的行为和所发生的违法(法益侵害或法益侵害的

---

[46] 参见浅田·397页;大谷·389页;曾根·225页;高桥·385页;山口·285页等。

　* 在处断刑范围内选择具体刑罚、决定是否免除刑罚的量刑结果是宣告刑。法定刑、处断刑、宣告刑的区别和关系参见本章脚注30后的译者注。——译者注

危险）之间的因果关系得到承认的情况下，违法才是连带性的。没有参与中止行为的共犯行为人与中止行为所带来的"违法减少"之间没有因果性，因此，中止犯的效果当然不会影响到没有参与的人。当然，止于未遂的效果也会影响到其他共犯行为人（没有参与中止行为的共犯行为人不会作为既遂犯被处罚），但这时的违法减少是与既遂相比，而不是与障碍未遂相比。[47]

4. 因果关系的必要性

中止行为和结果不发生之间是否有必要存在因果关系。这是探讨中止犯成立与否时最受争论的问题之一。在以下两种情况下，中止行为的因果关系会成为问题：①结果发生的"危险"发生了，虽然实施了中止行为，但是结果被阻止与中止行为没有关系；②结果发生的"危险"本来就不存在（但是，由假定性判断能够承认未遂犯），（对此不知的行为人）实施了中止行为。前者的例子是，在行为人打电话叫救护车的时候，第三方把被害人送到了医院。这种情况下，不能承认中止犯（这种情况下，也可以说本来就没有中止行为）。后者的例子是，以杀人的意图让被害人喝下毒药之后，后悔了，将其送到医院接受治疗，不过，因为毒药没有达到致死量，所以即使什么也不做，把被害人丢在那里不管，被害人也不会死。

对于后者，有的学者从政策说、违法减少必要的立场出发，否定中止犯的适用。[48] 的确，从政策说的立场出发，会认为防止结果发生是中止犯的目的。但应该解释为，规定中止犯的最终目的是防止结果的发生，直接目的是排除实行着手带来的结果发生的危险。因为站在行为人的立场上，事前看并不知道是否有必要采取结果防止的措施，所以，为了确保万无一失地防止结果发生，先科处行为人防止结果发生的义务是合理的。出于这个原因，无论与结果不发生之间是否有因果关系，对中止行为进行褒奖都是可取的。如前文所述，通过假定性判断可以承认未遂的危险时，尽管结果不可能发生，却能够承认未遂犯。在这样的假定性判断中得到承认的危险会因中止行为被排

---

[47] 野澤·前注 [28] 381 頁以下。上述文献认为，这不是共犯连带性的问题，而是从属性的问题，因此，正犯的违法减少一定会对共犯产生影响。但真正的问题是，是否应该先验地（a priori）承认从属性。

[48] 参见藤木·264 頁；山口·283-284 頁；西田等『注釋』680 頁以下（和田）等。与此相对，有的观点认为，无论前者还是后者，都承认中止犯规定的适用。参见井田·425-426 頁；大塚·262 頁以下；曾根·230 頁；西田·320 頁；前田·176 頁；山中·765 頁以下等。从责任减少说或法定量刑事由说出发具有一贯性（参见西田·320 頁）。此外，为了与结果有可能发生的情况下的判断结论相统一，大谷承认准用中止犯的规定（大谷·390-391 頁）。

除时，换言之，假定危险现实存在，实施了排除危险的行为时，应该承认中止犯的成立。例如，既然可以承认，投入了致死剂量毒药的情况下，如果将被害人送到医院使其接受治疗，就可以承认中止犯，那么同样可以作出如下解释，即虽然实际投入的毒药量不足以致死，但通过有可能投入致死量这种假定性判断而得以肯定的危险是存在的，这种危险因将其送到医院接受治疗而被排除，因此，应该承认中止犯的成立。

综上所述，在排除（包括假定含有的）未遂的危险这个意义上理解中止结果，只要中止行为和上述意义的中止结果之间有因果关系，即使与既遂结果的不发生之间没有因果关系，也能够承认中止犯。

（四）中止行为的自愿性

1. 有关自愿性的学说

要成立中止犯，犯罪中止必须是"基于自己的意思"。学说称其为"自愿性要件"，关于其判断标准有各种各样的学说。一向所主张的学说是主观说、客观说和限定主观说。主观说的标准是，行为人在主观上是"能达成目的却收手了"还是"不能达成目的所以收手了"。客观说的标准是，从经验上看，行为人认识到的情况是否一般会妨碍犯行。限定主观说在出于"广义悔悟"而中止的情况下肯定自愿性。最近又提出了两种学说。[49] 一种学说认为，中止所依据的决断是偏离合理价值的不合理决断时，肯定自愿性，这是不合理决断说；[50] 另一种观点认为，受强制实施了中止行为的情况除外，都承认自愿性。[51]

判断是不是"基于自己的意思"时，以行为人为标准，因此，主观说基本妥当，客观说不妥当。盗窃犯害怕蜘蛛，因为保险箱上面有蜘蛛，所以不能打开保险箱。在这种情况下，客观说会认为蜘蛛一般不会妨碍犯行，承认自愿性，但这个结论明显不合理。

在因害怕被警察逮捕而中止犯行那样的情况下，即使以行为人的主观为标准属于"能达成目的却收手了"，[52] 也不应该承认中止犯。这样判断的原

---

[49] 学说参见西田等『注释』684 页以下（和田）。
[50] 参见山中・772 页以下。批评意见参见山口・前注［40］232 页；西田等『注释』689-690 页（和田）。
[51] 参见高桥・388 页；山口・287 页。
[52] 即使心里想干，但认为会被警察阻止的情况下，当然可以否定自愿性。而这里讨论的问题是，即使被逮捕也无所谓，想干就能干的情况。

因在于，中止犯是在以刑罚未能防止犯罪的情况下，以刑罚减免作为褒奖来防止结果发生；而如果是害怕被逮捕而收手，这说明刑罚已经发挥了防止犯罪的作用，因此，就没有必要适用中止犯的规定了。

如果采用的观点是，除了受强制的情况，都承认自愿性，那么，想射杀对方，正瞄准时警察来了，为了免于被捕而中止犯行、逃走的情况下也会承认自愿性，因为尚有时间扣动扳机，杀死对方。但在这里承认自愿性是不妥当的。[53] *

一方面，限定主观说是源于责任减少说的学说，但欠缺条文上的根据，作为刑罚减轻的要件过于严格。现行刑法制定的过程中，众议院提出，是否应该把中止犯的效果认定为刑罚的应当免除。在回答这个问题时，政府委员平沼麒一郎指出："真正悔悟而中止的情况下，能够免除全部刑罚。而中止犯是形形色色的，未必只有因悔悟而中止的人，还有人因害怕而中止，也有人出于利益考虑而中止，没有必要连这样的人都施与免除刑罚的恩典。"[54] 现行刑法的立法负责人**作出上述回答的当然前提是，没有悔悟的情况下，中止犯的刑罚也会减轻。对立法负责人在国会作出的答辩意见应该尽量给予尊重。另一方面从责任减少说出发必然会采用限定主观说吗？这本来就是有疑问的。[55] 犯罪构成要件中，超过了"故意"的"邪恶意思"是不必要的；同样，中止犯这一反转的构成要件中，"善良意思"也是不必要的，应该这样来解释。

2. 判例的立场

有时会认为，判例采用的立场是，要求广义悔悟的限定主观说。但是，提到广义悔悟的判例都是肯定中止犯的判例。也可以在以下意义上理解，即当出于悔悟而中止时，能够容易地肯定自愿性，因此，肯定中止犯的判例会

---

[53]　参见林·367 页注 36。

　*　原著初版第 2 刷中的日语原文是，"……拳銃の引き金を引いて相手を殺害する時間はあるから、任意性を認める、というのでなければ、妥当でない"。原文印刷有误，正确的句子是："……拳銃の引き金を引いて相手を殺害する時間はあるから、任意性を認める、というのであれば、妥当でない"。在原著初版第 3 刷中已经予以订正。——译者注

[54]　参见仓富勇三郎等編＝松尾浩也増補解題『増補刑法沿革総覧』1783 頁（1990 年）。现行刑法中止犯规定的立法史详情参见野澤・前注［28］58 頁以下。

　**　在日本，立法者是国会。刑法的立法工作主要由法务省刑事立法部负责。特别法中罚则的制定由特别法的专职部门负责。——译者注

[55]　参见藤木『下Ⅱ』1312 頁。

强调悔悟这一点。但由此并不能清楚地说明，判例把广义悔悟解释为中止犯的必要条件。[56]

之所以难以评价法院在判断自愿性时采用的立场，是因为实体法上的要件问题和证明问题混在了一起。有的判决看上去是采用了客观说。例如，害怕犯罪被发现，中止了放火。对此案件，判例［大判昭和12（1937）年9月21日刑集16卷1303页］认为："害怕犯罪被发现，从经验上看一般会成为妨碍犯罪完成的情况，因此，上述被告人的行为是障碍未遂"。再例如，杀害行为着手后，看到被害人流血，感到惊愕、恐惧而不能继续实施随后的杀害行为。对此案件，判例［最决昭和32（1957）年9月10日刑集11卷9号2202页］认为："不可以说，被害人会进一步继续实施杀害行为才是一般会发生的通常情况。……被告人失去了完成犯罪的意志力而中止本案犯行的情况下，应该承认中止基于性质上足以妨碍犯罪完成的阻碍，不构成《刑法》第43条但书中所言的'基于自己的意思停止犯行'。"也存在下级法院判决。例如，看到被强奸者起的鸡皮疙瘩，性欲减退，中止了行为。对此案件，判决［東京高判昭和39（1964）年8月5日高刑集17卷6号557页］认为："从一般经验来看，在这种行为中存在的外部情况应该是对行为人的意思决定有相当强度的支配力。由于这个原因，被告人性欲减退，停止实施强奸行为，因此……欠缺自愿性。"再例如，强奸着手后，在被害人的哀求下中止了。对此案件，判决［浦和地判平成4（1992）年2月27日判例タイムズ795号263页］认为："犯人着手实行犯罪后，没有遇到实质性妨碍犯罪遂行的情况，如果是通常情况则可以继续实行，达到预期的目的。在这种情况下，相当的解释是，被害人的态度让犯人受到触动，犯人以自己的意思中止了犯罪的遂行。"[57]但是，如果行为人认识到的情况从一般经验来看不会妨碍犯行，但对于行为人而言实际上明显已经成为了妨碍，那么，在这种情况下，笔者不认为判例会站在客观说的立场上肯定自愿性。在理解判例时，笔者认为也可以认为，判例是在表述一种用于认定行为人主观自愿性的经验法则（如果情况对一般人而言会成为妨碍，只要无特殊情况，就能够认定对行为人而言也会成为妨碍）。

或者，也许还可以理解为，判例基于主观说，从政策说的立场出发考虑，

---

[56] 参见伊藤等·274–275页（安田拓人）。

[57] 这个判决接着指出，"本法院不采纳以下观点，即犯人中止时主观上的悲悯之情或害怕犯罪被发现的恐惧会影响中止未遂的成立。"这个判决也因指明了这一点而受到关注。

一般人会中止的情况下，特别进行褒奖的必要性小，因此，只在一般人不会中止的情况下承认中止犯就足够了（因为限定主观说这一称谓已经使用了，所以把这种观点称为"修正主观说"）。但是，条文上只规定了"基于自己的意思"，因此，上述那样的限定仍然不妥当。即使对一般人而言没有必要，但对此行为人而言有必要时，就应该作为中止犯给予褒奖。

正要强奸，但看见被害人流血就不进行奸淫了。这种情况下，如果是因为性器官变得无法勃起而不能进行奸淫，那么，与其说有中止行为却无自愿性，不如说本来就没有中止行为。

（五）中止犯规定在实务中的意义

读者终于坚持读完了中止犯的相关论述，而让笔者深感歉意的是，最后要说点儿让读者感到失望的话了。中止犯在理论上是艰深的问题，学者们探讨此问题乐此不疲，但在实务中，就看上去没有那么重要了。原因在于，日本的刑法所设定的法定刑幅度极广，并且对适用3年以下有期徒刑的案件能够适用缓刑。因此，诸多案件中，即使不减轻刑罚也能够恰当量刑；即使在刑罚有必要减轻的案件中，根据《刑法》第43条进行减轻就足够了。另外还能够考虑到的是，检察官有决定是否起诉的权限，因此，极少会起诉刑罚可以被免除的案件。没有见过承认盗窃中止犯这样的判决，原因就在于此。

法院判决中，障碍未遂的情况下，根据《刑法》第43条减轻处罚的例子也不在少数，也有判决在否定中止未遂的基础上，按照未遂来减轻刑罚。例如，被告人与被害人同居，以间接杀人的故意用水果刀刺了被害人一下。被害人自己拔出水果刀，让被告人叫救护车。被告人看到被害人在流血时也感觉情况严重，马上用公用电话拨打119，但没有打通，又拨打110，坦白了自己的犯罪，并要求安排救护车。救护车将被害人送到医院，医生治疗有效，只造成了被害人住院治疗19日痊愈的伤害。对此案件，判决认为："结果，被告人的行动几乎无异于在被害人的指示下对被害人自己安排救护车进行了帮助，本来就是医生的行为防止了结果发生，因此，不能承认被告人所付出的努力程度之高足以视为其自己在防止结果发生，不能承认本案是中止未遂"，因此否定了中止犯成立，根据《刑法》第43条减轻处罚，宣告有期徒刑2年、缓期执行3年。虽然笔者认为本案中可以承认中止犯，不过，即使承认了中止犯，也许量刑上也不会有多大的变化（关于量刑不能说得很确切，不过，以杀人的故意造成了被害人需要治疗19日的伤害的，恐怕不是能够承认刑罚免除的案件）。

第二十章

共犯论之一

一、序言

共犯论*的核心是共犯的因果性问题和共犯的限定性问题。前者是指，能否承认共犯行为（共同或间接）引起了法益侵害或法益侵害的危险。后者是指，以因果性的存在为前提，在多大程度上承认共犯构成要件的框架对共犯成立范围的限定。共同正犯成立要件的问题也能够区分为两个问题。一是对共同正犯的成立而言，什么样的因果性是必要的。二是以因果性的存在为前

---

* 为了便于理解，首先把日本刑法理论框架下共犯的分类进行简要说明（参照下表）。日本刑法理论中，共犯概念与正犯概念相对。正犯包括单独正犯、间接正犯和共同正犯。共犯区分为狭义共犯和广义共犯，狭义共犯包括教唆犯和帮助犯；广义共犯除了狭义共犯外，还包括共同正犯。共同正犯兼具正犯性和共犯性。如果没有特别的说明，一般而言，共犯是指广义共犯。日本刑法典明文规定了共犯的罚则。共同正犯作为正犯处罚（第60条）。教唆犯科以正犯之刑（第61条第1款）。帮助犯的处罚比照正犯之刑予以减轻（第63条）。需要特别注意的是，在日本刑法中，从犯特指帮助犯（第62条第1款），不包括教唆犯，这一点与中国刑法中的规定有明显不同。因此，在日本刑法语境下，不可能出现"共犯是从犯"这样的表达，也不可能出现"教唆犯是从犯"这样的表达。——译者注

分类	一般类型		特殊类型	处罚
正犯	单独正犯		——	正犯之刑
	间接正犯		——	正犯之刑
广义共犯	共同正犯		共谋共同正犯	作为正犯处罚（第60条）
			片面共同正犯	
			过失犯的共同正犯	
	狭义共犯	教唆犯	——	科以正犯之刑（第61条第1款）
		帮助犯即从犯	片面帮助犯	帮助正犯者是从犯（第62条第1款）比照正犯之刑予以减轻（第63条）
不可罚的共犯				

提，根据什么样的标准区分共同正犯和狭义共犯。[1]

本章中，拟以共犯的因果性问题为中心解决相关联的问题。

二、共犯的因果性

（一）因果共犯论

1. 心理、物理因果性

刑法上处罚的根据是引起了法益侵害或法益侵害的危险，因此，共犯也与单独正犯一样，处罚的根据是引起了法益侵害或法益侵害的危险（以下，只表述为"结果"）。共犯与单独正犯的区别在于，单独正犯是单独引起结果；与此相对，共犯是共同引起（共同正犯）或间接引起结果（教唆、帮助）。[2]

如此理解共犯的理论一般被称为"因果共犯论"（也被称为"引起说"）。因果共犯论是所有共犯论的出发点。[3]

共犯的因果关系在于引起了结果，有心理因果关系和物理因果关系。在教唆犯中，心理因果关系会成为问题。心理因果关系是指，让正犯产生犯意，让其实行犯罪、引起结果。在帮助犯中，心理因果关系和物理因果关系双方都成为问题。前者是指，心理上维持、强化正犯的犯意，让犯罪实行和结果发生变得容易。后者是指，通过提供犯罪实行所必要的工具，物理上让正犯

---

[1] 龟井源太郎『正犯と共犯を区別するということ』14 頁以下（弘文堂・2005 年）将广义的共犯成立的界限称为"外侧的界限"，将共同正犯成立的界限称为"内侧的界限"，以此进行区分。

[2] 共犯的处罚根据论参见平野『Ⅱ』343 頁以下；松宫・317 頁以下；大越義久『共犯の処罰根拠』（1981 年）；高橋則夫『共犯体系と共犯理論』（1988 年）；町野朔『惹起説の整備・点検』松尾浩也＝芝原邦爾編『内藤謙先生古稀祝賀 刑事法学の現代的状況』113 頁以下（1994 年）；十河太郎「共犯の処罰根拠論の現状と課題（1）（2・完）」愛媛法学雑誌 29 巻 4 号 67 頁以下，30 巻 1＝2 号 101 頁以下（2003 年）；葛原力三「共犯の処罰根拠と処罰の限界（上）（下）」法学教室 281 号 63 頁以下，282 号 68 頁以下（2004 年）；照沼亮介『体系的共犯論と刑事不法論』157 頁以下（2005 年）等。

[3] 关于共犯处罚根据的学说还有责任共犯论和违法共犯论。前者认为，共犯的处罚根据在于让正犯堕落、陷入犯罪。后者认为，正犯的处罚根据在于让正犯实施违法行为。引起说又可以分为以下三个学说。纯粹引起说认为，共犯的违法性完全独立于正犯的违法性。修正引起说认为，共犯的违法性从属于正犯的违法性。混合引起说认为，共犯的违法性基于共犯独自的违法性和正犯行为的违法性。相关文献参见前注[2]。关于这些学说，为了避免讨论错综复杂，本书中只根据需要在注中提及。

的犯罪实行和结果发生变得容易。[4] 在共同正犯中，一般会把共同实行的事实和共同实行的意思联络作为要件（后文详细介绍）。共同实行的意思联络为犯意之间相互约束、强化这一心理因果关系提供了根据；共同实行的事实为物理因果关系（以及，在通过认识共同实行的事实这个意义上的心理因果关系）提供了根据。例如，甲和乙共谋杀害丙，甲摁住丙不让其逃跑，其间，乙刺中丙，将其杀害。这种情况下，共谋犯行，以此相互约束、强化犯意，因此，能够承认心理因果关系；相互分担实施了结果发生所必要的行为，因此，也能够承认物理因果关系。

2. 帮助的因果性

共犯的因果关系中，关于帮助的因果关系的一般理解是，与单独正犯不同，不需要与结果之间存在条件关系（结果回避可能性），只需存在让正犯实行和结果发生变容易意义上的促进因果关系就足够了。[5]

首先，在判断因果关系前考虑的、作为帮助行为要件所要求的这个行为必须是，让正犯行为人的实行行为变容易、让结果发生的危险增加的行为。例如，正犯行为人为打开保险柜准备了电钻，把该电钻换成手动钻的行为不能说是帮助行为。[6]

其次，为了承认帮助行为与结果发生之间的因果关系，帮助行为必须让正犯的实行事实上变容易了，推动了结果发生。学说中，也有学者曾把帮助犯解释为危险犯，不要求与结果之间的因果关系。但如果采取的解释立场是，共犯和正犯的处罚根据相同，那么，从这一立场出发，不能接受上述观点。例如，因为门没锁，所以正犯行为人没有用帮助者提供的备用钥匙就实施了入户盗窃；正犯行为人没有用帮助者提供的手枪而是勒死了被害人。在这些情况下，帮助行为与既遂结果之间当然没有物理因果关系，与未遂结果之间也没有物理因果关系。为了承认帮助犯的成立，有必要判断心理因果关系。如果可以说，正犯行为人拿到了备用钥匙、手枪，所以决意实行犯罪（如果帮助者没有提供，正犯行为人就不会决意实施犯行），那么无疑能够承认心理

---

[4] 为正犯提供完成犯罪所必要的信息（例如，侵入被害人住宅的路径、财产的收藏场所、门或保险柜的密码等）被归类为心理上的帮助；但是，在因果性这一点上与物理帮助完全没有不同。例如，提供备用钥匙的行为和告知密码的行为之间没有实质性差别。

[5] 参见大越·前注[2] 159 頁以下；西田典之「帮助の因果関係」法学セミナー 322 号 22 頁以下（1981 年）等。

[6] 小林憲太郎『因果関係と客観的な帰属』44 頁以下（2003 年）。上述文献中的说明是，为了构成共犯，在正犯行为的阶段必须发生了促使犯行实施的状况，有必要以此作为"中间结果"。

因果关系;[7] 此外的情况下，在维持、强化犯意的意义上心理因果性是否存在会成为问题。也有学者否定这种心理上的帮助，[8] 但是，在正犯行为人决意实施犯行时进一步让其有犯罪动机，或者在正犯行为人犹豫不定要不要去实施犯行时打消其顾虑，以此强化决意，正犯行为人基于此决意实施了犯行，这种情况下，应该承认帮助犯的成立。[9]

下级法院的判决中有如下判决。正犯行为人甲把在地下室杀害丙的计划一五一十地告诉了乙，乙为了使枪声不被听到，把守地下室的门窗。但是，甲变更了计划，驾驶着汽车射杀了丙。对乙的行为，判决［東京地判平成元（1989）年3月27日判例時報1310号232頁］认为可以评价为："将基于一系列计划侵害被害人生命的犯行得以实现的危险性提高了"，承认从犯成立。但是，以一般性的危险增加为理由肯定帮助犯，不妥当。控诉审判决［東京高判平成2（1990）年2月21日判例タイムズ733号232頁］认为：尽管乙的把守行为对现实中抢劫杀人的实行完全没有起到作用，但是，"精神上让甲获得了力量，对维持或强化抢劫杀人的意图起到了作用"，可以说是帮助了甲的实行行为；而本案中没有证明甲认识到了乙的行为，因此，不能承认帮助（不过，乙乘车尾随在甲的车后行驶，在这一点上判决承认了帮助）。

（二）共犯的从属性

共犯成立从属于正犯成立吗？这是共犯从属性的问题。过去，程式化的

---

[7] 这种情况的因果性和教唆的因果性同等程度，也许相比帮助，更应该承认教唆。教唆存在于让完全没有考虑过实行犯罪的人萌生犯意的情况，此外还存在于让考虑过实行犯罪但尚未决意的人决意实行犯罪的情况。从概念上看，如果教唆本来就被限定为用语言唆使，那就不包含在教唆之内了。这里是有疑问的。

[8] 例如，把手枪借给正犯行为人用，正犯行为人心想，即使没勒死也可以射杀，就放心地勒死了被害人。浅田教授认为，即使能够承认上述状态，但仅以此不能承认心理因果关系。参见中山研一等『レヴィジオン刑法1』115頁（1997年）（浅田和茂）。

[9] 参见岛田聪一郎『正犯・共犯論の基礎理論』369頁（2002年）。

说明是，新派采用共犯独立性说，旧派采用共犯从属性说。*共犯从属性的问题有：①共犯的未遂要成立，是否需要正犯已经着手实行？这是"实行从属性"的问题；②共犯要成立，正犯行为需要具备什么样的犯罪成立要素？这是"要素从属性"的问题；③共犯和正犯的罪名是否应该相同？这是"罪名从属性"的问题。[10] 每个问题都必须逐一从共犯的因果性和限定性两个方面加以探讨。

1. 实行从属性

如未遂犯论中所述，未遂犯的结果是让结果发生的危险产生，是这个意义的结果犯。从因果共犯论出发，与正犯未遂相同，共犯未遂的成立时点是结果发生的现实危险出现的时点。教唆犯和帮助犯中，如果正犯不着手实行，这样的危险就不会发生，因此教唆和帮助的未遂从属于正犯实行的着手。[11] 例如，甲教唆乙杀害丙时，对丙的生命的现实危险发生的时点不是教唆行为的时点，而是乙实际上着手实行杀人的时点。在隔离犯的情况下，例如，被教唆人乙给丙邮寄了下毒的威士忌，邮包到达丙住宅的时点未遂犯成立，正犯乙和共犯甲都是这同一时点。

---

* 下文佐伯教授没有对共犯独立性说展开讨论，而实际上不仅佐伯教授，目前在日本刑法解释中也基本不再讨论共犯独立说了。原因主要有两个：其一，共犯独立性说和从属性说之间的争论属于刑法解释的问题，在法律对需要独立处罚的情况以明文进行规定后，争论也就不存在了。日本法律中有只处罚教唆的罚则规定，如《破坏活动防止法》中的规定。换言之，因为有立法上的规定，所以刑法解释中从属说才是妥当的，也可以说，如果采用独立说，法条规定就没有必要了。其二，共犯独立说和从属说的讨论其意义随着时代的变化而变化。过去，从属说强调的是形式上的共犯从属于正犯；与此相对，独立说强调的是，共犯必须有固有的处罚根据。在现在的讨论中，从属性说也认为共犯必须有固有的处罚根据，在这个意义上，现在的从属性说全部都是独立性说。现在的从属性说认为共犯固有的处罚根据是，通过正犯实现法益侵害或法益侵害的危险，在此基础上提出，共犯的着手时点从属于正犯的实行着手。如果着眼于判断结论，一般认为从属性说是通说；但如果着眼于理论，也有可能认为独立性说成为了通说。——译者注

[10] 参见平野『Ⅱ』345 页以下。对这种分析方法的批评意见参见山口厚「共犯の従属性をめぐって」『三井誠先生古稀祝賀論文集』277 页以下（2012 年）。

[11] 特别法中，单独处罚教唆行为本身、适用比正犯的未遂更轻刑罚的情况是存在的（《破坏活动防止法》第 38 条、第 40 条等）。存在着这样独立教唆罪的规定就表明，立法者认为，如果没有特别法的规定，就不能根据《刑法》第 43 条处罚教唆的未遂。之所以这样说是因为，如果可以依据总则条款《刑法》第 43 条来处罚教唆的未遂，那么，只对一定的重大教唆行为科处轻的刑罚就变得不合理了。[《刑法》第 43 条规定："着手实行犯罪却没有完成者，可以减轻处罚。但是，以自己的意思中止犯罪的，减轻或免除处罚。"本条是未遂犯处罚的总则性（一般）根据。——译者注]

如上，共犯未遂的成立从属于正犯未遂的成立，但这只不过是从共犯的处罚根据论和未遂犯的处罚根据论中推导出来的结论。共同正犯中也同样，未遂犯要成立，必须共犯中至少一个人着手实行。例如，三人共谋实施入户盗窃，甲在住宅外望风，乙和丙侵入被害人的住宅。在这种情况下，乙和丙无论谁首先开始物色，在进行物色的时点全体成立盗窃罪未遂。

2. 要素从属性

围绕要素从属性的学说有：①共犯要成立，正犯的行为必须是该当构成要件的违法、有责的行为，这是"极端从属性说"；②共犯要成立，正犯行为必须是该当构成要件的违法行为，不需要有责，这是"限制从属性说"；③共犯要成立，正犯的行为是该当构成要件的行为即可，这是"最小从属性说"。学说中，过去，极端从属性说是通说；现在，限制从属性说是通说，最小从属性说也是有力的学说。

《刑法》第61条规定了"教唆、使人实行犯罪的人"，这里的"犯罪"通常意味着该当构成要件的违法、有责的行为。因此，不能否认的是，极端从属性说是对条文文句的最直接解释。[12] 与此相对，限制从属性说的解释是，《刑法》第61条的"犯罪"是该当构成要件的违法行为；最小从属性说将其解释为该当构成要件的行为，不至于说这两种解释超过了一般人的理解，违反了罪刑法定主义。

从因果共犯论出发，正犯和共犯的区别只在于，直接还是间接引起结果，因此，正犯行为和共犯行为的违法性判断原则上是共通的。例如，甲教唆乙杀害丙时，侵害人的生命这一违法评价对乙的正犯行为和对甲的教唆行为都是共通的。与此相对，责任是针对各个行为的主观上的非难可能性，因此，在判断为发生了这样的违法结果承担什么责任时，要对每一个人进行个别性判断。这就是"违法是连带性的，责任是个别性的"这一格言所表明的原则。

极端从属性说不仅让共犯成立从属于正犯行为的违法性，而且让其从属于责任。但是，从"违法是连带性的，责任是个别性的"这一原则出发，妥当的是限制从属说的主张，即只有共犯的违法性判断从属于正犯的违法性判断，责任判断在共犯和正犯之间独立进行。

因为限制从属性说的根据是违法的连带性，所以从承认责任构成要件*的

---

[12] 从责任共犯论出发能够采纳极端从属性说。

　* 这里的"责任构成要件"是指，从结果无价值的立场上，在未遂犯中，将故意作为主观构成要件要素。——译者注

立场出发，共犯从属是构成要件中的违法构成要件，在这一点上最小从属性说也是一样的观点。

实务中，极端从属性说和限制从属性说的不同经常引发的讨论是，刑法上的未成年人实施犯罪的情况下，共犯是否成立。例如，父亲甲命令13周岁的女儿乙盗窃，乙实施了盗窃，这种情况下，乙没有责任，不可罚（《少年法》的适用问题）。极端从属性说不承认甲是盗窃的共犯（教唆），为了避免处罚漏洞，一般会肯定甲构成盗窃的间接正犯。但即使是刑法上的未成年人，到了十二三周岁，通常在相当程度上有能力认识到盗窃是坏事，并根据这样的认识来行动。[13] 能像对待无是非辨别能力的无责任能力者一样，把这样的人作为"工具"来利用吗？这是有疑问的。限制从属性说认为，这样的情况下，也同样能够承认甲是盗窃的教唆犯，这在理论上和实务上都是可取的观点。

过去，被利用者是刑法上的未成年人时，判例不特别说明理由就承认构成间接正犯，因此，判例的立场一致被理解为极端从属性说。但是，在被告人指示平日遭受自己暴行、顺从自己的12周岁养女实施盗窃的案件中，最高法院昭和58（1983）年9月21日决定（刑集37卷7号1070页）认为：利用意思受到压制的养女实施盗窃，成立盗窃的间接正犯，这让学者开始推测，判例放弃了极端从属性说，转而采取限制从属性说。[14] 此后，在母亲指示、命令具有是非辨别能力的12周岁长子实施抢劫的案件中，最高法院平成13（2001）年10月25日决定（刑集55卷6号519页）第一次承认，母亲构成抢劫的共同正犯而非间接正犯。这里明显没有采用极端从属性说。

但是，"违法是连带性的，责任是个别性的"这一原则并非没有例外（使

---

[13] 《刑法》中有关于低龄者无责任能力的规定。对于年满一定年龄者，一般的理解是，即使有实质意义上的责任，但考虑到少年的可塑性，也要限制对其使用刑罚，这是为了保护少年。

[14] 关于要素从属性问题讨论的是共犯成立的必要条件，并不是只要条件满足，共犯就总能成立。即使从限制从属性说出发共犯能够成立，但如果行为人的行为该当正犯，（最高法院在判决文中指出："……被告人利用平日里畏惧于自己一言一行、意思受压制的此女实施上述盗窃，所以，即便此女有是非善恶判断能力，也应该承认被告人构成本案盗窃的间接正犯。"——译者注）也不成立共犯，而是成立正犯。最高法院昭和58（1983）年9月21日决定明确表明了这一点，就这一点而言也是重要判例。而从极端从属说出发，也同样会承认被告人构成间接正犯，因此，还不能把本决定理解为采纳了限制从属说的判例。此后出现的下级法院判决中，大阪高等法院平成7（1995）年11月9日判决（高刑集48卷3号177页）认为：在命令10周岁少年实施盗窃的案件中，被告人利用畏惧于自己一举一动、意思受压制的10周岁少年为自己实施犯罪，这是盗窃的间接正犯。

用上的注意。初学者如果感觉进一步深入理解，头脑会混乱，那么建议跳过以下内容，请直接阅读第3部分）。从因果共犯论出发，正犯和共犯只是在引起了法益侵害、法益侵害危险这一点上是共通的。因此，涉及结果时，违法阻却会成为问题，有时需要在共犯行为人之间分别进行判断。在这种情况下，不仅是责任，违法也会变成是个别性的。[15]

广泛得到认可的例子是，问题涉及被害人同意的情况。

首先，甲嘱托乙杀了自己，乙着手了，这种情况下，乙的行为作为同意杀人罪的实行着手是违法的，但甲不成立同意杀人罪未遂的教唆犯。[16] 这是因为，当生命受到来自于本人的侵害时，法律对此不提供保护。同样，当身体受到来自于本人的侵害时，法律对此也不提供保护，因此，甲教唆乙伤害甲自己的身体，乙实施了的情况下，即使乙成立伤害罪，甲也不成立伤害罪的教唆犯。

在被害人同意中，对谁表示同意是可以进行限定的，因此，共犯行为人之间违法性判断相对化的情况存在。[17] 的确，根据法益性质，对谁表示同意是可以进行限定的。例如，即使丙允许甲进入住所，也并不意味着未得到允许的乙也可以进入。不言而喻，这是因为居住权是决定允许谁进入的自由。但即便如此，在甲得到许可可以进入丙的家，却在犹豫要不要进，乙说服甲进入的情况下，乙的行为也不违法；相反，如果甲唆使乙进入丙家中，那么甲就构成违法侵入住宅的教唆。由此可见，从同意效果的相对性中不会得出违法的相对性。

在正当防卫和紧急避险的情况下，也有可能承认违法的相对性。判例［最决平成4（1992）年6月5日刑集46卷4号245页］认为：判断共同正犯成立的情况下是否构成防卫过当时，应该就每一个共同正犯行为人分别讨论要件。共同正犯中一个人没有积极加害意思，那么这个人的行为构成防卫过当；而其他人预料到被害人会进行攻击，并以积极加害意思迎向侵害，这种情况下可以否定侵害的急迫性，因此，其他人的行为不成立防卫过当。如果认为防卫过当的处罚减免根据在于责任减少，那么从这个立场出发，虽然防

---

[15] 此问题的详细说明参见岛田聪一郎「適法行為を利用する違法行為」立教法学55号21页以下（2000年）。

[16] 从混合引起说出发，对正犯和共犯而言都必须是违法的，因此，被害人不成立教唆犯。如果采用修正引起说，那么被害人也成立教唆犯，但这一结论明显不妥当。

[17] 参见大越・前注［2］234页。

卫过当的判断在共犯行为人之间有所区分，但不能以此承认违法的连带性有例外。* 但是，因为判例承认个别性地判断急迫性要件，所以，笔者认为，即使实际上实施了防卫行为的人构成正当防卫，但对其他行为人而言，侵害的急迫性被否定的情况下，违法性在共犯行为人之间也是相对的。是否赞成判例理论另当别论，应该承认，在一定范围内正当防卫和紧急避险阻却违法性的判断在共犯行为人之间会有所区分。[18]

站在承认违法相对性的立场上，要让违法相对性在要素从属性中原原本本得到反映，最小从属说是妥当的学说。[19] 当然，违法相对性始终是例外，即使采用最小从属性说，原则上也不会处罚合法行为的教唆和帮助。

与此相对的有力观点强调教唆和帮助的"二次性责任"，把从属性问题作为教唆和帮助中固有的问题来理解，在此基础上支持限制从属性说。[20] 从这个观点出发，如果正犯行为不违法，那么教唆和帮助就不会被处罚（狭义的共犯从属于正犯的违法性），违法相对性只在间接正犯和共同正犯的情况下才得到承认。例如，甲以积极加害丙的意思把菜刀递给乙，乙用这把菜刀杀害了在实施急迫不正侵害的丙，乙的行为作为正当防卫其违法性被阻却。甲如果是共同正犯（以判例的立场为前提），可以成立杀人罪；如果是帮助犯，就是不可罚。

要素从属性的问题如果完全是因果性和违法性阻却的问题，那就没有理由把共同正犯、间接正犯和狭义共犯区分开；[21] 而如果考虑要素从属的问题是共犯限定性的问题，那么采用有力说也是可能的。但是，如同根据极端从属性说判断间接正犯时其成立范围会扩大一样，如果限定性解释狭义共犯的成立范围，那么恐怕本来应该是狭义共犯的也会被作为间接正犯、共同正犯，在这一点上，笔者想支持一下最小限从属性说。但即使采用了最小限从属性

---

* 责任减少说认为防卫过当处罚减轻的根据是责任减少了。在此，只是责任问题，因此，个别性判断在理论上没有问题。——译者注

[18] 参见岛田·前注［15］53 页以下。本书中不能详细探讨，对此，笔者的简要探讨参见佐伯仁志「コメント」山口厚＝井田良＝佐伯仁志『理論刑法学の最前線』236 页以下（2001 年）。
[19] 参见平野『Ⅱ』358 页；西田·395 页。
[20] 参见山口·297 页以下；山口·前注［10］281 页以下。同样的观点参见伊东·363 页。
[21] 参见町野·前注［2］120 页；岛田·前注［15］46 页。关于共同正犯，使用"从属性"这一用语未必恰当（参见山口·297 页），但是，把要素从属性理解为违法连带性问题时，就不过是词语使用的问题了。

说，也始终要考虑例外的情况，* 因此，结论不变，仍是限制从属性说的考虑基本妥当。

学说中，还有一种观点（一般违法从属性说）主张，只要"正犯"的行为违法，不需要该当构成要件。这种观点比最小限从属性说更加宽松地解释从属性的程度。[22] 这种观点的意图是把大部分间接正犯还原为教唆犯。例如，公务员利用非公务员让其收取贿赂的情况下，通说的解释是，公务员利用了"无身份、有故意的工具"，成立间接正犯；而根据"一般违法从属说"，公务员是教唆犯，非公务员是帮助犯。

的确，从因果共犯论出发得出这样的结论是可能的，但是，能够仅以因果性就承认共犯成立吗？这里涉及的问题是共犯的限定性。如上述例子，此观点承认没有正犯的共犯，但现行刑法设定了这样的共犯类型吗？这是很大的疑问。如此前所述，要素从属性的问题是如何解释《刑法》第61条的"犯罪"，笔者认为，必须得说，把不该当构成要件的行为称为"犯罪"是不可能的。

3. 罪名从属性的问题

共犯应该与正犯罪名相同吗？这是"罪名从属性"的问题。这个问题也是共犯的因果性问题和共犯的限定性问题交错的领域。罪名从属性的学说有三个，（完全）犯罪共同说认为，只承认就同一犯罪成立共犯；部分犯罪共同说认为，在构成要件重合的限度内承认共犯的成立；行为共同说认为，如果行为共同，就承认共犯成立。[23]

如果把因果共犯论贯彻到底，会到达行为共同说。但是，罪名从属性的问题是构成要件适用的问题，正如违法的法益侵害并非都该当构成要件，笔者认为，只从因果共犯论出发回答罪名从属性问题时得不出答案。

---

* 最小限从属说承认，违法性阻却应该在行为人之间个别性判断。——译者注

[22] 参见浅田·411页；佐伯·338页；山中·808页。这样的观点是纯粹引起说的主张。另参见山中敬一「共犯における可罰的不法従属性に関する若干の考察」『中山研一先生古稀祝賀論文集（3）』295頁以下（1997年）。

[23] 龟井·前注[1] 18页。上述文献提出以下观点：部分犯罪共同说区分为"严格的部分犯罪共同说"和"宽松的部分犯罪共同说"，前者是指重罪的共犯成立［对只有轻罪故意的人，根据《刑法》第38条第2款（此款规定，虽然行为该当重罪，但行为人在行为时对于该当重罪的事实不知道的，不能以重罪进行处断。——译者注），减轻处罚］；后者是指在构成要件重合的限度内成立共犯。行为共同说区分为"严格的行为共同说"和"宽松的行为共同说"。前者在完全不同的行为之间也承认共犯成立；后者在一定限度内划定行为共同的界限。现在主要是宽松的部分犯罪共同说和宽松的行为共同说之间的对立。

例如，共同实行伤害，导致被害人死亡，但其中一人中途萌生杀人的故意。这种情况下，因为是共同导致死亡结果发生，所以不仅是让被害人受到直接毙命重伤的人，所有共同正犯行为人都应该对被害人的死亡结果负责。因此，从犯罪共同说出发一概否定共犯成立，不妥当。然而，是考虑在伤害（致死）罪的限度内共同正犯成立，有杀人故意的人另外成立杀人罪（部分犯罪共同说）？还是承认伤害致死罪和杀人罪的共同正犯成立（行为共同说）？这个问题从因果共犯论出发得不出结论。

关于这个问题，一直以来，判例［最决昭和54（1979）年4月13日刑集33卷3号179页］认为：共谋实施暴行和伤害的被告人中，一人以间接故意犯下杀人罪时，无杀意的人以伤害致死罪成立共同正犯。判例的妥当性在于否定了如下这样来适用法律，即承认无杀人故意者也以杀人罪成立共同正犯，但只对其科处伤害致死的刑罚。但如何对待有故意的人，判例在这一点上并不清楚。此后，最高法院作出了一个判例。本案被告人让住院中的患者出院，给患者的生命造成了具体的危险；受患者家属所托全面治疗出院后的患者，但没有让患者接受恰当的治疗，导致患者死亡。关于此案件，最高法院认为，被告人构成不作为杀人罪，并且，与无杀人故意的亲属之间成立保护责任者遗弃致死罪的共同正犯［最决平成17（2005）年7月4日刑集59卷6号403页］。由此可见，判例明显采用的是部分犯罪共同说。

对部分犯罪共同说的批评有两点。其一，有杀意者之外的共犯行为人的行为导致结果发生时（有这样的怀疑时），对有杀意者只能追究杀人未遂的责任；其二，承认有杀意者成立杀人既遂时，存在伤害致死罪和杀人罪既遂的想象竞合，这是对死亡结果的二重评价。关于后者，如果考虑伤害致死罪被杀人罪既遂吸收，就能够避免双重评价。关于前者也同样，就伤害致死罪而言，可以承认对死亡结果的归责（部分行为全部责任），而杀人罪在客观构成要件上与伤害致死罪共通。因此，笔者认为，就杀人罪而言，承认既遂犯的成立也是可能的。[24]

如果按字面理解行为共同说，就会承认完全没有关系的犯罪之间也构成共犯。例如，暴力团成员甲和乙共谋，甲在东京盗窃，乙在大阪实施伤害，并且分头实施了共谋的犯罪。这种情况下，根据行为共同说也有可能承认盗窃和伤害的共谋共同正犯。但这个结论非常不合常理。应该分别承认盗窃的

---

［24］ 参见井田良『刑法総論の理論構造』352頁（2005年）。

共谋共同正犯和伤害的共谋共同正犯。[25]* 变得有力的观点认为，根据行为共同说判断时，共犯的成立范围同样要受到限制。但是，限制的标准如果是构成要件，部分犯罪共同说和行为共同说之间的差别就几乎不存在了。**

论文连载时，笔者如上考虑，支持了部分犯罪共同说。但是现在，笔者开始认为，如果部分犯罪共同说和现在所主张的行为共同说之间的差别几乎不存在——换言之，如果无论采用哪个学说处罚范围都相同，只不过是罪名的问题——那么也许采用行为共同说才清楚明白。[26] 无论采用哪个学说，如果只是罪名的问题，就基本不是重要的问题了。重要的问题是狭义共犯的"二次性责任"。

罪名从属性是共同正犯中讨论的问题，这种主张也强有力。但罪名从属性讨论的是，什么样的情况下成立共犯，这是因果共犯论和以构成要件限定共犯的问题。如果这样来考虑，那么可以说共犯全体都存在着罪名从属性的问题。[27]

毋宁说，所主张的观点是，把罪名从属性理解为先前所述的狭义共犯的"二次性责任"问题，狭义共犯的犯罪从属于正犯所成立的犯罪，不会成立比正犯更重的犯罪。根据这个观点，例如，甲误认为被害人死亡了，乙教唆甲实施盗窃，乙只能构成脱离占有物侵占的教唆。[28]

三、共同正犯

在共同正犯中，承认"部分行为全部责任"原则。例如，甲和乙共谋杀害丙，分别向丙开枪射击，甲射出的子弹打偏了，乙射出的子弹命中了丙，丙死亡。这种情况下，不只乙，甲也承担杀人罪既遂的责任。甲通过与乙共同实行犯罪行为设定了自己行为对结果的直接因果性，以及经由乙的行为对

---

[25] 即便是采用行为共同说，把相互的精神性支援只评价为帮助时，就必须分解为盗窃的正犯和帮助，以及伤害的正犯和帮助。这表明了，此问题超过了单纯的因果性问题，是构成要件该当性的问题。

* 即甲和乙是共同犯罪关系，并且是共谋共同正犯，甲的罪名是盗窃罪，乙的罪名是伤害罪。——译者注

** 如果行为共同说的学者想以构成要件限制共犯的成立范围，那么，在上述案例中，行为共同说的学者也不会承认盗窃和伤害的共同正犯。——译者注

[26] 伊东·352-353页。上述文献认为，没有必要连罪名的关联性都要求，采用"限制行为共同说"，"把判例的观点评价为行为共同说也未必不当"。

[27] 参见龟井·前注 [1] 14页以下。

[28] 山口·314-315页。上述文献认为，不成立共犯，可能成立间接正犯。

结果的间接因果性，所以对乙的行为结果也承担责任。"部分行为全部责任"的正确说法是"全部行为的全部责任"。

共同实行的事实和共同实行的意思作为共同正犯的成立要件被提出，在此，物理因果关系和心理因果关系两者都会成为问题。共同正犯的相关问题中，共谋共同正犯的问题是，仅以由意思联络形成的心理因果关系能肯定共同正犯吗？片面共同正犯的问题是，由意思联络形成的心理因果关系即使不存在，也能肯定共同正犯吗？

首先，不能把物理因果关系作为共同正犯不可欠缺的要件。刚才所举的例子中，甲和乙射击，但只有乙射出的子弹命中时，甲的行为对丙的死亡结果没有物理因果性。即便如此，也没有学者会否定甲成立共同正犯。因此，只存在由意思联络形成的心理因果关系，就得承认共同正犯。倘若如此，那么从共犯因果性的观点出发，没有理由否定共谋共同正犯。当然，这并不意味着，只要有心理因果关系就总能够承认共同正犯。共同正犯和狭义共犯都是以因果性的存在为前提，两者的区别根据因果性之外的标准来决定，这个问题拟在下一章说明。

其次，片面共同正犯是指，相互之间没有意思联络，单方面有共同分担意思的人参与了其他人的犯罪行为。判例和通说否定片面共同正犯，肯定片面帮助。如果考虑方法是，为了能够评价为共同"正犯"，由意思联络形成的心理因果关系不可欠缺，[29]那么得出的结论便是，可以承认共犯的因果性，但不能承认正犯性，所以只能成立帮助犯。与此相对，如果考虑方法是，只有物理因果关系也能够评价为共同"正犯"，那么就会肯定片面共同正犯。[30]

学说中，也有观点把由意思联络形成的心理因果关系解释为共犯成立所必要的一般条件，否定片面帮助。[31]但是，完全无视其他的物理、心理因果性，认为片面行为不可罚，这是有疑问的；相反，作为正犯处罚，就更加有疑问。

---

[29] 即使是片面共同正犯，例外承认心理因果性的情况也存在（例如，对方偶然知道了自己"单方面"分担时），但是，片面性共同正犯中所讨论的心理因果性是由意思联络形成的犯意的相互约束。

[30] 片面共同正犯肯定说参见浅田・415頁；西田・355頁；松宫・268頁；山口・348頁；山中・840頁等。通说只肯定片面帮助。例如，参见伊東・370頁；大谷・424頁；高橋・429–430頁；松原芳博「刑法総論の考え方（25）」法学セミナー676号138頁（2011年）等。

[31] 参见曽根・250頁；町野・前注［2］136頁以下。

四、未遂的教唆

未遂的教唆是指，一开始的意图就是结果未遂，以这样的意图实施教唆行为。例如，甲明知金库是空的，仍然教唆乙破坏金库，乙实施了。这种情况下，乙成立盗窃罪未遂，以此为前提（乙如果是不能犯，以此为前提，根据实行从属性，甲也不可罚），甲成立盗窃未遂的教唆犯吗？[32]

因果共犯论认为共犯的处罚根据与单独正犯的处罚根据是一样的，从这一立场出发，也可以认为共犯的故意与单独正犯的故意是一样的。对正犯故意的解释是，有必要认识到既遂结果的发生。同样，在未遂的教唆中，教唆者没有认识到既遂结果的发生，欠缺故意，未遂的教唆犯不成立。[33]

课堂上这样讲解时，多数学生好像感觉别扭，正犯作为未遂犯被处罚，教唆犯却不被处罚。考虑一下有这种感觉的原因，笔者认为，一个原因是，既然正犯获罪，共犯也应该被处罚，这种责任共犯论（或者，更直白地说是连带责任）的观念根深蒂固地残存着。另一个原因是，没有充分理解未遂犯的故意。之所以处罚未遂犯，是因为其让结果发生的危险产生了，但仅认识到这样的危险（未遂结果）不足以肯定未遂犯的故意，有必要认识（预见）到会让既遂结果发生。虽然认识到了结果发生的危险却没有认识到结果会发生时，不能承认未遂犯的故意。这是危险犯和未遂犯之间的决定性不同，前者只要有危险的认识就能够承认故意。有必要认识到，未遂的教唆虽然与共

---

[32] 理论上，除了"未遂的教唆"，也可能讨论"未遂的帮助"和"未遂的共同正犯"。
[33] 浅田·438 页；井田·484 页；西田·339 页；福田·284 页；松宫·289 页；山口·317 页；山口·894 页等。教唆犯肯定说参见大塚·312 页；大谷·434 页；藤木·298 页；前田·512 页等。

犯的处罚根据相关联，但也是故意论的问题。[34]

五、承继共犯

一个人先实施了犯罪实行行为的一部分后，后实行者认识到了上述情况，在此基础上，参与到先实行者的行为中。这种情况下，后实行者在什么范围内承担共犯的责任？这是承继共犯的问题，也涉及共犯因果性的问题。

承继共犯相关学说有三种。积极说认为，后实施者也全面地承担与先实行者同样的责任。否定说认为，后实行者只对参与后的行为承担责任。限定积极说认为，后实行者参与之后，先实行者的行为效果仍有影响，限于后实行者对此加以利用时，对先实行者的行为也承担罪责。在妻子得知丈夫为抢劫杀人后，用蜡烛照亮犯罪现场以便丈夫容易取得钱物。对此案件，大审院判例［大判昭和13（1938）年11月18日刑集17卷839页］承认了妻子成立抢劫杀人罪的帮助犯。关于此类问题，还没有最高法院的判例。下级法院判决中，一直以来，多数判决采用积极说；但最近，限定积极说变得有力。[35] 根据限定积极说，大审院昭和13年判决的案件不是抢劫杀人的帮助，而是抢劫的帮助。*

涉及先前谈及的罪名从属性问题时，从犯罪共同说的立场出发，为了承

---

[34] 法科大学院学生T读完连载论文后提出的问题是：因为既遂故意是为未遂危险性提供根据的主观违法要素，所以既遂的故意对正犯而言是必要的，但对教唆犯而言就没有必要了吗？的确，如果既遂故意的意义只是给行为的危险性提供根据的主观违法要素，那么作出的判断是，只有实际上实施行为的人才有必要有这样的主观要素，对背后的人而言没有必要（实施行为的人只要认识到有这样的主观要素就足够了）。但正如反复指出的那样，故意本身并不是提高行为危险性的主观违法要素。对着人准备扣动扳机，即使把这个人误认为是熊，换言之，即使没有杀人的故意，也会存在把人杀害的危险。为行为的危险性提供根据的不是故意，而是行为意思。如果认为故意是责任要素，责任是在行为人之间逐个进行判断，所以教唆行为人也必须和正犯行为人有同样的故意。如果只承认故意的意义是为行为的危险性提供根据，作出的判断便是，未遂的教唆变为间接正犯时（例如，命令对自己言听计从的无责任能力者取出保险柜中的东西，让其实施盗窃时）也同样，对背后的正犯行为人而言，作为主观违法要素的既遂故意没有必要，必须肯定盗窃的未遂。但是，不能采用这种判断结论。

[35] 代表判例有大阪高判昭和62（1987）年7月10日高刑集40卷3号720页。与此问题相关的判例和学说的详细介绍参见照沼·前注［2］213页以下。承继共犯的问题与同时伤害（《刑法》第207条）之间的关系是重要的，大阪地方法院平成9（1997）年8月20日判决（判例タイムズ995号286页）否定了继承共同正犯，适用的是《刑法》第207条。

* 日本《刑法》第236条规定（抢劫罪的规定）："以暴行或胁迫，强取他人财物的，自己取得或让他人取得财产上的不法利益，处以5年以上有期徒刑。"第240条规定（抢劫杀人的规定）："抢劫致人死亡的，处以死刑或无期徒刑。"——译者注

认妻子是共犯,就必须承认其是抢劫杀人罪的共犯。大审院判例的背后也许有这样的考虑。但现在的判例和通说采用部分犯罪共同说,从该学说出发来考虑就没有这样的限制了,因此,应该纯粹作为共犯因果性的问题来考虑。

作为共犯因果性的问题考虑时,不可能采用否定说以外的学说。这是因为,因果性是作用于将来的,不可能向前追溯以至于肯定对已经结束了的事情持有因果性。例如,甲监禁了被害人三天后,乙认识到上述情况后参与了甲的监禁行为,又监禁了被害人一周。在这种情况下,乙对参与后一周的监禁承担责任。如果以只成立一个监禁罪为由,承认乙就监禁的全体成立监禁罪,之后作为量刑问题来解决,那么这种解决方法过于图省事了。

问题是,采用否定说时是否得出的结论就是,在抢劫犯人致使被害人不能反抗后,只参与了财物夺取的,或者在诈骗犯人欺骗了被害人后,或犯人胁迫被害人让其感到畏惧后,只参与了被害人财物交付的,不承认成立抢劫、诈骗、恐吓的共犯?一般是这么解释的,但笔者认为,有可能采用的考虑方法是,[36] 财物的夺取和获取在先实行者看来是强取、骗取、胁迫取得,后实行者参与其中,因此,成立抢劫罪、诈骗罪、恐吓罪的共犯。[37]

学说中,否定承继共同正犯、肯定承继帮助犯的观点也是有力的观点。[38] 如果采用的考虑方法是,以共犯成立所必要的因果性存在为前提,为了承认共同正犯,必须对构成要件事实全体都有因果性,那么,上述观点理论上也是可能的。

最近,最高法院有如下判例。本案中,甲和乙对丙和丁施加暴行进行伤害,此后,被告人加入,三人对丙和丁施加暴行,给两人造成了伤害。原审法院认为,被告人为了制裁目的想对被害人实施暴行,认识、容忍甲等人的行为以及由此产生的结果,并有意以此作为自己完成犯罪的手段,积极利用,

---

[36] 参见西田典之「承継的共犯」芝原邦爾编『刑法の基本判例』71 頁(1988 年);同·366 – 367 頁;松宮·272 – 273 頁。否定说参见浅田·422 頁;林·380 頁以下;町野·前注 [2] 133 頁;松原芳博「刑法総論の考え方(26)」法学セミナー 677 号 109 – 110 頁(2011 年);曽根·258 頁等;限定积极说参见伊東·378 頁;大塚·295 頁;大谷·418 頁;平野『Ⅱ』383 頁等。

[37] 这种情况也同样是,共犯行为人只对自己参与后的行为负责,因此,称之为承继共犯不正确。对上述说明,T同学的质疑是:虽然否定了承继共犯,但是结论与限定积极说相同吧? 的确,只是避免了采用"承继先实行者的行为"这种说法,结论基本一样。批评意见认为,先实行者为抢劫杀害了被害人之后,只分担了夺取财物的行为。在这种情况下,必须要说利用了杀害行为。但笔者认为,如果采用的理由是,参与了"强取行为",就不会受到上述这样的批评了。

[38] 参见井田·473 頁;照沼·前注 [2] 290 頁以下;高橋·430 頁等。

以这样的意思中途加入共谋、分担了作为一罪处罚的伤害行为,因为作为制裁手段进行利用,所以对全体伤害,包括加入共谋前甲等人暴行造成的伤害在内,作为承继共同正犯承担责任。与此相对,最高法院平成24（2012）年11月6日决定〔平成24年（あ）第23号〕认为:"被告人的共谋以及基于共谋实施的行为与加入共谋前甲等人已经造成的伤害结果之间没有因果关系,因此,不作为伤害罪的共同正犯承担责任。加入共谋后,通过实施足以引起伤害结果的暴行,对丙等的伤害结果的发生有影响,只对此被告人作为伤害罪的共同正犯承担责任。这样解释是相当的。"这是重视因果性的妥当判例。

六、脱离共犯

在因果共犯论中,共犯的处罚根据是与结果之间的因果性,因此,因果性小到不值得处罚的程度时,不对结果承担责任。脱离共犯涉及的问题是:共犯行为最初设定了结果,对该结果发生的因果性在什么情况下被解除?[39]

这个问题一直以来被称为共犯中止,与中止未遂的问题混同在了一起。但脱离共犯和共犯中止是两个不同的问题,这一点需要注意。只要因果性切断了,不管是否有自愿性,都能承认脱离了共犯。但即使可以承认脱离了共犯,如果不是自愿中止,也不适用中止犯的规定。

下级法院判决判断脱离共犯时,区分实行着手前和着手后。

首先,实行着手前脱离时,只要表明从共犯关系中脱离,其他共犯行为人对此知晓了,就能承认脱离〔東京高判昭和25（1950）年9月14日高刑集3卷3号407頁〕。

行为人只参加了共谋,让其他共犯行为人的犯意更加坚决的情况下,只要表明从共犯关系中脱离,被其他人知晓,就能够承认脱离了共犯。本来就不存在合同解除的问题,因此,对脱离共犯而言,共犯行为人的脱离意思表示和其他共犯行为人的承诺并非必须。学说认为,一般而言,默示意思表示就足够了,即使连默示意思表示都没有,脱离意思在其他共同行为人看来很

---

[39] 参见西田典之「共犯の中止について」法学協会雑誌100巻2号1頁以下（1983年）〔同『共犯理論の展開』（2011年）収录〕。

清楚时，也可以承认脱离。[40] 例如，一名共犯行为人没来集合地点时，如果其他共犯行为人认为，大概有什么事情迟到了，没有等就着手实施了犯罪的，仍然能够承认心理因果性。但如果其他共犯行为人认为，大概是因为害怕逃跑了，没有办法，只能由剩下的人干了，于是着手实施了犯罪的，不能承认未到场者与结果之间有心理、物理因果性，因此，应该承认脱离。

同样，其他共犯行为人的知晓也并非不可欠缺的要件。例如，企图实施入户盗窃，来到被害人家门口的时候，一名共犯行为人害怕起来，表示想脱离。其他共犯行为人说"都这个时候了还说什么呢"，不同意，但这名共犯行为人仍然自己离开了。这种情况下，心理上和物理上都没有促使结果发生，因此，应该承认脱离。

即使是实行着手前，"如果想脱离的人是共谋者集团的头目，能够统治支配其他共谋者，只有让情况回复到没有共谋关系时的状态，才能说共谋关系解除了。"［松江地判昭和51（1976）年11月2日刑月8卷11＝12号495頁］如果理解的角度是，作为集团头目，如果只是单纯表明了脱离，心理因果性仍然会残存着，那么就能够支持上述观点。[41]

问题是，心理因果性不存在了，但物理因果性仍然残存的情况。例如，甲参与共谋了入户盗窃，准备了入户工具后，表明脱离共犯，让其他行为人知晓了，但是甲并没有取回工具，其他共犯行为人使用该工具实施了入户盗窃。这种情况如何处理呢？一般的考虑也许是，因为因果性不能解除，所以甲要为入户盗窃承担共同正犯的责任。但一开始只是出借了入户工具的情况下，只会成立帮助，倘若如此，那么即使准备的工具被使用，从而导致物理因果性残存，也不成立共同正犯，只承担帮助的责任。这个结论是实现罪责均衡的妥当结论，并且，判例和通说把意思共同作为共同正犯不可欠缺的要

---

[40] 实施了抢劫预备后，一个共犯行为人为了从犯行中脱离而离开了现场。对此案件，福冈高判昭和28（1953）年1月12日高刑集6卷1号1頁认为："即使没有明确表明从犯行中脱离的意思，但其他的共谋者意识到了脱离者的脱离事实，谋议只以剩下的共谋者来完成犯行，并实施了上述犯行的情况下，承认剩下的共谋者接受了脱离者关于脱离的默示意思表示是相当的。因此，相关情况下，脱离者只对当初共谋的抢劫预备承担责任，不应该对此后的抢劫承担共同正犯的责任。""接受了默示的意思表示"是单纯的假想，即使没有这部分，承认脱离的理由也是充分的。下级法院判决［大阪地判平成2（1990）年4月24日判例タイムズ764号264頁］也没有采用脱离意思的默示性表示和对此的了解这样的判断模式，就承认了共犯的脱离。

[41] 同旨法院判决有旭川地判平成15（2003）年11月14日LEX/DB 28095059，参见小池健治「判評」研修670号27頁。

件，不承认片面共同正犯，采用这个立场得出的结论与上述结论是一致的。

其次，对实行着手后的脱离，判例的态度很慎重，要求脱离者采取防止结果发生的措施。实行着手后，结果发生的具体危险发生了，如果不将此危险排除，就不能结束因果性。最高法院平成元（1989）年6月26日决定（刑集43卷6号567页）是典型判例。本案中，甲和乙把被害人丙带入乙的住宅，用竹刀和木刀施加暴行持续了一个或一个半小时后，甲只说"我回了"，把丙留在乙的住宅，自己回家了。没过多久，乙又对丙施加暴行，导致丙死亡。对此案件，判例认为："在被告人甲回家的时点，乙继续施加暴行的可能性并没有消除。而被告人甲没有特别采取防止措施，听之任之，离开了现场。因此，不能说，在上述时点与乙之间一开始形成的共犯关系解除了，此后乙的暴行也是基于上述共谋。"因此，即使丙的死亡结果是由被告人甲回家后乙所施加的暴行造成的，甲也要承担伤害致死的责任。判例没有言明，但可以认为，判例从反面表明了，被告人如果采取措施排除了自己行为引起的结果发生的危险，就不对发生的结果承担责任。例如，想拼命制止但被其他共犯行为人打昏了，恢复意识时犯行已经结束的情况下，应该评价为共犯关系解除，其他共犯行为人所实施的是新犯罪。[42]

如果判断共犯脱离时统一以因果性切断为判断标准，那么，根据实行着手前后进行区分合理吗？判例真是在进行这样的区分吗？这些问题有再探讨的余地。[43] 如前文所述，实际共谋者中的首要分子属于"例外"情况。例如，入户盗窃（或抢劫）中，在正要侵入住宅实施物色行为的阶段，只要表明脱离意思，其他的共犯行为人知晓，判例就承认脱离吗？这未必清楚。在抢劫中，如果没有着手实施暴行和胁迫，就不能承认实行着手，这是一般的解释。但以抢劫杀人的意图，侵入被害人的住宅，在正要实施抢劫杀人的阶段，表明了脱离的意思，被其他共犯行为人知晓，这种情况下，是否会得出的结论：关于杀人，能够承认实行已经着手，因此能够承认从抢劫杀人罪的共犯中脱离了；但不能承认从杀人罪的共犯中脱离，只承担杀人罪共同正犯的责任？对此结论有疑问。

至此是连载论文的内容，论文发表后又出了新判例。本案中，数名共犯

---

[42] 名古屋高判平成14（2002）年8月29日判例时报1831号158页在这种案件中承认了共犯关系解除。
[43] 山口·355页。上述文献认为，因果经过相对于行为人的行为被独立设定的情况除外，无论是实行着手前还是着手后，脱离要件没有不同。

行为人共谋入户抢劫,其中部分人进入住宅,着手实施抢劫之前,被告人等三名共犯行为人在室外,因害怕犯行败露而从现场逃跑,剩下的人实施了抢劫,造成被害人受伤。对本案,最高法院平成 21(2009)年 6 月 30 日决定(刑集 63 卷 5 号 475 頁)认为:"被告人和数名共犯行为人共谋了入户、抢劫,部分共犯行为人在家里有人时侵入住宅后,负责望风的共犯行为人只是在电话中单方面告诉已经进入住宅的共犯行为人'还是不要干了,我先走了'。被告人没有特别采取措施以防止此后的犯行,只是和负责望风的人一起离开了埋伏的地点。剩下的共犯行为人按照共谋实施了抢劫。被告人的脱离在抢劫行为着手之前,假如被告人知道了负责望风的人所打电话的内容后脱离了,剩下的数名共犯行为人此后知道了被告人的脱离,即便如此,也不能说当初的共谋关系解除了,剩下的数名共犯行为人此后抢劫也是基于当初的共谋实施的,这样认定是相当的",尽管被告人的脱离在抢劫实行着手之前,但要求其采取防止犯罪的措施。

入户抢劫罪是科刑上一罪,判例解决的案件中,入户抢劫罪的一部分已经着手了,判例在处理此类犯罪时采用的立场是否能够一般性地适用于其他犯罪,目前尚不清楚。理论上说,判断脱离共犯时采用的标准是因果性是否被切断,但判断起来未必简单、明了,因此,法院的判断可能会变得形形色色。为了确保实务中法官作出的判断具有稳定性,可取的做法是,像过去的做法一样,区分实行着手前和实行着手后,分别决定脱离共犯的标准;在此基础上,决定例外的情况。如果这样来判断,最高法院平成 21 年判例的定位就是,在实行着手前的情况中增添了一个新的例外情况。

七、结语

听人们说过,专业棒球手是不是到了专业级别与能不能打变化球有关。反过来说就是,只打直线球还算不上专业。在大学讲授共犯论时,笔者认为,能从因果性的观点出发讨论共犯论就算合格了,如果以今天的话题为例,就要说共犯的因果性问题是直线球,共犯的限定性问题是变化球。作为第一个目标,希望读者能够从因果性出发来探讨教唆的未遂、限制从属性说、共犯脱离等问题。

第二十一章

共犯论之二

一、序言

共犯论第二回拟讨论共谋共同正犯和与此相关的实施了实行行为的从犯。共谋共同正犯无论在理论上还是实务上都是极其重要的问题,也是判例学习的最好素材。

二、共谋共同正犯

(一)共谋共同正犯和狭义共犯

共谋共同正犯是指,两人以上共谋实行犯罪,其中有人动手实行时,不直接分担实行行为的共谋者也成为共同正犯。共谋共同正犯是由日本判例承认的。[1] 所提出的理由是,有必要以正犯来处罚在背后订立计划、指示实行的幕后者。如果只是法定刑的问题,教唆犯的法定刑与正犯相同;帮助犯在现行法中法定刑幅度也相当广,在这个范围内量定恰当的刑罚也许是可能的。尽管如此,但笔者认为,有"正犯"之"名"、是犯罪的"主犯"这一评价功能也是重要的。也有学者指出,现实的参与形态中,也有很多情况下,交谈过程中犯意随着交谈而形成,这是相互教唆、相互帮助的形态,"共谋"这一概念适宜于把握这种现实形态。[2]

《刑法》第64条规定:"法定刑仅为拘留或小额罚金*的犯罪的教唆者及从犯不处罚,法律中有特别规定的情况除外。"《刑法》不仅把帮助犯,也把教唆犯视为比正犯更轻的犯罪类型。《轻犯罪法》(该法规定的是法定刑仅为

---

[1] 判例和学说参见大塚仁等编『大コンメンタール刑法第5卷(第2版)』259页以下(村上光鹈)(1999年)。

[2] 参见平野『Ⅱ』400页。

* "小额罚金"对应的日语是"科料",参见第一章的译者注。——译者注

拘留或小额罚金的犯罪）第 3 条和《醉酒扰乱公众的行为防止法》第 4 条第 3 款本来就规定了，教唆犯和帮助犯比照正犯处罚。刑法典中，不处罚教唆和帮助的只有侮辱罪。[3]

从统计结果看实务中复数参与者案件的处理情况，共谋共同正犯占压倒性多数，教唆犯和帮助犯占极少数。根据龟井源太郎教授的研究，从 1952－1998 年，一审有罪的全体人员中，有共犯行为人的比例约为 25.4%。复数参与者的案件中，大约 97.9% 是作为正犯参与，作为教唆参与的约为 0.2%，作为帮助参与的约为 1.9%。并且，狭义共犯有偏重特定犯罪类型的倾向，教唆成立比例居高的是窝藏罪及销毁证据罪、伪证罪；帮助成立比例居高的是赌博罪（特别是以营利为目的开设赌场罪）、伪造货币罪。[4] 关于其理由，龟井教授的推测是，判例中，犯人为自己藏匿而有所动作时，作为窝藏的教唆处罚，因此，实施了相同行为的第三方也并列被认定为教唆了；关于以营利为目的开设赌场罪的帮助，处罚此罪的单纯参与者比处罚赌博罪的正犯更重，这样的例子很多；关于伪造货币，因为有伪造货币准备罪，因此，准备器械、原料之外的帮助行为也被作为可罚的行为了。[5]

（二）最高法院判例

共谋共同正犯自大审院时代就得到了承认，代表判例大审院昭和 11 （1936）年 5 月 28 日刑事联合部判决（刑集 15 卷 715 頁）[6] 认为："共同正犯的本质是，两人以上如一心同体般相互依仗、相互支援，共同实现各自的犯意，如此来实行特定的犯罪时……两人以上谋议实施盗窃或者抢劫的犯罪，

---

[3] 根据法令数据库，只规定了拘留或小额罚金的条文有《未成年人吸烟禁止法》第 3 条，《未成年人饮酒禁止法》第 3 条第 2 款（监护人不制止未成年人吸烟、饮酒的，处以小额罚金），《文物营业法》第 37 条，《当铺营业法》第 34 条，《狂犬病预防法》第 28 条，《旅馆业法》第 12 条，《娱乐场法》第 10 条，《公众浴场法》第 10 条，《铁路营业法》第 34、35 条等。最近，女性专用车厢开始出现，男性不顾车站工作人员制止乘坐女性专用车厢的，依据《铁路营业法》第 34 条第 2 款处罚。

[4] 参见龟井源太郎『正犯と共犯を区別するということ』6 頁以下（2005 年）。

[5] 对实务中作法的批评意见参见松宫孝明「『正犯』と『共犯』—その根拠と限界」刑法雑誌 39 巻 2 号 264 頁（2000 年）。反驳意见参见龟井・前注 [4] 12－13 頁。

[6] 关于共谋共同正犯理论的形成过程，一直以来都理解为，在大审院大正 11 （1922）年 4 月 18 日判决（刑集 1 卷 233 頁）中，共谋共同正犯首次得到承认，被限定于智能型犯罪；因为大审院昭和 11 （1936）年 5 月 28 日判决，共谋共同正犯得到了一般性认可。但是，对上述观点的否定意见参见黄士軒「共謀共同正犯理論の形成に関する一考察（2・完）」法学協会雑誌 129 巻 12 号 2958 頁以下（2012 年）。

其中有人实行时,其余的人也以此实现了自己的犯意,应该承担共同正犯的责任。"虽然也可以理解为,这是依据后文介绍的共同意思主体说作出的判决,但毋宁说,在当时已经确立了现在实务中采取的立场(此立场被称为"主观说"),即作为"自己的犯罪"来参与犯罪的人是共同正犯。[7]

战后,最高法院继承了大审院的判例,练马区案件的大法庭昭和 33 (1958) 年 5 月 28 日判决(刑集 12 卷 8 号 1718 页)认为:"对共谋共同正犯的成立而言,必须要认定的事实是,两人以上为了实施特定的犯罪谋议,在共同意思之下结为一体,互相利用他人的行为,把各自的意思付诸实行,如此实行了犯罪。因此,在上述关系中,既然能够承认参加共谋的事实,那么,即使没有直接参与实行行为的人也是把他人的行为作为自己的手段来实施了犯罪,在这个意义上,没有理由在他们之间区别认定罪责。"判决进一步从诉讼法角度指出:"'共谋'或'谋议'只能是共谋共同正犯中'构成犯罪的事实',对此必须严格进行证明。"上述两部分判决内容是一致的,[8] 判例把共谋共同正犯中的共谋解释为超过了单纯"意思联络"的客观谋议行为(客观谋议说),这已经成为一般性理解。[9]

但是,在此后的司法裁判中,有力的观点是把共谋作为共同完成犯罪的合意来把握,[10] 练马区案件判决作为判例的定位并不明确。在这种状况下,最近,最高法院平成 15 (2003) 年 5 月 1 日决定(刑集 57 卷 5 号 507 页)认为:被告人是暴力团头目的,对受过特训、专门负责保护自己安全的保镖们携带枪械的行为承担共谋共同正犯的罪责。本案中,虽然不能认定被告人与保镖们之间有具体的谋议行为,但最高法院认为:"被告人即使没有直接指示保镖们携带枪械保护自己安全,但明知保镖们为了保护被告人自己主动携带了本案枪械,却理所当然地予以认可、容忍,……可以说,被告人和保镖们之间就持有枪械有默示性意思联络。并且,保镖们为了保护被告人的安全而

---

[7] 参见岩田诚「判解」『最判解刑事篇昭和 30 年度』404 页(1959 年);内藤『下Ⅱ』1369 页。

[8] 从诉讼法侧面对共谋共同正犯的说明以及参考文献参见龟井・前注 [4] 138 页。

[9] 例如,参见岩田・前注 [7] 405 页以下;内藤『下Ⅱ』1371 页。从这个立场出发,最高法院大法庭昭和 34 (1959) 年 8 月 10 日判决(刑集 13 卷 9 号 1419 页)以没有对谋议进行严格证明为由,撤销了原审有罪判决。理解此判决时,存在着"主观谋议说"和"客观谋议说"的对立。前者认为证明了意思联络即可,后者要求证明客观谋议,多数意见是采用后者。参见内藤『下Ⅱ』1372 页。

[10] 参见石井一正 = 片冈博「共谋共同正犯の认定」判例タイムズ763 号 34 页(1991 年)[小林充 = 香城敏麿『刑事事实认定(上)』341 页以下(1992 年)收录]。

持有枪械，始终在被告人近身与被告人一起行动。被告人的地位是，有指挥命令他们的权限。被告人的立场是，接受他们的保护。如果将上述被告人的地位和立场一起来考虑，那么能够评价为，实质上正是被告人让保镖们持有本案枪械的。因此，就本案中的持有枪械行为，被告人与甲、乙、丙、丁等五名保镖之间成立共谋共同正犯。原审判决对作出如上认定的一审判决予以维持是正当的。"

从本决定可以清楚地看到，练马区案件判决认定的客观谋议行为并非承认共谋共同正犯时不可欠缺的要素。本决定后附的深泽武久法官补充意见是，"（练马区案件判决）指明了只参加犯罪谋议、没有赶赴实行行为现场者的共同正犯性，这与保镖为了保护被告人在其近身处持枪的本案件不同。"

需要注意的是，"犯行时，被告人在犯罪现场附近，与实行行为人一起行动，其行动本身就是为了实现本案犯行的目的（保护被告人）。即使是共谋共同正犯，但犯行时被告人的行动与犯行有紧密关系，就这些方面而言……这是略显特殊的案件。"[11] 因此，不可以一般性理解为，本决定作为判例表明了，只要有默示的意思联络，就能够承认共谋共同正犯。如后文所述，"意思联络"是承认（共谋）共同正犯的必要条件，但不是充分条件。超过了单纯意思联络的谋议行为得不到承认时，谋议行为之外，为共同正犯性提供基础的其他情况必须存在。本案中的其他特殊情况包括上述犯行相伴存在的特殊情况，以及"被告人与实行行为人的关系是，被告人相对于实行行为人而言处于压倒性优越的地位，实行行为人在被告人的指示下行动。这正是为了被告人自己所实施的犯行"。

意思联络是承认共同正犯的必要条件，但不是充分条件。明确表明这一点的是对大麻秘密进口案件的最高法院昭和57（1982）年7月16日决定（刑集36卷6号695页）。最高法院认为："甲计划从泰国秘密进口大麻，希望被告人负责实行，以此拜托被告人。被告人对大麻求之不得，虽然以处于刑罚缓期执行期间为由拒绝，但是对熟人乙说明情况，请其协助，让乙代替自己并将乙介绍给甲，并约定自己获取部分秘密进口的大麻，提供给甲一部分资金（20万日元）。原判决认定，被告人通过上述诸行为完成了就大麻秘密进口一事与甲和乙的谋议。原判决认定正当。"本决定没有只是单纯说有犯罪遂

---

[11] 参见芦泽政治「判解」ジュリスト1265号115页（2004年）。探讨类似案件判决的文献参见村濑均「共谋（1）——支配型共谋」小林充＝植村立郎编『刑事事実認定重要判决50選（上）』201页以下（2005年）。

行的意思联络，而是也指出了以下事实，由此承认了被告人与甲和乙之间的"谋议"。这些事实包括：①自己想得到大麻，这是犯行的动机；②让乙代替自己，把乙拉下了水；③关于获取犯罪所得大麻有约定；④提供了一部分实施犯罪的资金。

本决定之所以有名还因为团藤重光（时任）法官的意见附加于后。团藤法官本是共谋共同正犯否定说主张者中的代表者，却在该意见中明确表明由否定说改为肯定说。团藤法官认为："从社会事象的实际情况来看时，实务坚持采用共谋共同正犯的考虑方法至少在一定限度内是道理的"，"本人让共同行为人实施实行行为，让其按自己所想的那样行动，可以说本人自身成为犯罪实现的主体。这种情况下，应该说，被利用的共同行为人作为实行行为人成为正犯是当然的，让其实施实行行为的本人也作为基本构成要件该当事实的共同实现者成为共同正犯。"

以上三个最高法院判例表明了，理解判例时，相互对照理解、结合案件的事实关系理解非常重要，在这一点上，这三个判例可以说是判例学习的好素材。这是日本法科大学院的学生必然会学到的内容。

（三）法院判决中正犯和共犯的区别

法院判决所承认的共谋共同正犯一般分为支配型共谋共同正犯和任务分担型共谋共同正犯。前一类型的代表例是暴力团头目和成员之间的关系；后一类型中，各个正犯行为人地位对等，分工实施各自的任务。[12] 还可以尝试的分类是：其一，主导型（又分为三种形态：①单纯的主导行为；②在预备阶段促使结成犯罪意思的帮助行为；* ③有组织犯罪中的形态）；其二，相互教唆型；其三，任务分担型（又分为三种形态：①所分担的是与犯罪实行密切相关的行为；②所分担的是其他的、在预备阶段促使结成犯罪意思的帮助行为；③分担复数犯罪、并实行）。[13]

---

[12] 参见中野次雄「判評」警察研究56卷1号81頁（1985年）。

* 日语原文是"予備的な意味帮助的行為"。这里的帮助只是日常用语，指帮助行为。犯罪预备阶段的共谋使正犯的犯罪意思坚定，在这个意义上提供了心理帮助。如果不自始至终对犯罪全体提供帮助，就不会成为共谋共同正犯。在这个意义上，可以解释为，以犯罪的意思，对犯罪全体提供了帮助。——译者注

[13] 大塚等编·前注 [1] 304頁（村上）。

法院判决区分正犯和共犯的根据是，是否以"自己实施犯罪的意思"实施。[14] 更具体地说，法院判决重视"动机、利益的归属、意欲犯罪实现的积极性等心情要素"，一般被称为主观说。[15] 本来，为了从客观的间接事实出发认定"自己实施犯罪的意思"，法院在实际判断中，除了获得利益的意思这一主观要素，还会考虑行为人任务的重要性等客观要素。[16] 即使作为实体要件，"自己实施犯罪的意思"也是规范概念，并非仅以主观来决定。[17][18]

在这里，正当防卫急迫性有关的积极加害意思也是相同情况。为什么判例喜欢的手法是，设计条文中没有的主观要件，再根据客观情况来认定主观要件？这是个颇有意思的问题。

（四）学说

1. 学说概况

共谋共同正犯的学说大致分为以下五类：①"形式性实行共同正犯说"认为，每个人必须亲自分担一部分构成要件该当行为，这是否定共谋共同正犯的学说；②"共同意思主体说"把共犯现象理解为，作为超个人存在的共

---

[14] 判例参见伊东武是「共謀共同正犯の共謀認定」石松竹雄等編『小野慶二判事退官記念論文集　刑事裁判の現代的展開』133頁（1988年）；小林充「共同正犯と狭義の共犯の区別」法曹時報51巻8号1頁以下（1999年）；松本時夫「共同正犯——幇助との区別」芝原邦爾編『刑法の基本判例』64頁以下（1988年）；同「共謀共同正犯と判例・実務」刑法雑誌31巻3号313頁以下（1991年）等。

[15] 参见西田典之「共謀共同正犯について」『平野龍一先生古稀祝賀論文集（上）』（1990年）［同『共犯理論の展開』（2011年）収録］。

[16] 参见龟田・前注［4］66页以下。有学者认为，判断共谋的有无和成否完全是对上述主观要素存否的推定，推定所依据的是被告人的客观行为等诸多情况。因此，若说事实认定的情况，与客观说相比差异不大（石井＝片冈・前注［10］34页）。

[17] 松本时夫教授（当时任法官）认为："'自己的犯罪'与'他人的犯罪'之间的区别并非只根据共犯行为人的主观意思来决定，也与是否通过相互意思联络形成了相互利用关系和依存关系有关。"松本・前注［14］刑法雑誌31卷320页。此外，小林也强调，这是规范性、综合性概念（小林・前注［14］7页）。

[18] 应该如何向陪审员说明刑法的概念，对此，司法研究员（法官）做过一项研究。该研究表明："判例认定正犯意思时依据的情节是，对犯罪遂行有重要贡献，足以符合正犯这一评价。没有这样的情节，只是本人抱有'自己是正犯'的心情的，不可能认定正犯意思。由此可见，认定正犯时，把正犯意思作为重要条件的判例与把重要贡献作为重要条件的判例得出的结论没有本质上的区别。"在上述理解的基础上，该研究建议采用的判断标准是："是否为犯罪遂行发挥了如此重要的贡献，以至于可以认定为自己实施了犯罪。"司法研究所编『難解な法律概念と裁判員裁判』57-58页（2009年）。对此的评论参见佐伯仁志『裁判員裁判と刑法の難解概念』法曹時報61巻8号2539页以下（2009年）。

同意思主体的活动，共同意思主体实行了犯罪时，其构成人员全体成立共同正犯，这是在一定范围内肯定共谋共同正犯的学说；③"实质性实行共同正犯说"维持实施实行行为的人为正犯这一前提，同时从规范角度，实质性地理解实行行为的概念，以此来承认共谋共同正犯；④基于行为支配说承认共谋共同正犯的观点；⑤"准实行共同正犯说"否定实行行为即有正犯性这一前提，发挥了相当于实行行为的重要作用时，肯定共同正犯。

2. 形式性实行共同正犯说

形式性实行共同正犯说一直以来都是通说，现在也得到了有力支持。[19] 其主要论据是《刑法》第60条的文义解释。的确，"共同实行了"这一文句在每个行为人共同实施了实行行为这个意思上解释是自然的；不过，作为文义解释，在复数人共同实行了犯罪这个意义上解释也并非不可能，因此，文义解释并不具有决定性。

如前章所述，在实行共同正犯中，有些情况下，即使分担了犯罪实行，但与结果之间只存在着通过其他共犯行为人而产生的心理因果关系。这种情况下，如果承认既遂的共同正犯，那就说明实行分担本身不是决定性要素。

即使从实际结论来看，形式性实行共同正犯说的结论也是明确的，但问题是，不能确实把握现实中的共犯现象。例如，根据该学说，不能把实行行为人背后的黑手作为正犯来处罚。在学说内部，也有观点认为，在现场下达指示的人是共同正犯。但用手机指示在现场的行为人也是有可能的，如果考虑到这种情况，是否在现场也就不是决定性的了，因此，也可以扩大到不在现场的情况。[20] 事前有详细指示的情况下，也未必需要同步指示。笔者认为，如果这样来考虑，结论就与肯定共谋共同正犯联系起来了。

3. 共同意思主体说

共同意思主体说在其理论中反映出了社会生活中实际存在的共犯现象，在这一点上是不错的观点。[21] 但对此学说强有力的批评是，这种学说违反个人责任原则。此外，如果承认共同意思主体是超越每一个构成人员的法主体，那么对结果负责的也应该是超个人的共同意思主体，这与各个构成人员承担

---

[19] 参见村井敏邦「共謀共同正犯」刑法雑誌31卷3号54頁以下（1991年）；浅田·419頁；曾根·255-256頁；山中·877頁以下等。

[20] 山中认为，用手机进行同步支配的，可以认定为共同实行（山中·877頁）。

[21] 共同意思主体说参见岡野光雄「共同意思主体説と共謀共同正犯論」刑法雑誌31卷3号9頁以下（1991年）。

刑事责任的说法之间不统一。假如承认构成人员负责，即便如此，共同意思主体的责任也应该是一个，因此，构成人员的责任也就自然变成不真正连带责任了，所有构成人员都要对结果负完全责任，这在理论上是自相矛盾的。*

在实际适用中也同样。现实中的共谋共同正犯并非全都像一个组织体那样是人与人之间紧密的结合，因此，用团体理论来说明全部共犯现象是不可能的。[22] 此外，实际状态能够认定为共同意思主体时也同样，构成人员各自任务的重要性可能千差万别，因此，一概作为共同正犯不妥当。在此，多数共同意思主体说的主张者只把分担重要任务的人作为共同正犯。但是，倘若如此，共同意思主体说就会变成广义共犯成立的理论，而不是共谋共同正犯的理论。[23]

4. 实质实行共同正犯说

实质实行共同正犯说维持实行行为＝未遂的成立＝正犯行为**这样的框架，同时从规范视角把实行行为定义为具有造成结果发生现实危险的行为，拟以此概念来肯定共谋共同正犯。但是，正如已经指出的那样，正犯和共犯的区别未必与行为的危险性相对应。[24] 例如，比起射击技术差的单独犯，把枪卖给技术过硬的杀手的行为有更高的危险性，但是，前者是正犯，后者是帮助犯。该学说的主张者实际上也在用事实上的危险性之外的标准来判断实行行为性。经常提出的标准是，藤木英雄博士的间接正犯类似说。[25] 对最高法院昭和57年的决定，团藤博士的意见以及大塚仁博士的观点也是同样的观

---

* 把共同意思主体作为独立的主体，追究责任，同时又追究每一个构成人员的责任，这是相互矛盾的。——译者注

[22] 参见川端博「共謀共同正犯の基礎付けと成立要件」『板倉宏先生古稀祝賀　現代社会型犯罪の諸問題』254-255頁（2005年）。松本指出："日常实务中一般发生的、数量也居多的情况是，偶然结成共犯关系。在这种情况下，难以发现能够作为'一心同体'得到承认的那种实际状态。"松本·前注［14］刑法雑誌31卷318頁。

[23] 参见曾根·246-247頁；西田·前注［15］372頁以下。龟井指出，一直以来都是从"共同意思主体说"的立场上来说明共同正犯和狭义共犯的区分，对这些说明应该进行重新的梳理（龟井·前注［4］59頁注18）。

** "＝"的含义是：根据实质实行共同正犯说，实施实行行为就意味着未遂成立要求的实行着手；实行行为即具有正犯性的行为。——译者注

[24] 参见成瀬幸典「正犯・共犯」法学教室280号80頁（2004年）。

[25] 参见藤木英雄「共謀共同正犯」同『可罰的違法性の理論』334頁以下（1967年）。

点。[26] 但是，如果和间接正犯一样，那就应该成立间接正犯；如果和间接正犯不一样，那为什么尽管不一样却仍然能成为正犯呢？对此有必要进行说明，而这个问题尚未得到说明。此外，假如能够承认共谋共同正犯，即便如此，仅以共谋是不能成立未遂的，因此，该学说的前提，即实行行为＝未遂的成立＝正犯行为，最终是不能维持的。在实际适用中也同样，存在的问题是，即使能肯定支配型共谋共同正犯，也难以承认任务分担型共谋共同正犯。[27]

5. 行为支配说

行为支配说是德国的通说，在日本也成为了有力学说。行为支配说认为，单独正犯、间接正犯和共同正犯三者共通的正犯性从支配着构成要件事实的实现过程中获得。[28]

的确，一方面，与其他狭义共犯不同，共同正犯被作为正犯，既然如此就必须有与其他正犯共通的、作为正犯的实质。但是，另一方面，如果共同正犯和单独正犯、间接正犯基于完全相同的原理，那么规定共同正犯的《刑法》第 60 条就没有存在的必要了。共同正犯是与他人共同、也通过他人的行为与结果之间有了因果性联系，由此也具有了共犯的性格。[29] 共同正犯是共犯还是正犯的相关讨论虽然存在，但不得不说其两者兼具。[30]

如果行为支配说是试图把共同正犯消融于单独正犯中，其结果会与实质实行共同正犯说一样，不会成功。而实际上，行为支配说（虽说是行为支配说，但也存在各种各样的行为支配说，这里所说的是其中最有力的学说＊）给单独正犯、间接正犯、共同正犯分别准备了各自的行为支配概念，可以承认共同正犯是与单独正犯、间接正犯不同的类型。共同正犯中的支配概念是功能性支配。所谓功能性支配是指，各个参与者"通过收回自己的贡献就可以

---

[26] 大塚・291 页。上述文献指出："从社会生活一般观念来看，相对于分担实行的人，没有分担实行的共谋者处于压倒性的优越地位，给分担实行的人施加强大的心理约束，让其实行时"，"能够承认优越支配共同正犯"。

[27] 参见中野・前注 [12] 81 页。

[28] 相对较新的研究参见桥本正博『「行為支配論」と正犯理論』（2000 年）；照沼亮介『体系的共犯論と刑事不法論』（2005 年）等。

[29] 参见西田・前注 [15] 372 页。

[30] 关于共谋共同正犯，井田良教授指出："作为理论构成的方向，论证正犯性才是学者需要去做的。"井田良『刑法総論の理論構造』（2005 年）356 页。井田教授同时也认为："依靠单独犯理论的相似性来说明问题，一定是有局限性的。"同・358 页注 24。

＊ 在日本刑法学界，一般认为德国刑法学家克劳斯・罗克辛教授的理论是最有力的学说。——译者注

让全体计划无法得到实施"[31]。

这种观点把因果性上有重要贡献作为判断正犯性的标准，在这一点上是妥当的。但如果直接适用这个标准，诸多情况下都得否定结果犯的共同正犯性。[32] 还可以考虑的观点是，通过事前判断来承认功能性行为支配。不过，行为支配所说的"行为"并不是实行行为，而是犯罪事实全体，[33] 因此，笔者认为，想仅以行为时的危险就承认功能性支配的观点不妥当。* 应该清清楚楚地解释为，如果因果性（包含心理因果性在内）上有重要贡献，就可以肯定行为支配，没有必要进一步要求结果回避可能性。[34]

6. 准实行行为说、实质性共同引起说

西田典之教授在判断时着眼于共谋者（非实行者）和实行者之间的支配关系和作用分担关系。如果能够肯定共谋者的参与对犯罪事实有事实性贡献，发挥了相当于实行的重要作用，就能够承认共谋共同正犯，这被称为准实行行为说。[35] 这个观点的特点是，区分了两个问题：一个是广义共犯成立的问题，另一个是共同正犯和狭义共犯区分的问题。西田教授强调共谋共同正犯作为共同正犯，有共犯的性格，但也认为共谋共同正犯和实行共同正犯一样有（扩张的）正犯性，因此，也没有忽视共谋共同正犯作为正犯的性格。

为了让这一点更加明确，还有学者提出，共谋对构成要件该当事实有重要贡献时，实质上共同引起了结果的发生，以这样的实质性共同引起为标准（最终的标准是，是否能视为实质上共同引起。实质上共同引起的标准是，作

---

[31] 参见桥本·前注［28］186页以下；照沼·前注［28］144页。

[32] 这种主张的是照沼·前注［28］151页以下。

[33] 参见平良木登规男「共謀共同正犯について」福田雅章等编『福田平·大塚仁博士古稀祝贺刑事法学の総合的検討（下）』480页（1993年）；桥本·前注［28］24页。正是在这一点上看到了行为支配说优点的是成濑·前注［24］84页。

* 如果收回自己所发挥的作用，全体计划仍然可以被其他共犯行为人实施，结果仍然会发生的情况下，难以肯定结果回避可能性。如果直接适用上述观点就难以承认行为支配，不得不否定共谋共同正犯。为了解决这个问题，有学者认为应该对行为支配进行事前判断，对此佐伯教授也提出了批评。——译者注

[34] 井田认为："虽说支配，但不要求完全按照共谋者的想法左右因果经过，如果发挥的作用足够大，足以表明其最具有让结果实现的意思，就有可能成为正犯。"井田·438页。但如上述这样考虑时，用"行为支配"表示学说观点的意义几乎就不存在了。松原芳博认为，重要作用说和行为支配说并不是对立的学说，行为支配发挥的作用是，为具体说明重要作用提供指导理念。对此也有同样的疑问。松原芳博「刑法総論の考え方（24）」法学セミナー675号109页。

[35] 参见西田·前注［15］377页。同样的主张参见龟井·前注［4］107页以下；前田·414页；山口·323页。

为结果发生的原因,具有重要的贡献)来肯定共谋共同正犯(被称为实质性共同引起说)。[36]

(五)若干讨论

可以把共谋共同正犯相关讨论中的问题区分两个:一个问题是,没有实施实行行为的人是否也能够构成共同正犯;另一个问题是,什么样的情况下能够承认这样的共同正犯。关于前者,因为是否形式上实行了对正犯性的判断没有决定性意义,所以答案应该是肯定的。关于后者,准实行行为说或实质共同引起说是妥当的。判断作为结果发生的原因是否有重要贡献时,包括共谋在内,行为人的行为全体会成为判断对象,并不是仅以共谋这一事实来判断。

因为判例在实行共同正犯和共谋共同正犯两者中都采用了共谋这一概念,所以作为共同正犯主观要件的共谋意味着共同实行的意思联络。这样的意思联络即共谋,是共同正犯成立的最低条件;但并不是只要有共谋,共同正犯就总会成立。在实行共同正犯中,在共谋即意思联络中加上亲手实行这一附加因子,才可以承认共同正犯,因此,在没有亲手实行的共谋共同正犯中,就必须存在与亲手实行相匹敌的附加因子。什么样的情况下能够承认附加因子,必须进行个别的、具体的判断,对此可以进行如下说明。

首先,行为人只参加共谋,其他的什么也没有作时,如果能够承认对共谋的形成发挥了主导性作用、对共谋的维持发挥了重要的作用(这是附加因子),就能够肯定共同正犯。这种类型不仅包括支配型——基于上下级关系下达指挥命令,也包括任务分担型(参谋型)——以出谋划策(例如,制定犯罪计划)代替出力。此外,对这种类型而言,正如练马区案件判决所指出的那样,客观谋议行为的存在原则上是必要的。

其次,行为人在共谋之外实施了对犯罪实现有贡献的行为(望风、在现场下达指示、迎送实行行为人等)时,只要其贡献达到了相当于实行行为那样的重要程度(这是附加因子),就能肯定共同正犯。在判断作为结果发生的原因其贡献是否大到相当于实行时,应该考虑在共谋的形成和维持中发挥作用的大小,以及共谋以外的行为作为结果发生的原因贡献的大小。

也有法院判决把能够肯定共同正犯作为附加因子,只有在能够承认这一附加因子的情况下,才肯定共谋共同正犯的"共谋"。根据这个观点,即使有

---

[36] 山口·324页。

共同实行的意思联络，只要不能承认附加因子，就不能承认"共谋"。* 如此看来，共谋共同正犯的说明会变成两种。

说明①：共谋（意思联络）+附加因子+一部分人的实行→共同正犯

说明②：共谋（意思联络+附加因子）+一部分人的实行→共同正犯

无论哪种说明，判断结论是相同的，但考虑到以下两点，①可取。其一，当附加因子是客观行为时，将其包含在共谋中是相当没有道理的。[37] 其二，在两个意义上使用共谋时，会发生混同，存在着只以意思联络就承认共谋共同正犯之虞。之所以会有②那样的说明方法，是因为判例把实行共同正犯以外的情况全部作为共谋共同正犯，而刑法规定中本来就不存在共谋共同正犯，存在的只是共同正犯。为了把非实行者作为共同正犯，共谋共同正犯的概念被创造出来，然后，人们就开始讨论，共谋是什么、是否该当共谋。在此，不可忘记的是，最终的判断标准是共同正犯是否成立。[38]

如前所述，在日本实务中，采用的是主观说，该学说区分共同正犯和狭义正犯的根据是，"自己的犯罪"还是"他人的犯罪"。并且，判断是否为"自己的犯罪"时，同时也要判断的情况有：包括经济上的利害在内，与犯行结果相关的情况；参与实行的人和没参与实行的人之间的关系；对是否会参与实行起决定作用的情况；动机犯中直接或间接动机的有无等。[39]

判断是否为"自己的犯罪"时，实务上采用的标准如果不是客观的，而是行为人主观上对犯罪完成的积极倾向，那一定会受到的批评是，混入了责任（也是量刑责任）的正犯、共犯论。[40] 的确，能够广泛得到承认的是，正

---

* 判断"共谋（意思联络）+共同正犯"等同于判断"共谋+共同+正犯性"。因此，正文中的观点与下面的观点是完全相同的，即参加了共谋的情况下，如果能够承认正犯性，就能够承认共谋共同正犯。在此，共同和共谋只是事实的问题，作为规范的问题，重要的只是正犯性判断。在这个意义上，也可以说，如果能够肯定正犯性，就能够承认共谋共同正犯了。如此看来，上述观点并没有明确回答共谋共同正犯的判断标准。在此，佐伯教授提出这个观点，首先是为了说明，相同问题可以有不同的说明方法；其次是为了批评，在日本的判决中存在着只要有意思联络就承认共谋共同正犯的错误判断方法。——译者注

[37] 也有观点把共谋（谋议）作为主观要件，把附加因子作为认定共谋时依据的间接事实来把握。参见大久保隆志「判評」『平成15年度重要判解』ジュリスト1269号160-161頁（2005年）。但是，明确的谋议虽得不到承认，但客观上有重要贡献的（附加因子的比重压倒性大的）情况下，笔者认为，把后者视为不过是认定前者时依据的间接事实，不符合通常的理解。

[38] 参见佐伯仁志·前注［18］2545頁以下。

[39] 参见松本·前注［14］51頁。

[40] 参见西田·前注［15］382頁；橋本·前注［28］19頁。

犯性问题是，选出完成犯罪过程中的核心人物、第一顺位值得处罚的人，这是与责任不同的问题。即使无责任能力者在妄想支配下，"受恶魔之命，为恶魔之行"，杀了人，也不会否定其正犯性，只是否定责任。

西田教授对主观说的批评也是妥当的，其批评意见认为："如果判断正犯性有无时依据的是对犯罪实现的意欲和积极性、利益归属等心情要素，那么，在没有明确情状证据的情况下，认定正犯性就相当困难，这样的认定反而不具有稳定性。"对此批评意见，菊池则明法官的反驳意见是："在认定主观性的正犯意思时，必须综合考察诸多情况，包括根据证据来认定被告人所分担的任务，只以主观心情难以认定共谋共同正犯（例如，被告人觉得自己是犯罪的头目，也这样进行供述的。但其他共同行为人不这么认为；客观行动也表明被告人只是发挥了从属性作用。这种情况下，即使根据主观说来判断，也是从犯），判断结论与按照西田教授所说标准——'是否发挥了相当于实行的重要作用'——进行判断时的结论相比没有多大变化。"[41] 多数司法实践人员都指出了这一点，这是说到点子上了。但如果像反驳意见所说的那样，那为什么一定要用容易产生误解的主观说来架构共同正犯的标准呢？笔者认为，这里仍然有疑问。用相当于实行的事实上的贡献这一客观性标准来构架共同正犯的标准，在此基础上，判断时在必要限度内也把行为人的主观考虑在内，这才是符合实际且容易理解的理论构成，也与其作为构成要件的性格相匹配。如果实务中已经采用了这样的标准，那么主观说这个名字的确是误导。

虽说是事实上的贡献，但不能否定的是，为了判断任务分担和心理因果关系的本来状态，不仅要考虑表现于外部的事实，而且有必要考虑行为人的主观（确切地说是共犯行为人全体人员的主观）。此外，行为人的主观在判断故意时是有意义的，正犯性是构成要件要素，因此，即便客观上具有了正犯性，但如果没有认识到正犯性依据的事实，也欠缺故意，不能承认正犯的成立。

三、实施实行行为的从犯

（一）共谋共同正犯论的反面

共谋共同正犯即使没有实施实行行为，也被认定为共同正犯。反之，即

---

[41] 参见菊池则明「共謀（2）——対等型共謀」小林＝植村編・前注［11］215頁。

使实施了实行行为也不会成立正犯的情况有可能存在吗？从形式上解释还是从实质上解释实行行为另当别论，把实施实行行为的人解释为正犯时，不可能承认实施实行行为的人不是正犯。与此相对，把正犯性与实行行为分割开来时，有可能承认实施实行行为的人不是正犯。这种情况下，否定正犯，承认从犯，因此，以下称其为"实施实行行为的从犯"。实施实行行为的从犯涉及的问题是，判断是（共同）正犯还是（狭义）共犯时，在多大程度上重视实行行为亲自实行这一事实。在这个意义上，可以说是共谋共同正犯论反面的问题。

实施实行行为的从犯其前提是与正犯和共犯的区分相关的主观说，也被称为"有故意的帮忙工具"。这里的考虑方法是，即使实施了实行行为，也是作为他人的犯罪在实施，这样的行为人是"有故意的帮忙工具"，成立从犯；以正犯行为人的意思在背后利用此人的人成立正犯。在德国的一则案件中，私生子丙的母亲甲拜托姐姐乙杀了丙，乙将丙淹死在浴池里。对此案件，判决从主观说出发，将甲认定为正犯，将乙认定为帮助犯。还有判决根据（前）苏联国家安全委员会（KGB）的命令，将杀害二名苏联逃亡者的人认定为杀人的帮助犯。

（二）日本的判例

在日本最高法院判例中，存在如下判例。①运输公司厂长甲让雇员乙运送黑市大米，对此案件，最高法院昭和25（1950）年7月6日判决（刑集4卷7号1178页）认为：甲"把乙作为自己的手和脚，命令乙亲自运送涉案的米"，承认甲为违反《粮食管理法》的实行正犯。笔者认为，判决否定了甲和乙的共谋，因此，把乙解释为帮助犯。下级法院判决中，有以下例子。[42]

②乙受甲所托，转交兴奋剂，收取价款。对乙的行为，横滨地方法院川崎支部昭和51（1976）年11月25日判决（判例时报842号127页）认为：乙当初发挥的作用不过是中介，受到甲的一一指示，没有从甲处取得一分钱，因此，"必须承认乙欠缺兴奋剂转让的正犯意思，其意思不过是帮助甲实施转交行为，因此，是让正犯行为变容易的、有故意的帮忙工具。"

③甲试图注射兴奋剂，但没有注射成功，就拜托被告人乙，借乙的手进行了注射。大津地方法院昭和53（1978）年12月26日判决（判例时报924

---

[42] 详细说明参见中森喜彦「実行行為を行う従犯」判例タイムズ560号67页以下（1985年）；龟井・前注［4］114页以下。

号145页）认为：兴奋剂使用也包括让他人使用兴奋剂这种情况，并且"难以承认被告人有亲自或让他人使用兴奋剂的积极意图，欠缺使用兴奋剂的正犯意思，其意思不过帮助甲实施使用兴奋剂行为"，这是帮助。

④被告人乙加入，和甲等三人一起实施先杀害丙、后抢取兴奋剂的犯行，乙欺骗了丙，取得了兴奋剂，拿着兴奋剂从现场逃跑了。福冈地方法院昭和59（1984）年8月30日判决（判例时报1152号182页）指出：乙被甲欺骗，不知不觉就被卷入本案犯行；对于丙，乙完全不存在不得不实施抢劫杀人的理由；在甲之外的其他共犯行为人看来也同样，乙不过是甲的手下，谋议时也只是在场而已；没有约定分担犯行会获取报酬，实际上也没得到报酬；不是基于自己的意思行动，完全听命行事；不过是碰巧在场，所以才运送了兴奋剂，被告人乙的存在并非本案犯行不可欠缺的。综合上述情况，判决认为，"尽管分担了部分实行行为这个事实存在，但不能承认共同实行的意思，即想与甲等其他共犯行为人共同完成抢劫杀人的正犯意思"，这是抢劫杀人的帮助。

⑤甲企图走私手枪，拜托乙发送藏有手枪的货物。乙在中途对走私手枪有间接认识，但仍然按照甲所托把货物发送出去了。关于乙的行为，东京地方法院昭和63（1988）年7月27日判决（判例时报1300号153页）认为，"被告人乙对本案的参与虽然关涉重要部分，但所实施的不过是形式性、机械性行为，即使不特别由被告人实施，也能得以完成"，这是帮助。

学说中，关于是否肯定实施实行行为的从犯，有肯定说和否定说的对立。[43]

（三）若干探讨

在两种情况下可以认定实施实行行为的从犯，有必要区分讨论。一种是，行为人实施了全部的实行行为；另一种是，行为人只分担了部分实行。[44]

其中，在只分担部分实行的情况下，行为人对犯罪全体承担责任的原因是，通过他人行为获得因果性，因此，在犯罪全过程中不发挥重要作用时，不是共同正犯，而是从犯，如此判断没有问题。如果实施了实行行为，哪怕只是实施了一部分，也总是成立共同正犯，这么说不过是形式性的。体现之一是，判例不承认片面共同正犯。

---

[43] 肯定说参见龟井·前注[4] 134页以下；大塚等编·前注[1] 560页以下[堀内信明＝安廣文夫]（1999年）等。否定说参见中森·前注[42] 71页；山口·324页。

[44] 参见岛田聪一郎『正犯·共犯論の基礎理論』221页以下（2002年）；小林·前注[14] 20页以下。

与此相对，如果基于主观说，把独立实施了全部实行行为的人都作为从犯，就过于无视客观贡献，必然会被批评为心情刑法。如下所见，评价是否"实施了全部实行行为"时，本来就不是进行单纯的事实性、物理性评价，也有必要从规范性视角出发加以评价。

（四）背后的正犯

承认实施实行行为的从犯，把存在于其背后的人解释为正犯时，一般的理解是，背后的人是间接正犯。[45] 但是，是否可以将既有故意又有责任的人说成是"工具"，这是有疑问的。理论上，与能否承认实施实行行为的从犯相比，这是更加深刻的问题。

一个可能的解释方法是，这种情况下，本来是共谋共同正犯，但实施了实行行为的其他共犯行为人降格到了从犯，于是背后的人就变成单独的共同正犯。但问题是，现行刑法是否为单独的共同正犯预备了法律根据。

另一个可能的解释方法是，规范性、实质性解释实行行为，把背后的人解释为直接正犯。像贪污贿赂罪那样的身份犯中，背后的人有身份，本人不在就不能侵害法益；或者，构成要件中成为问题的不是事实行为，而是法律行为，背后的人被视为该行为的主体。在上述情况下，这样解释也完全可能。[46]

岛田教授认为："公务员甲命令打字员乙以甲的名义制造一份内容虚假的文书，在这种情况下，……因为是以公务员的名义，所以构成要件结果是'无形伪造'，* 此结果完全在甲的主导下发生，甲才是直接行为人，乙不过是参与了，如此解释是可能的。"此外，证券交易法上的市价操纵罪也同样判定："甲对乙下达指示，让其实施股票买入的订购行为，这种情况下，'买卖'结果直接关系到确保股票市场上公正价格形成的风险。因为此结果是由实质上的出卖人和买入人合意产生的，所以，乙订购之后会基于甲的意思行动，

---

[45] 大谷认为，作为一个机械性处理事物的人，不过是单方面被利用的工具，能够承认间接正犯。大谷·170 页。

[46] 成濑教授认为，公务员甲让妻子乙收受贿赂时，乙收受贿赂的行为如果不和甲的"身份以及收受"合在一起考虑，即使"与职务有关"，但因为不是"贿赂"，也只能评价为甲的收受行为。成濑·前注 [24] 85 页注 4。中森认为：犯罪的核心是转移经济性利益时，不是利益主体的人其正犯性被否定，可以将其看作在构成要件实质性解释的框架下作出的判断。中森·前注 [42] 71 页。

* 文书伪造罪所说的伪造区分为有形伪造和无形伪造。前者是指，伪造制作文书的名义人，可罚是原则；后者是指，伪造文书的内容，可罚是例外。——译者注

结果正是在甲的意思主导下发生的，甲是实行正犯。"与此相对，对于最高法院审理的《粮食管理法》违反案件，岛田教授认为：保护法益是防止黑市物资流通，与侵害保护法益直接有关的行为是雇员实施的运送行为。[47] 笔者认为，这是妥当的观点。

如上所述，可以把背后的人视为正犯的情况下，不能说亲自实施了实行行为的人在法律上"实施了全部实行行为"，有可能根据其发挥作用的程度，将其评价为从犯。

---

[47] 参见岛田·前注［44］228 页。

第二十二章

共犯论之三

一、序言

本书最后一章拟探讨共犯相关的四个问题。

二、共犯和身份

（一）第65条第1款和第2款的关系

1. 判例和通说的问题点

《刑法》第65条第1款规定了共犯行为人之间身份的连带性，同条第2款规定了身份的个别性。* 如何理解两个法条的关系是共犯和身份相关的重要问题，是刑法总论的难题之一。

判例和通说把第1款作为构成身份，把第2款作为加减身份，这是形式性区分。这种观点是对文句的直接解释。但存在的问题是，为什么构成身份在第1款是连带性发挥作用，加减身份在第2款是个别性发挥作用？其理论根据不清楚。假如理论根据不清楚也不会给法条适用带来麻烦，那么实务中也就没有问题了。但实际上，多数情况下，身份是构成身份还是加减身份并不清楚。

例如，职务侵占罪是单纯侵占罪的处罚加重规定，业务上占有他人财物的人拥有的身份是加减身份，这是清楚的。但是，接受委托占有他人财物的人拥有的身份是构成身份还是加减身份，这在考虑到与脱离占有物侵占罪之间的关系时，并不清楚。既然同样是侵占罪，似乎是第2款的加减身份，但

---

* 《刑法》第65条第1款规定："某犯罪应由有身份的人构成时，分担（日语原文是"加功"）实施此犯罪的人即使没有身份，也以共犯论处。"同条第2款规定："由于身份而特别影响到刑罚的轻重时，对没有身份者科处通常的刑罚。"——译者注

不会这样来解释。*

关于事后抢劫罪中的盗窃犯人，有的判决［大阪高判昭和62（1987）年7月17日判例时报1253号141页］将其解释为第1款的身份，也有判决［新潟地判昭和42（1967）年12月5日下刑集9卷12号1548页；東京地判昭和60（1985）年3月19日判例时报1172号155页］将其解释为第2款的身份，[1]** 不能从条文出发形式性地判断是哪一个。特别公务员暴行凌辱罪也同样，只看条文不能回答此罪是否为暴行罪的不真正身份犯。***

2. 违法身份和责任身份

像这样，仅根据条文文义来解释，答案仍不清楚。如果不回到第65条的理论根据进行解释，就不能作出妥当的解释。通说的问题正是，没有这样的理论根据（如此一来，解释就变成了走到哪里算哪里）。作为理论根据可以考虑的是违法的连带性和责任的个别性：第1款的身份是违法身份，为违法性

---

* 《刑法》第252条第1款规定："把自己占有的他人之物据为己有的，构成单纯侵占罪，处以5年以下有期徒刑。只有基于委托关系占有他人之物的人才能构成本罪，因此，这是真正身份犯。"第253条规定："业务上非法占有他人之物的，构成职务侵占罪，处以10年以下有期徒刑。基本犯是单纯侵占罪，业务上非法占有是决定处罚加重的身份，因此，这是不真正身份犯。"第254条规定："侵占遗失物、漂流物等脱离占有物的，构成脱离占有物侵占罪，处以1年以下有期徒刑或10万日元以下罚金或小额罚金。"不存在与所有者之间的委托信任关系，在这一点上与单纯侵占罪不同。——译者注

[1] 事后抢劫罪本来就不是身份犯这种观点也是有力的。详细说明参见拙文「刑法各論の考え方・楽しみ方（13）」法学教室370号87-88页（2011年）。

** 《刑法》第238条规定："盗窃取得财物，为防止财物被取回、免于被抓捕或者毁灭罪证而使用暴行、进行胁迫的，以抢劫罪论处。"这是事后抢劫罪的规定。例如，甲盗窃丙的财物后，就盗窃而言与甲之间没有共同正犯关系的乙为了防止财物被取回、免于被抓捕或者毁灭罪证，和甲一起对丙实施暴行、进行胁迫，造成丙重伤。在这种情况下，甲被称为事后抢劫罪的盗窃犯人，乙被称为事后抢劫罪的非盗窃犯人。甲以抢劫致伤罪被追究刑事责任，问题是如何判断乙的罪责。解决这个问题时需要讨论，事后抢劫罪中的盗窃犯人属于第65条第1款的身份（真正身份犯），还是第2款的身份（不真正身份犯）。解释为第1款的身份时，乙构成事后抢劫致伤罪的共同正犯，科处此罪的刑罚。解释为第2款的身份时，乙构成抢劫致伤罪的共同正犯，但根据第2款（对身份犯适用的加重处罚规定不适用于没有身份的非盗窃犯人），在第204条规定的伤害罪限度内科处刑罚。——译者注

*** 《刑法》第195条规定："履行法官、检察官和警察职务的人或辅助履行上述职务的人在履行职务时，对被告人或犯罪嫌疑人实施暴行或凌辱、施加虐待行为的，或看守或护送被监禁者的人对被监禁者实施暴行或凌辱、施加虐待行为的，构成特别公务员暴行凌辱罪。"——译者注

提供基础；第 2 款的身份是责任身份，为责任轻重提供基础。[2] 问题是，构成身份和加减身份这种区分（看起来）未必与违法身份和责任身份的区分相对应。西田典之教授的观点是：如果是违法身份，就是第 1 款的身份；如果是责任身份，就是第 2 款的身份。[3] 笔者认为，上述观点基本妥当，不过，如果西田说主张的是，即使由于身份而特别影响到了刑罚的轻重，也仍以违法身份为由适用第 1 款，那就不得不说这是违反罪刑法定主义的解释（说明）了。[4]* 为了适用第 1 款，必须可以说，这是"应由有身份的人构成的犯罪"。而且，笔者认为，把犯罪主体是违法身份的犯罪解释为"应由有身份的人构成的犯罪"是可能的。以脱离占有物侵占罪、单纯侵占罪、职务侵占罪为例，虽然罪名都是侵占，规定在刑法典同一章中，但是，单纯侵占罪和职务侵占罪作为委托物侵占罪，是不同于脱离占有物侵占罪的独立犯罪，单纯侵占罪是真正身份犯。同样，为了把特别公务员暴行凌辱罪和事后抢劫罪解释为真正身份犯，有必要将两罪解释为不同于暴行罪的独立犯罪。如果侵占罪的解释不会违反罪刑法定主义，那么，上述这些解释也不会违反罪刑法定主义。

共犯和身份的问题是刑法总论中的难题，与此相关，保护责任者遗弃罪和单纯遗弃罪的关系是刑法分论中的难题。** 根据判例和通说，保护责任者遗弃罪中包含作为型遗弃和不作为型遗弃以及不保护，单纯遗弃罪只能由作为实施。因此，保护责任者这一身份在作为型遗弃中，作为加重身份是第 2 款

---

[2] 对身份的规定是基于与违法和责任无关的政策性理由时，也同样是个别性发挥作用，因此，严格说是非违法身份。不过，家庭内违法这种刑罚阻却事由个别性地发挥作用是理所当然的，所以不解释为身份犯的问题。

[3] 参见西田典之『共犯と身分（新版）』171 页以下（2003 年）。赞成意见参见内藤『下Ⅱ』1406 页；林·431 页；山口·327 页等。

[4] 浅田·449 页；松原芳博「刑法総論の考え方（27）」法学セミナー 678 号 114 页（2011 年）。松原教授认为，对加减违法身份适用第 65 条第 1 款有违反罪刑法定主义的嫌疑，因此，保护责任者遗弃和职务侵占等既然明显是作为加重减轻类型来规定的身份，那么，即使实质是违法身份，但由于受到罪刑法定主义的制约，也应该适用第 2 款。

* 例如，根据《刑法》第 218 条，保护责任者遗弃罪的主体必须是保护责任者，即对被遗弃者承担保护义务的人，保护责任者是加减身份；但保护义务多是违法性的内容，在这个意义上，可以说保护责任者实质是违法身份，但仍然适用第 2 款。——译者注

** 《刑法》第 217 条规定："遗弃了因老年、幼年、身体障碍或者疾病而需要扶助的人（作为），处 1 年以下的惩役。"这是单纯遗弃罪的规定。第 218 条规定："对年老者、年幼者、身体障碍者或者伤病者负有保护责任的人，遗弃（作为）受保护的人，或者不为其（不作为）提供生存所必要的保护，处 3 个月以上 5 年以下的惩役。"这是保护责任者遗弃罪的规定。——译者注

的身份；在不作为型遗弃中，作为构成身份是第 1 款的身份。结果就是，无身份者参与了保护责任者的不保护时，适用第 1 款；参与了其遗弃时，适用第 2 款。例如，母亲的情人教唆母亲把孩子扔掉，母亲把孩子遗弃的情况下，根据第 2 款以单纯遗弃罪的教唆来处罚情人；教唆母亲不照顾孩子，母亲没有给孩子提供生存所必要的保护的情况下，根据第 1 款以保护责任者遗弃罪的教唆来处罚情人。但上述这样的判断结论明显不均衡。

与此相对，从区分违法身份还是责任身份的观点出发，如果考虑把保护责任者这一身份作为违法身份，那就是第 1 款的身份，对没有身份的共犯行为人也可以适用保护责任者遗弃罪。由此可见，有必要把保护责任者遗弃罪解释为与单纯遗弃罪不同的独立犯罪，如果把单纯侵占罪解释为与脱离占有物侵占罪不同的独立犯罪是可能的，那么，上述对保护责任者遗弃罪的解释也是可能的。与此相对，如果考虑保护责任者遗弃罪中的保护责任者这一身份是责任身份，那就成为第 2 款的身份。这种情况下，因为无身份者的不保护是不可罚的，所以，应该解释为，参与了不保护的无身份者不可罚（刑罚减轻到极致便是不可罚）。[5]

如上所述，某身份是违法身份还是责任身份并非不言自明的。在这一点上，根据违法身份还是责任身份对身份犯进行区分的观点受到的批评最多。如果只要通过解释就会确定是违法身份还是责任身份，此后就会明确适用，那么也不能说是致命性问题。[6] 从判例和通说的立场出发也一样，是第 1 款的身份还是第 2 款的身份不清楚的情况存在，而且，在不清楚的情况下，判例和通说中没有实质性标准来决定是哪一个，因此，这样的批评到头来仍然没有解决问题。

学说中，有观点认为，即使是违法身份，对法益侵害性有影响的违法身份是第 1 款，对义务违反性有影响的违法身份是第 2 款。[7] 这种观点基于行为无价值论，只是把对法益侵害性没有影响的身份也解释为违法身份，* 与西田说相同之处是，把对法益侵害性有影响的身份作为第 1 款的身份。为了一

---

[5] 详细说明参见拙文「刑法各論の考え方・楽しみ方（5）」法学教室 359 号 101 – 102 頁（2010 年）。笔者本人把保护责任者解释为违法身份。

[6] 澳大利亚刑法中的身份犯条款（第 14 条）规定了违法身份的连带性和责任身份的个别性，法条适用在实务中没有出现问题。参见十河太郎『身分犯の共犯』119 頁以下（2009 年）。

[7] 参见井田・512 頁以下。也可以参见伊東・366 – 367 頁；内田幸隆「共犯の諸問題」曾根威彦＝松原芳博編『重点課題刑法総論』252 頁（2008 年）。

＊ 如果从结果无价值的立场出发，对法益侵害无影响的身份是"责任身分"。——译者注

起分析两个学说，也可以中立地解释为，对法益侵害性有影响的身份是第一款的身份，此外的身份为第2款的身份。[8] 例如，特别公务员滥用职权罪保护的法益是特别公务员职务执行的公正性，因此，特别公务员这一身份对法益侵害性有影响，是第1款的身份。[9]

（二）罪名从属性的问题

因为第65条第2款规定个别性，所以共犯的罪名从属性会成为问题。*在学说中，有观点认为，第1款是共犯成立的问题；第2款是科刑的问题，罪名从属于正犯，维持罪名从属性。[10] 但是，把罪名和科刑分离并不妥当。犯罪共同说的立场姑且不论，只要不采用犯罪共同说，共犯行为人的罪名就没有必要一致。条文虽然是"科处通常刑罚"，但应该解释为，不单刑是通常的刑罚，成立的犯罪也是"通常**的犯罪"。[11]

但是，判例未必这样解释。即没有占有他人钱财这一身份的人与有业务上占有他人财产身份的人一起侵占了后者占有的钱财时，无身份者的罪名是，根据第1款成立业务上侵占罪的共同正犯；其科刑是，根据第2款科处单纯侵占罪的刑［最判昭和32（1957）年11月19日刑集59卷8号1170頁］。没

---

[8] 此外，学说中，还有观点认为，无身份者分担有身份者实施的行为时，总可以根据第65条第1款让罪名和科刑都具有连带性；第65条第2款的适用限于家庭内违法这一处罚阻却事由，以及心神耗弱、中止犯、自首等一向以不作为身份犯来处理的问题（十河·前注［6］254頁以下）。但是，让责任身份连带性发挥作用，这违反个人责任原则。参见松原·前注［4］117頁注6。反之，也有观点把身份犯理解为类似义务犯，认为违法身份也个别性地发挥作用（参见松宫·304頁以下）。但笔者认为，不能否定法益侵害的连带性，如果把违法性身份个别性发挥作用的立场贯彻到底，无身份者即使被认定为共犯，也是不可罚的。但这种判断结论不妥当。参见西田·402頁；山口厚「共犯と身分をめぐって」司法研修所論集103号58頁（2000年）。

[9] 参见西田·402頁。松宫认为，这种解释违反了罪刑法定主义（松宫·302頁）。

* 需要特别注意的是，关于罪名从属性在第二十章中也详细讨论过，但此前的讨论一般性地适用于身份之外的构成要件要素，身份相关的罪名从属有必要单独讨论，理由如下。关于罪名从属性有三个观点：①任何情况下都不承认对正犯罪名的从属；②任何情况下都承认对正犯罪名的从属；③原则上承认对正犯罪名的从属，但《刑法》第65条第2款规定的情况例外。如果只有观点①和②，就没有必要单独讨论身份相关的罪名从属了；但因为有观点③，所以有必要单独讨论这个问题。换言之，第65条第2款是单独规定不真正身份犯罚则的条款，正是因为存在这一条款，所以在刑法解释中存在着观点③。即使采用的观点是①或②，但既然有第65条第2款，处罚无身份的共犯和有身份的共犯就不可能一样，因此，科刑上也必须区分考虑。最后，强调一点，第65条不适用于身份以外的构成要件要素。——译者注

[10] 参见大塚·331頁；佐久间·403頁；团藤·418頁；福田·289頁；藤木·303頁等。

** 这里的"通常"是指，适用于一般主体，即非身份犯的罪名和刑罚。——译者注

[11] 西田·401頁；西田等『注釈』964頁（小林憲太郎）。

有特别背信罪所要求的身份的人与有身份的人一起实施了背信行为时也同样，无身份者的罪名是，根据第1款成立特别背信罪的共同正犯，其科刑是，根据第2款科处一般背信罪的刑［大阪地判平成13（2001）年3月27日刑集59卷8号1170页］。抽象事实错误的相关判例［最决昭和54（1979）年3月27日刑集33卷2号140页］开始改变实务中罪名和科刑分离的传统立场，将罪名和科刑统一起来。但是，上述这些判例仍然沿用了一贯采用的观点。

与此相对，在如下有的判决中，罪名和科刑得到了统一，这才是妥当的。对与公职选举法上的总指挥进行共谋的人，仙台高等法院昭和30（1955）年9月13日判决（裁特2卷18号947页）认为："《刑法》第65条第2款规定的'科处通常的刑罚'并非意味着，有身份者的犯罪成立，只有刑罚按照通常的罪名科处，而是意味着，从一开始就是通常的犯罪成立。"东京地方法院平成2（1990）年10月12日判决（判例タイムズ757号239页）认为：无常习性的共犯行为人不过是构成单纯赌博罪的帮助犯。东京高等法院平成10（1998）年3月25日判决（判例时报1672号157页）认为：无营利目的者帮助有营业目的者走私大麻入境的，根据《刑法》第65条第2款，应该适用走私大麻入境罪的规定（《大麻取缔法》第24条第1款），原判决适用了以营利为目的走私大麻入境罪的规定（同条第2款），法令适用错误。

以上判例涉及的问题是，无处罚加重身份者参与了有处罚加重身份者实施的犯罪时，成立什么犯罪。也可以说，这个问题只不过是适用哪一个罪名的问题。然而，"有处罚加重身份者参与无处罚加重身份者实施的犯罪时，成立什么犯罪"这个问题，则关乎更加实质性的处罚问题。

根据判例，儿子教唆第三方杀害父亲的，构成杀害长辈亲属罪的教唆犯［大判大正12（1923）年3月23日刑集2卷254页（不过，在判决文中，这部分未成为判决要旨）］。常习犯为非常习犯的赌博提供帮助时，构成常习赌博罪的帮助犯［大判大正3（1914）年5月18日刑录20辑932页，大判大正12（1923）年2月22日刑集2卷107页］。这种情况下，如果根据第1款成立单纯赌博罪的帮助犯，根据第2款科处常习赌博罪的帮助犯的刑罚，就变成是，相应的犯罪不成立却科处此罪的刑罚，对此是有疑问的。判例也是根据第2款，承认了常习赌博罪的帮助犯成立。如果这样来判断，那么，上述职务侵占罪相关判例也应该变更。通说也支持判例。[12] 从这种立场出发，第2款就会成为修正共犯从属性的规定。*

与此相对，把罪名从属性解释为共犯的"二次性责任"的问题时，从这个立场出发，即使适用第65条第2款，也不能让共犯所成立的犯罪比正犯所成立的犯罪更重。[13]

（三）《刑法》第65条的适用范围

1. 身份的概念

关于《刑法》第65条中身份的概念，判例［最判昭和27（1952）年9月19日刑集6卷8号1083页］认为："不只限于男女的性别、本国人和外国人的区别、亲属关系、公务员的资格，而是指全部与一定犯罪行为相关的、犯人在对人关系**中的特殊地位或状态。"根据这个定义，例如，受贿罪中的"公务员"（第197条以下）和背信罪中的"处理他人事物的人"（第247条）构成身份，对此没有异议。[14] 判例［最判昭和42（1967）年3月7日刑集21

---

[12] 参见浅田·451页；大谷·458页；西田·411-412页；前田·530页；山中·940页；松原·前注［4］115页；西田等『注释』967页（小林宪太郎）等。

* 佐伯教授提出两种情况来说明身份有关的罪名从属问题：其一，无身份者是共犯，有身份者是正犯的情况。传统观点以及部分判决的观点是，罪名从属于正犯的罪名，科刑单独适用通常刑罚，罪名和科刑不统一。其二，有身份者是共犯，无身份者是正犯的情况。判例的观点是，罪名和科刑都不从属于正犯，罪名和科刑统一适用有身份者构成的犯罪和相应的刑罚。佐伯教授提出，如果对第一种情况也采用同样的解释方法，即把罪名和科刑统一起来，那么，可以得出的结论是，罪名从属性对身份犯不适用，换言之，罪名从属性限于身份之外的构成要件要素，在这个意义上修正罪名从属性。接下来，佐伯教授又指出：从"二次性责任"立场考虑时，即使第一种情况下，罪名和科刑可以统一，但在第二种情况下，也难以统一，因为统一就意味着，共犯因身份要成立比正犯更重的犯罪。——译者注

[13] 参见山口·334-335页。

** 日文原文是"人的关系"。此外还有一个日文是"人间关系"。两个词的含义近似，却有区别。后者一般是指，人与人之间的相处关系，如亲密关系等。在说亲子关系时，一般不使用"人间关系"，但说父母与孩子之间的关系时，使用的是"人间关系"。"人的关系"指称的是一种更为宽泛的、自己与自己以外的人或者与周围社会之间的关系。译者认为"人间关系"对应的中文是"人际关系"，因此，把"人的关系"翻译成"对人关系"，以示区分。——译者注

[14] 判例［最决昭和40（1965）年3月30日刑集19卷2号125页］把强奸罪解释为真正身份犯，有力的否定意见认为，女性也能实施暴行和胁迫等强奸罪的手段。强奸罪非男性就不能实施，但这是事实上的障碍，并非严格意义上的身份犯（被称为疑似身份犯）。高桥·459页；松宫·300页；山口·328页；山中·944页等。笔者认为，如果采用的观点是，把身份犯解释为义务犯，第65条第1款中不包含共同正犯，那么疑似身份犯这种观点是有意义的；否则，没有必要承认疑似身份犯这种类型。参见西田·405页。

卷 2 号 417 页] 进一步指出, 营利目的那样的主观要素也属于身份。与此相对, 学说中还有有力观点认为, 身份限于有某种程度的永续性地位, 目的那样的一时性主观要素不包含在内。[15] 虽然后一观点更接近日常用语中身份的含义, 但判例那样的观点也在扩张解释的范围内。有营利目的情况下加重处罚时, 为了减轻处罚无此目的的共犯行为人, 有必要适用第 65 条第 2 款, 应该支持判例的立场。[16]

2. 第 65 条第 1 款的适用范围

判例和通说认为, 第 65 条第 1 款也适用于共同正犯。但另有有力的观点认为, 这是关于狭义共犯的规定。[17] 这种观点背后的考虑是, 把身份犯解释为违反义务的犯罪 (义务犯), 只对有特别身份者科处此义务, 没有身份的人不能成为正犯。[18] 但如果采用上述这种考虑方法, 那么从因果共犯论, 特别是混合引起说的立场出发, 为了理论上的一致性, 就只能得出如下结论: 即没有身份的人即使能够引起正犯的义务违反 (正犯违法), 但因为不能亲自违反义务、引起共犯违法, 所以不仅共同正犯不成立, 狭义共犯也不成立。但是, 这样的结论显然不妥当。[19] 只有特定的身份才有可能侵害法益这样的犯罪是存在的 (例如, 如果不是公务员, 就不能侵害受贿罪的保护法益), 在这个意义上, 科处特别义务是可能的; 但即使是没有身份的人, 也有可能与有身份的人共同侵害法益, 因此, 应该解释为, 第 1 款也适用于共同正犯。

三、必要共犯

(一) 必要共犯的概念

有的犯罪中, 复数行为人的参与是不可欠缺的, 这被称为必要共犯 (除此之外的共犯被称为任意共犯)。必要共犯可以分为在同一个方向上协同发挥作用的聚众犯 (集团犯) 和在相对的方向上协同发挥作用的对向犯。前者如内乱罪 (第 77 条)、骚乱罪 (第 106 条)、准备凶器结集犯 (第 208 条第 3

---

[15] 参见大塚·329 页; 高桥·462 页; 林·433-434 页; 福田·292 页注 1; 前田·468 页; 山中·942 页等。

[16] 参见井田·514 页; 团藤·419 页; 西田·408 页; 平野『Ⅱ』372 页; 松宫·300 页; 山口·330 页; 西田等『注释』963 页 (小林宪太郎) 等。

[17] 参见大塚·333 页; 团藤·420 页; 福田·294 页; 松宫·298 页; 山中·937 页等。

[18] 参见西田·410 页。特别是, 浅田否定义务犯说的同时也否定了第 1 款中包含共同正犯 (浅田·448 页)。

[19] 参见西田·402 页; 松原·前注 [4] 115 页。

款）等。后者如重婚罪（第184条）、受贿罪（第197条以下）、行贿罪（第198条）等。

理论上，聚众犯相关的问题是，对集团外部的人是否适用共犯规定。对向犯相关的问题是，如果没有特别的处罚规定，是否就不能处罚对向犯了。

（二）聚众犯和共犯的规定

以内乱罪为例，根据在集团内的分工，区分为首要谋议者、谋议参与者、聚众指挥者、职务从事者、应和追随者和暴动参加者等不同类型，并对不同类型规定了相应的法定刑。有学者认为，立法的主旨是，集团外部的人不可罚，对其不适用共犯的规定。[20] 但通说认为，没有理由否定共犯规定适用于集团外部的参与者。通说是妥当的。

（三）对向犯

关于对向犯，旧刑法只处罚受贿罪，没有对行贿罪进行规定。当时判例［大判明治37（1904）年5月5日刑录10辑955页］的解释是，行贿行为是收贿行为所必要的分担行为，但既然没有处罚行贿行为的规定，即使作为受贿的共犯，也不能处罚。战后的判例中，最高法院昭和43（1968）年12月24日判决（刑集22卷13号1625页）认为："根据《律师法》第72条，禁止无律师执业资格者以获取报酬为目的办理一般法律案件相关的法律事务，对违反者根据同法第77条进行处罚。……同法第72条的规定当然预想到了，有人会委托无律师执业资格者解决法律案件、支付给其报酬或约定支付报酬。应该解释为，没有这些委托者的参与行为，本罪不能成立。然而，同法没有规定处罚上述支付报酬的委托者。像这样，某犯罪的成立当然被预想到，更确切地说，这是该犯罪成立不可欠缺的参与行为，但既然没有规定处罚这种参与行为，就应该解释为，虽然接受教唆或接受帮助所实施的行为可罚，但处罚教唆或帮助行为原则上不是法的意图。"

一般而言，学说也承认对向犯的相对一方不可罚。关于这样判断的理由，一种观点与上述判例一样，认为这是立法者的意思，以下称为立法者意思说；另一种观点提出了更加实质性的根据，以下称为实质说。

立法者意思说的主张者认为，日常生活中对他人行为的参与有定型性的表现形态，当参与者的行为超过了定型性的形态时，就会受到处罚。[21] 以下

---

[20] 参见大塚·276页；团藤·434页等。
[21] 参见大谷·394页；团藤·432页以下等。

观点也是可能的，即在淫秽物贩卖中，购买者的存在是不可欠缺的，但真正不可欠缺的行为只是买取行为，因此，劝说对方卖给自己（教唆）的行为不是必要共犯。虽然上述观点是可能的，但没有学者会主张限定到这个程度。一般认为，不断劝说对方卖给自己否则誓不罢休的情况下，作为教唆犯处罚。* 但这种观点受到的批评是，处罚界限变得极其不清楚。[22]

与此相对，实质说认为在两种情况下不可罚。一是对方是被害人（没有违法性）；二是可罚的责任不存在。[23] 从这个立场出发的说明是，当委托者违反《律师法》第 72 条，委托了无律师执业资格者从事法律业务活动时，委托者没有获得充分的律师业务服务，在这个意义上是被害人，因此，委托者不可罚。[24] 但这种说明存在的问题是，既然有被害人同意，那为何能够处罚对方（无律师执业资格者）？与生命、身体等法律所保护的法益不同，上述这种情况下，难以从国家父权主义视角出发说明处罚的正当化根据。淫秽物贩卖罪也同样。有学者认为，购买者是被害人，因此，不可罚。[25] 但是，淫秽物贩卖罪的保护法益是性风俗，这是一般的解释；假如把保护法益解释为购买者的法益，从国家父权主义视角出发说明处罚的正当化根据会更加困难。

丰田兼彦教授研究了这个问题，提出的观点是，上述例子那样的"侵害他人或社会利益的片面对向犯"中，正犯行为违法性具有的特点是，正犯与不特定第三方反复共同作用的可能性存在（"增幅作用"**）；只要参与人没有亲自去实现这种增幅作用，虽然是必要参与，但不可罚。[26] 笔者认为，虽然没有必要否定有可能存在着对方是被害人和可罚的责任不存在这两种情况，[27] 但在对上述例子进行说明时，丰田教授的观点才是妥当的。

---

* "劝说对方卖给自己"是日常生活中定型性的参与形态；"不断地劝说对方卖给自己，否则誓不罢休"就超过了定型性的参与形态，是可罚的教唆。——译者注

[22] 参见西田·376 页；山口·338 页等。
[23] 平野『Ⅱ』379 页以下；山口·339 – 340 页。
[24] 山口·339 页。这种情况下，因为委托人是被害人，所以无论委托人多么努力地拜托对方，都没有必要处罚。
[25] 参见平野『Ⅱ』379 页。
** 增幅作用是指，在正犯与不特定的第三方之间行为反复被实施，从而使违法性增大。——译者注
[26] 豊田兼彦『共犯の処罰根拠と客観的帰属』106 页（2009 年）。
[27] 法律（《未成年人吸烟禁止法》第 5 条）规定，处罚贩卖烟草给未成年人的人。可以从国家父权主义角度出发对上述处罚规定进行说明。参见西田·377 页。

实质说也没有否定立法者意思说。[28] 如果立法者的意思很明确，就是不处罚对向参与者，那么从罪刑法定主义视角出发，不管实质性理由是否存在，都不应该处罚，这是当然的。但多数情况下，立法者的意思并不清楚。[29] 在此，判例所说的"原则上"并不是意味着，如果是在可以预想到的定型性参与的范围内，就不处罚；而是意味着，法律上没有规定处罚必要共犯的相对一方时，只要立法者反对不处罚的意思不清楚，就可以推定立法者的意思是不处罚，应该这样来理解判例的旨趣。反过来说，根据法案起草者的解说和立法过程中的讨论等情况，在处罚意思明确的情况下，就可以适用共犯规定。例如，根据《金融商品交易法》中内幕交易罪（第166条）的相关规定，除了处罚内部人员实施的交易，也处罚从内部人员处直接获得内部情报的人（一级情报获得者）实施的交易。在这种情况下，必然存在着情报提供者，但问题是，情报提供者作为必要共犯是否不可罚。法律起草者的解说清清楚楚地指出，存在着作为共犯来处罚的情况。[30] 因此，应该认为，立法者的意思不是不可罚。即使考虑实质根据，也不能说情报提供者不具有类型化的违法性或责任，并且，在把情报提供给一级情报获得者这个环节上存在增幅不法这种情况不存在，因此应该考虑，有可能把情报提供者作为一级情报获得者所犯的内幕交易罪的共犯加以处罚。立法者在法条中只写处罚一级情报获得者，只是为了把处罚范围限定为"一级"情报获得者。*

---

[28] 参见浅田·402页；内藤『下Ⅱ』1416页；西田·378 - 379页等。西田认为，应该限于概念上当然必要的对向参与行为，只要进入这个范畴，就不应该再考虑定型性和通常性的问题了（西田·379页）。

[29] 即使是必要的参与行为，也有可能理解为，立法者正是因为考虑到这完全能够作为共犯处罚，才没有加以规定。林·429页认为，应该只依据实质说。

[30] 参见横畠裕介『逐条解説 インサイダー取引規制と罰則』127頁（1989年）。平山幹子「インサイダー取引規制と共犯の成立範囲」（http://www.21coe-win-cls.org/activity/pdf/8/06.pdf）。

* 立法者在写法条的时候，只写了处罚一级情报获得者。佐伯教授认为，这样立法的目的只是把处罚范围限定于一级情报获得者（内幕交易罪中的获得情报者是指，从"公司关系人员"处获得内幕情报的人。一级情报获得者本身不是"公司关系人员"，从一级情报获得者处获取情报者不能构成本罪，因此，处罚范围限于一级情报获得者）。但不能由此而得出结论：因为没有规定处罚情报提供者，所以情报提供者不可罚。既然在这种情况下必然存在着情报提供者，那就需要讨论是否可以根据必要共犯的原理来处罚情报提供者。通过佐伯教授的分析，得出的结论是，把情报提供者作为一级情报接受者的共犯来处罚不是不可能。——译者注

四、过失犯的共同正犯

(一) 过失和共犯

通说的解释是，在理解《刑法》第 61 条第 1 款的"教唆他人"、第 62 条第 1 款的"对正犯提供了帮助"等文句时，不言而喻是指故意的情况，过失教唆和过失帮助不可罚。实务中也同样，不存在承认过失教唆和过失帮助的法院判决。与此相对，关于结果加重犯的共犯，判例不要求对加重结果有过失，因此，结果加重犯的共同正犯及其狭义共犯在实务上无疑都得到了承认，在要求对加重结果有过失的学说中同样也得到了承认，基本没有异议。因此，所讨论的主要是过失犯的共同正犯。

(二) 判例的情况

大审院判例认为，总论中关于共犯的规定不适用于过失犯；而最高法院判例肯定了过失犯的共同正犯。[31] 最高法院昭和 28（1953）年 1 月 23 日判决（刑集 7 卷 1 号 30 页）认为："原审判决认定的事实是，两名被告人也没有判断从饭店 A 采购的被称为'威士忌'的液体中是否含有'木精'（甲醇），因此应该对其进行充分的检查，确定不含'木精'之后再出售给客人。但两名被告人却不注意，没有实施任何检查，两名被告人'意思联络'，出售了涉案液体。原审判决认为，两名被告人在共同经营的饭店中，将上述来历不明的液体出售给客人时，有义务在充分检查是否含有'木精'之后进行出售；但被告人谁都没有注意，怠于履行此义务，不进行必要的检查，轻信涉案液体不含有超过法定禁止掺入量的'木精'，将其出售给客人，在这一点上构成了《有毒饮食品取缔令》第 4 条第 1 款后段规定的'因过失而违反'，以上在原审判决文中有清楚的认定。并且，如果根据原审判决所确定的内容，上述饭店是两名被告人共同经营的，两名被告人出售上述液体，对此也有意思联络，因此在这一点上，承认两名被告人之间构成共犯关系是相当的。对此，原审判决正确适用《刑法》第 60 条，不能认定存在控诉理由中所述那样的违法。"

此后的下级法院判决也采用了肯定过失共同正犯的立场。代表性的下级法院判决是对世田谷区电话电缆案件的东京地方法院平成 4（1992）年 1 月

---

[31] 大判明治 44（1911）年 3 月 16 日刑录 17 辑 380 页；大判大正 3（1914）年 12 月 24 日刑录 20 辑 2618 页。大审院昭和 10（1935）年 3 月 25 日判决（刑集 14 卷 339 页）本来就撤销了对承认过失致死罪共同正犯的原审判决提出的上告，大审院立场发生变化的可能性也存在。

23 日判决（判例時報 1419 号 133 頁）。判决如下：两名被告人共同从事的工作是，用焊枪的火焰把覆盖在电话电缆接续部位的铅管溶解，露出里面的电缆。两名被告人业务上的注意义务是，相互确认确实熄灭了工作中使用过的两竿焊枪，共同将火灾发生防患于未然。但两名被告人却怠于履行注意义务，两人一起离开工作场所。因为这一过失，两竿焊枪中的一竿处于微火点着状态，火花引燃一直烧到了电话电缆，造成了公共危险。综上，判定业务上失火罪的共同正犯成立。判决认为："关于所谓过失犯共同正犯的成立与否，存在着讨论。但像本案这样可以预想到社会生活中危险且重大的结果会发生时，共同作业者因相互利用、彼此补充而承担着共同的注意义务，并且在共同作业者中有怠于履行注意义务的共同行为时，承认共同作业者全体都成立过失犯的共同正犯，作为共同正犯行为人对发生的全部结果承担刑事责任，如此判定不会违反刑法上的责任主义。"[32] 否定过失犯共同正犯的下级法院判决[33]也并非是在理论上否定过失犯共同正犯的存在。

---

[32] 如下也是承认过失共同正犯的法院判决。第一则案件中，甲和乙在办公室一起煮东西吃，过失烧毁了建筑物。对此案件，名古屋高等法院判决昭和 31（1956）年 10 月 22 日（裁特 3 卷 21 号 1007 頁）承认了失火罪的共同正犯。第二则案件中，甲和乙没有驾驶船舶的技术，出于好奇心，甲掌舵，乙负责机器操作，过失造成船体触礁。对此案件，佐世保昭和 36（1961）年 8 月 3 日简易命令（下刑集 3 卷 7·8 号 816 頁）承认过失妨害通行罪的共同正犯。第三则案件中，甲和乙共同在公路和铁路的交叉口执勤，两人均因不注意没有关闭道闸，导致撞车事故。对此案件，京都地方法院昭和 40（1965）年 5 月 10 日判决（下刑集 7 卷 5 号 855 頁）承认了业务上过失致死罪的共同正犯。第四则案件中，甲和乙轮流进行焊接作业，没有采取措施把焊接作业点与可燃物隔开，造成建筑物被烧毁。对此案件，名古屋高等法院昭和 61（1986）年 9 月 30 日判决（判例時報 1224 号 137 頁）承认业务上失火罪的共同正犯。第五则案件中，一名护士准备了不恰当的药剂，另一名护士漫不经心地实施了注射，造成了患者死亡。对此案件（东京都立足区广尾医院案件），东京地方法院平成 12（2000）年 12 月 27 日判决（判例時報 1771 号 168 頁）承认了业务上过失致死罪的共同正犯。

[33] 广岛高等法院昭和 32（1957）年 7 月 20 日判决（裁特 4 卷追录 696 頁）认为，患者的主治医生甲、乙和错误地给患者注射药剂的护士丙之间是过失竞合，承认甲和乙之间是共同正犯的原审判决错误。在另一则案件中，工程负责人甲和部下乙、丙在施工过程中吸烟，烧毁了建筑物，但不能确定是谁的烟把火点着了。对此案件，秋田地方法院昭和 40（1965）年 3 月 31 日判决（下刑集 7 卷 3 号 536 頁）否定了过失犯的共同正犯，甲自己有不吸烟的注意义务和让下属工作人员不吸烟的注意义务，却怠于履行上述义务，重大失火罪成立。越谷简易法院昭和 51（1976）年 10 月 25 日判决（判例時報 846 号 128 頁）不承认，过失导致被害人死亡的工作人员乙和经营者甲之间就共同实行有相互的意思联络，不在现场的甲未必能够预见到结果，由此否定了甲的过失责任。明石市步道桥案件第一审判决［神户地判平成 16（2004）年 12 月 17 日刑集 64 卷 4 号 501 頁］也否定了过失犯的共同正犯（参见后注 43）。

实务中可以承认过失犯的共同正犯的情况本来就少，承认过失犯的同时犯（过失竞合）的情况居多。例如，酒店火灾事故中，酒店的董事长甲和担任专务董事的妻子乙之间是过失犯的同时犯［宇都宫地判昭和60（1985）年5月15日刑月17卷5·6号603页，最决平成2（1990）年11月16日刑集44卷8号744页（川治王子酒店案）］；怠于回收被艾滋病病毒污染的非加热制剂，导致患者死亡的制药公司董事长、副董事长兼研究总部部长、专务董事兼生产总部部长三人是过失犯的同时犯［大阪地判平成12（2000）年2月24日判例时报1728号163页；［大阪高判平成14（2002）年8月21日判例时报1804号146页（绿十字社致艾滋病药物危害案）］；给癌症患者投入过量抗癌药剂致其死亡的主治医生、对治疗负有指导责任的医生、科长是过失犯的同时犯［埼玉地判平成15（2003）年3月20日刑集59卷9号1570页（埼玉医科大学案）］；怠于确认需要手术的患者和实际接受手术的患者是否是同一人，导致弄错了患者、做错了手术的病房值班护士、手术室值班护士、执刀医生、麻醉医生是过失犯的同时犯［東京高判平成15（2003）年3月25日刑集61卷2号214页（横滨市属大学附属医院案）］等。因为这些判决并没有明确表示否定共同正犯的成立（因为只是按照检察官的起诉来进行认定的），所以不能确定是否会否定共同正犯，[34] 不过可以推测，实务在相当程度上限定过失犯的共同正犯。

(三) 学说的状况

以前的学说中，犯罪共同说认为故意的共同是必要的，因此否定过失犯的共同正犯，而行为共同说肯定过失犯的共同正犯。但是现在，从（部分）犯罪共同说的立场出发也认为，只要共同实施了过失的实行行为，就能承认共同正犯。这已经成为一般的观点，因学说不同而出现的观点对立几乎不存在了。[35]

随着肯定过失犯共同正犯的观点成为通说，讨论的中心移到，什么样的

---

[34] 在诉讼法上，即使过失犯的共同正犯成立，也可以认定单独正犯。参见关于故意犯的最决平成21（2009）年7月21日刑集63卷6号762页。

[35] 参见大塚·281页；福田·273页等。最早探讨此问题的论文参见内田文昭『刑法における過失共働の理論』(1973年)。最近的论文参见山口厚「過失犯の共同正犯についての覚書」『西原春夫先生古稀祝賀論文集(2)』387页以下（1998年）；嶋矢贵之「過失犯の共同正犯論——共同正犯論序説(1)(2·完)」法学协会杂誌121卷1号77页，10号1657页（2004年）；金子博「過失犯の共同正犯について——『共同性』の規定を中心に」立命館法学326号26页以下（2009年）；内海朋子「過失共同正犯論について」刑法雑誌50卷2号135页（2011年）等。

情况下能够肯定共同正犯。关于这一点，有力的观点（恐怕是通说）与上述下级法院判决一样，复数人因相互利用、彼此补充而承担着共同的注意义务，实施了怠于履行注意义务的共同行为时，能够承认过失犯的共同正犯成立。[36]

即使在肯定说成为通说的今天，否定说也被有力地提出。其根据并不是像过去的否定说那样认为过失犯共同正犯在理论上不可能构成，而是一方面承认在理论上可能构成；另一方面主张，如果像通说那样要求"共同义务的共同违反"，就可以作为过失犯的同时犯来解决问题，因此，没有必要承认过失犯的共同正犯，承认过失的共同正犯也有可能导致过度处罚。[37] 此外，也有学者指出，因为没有关于过失犯共同正犯的特别规定，所以不能承认过失犯的共同正犯。[38] 但笔者认为，如果解释为，过失犯处罚的相关规定的适用范围以《刑法》第60条为根据可以扩张，那么《刑法》第38条的问题就不存在了。[39] * 因此，应该探讨的问题是，在满足什么要件的情况下能够承认过失犯的共同正犯，以及是否能够作为同时犯来处理。

（四）若干探讨

首先探讨的是，承认过失犯的共同正犯有什么现实意义。即使把过失犯的共同正犯限于"共同义务的共同违反"这种情况，也不能作为过失犯的同时犯来处理。否定过失犯共同正犯的学说认为，在世田谷区电话电缆案中，能够承认每个人不仅对自己的行为而且也对对方的行为负有注意义务。但是，对于不处于监督地位的人而言，难以承认其负有对他人行为的注意义务，因

---

[36] 内田·前注 [35] 60 页以下；藤木英雄「過失犯の共同正犯」研修263号13頁（1970年）；大塚仁「過失犯の共同正犯の成立要件」法曹時報43巻6号3頁以下（1991年）；橋本正博「過失犯の共同正犯について」研修743号10頁（2010年）；内海·前注 [35] 135 页；伊东·376 页；大谷·414 页以下；川端·539 页；佐久間·371 页；福田·270 页等。金子·前注 [35] 168-169 页认为，为共犯全体提供基础的"共同性"由共同义务的共同违反所表明，进一步会成为问题的是正犯和狭义共犯的区别。

[37] 参见井田·476 页；高桥·438 页。前田认为，设想出过失犯的共同正犯不是不可能，但应该尽可能地去认定过失单独正犯（前田·506 页）。

[38] 参见浅田·426 页。

[39] 参见山口·356 页。

　　* 第60条规定："二人以上共同实行犯罪的，全都是正犯。"第38条规定："没有犯罪故意的行为不处罚；但法律中有特别规定的情况除外。"——译者注

此，笔者认为，承认过失犯的共同正犯有现实的意义。[40] 此外，像共同决定那样的情况，如果不承认共同正犯关系，就难以承认决定行为与结果之间的因果关系或结果回避可能性，这也是有可能的。例如，在董事会全员一致决定销售有缺陷商品的情况下，即使有一个人反对，决定也不会被推翻。因此，就每一个董事而言，难以肯定其赞同与结果之间的条件关系，但如果作为共同正犯，就能够肯定了。[41] 进一步而言，关于过失身份犯，为了处罚无身份者，有必要作为共同正犯适用第 65 条第 1 款来处罚。[42]

假如构成同时犯是可能的，即便如此，承认共同正犯除了量刑上的意义之外，还有公诉时效（《刑事诉讼法》第 254 条第 2 款）和自诉的效力（《刑事诉讼法》第 238 条）等诉讼法上的意义。[43] * 因此，不能否定承认共同正犯的现实意义。

---

[40] 参见大塚裕史「過失犯の共同正犯」刑事法ジャーナル 28 号 14 頁（2011 年）；松原芳博「刑法総論の考え方（29）」法学セミナー 680 号 134 頁（2011 年）；山口・358-359 頁等。还有学者指出，有阻止他人犯罪的作为义务却没有作为的，原则上只成立帮助，而过失的帮助不可罚。也有学者指出，尚有讨论余地的是，是否能够在直接过失和监督过失中选择一个认定。参见松原・前注 134 頁。

[41] 参见松宫・270 頁。西田认为，承认过失犯的共同正犯时应该进行限定，只有在不能证明因果关系而不处罚又不合理的情况下，才能够承认（西田・384 頁）。

[42] 参见嶋矢貴之「過失競合と過失犯の共同正犯の適用範囲」『三井誠先生古稀祝賀論文集』209 頁注 5（2012 年）。

[43] 参见松原・前注 [40] 136 頁注 17。以下案件明确了这一点。2001 年 7 月在明石市举办的盛夏烟火大会上，发生拥挤踩踏，11 人死亡，183 人受伤。这是明石市人行桥案件。本案中，负责盛夏大会事务的明石市住民经济部部长甲、副部长乙、科长丙、明石警察局地区负责人兼此次盛夏大会的现场警备总部指挥官丁、与明石市签订合同全权负责警员部署的戊共五人以业务上过失致死伤罪被起诉，犯罪成立［神户地判平成 16（2004）年 12 月 17 日刑集 64 卷 4 号 501 頁］。丁和戊的上诉在二审和三审中均被驳回［最決平成 22（2010）年 5 月 31 日刑集 64 卷 4 号 447 頁］。此后，根据修改后的《检察审查会法》，明石市警察局副局长己在 2010 年 4 月被强制起诉了。但是，因为当时的公诉时效为 5 年（现在是 10 年，《刑事诉讼法》第 250 条第 1 款第 3 项），所以时效成立与否成为了问题。如果丁和己之间构成过失犯的共同正犯，时效就不成立（《刑事诉讼法》第 254 条第 2 款）。前述神户地方法院判决认为："市政府办事处相关被告人之间也同样，因为对本案盛夏大会的准备情况和当日情况的认识不同，本案事故发生的预见义务认定情况也不同。因此，被告人甲、乙、丙均不是过失犯的共同正犯，视为过失的竞合是相当的。"神户地方法院平成 25（2013）年 2 月 20 日判决否定了己的过失，己免于被起诉（朝日新闻 2013 年 2 月 21 日朝刊）。

* 《刑事诉讼法》第 254 条第 2 款规定："对一名共犯提起公诉时效的停止对其他共犯也有效力。"同法第 238 条规定："关于自诉罪，对一名或数名共犯提起自诉或取消的，对其他共犯也发生效力。"——译者注其次探讨的是，在理论上是否能够承认过失犯的共同正犯。如果能，其范围是否应该限于"共同义务的共同违反"。故意犯也好，过失犯也罢，既然要承认共同正犯，就必须具备共同正犯的要件。共同实际的事实——即作为结果发生的原因有重大贡献——作为共同正犯的要件，即使在过失犯的情况下，也是有可能得到承认的。问题是共同实行的意思。如果连引起结果的认识（故意）都要求共同，那么过失犯的共同正犯就会被否定。但是，要求故意共同的根据未必清楚，笔者认为，故意犯的要件和共同正犯的要件被混同了。有的学者以过失犯的情况下没有心理上的一体性为由否定过失犯的共同正犯。[44]但笔者认为，过失犯中，对共同实施实行行为，心理上的一体性也是有可能存在的，但对引起结果，没有理由要求心理上的一体性。[45]以下判断不恰当，即在施工现场，两个人从高处一起拿起石头往下扔时，如果认识到了（容忍）石头会砸中下面的人，就会成为共同正犯；否则，就不会成为共同正犯。

如果采用的立场是，同样来把握故意的共同正犯和过失的共同正犯，那么，笔者认为，从这一立场出发，"共同义务的共同违反"也不再是不可欠缺的要件。这是因为，故意犯的情况下，即使行为人承担着完全不同的任务，也可以成立共同正犯。[46]为了能够承认共同正犯，必须对结果有因果上的重大贡献。[47]进一步而言，从区分单独犯和教唆犯的观点出发，有学者指出，如果结果回避义务违反相关的意思联络不存在，或者相互促进彼此违反结果回避义务的相互作用不存在，就不能承认过失犯的共同正犯。[48]笔者认为，虽然相互作用的具体内容尚有讨论的必要，但基本上是妥当的观点。[49]

---

[44] 参见北川佳世子「我が国における過失共同正犯の議論と今後の課題」刑法雑誌38卷1号53頁（1998年）；曾根·285頁；高橋·438頁。

[45] 参见内田·前注[7] 259頁；金子·前注[35] 57頁以下。

[46] 参见林·405頁；嶋矢·前注[42] 214頁等。批评意见参见塩見淳「過失犯の共同正犯」法学教室385号70–71頁（2012年）。

[47] 参见山口·前注[35] 400頁；甲斐克則『責任原理と過失犯論』181頁（2005年）。松原认为，必须存在功能性行为支配和（被缓和认定的）意思支配。前者是指，通过其他行为人成为引起结果发生的原因，并且分担了不可欠缺的任务；后者是指，由合意的约束力而形成的意思支配（松原·前注[40] 134頁）。

[48] 参见嶋矢·前注[42] 214頁。

[49] 分类讨论参见西田等『注釈』848頁以下（島田聡一郎）；大塚仁＝佐藤文哉編『新実例刑法』348頁以下（杉田宗久）（2001年）。

五、不作为和共犯

关于不作为和共犯有两个问题：一是参与他人不作为的共犯；二是以不作为方式参与的共犯。[50]

（一）参与他人不作为的共犯

在真正身份犯中，身份由法律条文加以规定；在不真正身份犯中，通过解释来决定保障人地位。无论哪种身份都是违法身份，无身份者与有身份者共同，或者以有身份者作为中介，也能够实现构成要件该当事实（根据第61条第1款），因此，有可能成立不作为犯的共犯，包括共同正犯。[51] 如果教唆母亲不作为，就是不作为犯的教唆犯；只要能够认定意思联络，且是共同正犯，这个程度的参与就足以构成（共谋）共同正犯。

（二）以不作为方式参与的共犯

第一，必须注意的是，能承认共谋（和心理上的重要贡献）时，共谋共同正犯成立，[52] 不作为的共犯不会成为问题。[53] 公司有报告义务的情况下，共同经营者自己怠于报告时，如果有共谋，就是报告义务违反的共谋共同正犯；如果没有共谋，就是报告义务违反的同时犯。

第二，要成立以不作为方式参与的共犯，共犯行为人必须有保障人地位。[54]

---

[50] 参见神山敏雄『不作為をめぐる共犯論』（1994年）；西田典之『共犯理論の展開』135頁以下（2010年）；斉藤彰子「不作為の共同正犯（1）（2・完）」法学論叢147卷6号102頁以下（2000年），149卷5号25頁以下（2001年）；島田聡一郎「不作為による共犯について（1）（2・完）」立教法学64号1頁以下（2003年），65号218頁以下（2004年）等。

[51] 参见山口·361页。

[52] 例如，最高法院昭和23（1948）年6月22日判决（刑集2卷7号711页）认为，抢劫犯人胁迫被害人时，站在旁边的人是抢劫的共同正犯；最高法院平成15（2003）年5月1日决定（刑集57卷5号507页）承认，暴力团头目与其身边的保镖之间有共谋。最近一则受关注的案件中，共犯行为人同行至杀人现场。原判决认为，成立杀人罪的共谋共同正犯。与此相对，东京高等法院平成20（2008）年10月6日判决（判例タイムズ1309号292页）认为，应该承认以不作为方式参与杀人行为的共同正犯。判决那样的考虑方法也是可能的。但笔者认为，如果能够认定意思联络和对结果的重要贡献，承认共谋共同正犯也未尝不可。参见西田·357页。

[53] 西田·356–357页认为，如果有共谋和意思联络，会成立共谋共同正犯或帮助犯，因此，以不作为方式参与的共犯只能是片面共犯。

[54] 不过，排他性支配要件必须在共犯行为人之间整体判断。

1. 以不作为方式参与作为的情况

关于以不作为方式参与作为有三种观点。其一，原则上是正犯；[55] 其二，原则上是帮助；[56] 其三，把保障人地位分为保护义务和监督义务，以此为前提，承担着被害人保护义务的人是正犯，承担着监督义务的人是帮助。[57]

首先，原则上是正犯这种观点不妥当。保障人地位是担保作为和不作为等价值性的要件，不是担保正犯性的要件。例如，出借手枪是作为，成为帮助；而不拿回借出的手枪是不作为，成为正犯，上述这样的认定不均衡。[58]

以保护义务和监督义务进行区分的观点中也存在疑问。两种义务重合的情况存在；并且，既然最终会成为问题的是法益保护义务，那么，笔者认为，根据义务来源分别考虑是没有合理根据的。[59]

不作为的情况与作为的情况相同，也应该判断正犯性。倘若这样考虑，就应该根据因果上贡献的大小来区分正犯和帮助犯。相比以作为引起结果的人，以不阻止这种不作为的方式对结果有贡献的，通常是第二顺位的，应该解释为原则上只是帮助。如果认为例外的情况下可以成为正犯，那就是以下这种情况，即从以前开始就对作为者有心理上的约束，对此加以利用而让结果发生了。

如果认为原则上是帮助，那么母亲不去阻止第三方杀害自己孩子，就是帮助。而母亲眼看孩子要被野狗咬死却不进行阻止，（如果不承认无正犯的共犯）就是正犯。虽然上述判断中出现了不均衡的问题，[60] 但这也是无可奈何的。

实务中，以不作为方式参与作为的，罪责被认定为帮助。例如，大审院昭和19（1944）年4月30日判决（刑集23卷81页）认为：选举负责人对干涉选举的行为不进行阻止，构成干涉选举罪的帮助。大审院昭和19（1944）年4月30日判决（刑集23卷81页）认为：分配所依据的存折中记载的内容与事实不符，地区自治组织负责人却置之不理，构成诈骗罪的帮助。大阪地方法院昭和44（1969）年4月8日判决（判例时报575号96页）认为：不动

---

[55] 参见井田·493页。
[56] 参见内藤『下Ⅱ』1445页。
[57] 参见中义胜『刑法上の諸問題』356页以下（1991年）；高桥·473页等。
[58] 参见松原·前注［40］132页。
[59] 参见西田·360页；松原·前注［40］132页等。
[60] 井田·493页。上述文献认为，没有理由区分自然现象和第三方。

产的借用人没有通知所有人不动产侵夺的事实，构成不动产侵夺罪的帮助。大阪高等法院昭和62（1987）年10月2日判决（判例タイムズ672号246頁）认为：拐卖被害人、对其施加暴行和胁迫的共犯行为人中的一人没有阻止其他共犯行为人杀害被害人，构成杀人罪的帮助。札幌高等法院平成12（2000）年3月16日判决（判例時報1711号170頁）认为：母亲没有阻止丈夫对自己的儿子施加暴行，构成伤害致死罪的帮助[61]。[62] 对实务中这样的处理，还有一种理解是，判例不承认片面共同正犯，因此就成为帮助了。[63] 也许的确也有这方面的考虑，但笔者认为，解释为不作为正犯的同时犯也是有可能的，因此，有关正犯性的实质性判断也考虑在内了。实务中，上述大阪高等法院昭和62年10月2日判决认为："难以评价为与作为杀人之间有等价值性"，由此否定了不作为杀人罪（正犯）这一预备性诉因。*

认为原则上是帮助的学者也认为，第三方把自己的孩子推下池子离去后，母亲没有救助孩子的情况下，母亲是正犯。[64] 这是因为，如果解释为帮助必须促进正犯的实行行为，那就只可能是正犯。但是，如果解释为帮助只要促进结果发生即可，那么，笔者认为，统观因果经过全体，如果能将母亲的不救助评价为对结果的贡献是第二顺位的，就可以认定为帮助。[65] 笔者认为如下这样的判断不均衡：即从推下去的地方看着而不救助时，是帮助；从后面赶来而置之不理时，是正犯。

也有学者主张，不作为的人如果作为就确实能够避免结果发生时，是正

---

[61] 原判决［釧路地判平成1（1999）年2月12日判例時報1674号148頁］认为，为了能够承认不作为的帮助，必须证明"有作为义务的人虽然十有八九能够阻止犯罪实行，却置之不理"。而本判决认为，以不作为让正犯行为人的犯罪实行变容易的情况下，成立不作为的帮助。

[62] 以下法院判决中否定了帮助。一则案件中，借用他人商号所经营的饭店被用于卖春，被告人对此置之不理。在判断被告人责任时，原审判决认为，成立提供场所罪的帮助，而大阪高等法院平成2（1990）年1月23日判决（判例タイムズ731号244頁）撤销了原审判决，认定为无罪。在另一则案件中，甲公司电玩店游戏中心的工作人员知道了强行夺取的该电玩店货款的计划，但没有阻止。原审判决承认构成抢劫致伤罪的帮助，而东京高等法院平成11（1999）年1月29日判决（判例時報1683号153頁）撤销了原审判决，宣告无罪。

[63] 参见西田·357頁。

* 有两个以上犯罪事实时，诉讼时可以给这些犯罪事实排序。首先是起诉罪名，其次便是预备性诉因。——译者注

[64] 参见岛田·前注［50］立教法学64号51頁以下；松原·前注［40］132頁。

[65] 参见神山·前注［50］182-183頁；内海朋子「不作為の帮助をめぐる問題について」法学政治学論究56号12頁（2003年）等。

犯；有可能让结果发生变困难时，是帮助。[66] 的确，帮助只要在因果关系上促进了结果发生就足够了，但是，在存在条件关系的情况下可否一概认定为正犯，这是有疑问的。[67]

2. 以不作为方式参与不作为的情况

以不作为方式参与不作为的情况下，难以比较因果上贡献的程度，因此，原则上，无论哪一方其正犯性都能得到肯定。父亲和母亲一起不给孩子饭吃导致孩子饿死的情况下，如果有意思联络，就是不作为杀人的共同正犯；如果没有意思联络（通常难以考虑），就是不作为杀人的同时犯。

另一种情况是，保障人作为义务的强度是有差别的，也许可以考虑让这种差别体现在正犯性判断中。父亲有工作，不在家的时候居多，主要是母亲在照顾孩子的情况下，或者和母亲同居的情人也经常照顾孩子，能够肯定其保障人地位的情况下，[68] 有主要作为义务的人是正犯，从属性作为义务的人为帮助。[69]

无论怎样来考虑，几乎全部情况下都是肯定意思联络，共同犯罪成立。至今尚未见到过一例法院判决在故意的不真正不作为犯的案件中承认了同时犯。

---

[66] 西田・362頁。

[67] 参见松原・前注［40］136頁注11。

[68] 埼玉地方法院平成18（2006）年5月10日判决［平成17年（わ）第209号］承认不作为杀人的共同正犯。

[69] 斉藤・前注［50］法学論叢149卷5号40頁。上述文献指出，能够直接阻止结果发生的保障人是正犯，通过其他人能够间接阻止结果发生的保障人只会是狭义共犯。

事项索引

（条目后的数字为原书页码，见本书边码）

あ行

一般预防论，1，3
属于违法性阻却事由的事实错误，42
因果关系，45
因果关系错误，272
因果经过的预见可能性，302
韦伯的概括故意，276
报应刑论，1，317
过迟实现的构成要件，275

か行

扩张解释，24
过失，39，290
过失犯的共同正犯，424
避险过当，197
防卫过当，161
片面的共同正犯，383
片面的帮助，383
行政罚款，12
间接正犯，328，341
管理监督过失，305
危惧感说，292
危险接受，233
对象错误，258，261
客观归属论，46，60，72
旧过失论，291

急迫性，130，162
脱离共犯，388
共犯和身份，413
共犯的因果性，370
共犯的从属性，373
共谋共同正犯，393
胁从紧急避险，190
紧急避险，103，132，177
偶然防卫，99，138
具体符合说，257
具体的法定符合说，258，300
倾向犯，110
结果回避可能性，8，98，125，137，208，210，309，342，349
原因自由行为，325，335
故意，39，108，263
行为无价值，8，98，99，125，136，210，219，309，341，349
构成要件，31
构成要件故意，40
构成要件符合说，281
误想防卫过当，164
误想防卫，41

さ行

罪刑法定主义，17，34，81
罪名从属性，380，386，417

自救行为，122，133
自招危难，193
自招侵害，155
实行行为，60
实施了实行行为的从犯，408
实行的着手，61，338
实行从属性，374
质的过当，161
社会相当性，101
自由意思，2，6，317
主观违法要素，106
承继的共犯，385
条件关系，45，47
新过失论，291
心神丧失者、心神耗弱者，321，324
信赖原则，312
推定同意，227
制裁，11
正当防卫，114
责任故意，40
责任主义，2，25，317
责任能力，321
积极的加害意思，134，137，154
相当因果关系，45
相当因果关系说，63
相当性，191
处罚禁止溯及既往，17，19

た行

对向犯，420
对物的防卫，125
择一竞合，47，49
聚众犯，420
注意义务违反，291，294
中止犯，354
抽象事实错误，280

抽象的符合说，280
抽象的法定符合说，258，300
挑拨防卫，155
治疗行为，232
合理处罚原则，17
同意伤害，102
特别预防论，1，3，317

は行

排他性支配，88，89，93
过早实现的构成要件，276
判例变更的不溯及既往，20
被害人同意，103，200，223
必要共犯，420
表现犯，112
以不作为方式参与的共犯，431
参与他人不作为的共犯，430
不真正不作为犯，80
不能犯，348
防卫行为的相当性，140
防卫意思，136
法益相关联的错误，218
法益均衡，194
法确证的利益，117
帮助的因果关系，372
法定符合说，258
方法错误，260
法律主义，17
补充性，191
保障人地位，81

ま行

未遂的教唆，384
间接故意，236
明确性原则，17，26
目的刑论，1，3，5

目的犯，109

や行

缓和的决定论，319，320
优越利益，100，117
法所允许的危险，309
要素从属性，374

预见可能性，295

ら行

隔离犯，341
量的过当，161
类推解释，17，24

案例索引

（条目后的数字为原书页码，见本书边码）

[大审院]

大判明治 36 年 5 月 21 日（刑録 9 輯 874 頁），27
大判明治 37 年 5 月 5 日（刑録 10 輯 955 頁），421
大判明治 43 年 4 月 28 日（刑録 16 輯 760 頁），284
大判明治 44 年 3 月 16 日（刑録 17 輯 380 頁），424
大判大正元年 12 月 20 日（刑録 18 輯 1566 頁），201
大判大正 2 年 11 月 18 日（刑録 19 輯 1212 頁），362
大判大正 3 年 5 月 18 日（刑録 20 輯 932 頁），418
大判大正 3 年 10 月 2 日（刑録 20 輯 1764 頁），182
大判大正 3 年 12 月 24 日（刑録 20 輯 2618 頁），424
大判大正 6 年 9 月 10 日（刑録 23 輯 999 頁），352
大判大正 7 年 11 月 16 日（刑録 24 輯 1352 頁），61，341
大判大正 9 年 3 月 29 日（刑録 26 輯 211 頁），284
大判大正 11 年 4 月 18 日（刑集 1 卷 233 頁），395
大判大正 12 年 2 月 22 日（刑集 2 卷 107 頁），418
大判大正 12 年 3 月 23 日（刑集 2 卷 254 頁），418
大判大正 12 年 4 月 30 日（刑集 2 卷 378 頁），275
大判大正 12 年 5 月 26 日（刑集 2 卷 458 頁），65
大判昭和 3 年 3 月 9 日（刑集 7 卷 172 頁），432
大判昭和 3 年 6 月 19 日（新聞 2891 号 14 頁），116，140
大判昭和 4 年 4 月 11 日（新聞 3006 号 15 頁），53
大判昭和 6 年 12 月 3 日（刑集 10 卷 682 頁），321
大判昭和 9 年 8 月 27 日（刑集 13 卷 1086 頁），211
大判昭和 10 年 3 月 25 日（刑集 14 卷 339 頁），424
大連判昭和 11 年 5 月 28 日（刑集 15 卷 715 頁），395
大判昭和 12 年 6 月 25 日（刑集 16 卷 998 頁），361

| 案例索引

大判昭和 12 年 9 月 21 日（刑集 16 卷 1303 頁），366
大判昭和 12 年 11 月 6 日（大審院判決全集 4 輯 1151 頁），196
大判昭和 13 年 3 月 11 日（刑集 17 卷 237 頁），86
大判昭和 13 年 11 月 18 日（刑集 17 卷 839 頁），386
大判昭和 15 年 8 月 22 日（刑集 19 卷 540 頁），27
大判昭和 19 年 4 月 30 日（刑集 23 卷 81 頁），432

［最高法院］

最判昭和 23 年 3 月 16 日（刑集 2 卷 3 号 227 頁），244
最判昭和 23 年 4 月 17 日（刑集 2 卷 4 号 399 頁），339
最判昭和 23 年 5 月 1 日（刑集 2 卷 5 号 435 頁），284
最判昭和 23 年 6 月 22 日（刑集 2 卷 7 号 711 頁），431
最判昭和 23 年 10 月 23 日（刑集 2 卷 11 号 1386 頁），283
最判昭和 24 年 8 月 18 日（刑集 3 卷 9 号 1465 頁），131
最判昭和 24 年 11 月 17 日（刑集 3 卷 11 号 1801 頁），134
最判昭和 25 年 3 月 31 日（刑集 4 卷 3 号 469 頁），74
最判昭和 25 年 4 月 11 日（裁判集刑 17 号 87 頁），284
最判昭和 25 年 7 月 6 日（刑集 4 卷 7 号 1178 頁），409
最大判昭和 25 年 10 月 25 日（刑集 4 卷 10 号 2126 頁），9
最判昭和 26 年 9 月 20 日（刑集 5 卷 10 号 1937 頁），317
最決昭和 27 年 2 月 21 日（刑集 6 卷 2 号 275 頁），211
最判昭和 27 年 9 月 19 日（刑集 6 卷 8 号 1083 頁），418
最判昭和 28 年 1 月 23 日（刑集 7 卷 1 号 30 頁），424
最決昭和 28 年 12 月 24 日（刑集 7 卷 13 号 2646 頁），330
最判昭和 28 年 12 月 25 日（刑集 7 卷 13 号 2671 頁），197
最判昭和 30 年 10 月 14 日（刑集 9 卷 11 号 2173 頁），130
最判昭和 30 年 10 月 25 日（刑集 9 卷 11 号 2295 頁），134
最決昭和 32 年 9 月 10 日（刑集 11 卷 9 号 2202 頁），367
最判昭和 32 年 11 月 19 日（刑集 11 卷 12 号 3073 頁），417
最大判昭和 32 年 11 月 27 日（刑集 11 卷 12 号 3113 頁），317
最大判昭和 33 年 5 月 28 日（刑集 12 卷 8 号 1718 頁），395
最判昭和 33 年 11 月 21 日（刑集 12 卷 15 号 3519 頁），216
最判昭和 34 年 2 月 5 日（刑集 13 卷 1 号 1 頁），166
最大判昭和 34 年 8 月 10 日（刑集 13 卷 9 号 1419 頁），396
最判昭和 35 年 2 月 4 日（刑集 14 卷 1 号 61 頁），197
最判昭和 37 年 3 月 23 日（刑集 16 卷 3 号 305 頁），352

最決昭和 40 年 3 月 9 日（刑集 19 卷 2 号 69 頁），339
最判昭和 40 年 3 月 26 日（刑集 19 卷 2 号 83 頁），317
最決昭和 40 年 3 月 30 日（刑集 19 卷 2 号 125 頁），419
最判昭和 42 年 3 月 7 日（刑集 21 卷 2 号 417 頁），419
最決昭和 42 年 5 月 25 日（刑集 21 卷 4 号 584 頁），294
最判昭和 42 年 10 月 13 日（刑集 21 卷 8 号 1097 頁），312
最決昭和 42 年 10 月 24 日（刑集 21 卷 8 号 1116 頁），74
最決昭和 43 年 2 月 27 日（刑集 22 卷 2 号 67 頁），329
最判昭和 43 年 12 月 24 日（刑集 22 卷 13 号 1625 頁），421
最大判昭和 44 年 4 月 2 日（刑集 23 卷 5 号 305 頁），22
最判昭和 44 年 12 月 4 日（刑集 23 卷 12 号 1573 頁），141
最判昭和 45 年 1 月 29 日（刑集 24 卷 1 号 1 頁），110
最決昭和 45 年 7 月 28 日（刑集 24 卷 7 号 585 頁），339
最判昭和 46 年 6 月 17 日（刑集 25 卷 4 号 567 頁），74
最判昭和 46 年 11 月 16 日（刑集 25 卷 8 号 996 頁），134，136
最大判昭和 48 年 4 月 4 日（刑集 27 卷 3 号 265 頁），9
最大判昭和 48 年 4 月 25 日（刑集 27 卷 4 号 547 頁），23
最決昭和 49 年 7 月 5 日（刑集 28 卷 5 号 194 頁），74
最大判昭和 50 年 9 月 10 日（刑集 29 卷 8 号 489 頁），18
最判昭和 50 年 11 月 28 日（刑集 29 卷 10 号 983 頁），136
最判昭和 51 年 2 月 6 日（刑集 30 卷 1 号 1 頁），9
最判昭和 51 年 4 月 30 日（刑集 30 卷 3 号 453 頁），27
最決昭和 52 年 7 月 21 日（刑集 31 卷 4 号 747 頁），134
最決昭和 53 年 3 月 22 日（刑集 32 卷 2 号 381 頁），67
最決昭和 53 年 5 月 31 日（刑集 32 卷 3 号 457 頁），9，104
最判昭和 53 年 7 月 28 日（刑集 32 卷 5 号 1068 頁），266
最決昭和 54 年 3 月 27 日（刑集 33 卷 2 号 140 頁），281，417
最決昭和 54 年 4 月 13 日（刑集 33 卷 3 号 179 頁），380
最決昭和 55 年 4 月 18 日（刑集 34 卷 3 号 149 頁），299
最決昭和 55 年 11 月 13 日（刑集 34 卷 6 号 396 頁），102，203，224
最決昭和 57 年 7 月 16 日（刑集 36 卷 6 号 695 頁），398
最決昭和 58 年 9 月 13 日（判例時報 1100 号 156 頁），321
最決昭和 58 年 9 月 21 日（刑集 37 卷 7 号 1070 頁），324，376
最決昭和 59 年 3 月 27 日（刑集 38 卷 5 号 2064 頁），215
最大判昭和 60 年 10 月 23 日（刑集 39 卷 6 号 413 頁），26
最決昭和 61 年 6 月 9 日（刑集 40 卷 4 号 269 頁），284

最決昭和 62 年 7 月 16 日（刑集 41 巻 5 号 237 頁），22
最決平成元年 3 月 14 日（刑集 43 巻 3 号 262 頁），300
最決平成元年 6 月 26 日（刑集 43 巻 6 号 567 頁），390
最決平成元年 7 月 7 日（刑集 43 巻 7 号 607 頁），130
最決平成 2 年 11 月 16 日（刑集 44 巻 8 号 744 頁），306，426
最決平成 2 年 11 月 20 日（刑集 44 巻 8 号 837 頁），66
最決平成 2 年 11 月 29 日（刑集 44 巻 8 号 871 頁），306
最判平成 3 年 11 月 14 日（刑集 45 巻 8 号 221 頁），306
最決平成 4 年 6 月 5 日（刑集 46 巻 4 号 245 頁），378
最決平成 4 年 12 月 17 日（刑集 46 巻 9 号 683 頁），75
最決平成 5 年 11 月 25 日（刑集 47 巻 9 号 242 頁），306
最決平成 6 年 6 月 30 日（刑集 48 巻 4 号 21 頁），115，143
最判平成 6 年 12 月 6 日（刑集 48 巻 8 号 509 頁），173
最判平成 8 年 2 月 8 日（刑集 50 巻 2 号 221 頁），16，29
最判平成 8 年 11 月 18 日（刑集 50 巻 10 号 745 頁），20
最判平成 9 年 6 月 16 日（刑集 51 巻 5 号 435 頁），162，169，174
最決平成 12 年 12 月 20 日（刑集 54 巻 9 号 1095 頁），303
最決平成 13 年 10 月 25 日（刑集 55 巻 6 号 519 頁），211，324，376
最判平成 15 年 1 月 24 日（判例時報 1806 号 157 頁），53，312
最大判平成 15 年 4 月 23 日（刑集 57 巻 4 号 467 頁），358
最決平成 15 年 5 月 1 日（刑集 57 巻 5 号 507 頁），396，431
最決平成 15 年 7 月 16 日（刑集 57 巻 7 号 950 頁），74
最決平成 16 年 1 月 20 日（刑集 58 巻 1 号 1 頁），215，226
最決平成 16 年 3 月 22 日（刑集 58 巻 3 号 187 頁），277，340，345
最決平成 17 年 7 月 4 日（刑集 59 巻 6 号 403 頁），96，381
最決平成 17 年 11 月 15 日（刑集 59 巻 9 号 1558 頁），313
最決平成 19 年 3 月 26 日（刑集 61 巻 2 号 131 頁），313
最判平成 20 年 3 月 4 日（裁判集刑 293 号 683 頁），339
最判平成 20 年 4 月 25 日（刑集 62 巻 5 号 1559 頁），322
最決平成 20 年 5 月 20 日（刑集 62 巻 6 号 1786 頁），156
最決平成 20 年 6 月 25 日（刑集 62 巻 6 号 1859 頁），167
最決平成 21 年 2 月 24 日（刑集 63 巻 2 号 1 頁），167，171
最決平成 21 年 6 月 30 日（刑集 63 巻 5 号 475 頁），391
最決平成 21 年 7 月 21 日（刑集 63 巻 6 号 762 頁），426
最決平成 21 年 12 月 7 日（刑集 63 巻 11 号 2641 頁），304
最決平成 21 年 12 月 8 日（刑集 63 巻 11 号 2829 頁），322

最决平成 22 年 5 月 31 日（刑集 64 卷 4 号 447 頁），429
最决平成 22 年 10 月 26 日（刑集 64 卷 7 号 1019 頁），77
最决平成 24 年 2 月 8 日（裁時 1549 号 14 頁），77
最决平成 24 年 11 月 6 日（平成 24 年（あ）第 23 号），388

[高等法院]

東京高判昭和 25 年 9 月 14 日（高刑集 3 卷 3 号 407 頁），388
福岡高判昭和 28 年 1 月 12 日（高刑集 6 卷 1 号 1 頁），389
広島高判昭和 29 年 6 月 30 日（高刑集 7 卷 6 号 944 頁），215
大阪高判昭和 29 年 7 月 14 日（裁特 1 卷 4 号 133 頁），226
仙台高判昭和 30 年 9 月 13 日（裁特 2 卷 18 号 947 頁），417
名古屋高判昭和 31 年 4 月 19 日（高刑集 9 卷 5 号 411 頁），332
高松高判昭和 31 年 10 月 16 日（裁特 3 卷 20 号 984 頁），253
名古屋高判昭和 31 年 10 月 22 日（裁特 3 卷 21 号 1007 頁），425
広島高判昭和 32 年 7 月 20 日（裁特 4 卷追録 696 頁），426
東京高判昭和 35 年 7 月 15 日（下刑集 2 卷 7＝8 号 989 頁），284
広島高判昭和 36 年 7 月 10 日（高刑集 14 卷 5 号 310 頁），353
広島高判昭和 36 年 8 月 25 日（高刑集 14 卷 5 号 333 頁），255
仙台高判昭和 38 年 6 月 7 日（高刑集 16 卷 5 号 395 頁），254
札幌高判昭和 38 年 12 月 17 日（高刑集 16 卷 9 号 809 頁），238
東京高判昭和 39 年 8 月 5 日（高刑集 17 卷 6 号 557 頁），367
大阪高判昭和 40 年 6 月 7 日（下刑集 7 卷 6 号 1166 頁），226
東京高判昭和 41 年 3 月 30 日（判例タイムズ 191 号 200 頁），331
大阪高判昭和 41 年 9 月 24 日（下刑集 8 卷 9 号 1202 頁），332
東京高判昭和 42 年 4 月 11 日（判例タイムズ 210 号 218 頁），238
大阪高判昭和 44 年 10 月 17 日（判例タイムズ 244 号 290 頁），360，362
東京高判昭和 47 年 12 月 18 日（判例タイムズ 298 号 441 頁），340
札幌高判昭和 51 年 3 月 18 日（高刑集 29 卷 1 号 78 頁），294，313
大阪高判昭和 51 年 5 月 25 日（刑月 8 卷 4＝5 号 253 頁），295
東京高判昭和 52 年 3 月 8 日（高刑集 30 卷 1 号 150 頁），267，268
東京高判昭和 52 年 11 月 29 日（東高刑時報 28 卷 11 号 143 頁），226
東京高判昭和 54 年 5 月 15 日（判例時報 937 号 123 頁），333
仙台高秋田支判昭和 55 年 1 月 29 日（判例タイムズ 423 号 148 頁），144
福岡高判昭和 55 年 7 月 24 日（判例時報 999 号 129 頁），123
大阪高判昭和 56 年 9 月 30 日（高刑集 34 卷 3 号 385 頁），330
福岡高判昭和 57 年 9 月 6 日（高刑集 35 卷 2 号 85 頁），295

| 案例索引

東京高判昭和 57 年 9 月 21 日（判例タイムズ 489 号 130 頁），340
東京高判昭和 58 年 8 月 10 日（判例時報 1104 号 147 頁），207
東京高判昭和 60 年 10 月 15 日（判例時報 1190 号 138 頁），138
札幌高判昭和 61 年 3 月 24 日（高刑集 39 巻 1 号 8 頁），288
名古屋高判昭和 61 年 9 月 30 日（判例時報 1224 号 137 頁），425
大阪高判昭和 62 年 4 月 15 日（判例時報 1254 号 140 頁），146，155
大阪高判昭和 62 年 7 月 10 日（高刑集 40 巻 3 号 720 頁），386
東京高判昭和 62 年 7 月 16 日（判例時報 1247 号 140 頁），360
大阪高判昭和 62 年 7 月 17 日（判例時報 1253 号 141 頁），414
福岡高判昭和 62 年 8 月 17 日（判例時報 1258 号 140 頁），144
大阪高判昭和 62 年 10 月 2 日（判例タイムズ 675 号 246 頁），432，433
東京高判昭和 63 年 6 月 9 日（判例時報 1283 号 54 頁），143
福岡高宮崎支判平成元年 3 月 24 日（高刑集 42 巻 2 号 103 頁），221
東京高判平成元年 9 月 18 日（高刑集 42 巻 3 号 151 頁），148
大阪高判平成 2 年 1 月 23 日（判例タイムズ 731 号 244 頁），433
東京高判平成 2 年 2 月 21 日（判例タイムズ 733 号 232 頁），373
東京高判平成 6 年 6 月 6 日（高刑集 47 巻 2 号 252 頁），267，269
大阪高判平成 7 年 11 月 9 日（高刑集 48 巻 3 号 177 頁），376
大阪高判平成 10 年 3 月 25 日（判例タイムズ 991 号 86 頁），303
東京高判平成 10 年 3 月 25 日（判例時報 1672 号 157 頁），418
大阪高判平成 10 年 6 月 24 日（高刑集 51 巻 2 号 116 頁），197
大阪高判平成 10 年 7 月 16 日（判例時報 1647 号 156 頁），214，283
東京高判平成 11 年 1 月 29 日（判例時報 1683 号 153 頁），433
札幌高判平成 12 年 3 月 16 日（判例時報 1711 号 170 頁），432
大阪高判平成 13 年 1 月 30 日（判例時報 1745 号 150 頁），144
大阪高判平成 14 年 8 月 21 日（判例時報 1804 号 146 頁），426
名古屋高判平成 14 年 8 月 29 日（判例時報 1831 号 158 頁），390
大阪高判平成 14 年 9 月 4 日（判例タイムズ 1114 号 293 頁），268
東京高判平成 14 年 12 月 25 日（判例タイムズ 1168 号 306 頁），270
東京高判平成 15 年 3 月 25 日（刑集 61 巻 2 号 214 頁），426
広島高判平成 16 年 3 月 23 日（高刑集 57 巻 1 号 13 頁），340
東京高判平成 20 年 10 月 6 日（判例タイムズ 1309 号 292 頁），431

［地方法院］

東京地判昭和 37 年 3 月 17 日（下刑集 4 巻 3 ＝ 4 号 224 頁），361
静岡地判昭和 39 年 9 月 1 日（下刑集 6 巻 9 ＝ 10 号 1005 頁），277

秋田地判昭和 40 年 3 月 31 日（下刑集 7 卷 3 号 536 頁），426
京都地判昭和 40 年 5 月 10 日（下刑集 7 卷 5 号 855 頁），425
宇都宮地判昭和 40 年 12 月 9 日（下刑集 7 卷 12 号 2189 頁），341
東京地判昭和 40 年 12 月 24 日（判例時報 440 号 57 頁），254
新潟地判昭和 42 年 12 月 5 日（下刑集 9 卷 12 号 1548 頁），414
京都地判昭和 43 年 11 月 26 日（判例時報 543 号 91 頁），340
大阪地判昭和 44 年 4 月 8 日（判例時報 575 号 96 頁），432
德島地判昭和 48 年 11 月 28 日（判例時報 721 号 7 頁），294
広島地判昭和 49 年 4 月 3 日（判例タイムズ 316 号 289 頁），277，346
大阪地判昭和 51 年 3 月 4 日（判例時報 822 号 109 頁），332
高知地判昭和 51 年 3 月 31 日（判例時報 813 号 106 頁），130
松江地判昭和 51 年 11 月 2 日（刑月 8 卷 11＝12 号 495 頁），389
鳥取地判昭和 51 年 11 月 16 日（判例タイムズ 349 号 286 頁），143
横浜地川崎支判昭和 51 年 11 月 25 日（判例時報 842 号 127 頁），409
京都地舞鶴支判昭和 51 年 12 月 8 日（判例時報 958 号 135 頁），323，331
東京地判昭和 52 年 6 月 8 日（判例時報 874 号 103 頁），225
大阪地判昭和 52 年 12 月 26 日（判例時報 893 号 104 頁），226
大津地判昭和 53 年 12 月 26 日（判例時報 924 号 145 頁），409
大阪地判昭和 58 年 3 月 18 日（判例時報 1086 号 158 頁），334
横浜地判昭和 58 年 7 月 20 日（判例時報 1108 号 138 頁），277
大阪地判昭和 59 年 6 月 21 日（判例タイムズ 537 号 256 頁），368
福岡地判昭和 59 年 8 月 30 日（判例時報 1152 号 182 頁），409
東京地判昭和 60 年 3 月 19 日（判例時報 1172 号 155 頁），414
宇都宮地判昭和 60 年 5 月 15 日（刑月 17 卷 5＝6 号 603 頁），426
神戶地判昭和 61 年 12 月 15 日（判例タイムズ 627 号 218 頁），147
仙台地石巻支判昭和 62 年 2 月 18 日（判例タイムズ 632 号 254 頁），225
東京地判昭和 62 年 9 月 16 日（判例タイムズ 670 号 254 頁），111
東京地八王子支判昭和 62 年 9 月 18 日（判例時報 1256 号 120 頁），142
岐阜地判昭和 62 年 10 月 15 日（判例タイムズ 654 号 261 頁），353
東京地判昭和 63 年 7 月 27 日（判例時報 1300 号 153 頁），410
東京地判平成元年 3 月 27 日（判例時報 1310 号 39 頁），373
大阪地判平成元年 5 月 29 日（判例タイムズ 756 号 265 頁），330
大阪地判平成 2 年 4 月 24 日（判例タイムズ 764 号 264 頁），389
東京地判平成 2 年 10 月 12 日（判例タイムズ 757 号 239 頁），417
大阪地判平成 3 年 4 月 24 日（判例タイムズ 763 号 284 頁），148
長崎地判平成 4 年 1 月 14 日（判例時報 1415 号 142 頁），334

東京地判平成 4 年 1 月 23 日（判例時報 1419 号 133 頁），425
浦和地判平成 4 年 2 月 27 日（判例タイムズ 795 号 263 頁），367
大阪地判平成 4 年 9 月 22 日（判例タイムズ 828 号 281 頁），283
新潟地判平成 5 年 1 月 26 日（判例タイムズ 813 号 252 頁），211，216
名古屋地判平成 7 年 7 月 11 日（判例時報 1539 号 143 頁），143
大阪地判平成 7 年 10 月 6 日（判例タイムズ 893 号 87 頁），303
千葉地判平成 7 年 12 月 13 日（判例時報 1565 号 144 頁），233
東京地判平成 8 年 6 月 26 日（判例時報 1578 号 39 頁），190
東京地判平成 9 年 7 月 15 日（判例時報 1641 号 156 頁），335
大阪地判平成 9 年 8 月 20 日（判例タイムズ 995 号 286 頁），386
釧路地判平成 11 年 2 月 12 日（判例時報 1675 号 148 頁），433
横浜地判平成 11 年 10 月 6 日（判例時報 1691 号 158 頁），207
大阪地判平成 12 年 2 月 24 日（判例時報 1728 号 163 頁），426
東京地判平成 12 年 12 月 27 日（判例時報 1771 号 168 頁），425
東京地判平成 13 年 3 月 28 日（判例時報 1763 号 17 頁），298
大阪地判平成 13 年 3 月 29 日（刑集 59 巻 8 号 1170 頁），417
東京地判平成 13 年 7 月 12 日（判例タイムズ 1083 号 288 頁），283
大分地判平成 14 年 11 月 22 日（LEX/DB28085218），217
埼玉地判平成 15 年 3 月 20 日（刑集 59 巻 9 号 1570 頁），426
旭川地判平成 15 年 11 月 14 日（LEX/DB28095059），389
神戸地判平成 16 年 12 月 17 日（刑集 64 巻 4 号 501 頁），426，429
埼玉地判平成 18 年 5 月 10 日（平成 17 年（わ）第 209 号），434
神戸地判平成 25 年 2 月 20 日（未在判例集中刊登），429

［简易法院］

佐世保簡略式命令昭和 36 年 8 月 3 日（下刑集 3 巻 7 = 8 号 816 頁），425
越谷簡判昭和 51 年 10 月 25 日（判例時報 846 号 128 頁），426

译后记

独立发展中的日本现代刑法学

一、原著的整体定位

原著的内容是，基于判例和学说，针对刑法总论之犯罪论中主要课题的讨论。一方面，本书没有把刑法总论的所有内容网罗殆尽，也没有把罪数论和刑罚论纳入其中。在这个意义上，原著的定位并非刑法总论教科书。但是，另一方面，佐伯教授基于其对犯罪论体系性构架的理解，依次选取构架此体系的每一个节点上最为核心也即刑法解释中最有争议的课题展开讨论。在这个意义上，原著的内容属于刑法总论教科书中不可缺少的部分，同时又属于对教科书中精华论点和争点的荟萃和评析。因此，原著在日本可以满足不同层次的刑法学习者、研究者和实务人士的阅读需求。

关于佐伯教授的立场，战后日本的刑法学说在讨论违法论相关问题时的确存在"结果无价值"和"二元行为无价值"两派学说的对立。佐伯教授虽然在日本刑法学派谱系中仍应归为结果无价值论一派，[1] 但其在构建自说和分析问题的过程中，不拘泥于两派学说的程式化对立，始终保持着中立、公平、独立的立场。佐伯教授站在这种更为超然的立场上，通过分析思维方式以及应用于个案中的现实效果来说明，虽然两派学说分析问题时采用的逻辑体系不同，但这种不同并不妨碍得出恰当的结论。佐伯教授采取中立、公平和独立的立场并非中庸或"打太极拳"，其鲜明的见解早在 2001 年和 2006 年《理论刑法学的最前沿》第一册（刑法总论中的课题）和第二册（刑法分论

---

[1] 作者为已故日本刑法学泰斗平野龙一教授的关门弟子，与山口厚教授和已故西田典之教授师出同门。上述三位学者的刑法学著书或总论教科书皆已被翻译为中文，在我国出版。黎宏译：《刑法学的基础》（平野龙一著），中国政法大学出版社 2016 年版；王昭武译：《刑法总论（第 2 版）》（西田典之著），法律出版社 2013 年版；付立庆译：《刑法总论（第 2 版）》（山口厚著），中国人民大学出版社 2011 年版。

中的课题）出版时就已赫然立于两派学说之中而独树一帜。佐伯教授与结果无价值论一派的巅峰学者山口厚教授[2]、二元行为无价值论一派的巅峰学者井田良教授[3]三人合作完成这两册著书。[4] 三位学者在每一个章节都就同一个课题，基于自说展开论述，并针对对方观点中的薄弱环节和可质疑点进行互相批评，共同探讨，由此将理论刑法学推上了一个新的境界。佐伯教授在上述第一册书出版之后磨砺自说，于 2004 年 – 2006 年间在日本刑法学顶尖杂志《法学教室》上连载《刑法总论的思之道·乐之道》的专题论文。其在 2013 年将连载论文结集成册出版本书原著之际，又吸收了连载论文出版后出现的新判例、学界对连载论文的褒贬意见，并给予有力的回应和解说，因此，现在呈现于本书的观点都是被磨砺过、经沉淀过的，立得住、站得稳。如果说在 2001 年时佐伯教授已然站在了理论刑法学的最前沿，那么从观点的发展和进化角度而言，本书原著的出版则标志着其向刑法理论最前沿之再前沿的推进。

关于佐伯教授的写作风格，主要有两个亮点。其一，姑且不说"结果无价值论"和"二元行为无价值论"的对立趋于程式化，即使在违法论中采用的是同一派学说，在解决具体问题的过程中采用的观点和得出的结论也难免有所不同。而对于违法论及其波及领域之外的问题，判例的观点和学者的观点之间、学者们解释判例的观点之间、学者们的观点之间就存在着更多的分化和对立。佐伯教授围绕各个课题，采用初学者也能够理解的方式，对错综复杂的观点及其表达出来的思维方式、特定思维方式背后艰深的刑法学原理进行了条分缕析的总结和剖析，在日本刑法学文献中堪称"真佛只说家常话"的典范。其二，佐伯教授没有采用教科书的写作程式去面面俱到地介绍所有，甚至包含那些已经被淘汰或没落的观点，也没有过分重复那些在日本刑法学界已经或基本能够达成共识的观点。佐伯教授以当今日本刑法学中仍有判例支持、仍有学者坚持采用的观点为讨论对象，在论述中不断地展现出不同观点和思维方式之间的对抗和碰撞，如绝顶高手华山论剑，琳琅满目的招式加

---

[2] 山口厚（1953 年 11 月 6 日 –），现任日本最高法院大法官，曾任东京大学刑法学教授（1992 – 2014），曾任早稻田大学刑法学教授（2014 – 2017）。

[3] 井田良（1956 年 2 月 9 日 –），现任中央大学刑法学教授，曾任庆应大学大学刑法学教授（2004 – 2016）。

[4] 山口厚·井田良·佐伯仁志『理論刑法学の最前線』（岩波書店 2001 年版）；同『理論刑法学の最前線（2）』（岩波書店 2006 年版）。

之十足的对抗性也增加了刑法学习和思考的乐趣。在此，考虑到原著的中文翻译版也将有不同层次的读者群，译者在中文版中酌情增添了译者注，目的在于"提示功法渊源""拆解各路招数"，以助初学者更容易看清招式，进阶者更容易看懂门道。

二、日德刑法的剥离

从 20 世纪八九十年代开始，中日刑法学交流进入了活跃期。在此后的二十多年间，中国一线刑法学者赴日学习，将日本刑法学带回中国。中国学者在研习日本刑法学的过程中也意识到，日本刑法学在发展过程中深受德国刑法学的影响。因此，在不甚清楚日、德刑法学区别的情况下，相当长时间内，中国学者习惯于将从日本刑法学中得到的观点以"德日刑法"的观点来称谓。在最近的十年间，伴随着中德刑法学交流的逐步展开，中国刑法学者在学习、比较和对照的过程中开始认识到，日、德刑法的确存在着不同。

日、德刑法的剥离对于中国刑法学者恰当精准地观察日本乃至德国刑法都具有重要的意义。在这一点上，原著在关键问题的解说中有意识地提示日、德刑法的区别，表明日本学者在选择时采取的立场和背后的原理，这些信息对于中国读者也极具理论价值。鉴于这部分信息散布在各个章节，比较零碎，译者在说明时会加以归纳和整理，酌情补充背景知识。

（一）法条规定和日本刑法学的发展

在立法的层面上，日本刑法典中的规定有多国刑法的影子。日本的近代化以 1868 年的明治维新为标志。1880 年出台的《旧刑法典》仿照了当时的法国刑法典，同时参照了比利时、德国、意大利等其他欧洲国家的刑法典。日本在 1907 年制定新的《刑法典》（即现行《刑法典》）时，德国刑法学在日本已具有压倒性影响力。尽管如此，现行刑法典仍是参照欧洲多国刑法典的产物，并非只参考某一特定的国家。[5] 日本现行刑法典中的法条规定与德国刑法典中的法条规定存在诸多差别，而刑法法规为刑法解释的可及范围预先设定了边界，这是源自于罪刑法定的基本要求。原著在评析如下几个问题时对这一点有所提示。

1. 不纯正不作为

立法者在书写分论条款时通常会把犯罪行为写成作为的形式。援用这些

---

[5] 井田良「外国法（学）の継受という観点から見た日本の刑法と刑法学」『日本法の中の外国法 ―基本法の比較法的考察―』140–141 頁（早稲田大学比較法研究所、2014）。

条款来处罚不纯正不作为时，日本学者会非常小心地考察是否违反了罪刑法定原则。在说明这个问题时，日本学者会提出德国《刑法》第13条第1款。根据此规定，允许将以作为形式书写的罚则类推适用于不作为，这种类推是立法的授权。与此相对，日本《刑法》中没有类似的规定，因此，在依据分论条款处罚不作为时，应该受到罪刑法定原则的限制。具体而言，只有分则条款中定义行为的措辞含义中可以包含不作为时，依据此条款来处罚不作为才不会违反罪刑法定原则，具体参见第六章二。

2. 紧急避险的性质

紧急避险行为不构成犯罪。在三阶层的犯罪构成论中，紧急避险阻却犯罪的根据可以有两个：一是阻却违法性，二是阻却责任。

德国《刑法》第34条和第35条分别规定了这两类紧急避险。前者要求，被保护的法益必须显著优越于被侵害的法益；后者没有上述要求，但只适用于"为了保护自己、亲属或其他与自己关系密切者的生命、身体或健康"而实施的紧急避险。日本《刑法》只有第37条这一个条文来规定紧急避险。然而，部分日本学者参照德国模式，将阻却犯罪的紧急避险在法解释上拆分成上述两种，在一命换一命的案件中承认阻却责任的紧急避险。但是，对于阻却责任的紧急避险，在适用范围上若不加限制，其适用范围就比德国《刑法》第35条规定的紧急避险适用范围广；若加以限制，就是在法解释中添加法律条文中没有的内容，限制条文的适用范围，这也不甚妥当。佐伯教授在第十一章二（二）中对此进行了说明。现在学说中的有力学说仍然是坚持，紧急避险只能是违法性阻却事由。即使保护利益不比受威胁的利益更为优越，也仍然可以肯定紧急避险是违法性阻却事由。佐伯教授指出，日本《刑法》第37条规定的是，没有造成程度更为严重的损害，就是紧急避险。以此规定为前提，采用上述立场是可能的。如果采用的是这种立场，那么，显然在日本阻却违法的紧急避险的范围就会比德国同类紧急避险的范围更广。译者认为，宜将这种解释的结果理解为立法的结果。

3. "违法连带、责任个别"规则

虽然日本的犯罪构成论与德国相同，但是，与德国不同的是，日本《刑法》的法条中并未出现"构成要件"、"违法"等用语。在刑法总论中，"责任"只在"责任年龄"中出现过一次，这有时会给日本刑法解释带来些麻烦。例如，在共同犯罪的"要素从属性"相关讨论中，经常提及的一类案件是，有刑事责任能力者唆使未成年人实施盗窃、抢劫等犯罪时，如何认定前者的罪责。历史上，日本最高法院按照"间接正犯"进行处罚，由此可以推测出，法院采用的立场是"极端从属说"。采用这种立场的情况下，由于未成年人的行为不具有有责性，如果把唆使者的行为视为共犯行为，那么就不得对其进行处罚。为了弥补处罚的漏洞，只能将唆使者的行为视为间接的正犯行为。但是，这样处理的问题在于，即使是未成年人，在实施盗窃等犯罪时，也可以期待其认识和理解自己行为的性质，因此，将其作为道具来对待不具有合理性。在这种讨论的基础上，"限制从属说"得到了发展。目前，判例的立场已经发生了转变，学界也普遍接受了从属性判断中"违法连带、责任个别"这一规则。

但是，在日本，采用"限制从属说"可能遇到的障碍是，日本《刑法》第61条对教唆犯的规定是，"教唆、使他人实行犯罪的人"，这里使用的措辞是"犯罪"。"极端从属说"是对条文最直接的解释，而同样的障碍在德国却不存在。这是因为，德国《刑法》第26条对教唆犯的定义是，"故意教唆他人故意实施违法行为的人"，这里使用的措辞是"违法行为"。在日本，为了采用"限制从属说"，就应该允许将条文中的"犯罪"柔软地解释为"该当构成要件的违法行为"。佐伯教授在第二十章二（二）2中强调了这一点。

（二）判例和日本刑法学的发展

日本的判例在规则的创设和形成方面发挥着举足轻重的作用。判例虽然不是法律，却对此后下级法院的判决具有事实上的约束力。[6] 刑法学者在分析和解释判例时会吸收判例创设的裁判规则，在理论上加以发展，提出概念。典型的例子是"可罚的违法性"和"共谋共同正犯"。现在，日本刑法学研究和司法实务之间的沟通障碍不断得到改善，刑法解释更多地围绕本国的案件和司法判决展开。这也是日本刑法学逐渐脱离对德国刑法学依赖的重要原因。

1. 可罚的违法性

刑法上的违法性与其他部门法中的违法性是否相同？此问题的答案在日、德是截然不同的。

在德国，通说采用的立场是"违法性一元论"，即刑法以及其他部分法中的违法性是相同的，根据是法秩序的统一性。但是，这并不意味着，在德国，

---

[6] 日本的判例制度详细参见译者拙文"日本判例的先例约束力"，载《华东政法大学学报》2013年第3期，第41页以下。

无论违法行为侵害的法益多么轻微都会发展为刑事案件。德国《刑事诉讼法》第 153 条 a 明确规定，当处罚某一行为不会引起公众兴趣时，检察官可以免于起诉此行为。在日本，刑法上的违法性必须是达到了值得刑罚处罚程度的"可罚的违法性"。由于刑法中的违法性与其他部分法中的违法性不同，因此，这种立场被称为"违法性多元论"。[7]"可罚的违法性"在检察官决定是否起诉阶段就发挥着作用。不同于德国的法定起诉制度，日本采取的是起诉犹豫制度，在争议行为对法益的侵害程度过于轻微，即使起诉也难以被认定为犯罪的案件中，检察官有权决定不起诉。日本刑事案件的有罪率常年高于 99.9%，这客观地表明了日本检察官自由裁量权之大。[8] 由此可见，无论是否采用"可罚的违法性"概念都不会给个案的处理结果带来本质性影响，但处理的原理却有所差别。

上述是从入罪的视角来说明"可罚的违法性"。从出罪的视角来说，佐伯教授着重解释的一个问题是，紧急避险在阻却违法性时是否应该区分为阻却全部的违法性和阻却刑法上的可罚的违法性两种情况。后者的依据是，避险人在有的情况下需要承担民法上的损害赔偿责任。如果真的存在后者，那么避险的受害方或第三方可以针对避险人进行正当防卫（正当防卫的对象是具有违法性的行为，不限于具有可罚的违法性的犯罪行为）。佐伯教授在第十一章二（三）中有理有据地论证了不能仅以损害赔偿有无来判断紧急避险的性质，而应该将紧急避险理解为以对被害人的损害赔偿为前提来承认违法性阻却的制度。这就意味着，无论避险人是否要承担民法上的损害赔偿责任，避险的受害方或第三方都不得对避险人进行正当防卫。

2. 共谋共同正犯

"共谋共同正犯"也是日本刑法中特有的概念，要理解这一概念，需对共同犯罪的整体情况有基本的认识。

德国《刑法》明文规定了间接正犯（第 24 条第 1 款后段）、共同正犯（同条第 2 款）、教唆犯（第 26 条）、帮助犯（第 27 条）。日本《刑法》只明文规定了"共同正犯"（第 60 条）、教唆犯（第 61 条）、帮助犯（即从犯，第 62 条第 1 款）。在刑法理论中，德国刑法和日本刑法都区分正犯和共犯，

---

[7] 日本的违法性多元论详细介绍参见译者拙文"论违法性之'法'的多元解释"，载《河北法学》2008 年第 10 期，第 14 页以下。

[8] 参见译者拙文"日本轻微犯罪处理机制的经验与启示"，载《交大法学》2015 年第 4 期，第 142–143 页。

两者的区别是，是否以自己的行为独立满足刑法分论中构成要件的要求。共同正犯虽然冠以"正犯"之名，但在多人的行为共同满足刑法分论中构成要件的要求这一点上，与教唆犯和帮助犯具有共通性，因此，在分类上，日本学者把教唆犯和帮助犯称为"狭义的共犯"，把共同正犯和狭义的共犯合并在一起称为"广义的共犯"。日本《刑法》中只规定了广义的共犯。德国《刑法》除了广义的共犯，还单独规定了间接正犯；并且在第 24 条第 1 款前段中，与间接正犯并列规定了单独正犯。间接正犯是对正犯概念的扩张，表明正犯性有无不取决于是否"亲自"实施了刑法分论规定的行为。在德国的刑法解释中，如何划定间接正犯的范围是非常重要且困难的问题。与此相对，在日本，不仅《刑法》中没有明文规定间接正犯，而且在刑事司法实践中，间接正犯也并非是重要的问题。主要原因有如下三点。

第一，在日本的司法实践中，关于共犯的"要素从属性"，"极端从属说"已经不再被采用。因此，在成年人教唆或胁迫未成年人实施盗窃或抢劫犯罪等案件中，成年人作为教唆犯或共同正犯来承担责任，间接正犯不会成为问题。

第二，唆使、帮助自杀的案件中，德国刑法分论中没有相关的处罚条款。因此，在刑法解释中，唆使自杀者是否应该承担间接正犯的刑事责任会成为问题。与此相对，日本刑法分论直接规定了教唆自杀行为构成独立的犯罪，因此相关讨论在日本刑法中基本不存在。

第三，日本刑法的共同犯罪论中存在着"共谋共同正犯"这一特有的概念，这是德国刑法中没有出现过的概念。这一概念是从日本判例中发展出来的。佐伯教授在第十一章二中对共谋共同正犯的学界讨论和判例情况进行了独到的评析。共谋共同正犯区分为支配型和任务分担型，与德国刑法中的间接正犯可以进行比较的是前者。换个角度而言，德国刑法学者罗克信教授提出的"利用组织支配的间接正犯理论"，在德国的判例和学说中得到了显著的发展。但此类犯罪在日本的讨论是在共谋共同正犯的框架下展开的。因此，与德国刑法中间接正犯的认定困难不同，日本刑法中是共谋共同正犯的认定困难。根据译者的个人理解，在认定犯罪集团和犯罪组织的头目或首要分子的罪责时，德国刑法似乎是基于间接正犯的概念，通过正犯的扩张来提供处罚依据；日本刑法似乎是基于共谋共同正犯的概念，通过对共犯概念的再度扩张（从狭义的共犯到广义的共犯是扩张，把共谋共同正犯纳入到广义的共犯之中是再度扩张）来提供处罚依据。

（三）功能性借鉴和日本刑法学的发展

日本刑法学在发展过程中虽然受到德国刑法学的强烈影响，但并非是直接"进口"德国刑法学中的理论、概念，而更多地是从理论概念在解决问题中所发挥的功能入手，选择性地汲取德国刑法学中的养分。

1. 故意的体系性位置

犯罪构成论所解决的问题是，一个行为满足什么条件，换言之，具有了哪些构成要素就可以构成犯罪。日本完全接受了德国的三阶层犯罪论体系，但是，在内部设计上有所差异。在日本的三阶层体系中，故意最初被视为责任要素。这种观点也同样存在于二十世纪初的德国刑法当中。到二十世纪中期之后，在德国刑法中，故意的体系性位置开始发生变化，从责任要素中被抽离出来，重新被定义为违法要素，并且作为违法要素的同时也是行为构成要素。此后，三阶层体系中的违法要素不再是纯然客观的，责任也不同于其最初的含义。

故意的体系性位置的新变化也被介绍到了日本。然而，至今为止，在日本刑法学中，围绕故意的体系性位置存在两种对立的观点。以井田良教授为代表的多数学者完全接受了德国刑法的新立场，而以山口厚教授、佐伯仁志教授为代表的少数学者仍然坚持认为，故意是责任要素。佐伯教授与山口教授的观点又有所区别，如佐伯教授在第三章五（一）中所指出的那样，一方面，因为重视构成要件对于罪刑法定原则实现的保障功能，所以在无故意的行为不能构成故意犯罪这个意义上，故意在构成要件阶段考虑有意义；但是，另一方面，故意从根本上仍然是责任要素。[9]

然而，值得注意的是，即使主张故意是责任要素，也并非必然认为违法要素全部是客观要素。佐伯仁志教授同意区分行为意思与故意，前者是行为构成要素，可以作为违法要素认定。区分的依据是，是否作为违法要素取决于是否能够提高法益侵害的危险，故意并不必然具备这样的功能，而行为意思具备这样的功能。例如，佐伯教授在第七章三（二）的最后部分中举例指出，当行为人把人错误当成熊，准备开枪射击时，虽然没有杀人的故意，但是，只要有扣动板机的行为意思，那么针对被害人生命的危险就客观存在了。在此，决定行为危险的是行为意思，而不是故意。此外，因为这种观点把行

---

[9] 更为详细的论述参见山口厚・井田良・佐伯仁志『理論刑法学の最前線』98 頁、125 頁以下（岩波書店 2007 年版）。

为意图和故意区分开来了，所以影响行为意图的动机虽然不是刑法分论条文所规定的构成要素，但在判断行为的危险时是否也需要考虑在内就会成为问题。佐伯教授在第十九章二（三）3中讨论强奸着手的判断时对此有所提示。

根据译者的理解，从佐伯教授的论述中可以受到的启发是，故意的体系性位置相关讨论的重要意义主要不在于是否在体系上承认故意是违法要素，而在于为什么要将主观要素作为行为构成要件并放在违法性判断阶段来考虑。日本学者在学习德国刑法时显然认真思考过这个问题。

2. 因果关系论

功能性借鉴的更加典型的例子是因果关系论。因果关系论的任务在于，从客观层面说明在什么范围内划定值得刑法非难的对象。为了说明这一问题，日本采用的判断框架是"相当因果关系说"；德国是"客观归属论"。日本学者对后者有精深的研究却没有允许后者彻底替代前者。

（1）事实判断。无论采用哪一种判断框架，作为前提都必须首先证明，行为与结果之间有事实性关联，其最初采用的是"条件关系公式"。但是，在假定性因果关系和选择性因果关系成为问题时，依据此公式会得出不恰当的结论。

日本刑法学在解决问题时采用的办法是修正条件关系公式。修正的方法则是源自于德国刑法学者的贡献。对前者的修正是，"禁止假定事实上未发生的事实"，这是由 Spendel 提出的修正方法。对后者的修正是，一个行为不存在了，结果仍然会发生；但是，如果两个行为同时不存在了，结果就不会发生了，在这种情况下，应该肯定两个行为与结果之间的事实性关联。这是德国学者 Traeger 所主张的，因记载于 Welzel 的教科书而流传开来的观点。[10]

在最近的研究中，日本刑法学者不得不针对上述修正进行再度修正。针对前者，佐伯教授在第四章二（一）2中指出了修正的内容是，在不作为和救助性因果关系中断的案件中，例外地允许"假定事实上未发生的事实"。所假设的事实是法律上期待不作为者或有救助义务者实施的行为。针对后者，存在的问题在于，鉴于两名犯罪嫌疑人不是共同犯罪，即使允许假设两方同时不存在，也至少需要满足的前提是，两方都对结果的发生有原因力。但是，此类案件中判断之所以困难，正是因为无法判断两方是否都对结果有原因力。佐伯教授在第四章二（一）3中对通说的问题——指正，提示宜作为犯罪未

---

[10] 川端博・日高義博・林陽一「因果関係論の課題と展望」現代刑事学2001年26号34頁。

遂追究两方的刑事责任。

鉴于条件关系公式的缺点,现在,德国刑法通说已经弃用条件关系公式,而采用"合乎法则性条件公式"。这一公式也被介绍到日本。目前,日本学者中出现了两种态度。一是无需进口此公式。佐伯教授在第四章二(二)中明确表示采用此立场。理由在于,通过如上对"条件关系公式"的不断、反复修正,依据日本现在的方法进行判断就是如"合乎法则性的条件公式"所倡导的那样基于科学法则和经验法则进行判断,因此,没有必要特地换一个称谓。二是放弃"条件关系公式",接受德国的"合乎法则性条件公式"。但是,即使是此类学者的代表者井田良教授也不得不承认,采用日本目前经修正过的"条件关系公式"得出的结论和采用"合乎法则性条件公式"得出的结论并无不同,只是基于"采用后者会让判断更为明快"的意义上才支持采用后者。[11] 对此,佐伯教授却不以为然,认为倘若望文生义地理解"合乎法则性",反而会导致判断标准过宽或过窄等新问题。

(2)规范判断。以事实判断中的肯定结论为前提的规范判断才是因果关系论的核心和难点。在日本,相当因果关系说的框架下解决的核心问题是,其他可以成为结果发生条件的因素介入之后,是否切断了争议行为与结果之间的因果链条。争点是,参照社会生活中的一般经验,介入因素是否异常。判处时采用的是事实性判断标准,但此标准的缺点在大阪南港案件中已凸显出来。与此同时,德国的客观归属论被引入到日本。但是,包括佐伯教授在内的众多学者反对以客观归属论替代相当因果关系论,但即便如此,他们在解释和判断"相当性"时,也借鉴和采纳了客观归属论中的规范性判断规则。

首先,在客观归属论适用中,第一阶段的判断任务是,行为是否创设了法所不允许的危险。在日本,相当因果关系论与实行行为相互结合,来限制非难对象的范围。实行行为作为因果关系的起点,其相关判断与客观归属论第一阶段的判断相对应,可参见第六章二。

其次,虽然客观归属论将第二阶段的判断任务笼统地称为"危险的实现",但在具体判断中,也不得不区分不同的案例群组以分别适用判断规则。因此,一方面,在应对具体案件时个别性借鉴客观归属论中的判断规则是完全可能的。另一方面,客观归属论的核心任务在于归责,只要与归责有关的问题都有可能纳入到客观归属论之中,这造成该理论涵盖内容过度宽泛,如

---

[11] 井田良「因果関係の理論」現代刑事法 1999 年 4 号 65 頁。

果全部纳入到因果关系论中会导致其体系上的过度臃肿，对此的概括性评价参见第五章四（三）。

具体而言，例如，风险降低类案件在客观归属论的框架下解决时，法所不允许危险的创设会成为问题。如，为了保护邻居家不被大水浸没，将其窗户堵住。在日本，此案件可以放在违法论中讨论，作为推定同意的问题解决，参见第十三章二。再如，行为人将被害人推开，让其免于被巨石砸死，却导致其肩膀受伤。对此类危险减少的案件，佐伯教授将其作为紧急避险的案件来讨论。[12]

关于客观归属论中的"溯及禁止"原则，其基本内容是，如果一个行为造成了结果发生，就不能把结果归咎于此前发生的行为。但是，如果相比此后发生的行为，此前发生的行为对结果的发生有更大程度的贡献，那么溯及禁止就未必恰当。因此，"溯及禁止"是否恰当所关涉的问题是，此前的行为是否具有正犯性，这不宜放在因果关系论的框架下解决，参见第五章四（二）。

在危险接受类案件中，例如，新手在练习越野赛车时，驾驶操作错误，导致车辆失控，撞上了防护栏，导致坐在车里指导被告人驾驶的被害人死亡。根据佐伯教授的观点，此类案件宜作为违法性阻却的问题来处理，参见第十三章四。

以上从三个视角对日、德刑法进行了剥离。为了说明三个视角所举的例子均基于译著中特别论及的内容，但这并不意味着日、德刑法的区分限于上述内容。如果进一步阐明这种区分，译者反而是越过了后记设定的界限。不过，译者仍希望以此为冰山一角，启发读者有意识地排除德国刑法知识的干扰，积极地发现和体会日本现代刑法学发展的独特之处。

三、致谢

结束之前，请允许译者借后记致谢。

首先，致谢原著作者佐伯仁志教授。译者于 2007 年 10 月赴日本东京大学留学，在佐伯仁志教授的指导下先后取得了东大的硕士学位和博士学位

---

[12] 山口厚教授将此类问题放在事实判断阶段讨论，并且认为并非只要减小危险，就全面否定其可罚性。具体而言，只有在重大的身体伤害在同类结果的范围内缩小的情况下，可以通过否定结果回避可能性来否定事实性因果关系。参见山口厚·井田良·佐伯仁志『理論刑法学の最前線』35－36頁以下（岩波書店 2007 年版）。

（论文成绩优秀），教诲之恩堪比天高海深。感谢佐伯教授将全书的翻译委托于译者，给予了莫大的信任。在本书翻译过程中，佐伯教授耐心详尽解答译者提出的所有问题。对于这些解答中的学术性部分，译者根据自身的理解择重要部分补充在译者注中，当然，译者对译者注的内容负全部责任。

其次，感谢西北政法大学校长贾宇教授、丛书编委和中国政法大学出版社促成此书出版。特别感谢付玉明教授为将此书打造成精品译著，从学术编审视角对译稿行文的规范性和标准化进行严格把关。感谢中国政法大学出版社刘海光主任和邓娇编辑在译著排版和审校过程中提供的专业支持。

再次，感谢北京大学法学院的王世洲教授和陈兴良教授在译稿初成之际，就译稿的学术性给予的评鉴，使得译者能够进一步完善译稿。

最后，感谢上海交通大学凯原法学院的博士研究生吴亚安和硕士研究生龚自力从学生的角度认真阅读译稿，并提供读后感，有助于译者体会不同层次读者的阅读需求，更好地斟酌添加译者注的位置和内容。

于佳佳
上海
2017 年 5 月 26 日